廖家兩代人

赵朴初题

——廖仲恺 何香凝 和 廖梦醒 廖承志

（修订本）

仲恺农业工程学院

蒙光励 著

暨南大学出版社

JINAN UNIVERSITY PRESS

中国·广州

图书在版编目（CIP）数据

廖家两代人：廖仲恺、何香凝和廖梦醒、廖承志（修订本）/
蒙光励著. —广州：暨南大学出版社，2007.2（2023.10 重印）
ISBN 978 - 7 - 81029 - 625 - 0

Ⅰ.①廖… Ⅱ.①蒙… Ⅲ.①廖仲恺（1877—1925）—生平事迹
②廖承志（1908—1983）—生平事迹 Ⅳ.①K827 = 6②K827 = 7

中国版本图书馆 CIP 数据核字（2006）第 162902 号

廖家两代人——廖仲恺、何香凝和廖梦醒、廖承志
LIAOJIA LIANGDAIREN——LIAO ZHONGKAI、HE XIANGNING
HE LIAO MENGXING、LIAO CHENGZHI
著　者：蒙光励
∙∙

出 版 人：张晋升
项目统筹：杜小陆
责任编辑：康　蕊
责任校对：刘舜怡　黄子聪
责任印制：周一丹　郑玉婷

出版发行：暨南大学出版社（511443）
电　　话：总编室（8620）37332601
　　　　　营销部（8620）37332680　37332681　37332682　37332683
传　　真：（8620）37332660（办公室）　37332684（营销部）
网　　址：http://www.jnupress.com
排　　版：广州良弓广告有限公司
印　　刷：广东信源文化科技有限公司
开　　本：850mm×1168mm　1/32
印　　张：16
彩　　插：16
字　　数：440 千
版　　次：2001 年 4 月第 1 版　2007 年 2 月修订本
印　　次：2023 年 10 月第 3 次
定　　价：60.00 元

（暨大版图书如有印装质量问题，请与出版社总编室联系调换）

《廖家兩代人》

世代忠良表
英華一旦凋
痛心何可了
矢志報天驕

馬萬祺 題

廖仲恺像

何香凝像

◀1909 年，何香凝与儿子廖承志在日本东京留影。

▲1923 年 2 月，廖仲恺和他的侄女婿许崇清（左一）、侄女廖承麓（右一）和女儿廖梦醒（左二）等人在日本热海留影。

◀1925 年，廖梦醒和廖承志在广州留影。

▶1926 年 12 月，何香凝离开广州北上抵达汉口。图为她在汉口庆祝北伐胜利大会上发表演说。

▶1931 年，李少石、廖梦醒摄于香港，这是他们结婚一周年的留影。

◀1936 年冬，长征后到达陕北的廖承志。

▶1945 年，廖梦醒（右一）和她的丈夫李少石（右三）及女儿李湄（右二）在重庆合影，左一是蔡荇洲。

▲应中共中央之邀，1949 年 4 月，何香凝（前排中）等人从香港乘船到天津转抵北平。后排左为廖梦醒。前排右一为廖兼，前排左一为廖恺孙（廖晖）。后排右站立者为苏延宾。

▲20世纪50年代，何香凝（中）和女儿廖梦醒（左）、儿子廖承志在北京王大人胡同寓所留影。

▲1963年1月22日，廖承志在北京市华侨学生春节联欢会上发表讲话，勉励他们热爱祖国，努力学习。

▲20 世纪 80 年代初，廖承志及其夫人经普椿与部分子孙们合影。后排右二为长子廖晖，2003 年任全国政协副主席，现已退休。后排右一为次子廖淳，后排左一为次女廖茗，前排右一和左一均为廖晖之子。后排左二是廖晖的夫人赵汝蘅，现任国家大剧院艺术委员会舞蹈总监，曾经担任中央芭蕾舞团团长、中国舞蹈家协会第九届主席。

▲坐落在深圳华侨城的国家级美术馆——何香凝美术馆。

▲仲恺农业工程学院的领导们在该校白云校区行政楼前合影。党委书记宋垚臻（左四）；校长廖明（左五）；党委副书记、纪委书记李海燕（左三）；副校长肖更生（右三）；副校长田允波（左二）；副校长林俊睦（右二）；副校长朱立学（左一）；副校长张文峰（右一）。

▲仲恺农业工程学院高度重视思政课和课程思政建设，形成了以"弘扬仲恺精神、传承红色基因"为品牌的思政教育特色。图为学校党委书记宋垚臻教授为2023级轻工食品学院新生上"思政第一课"。

▲1987年4月23日廖仲恺诞辰110周年时，广东省各界在仲恺农业工程学院海珠校区敬立廖仲恺铜像。该铜像由邓小平题词："伟大的爱国主义者廖仲恺先生像。"

▶何香凝汉白玉石像。1988年6月27日何香凝诞辰110周年之时，广东省各界在仲恺农业工程学院海珠校区敬立何香凝汉白玉石像。该像由时任国家主席杨尚昆题词："伟大的革命者何香凝先生像。"广东省省长叶选平，廖仲恺的长孙、时任国务院侨务办公室主任的廖晖等参加了揭幕仪式。

▲仲恺农业工程学院海珠校区内由时任国务院副总理王震题写的廖仲恺先生纪念碑。

▲中共中央书记处决定建立的廖仲恺何香凝纪念馆，由叶剑英元帅题写馆名，于1982年8月在广州隆重揭幕，这是纪念馆的正门。现在该馆已经成为广东省爱国主义教育基地，前来参观的人员络绎不绝。

▲仲恺农业工程学院白云校区图书馆大楼。

▲仲恺农业工程学院海珠校区的"英东实验大楼"正门美景，该楼于 1992 年 6 月 27 日何香凝诞辰 114 周年时举行剪彩典礼。

▲仲恺农业工程学院白云校区的"何鸿燊实验大楼"。

▲仲恺农业工程学院白云校区的"曾宪梓楼"。

▲仲恺农业工程学院董事捐献的"刘宇新楼"外貌。

▲仲恺农业工程学院白云校区的"杨钊杨勋楼"美景。

▲廖仲恺故里的纪念中学——仲恺中学。

▲何香凝桑梓地的广州市何香凝纪念学校。

序 一

宋垚臻

廖仲恺是伟大的爱国主义者，国民党的著名元老，中国共产党人真诚的朋友，在中国近现代史上具有毋庸置疑的地位。他的夫人何香凝也是一位伟大的女性，他们堪称伉俪革命家。自从改革开放以来，发表研究他们革命生涯的专著及文章不少，逐渐成为"热门"课题，但是把他们的革命业绩与子女们的革命历程结合起来写成专著，填补这个研究空白的，当属蒙光励同志的专著《廖家两代人——廖仲恺、何香凝和廖梦醒、廖承志》一书，这无疑是难能可贵的。

本书一个十分突出的特点和优点，就是把廖仲恺研究与何香凝研究密切结合起来。这是完全符合历史实际的，因为他们是近现代中国光耀寰宇的"双子星座"，在并肩战斗的20年中，他们的关系是双向的，他是她的战友、同志和丈夫，而她则是他的得力助手、同志和妻子，也对他的思想和实践予以积极的影响。在廖仲恺为国牺牲后，何香凝继承遗志，坚决捍卫孙中山"联俄、联共、扶助农工"的三大政策，为中华民族伟大复兴奋斗不息。廖仲恺、何香凝的革命思想给他们的子女以深刻影响，大革命失败后，在腥风血雨的日子里，女儿廖梦醒、儿子廖承志无所畏惧，毅然加入中国共产党，在革命的征途中勇往直前，成为杰出的无产阶级革命家。他们一家两代人前仆后继，英勇奋斗，为新中国的成立作出了卓越的贡献。书稿把他们光辉的事迹穿插其中，巧妙地融汇在一起，绘就一幅色彩斑斓的壮丽画卷，再现风雷激荡的历史风云，赞美廖家人高尚品质和可歌可泣的光辉业绩，读后令人击节赞叹，启人心智，催人奋进！

本书的又一特点和优点，是作者在叙述他们革命生涯的同时，十分注意探寻他们思想发展的脉络，揭示他们的心路历程。书稿不仅叙说他们动人心魄的传奇故事，而且深挖他们革命行动的思想基础，这就使得读者对传主有了更为深入的理解。如书中对廖仲恺的爱国思想、扶助农工思想、经济思想等均有所谈及。廖仲恺为国牺牲之后，何香凝强忍悲痛，勇毅前行，对中国革命的发展道路进行了艰苦的探索，从曾经的苦闷和彷徨中，经过反思和深沉的探索，终于实现了思想上质的飞跃，成为新民主主义革命的忠实捍卫者，并经过不懈努力，完成了向社会主义者的巨大转变。她的妇女运动思想、侨务工作思想等书中均有所谈及。同时，书中对廖承志的侨务思想、外交思想等，也进行了初步探讨。诚然，廖仲恺、何香凝的思想，由于时代的阶级的局限性，不可能完全正确，但他们思想的火花、迸射出的真知灼见，至今仍然闪烁着耀眼的光芒，值得我们学习和借鉴。

此外，本书在历史著作的可读性方面，也进行了宝贵的尝试和探索，这是该书的又一重要特色。蒙光励同志以作家的激情、史家的秉直、哲学家的思辨，把读者引回到那风雨如磐的岁月，再现历史画面，使读者如入其境，置身其中，感受良深。他以大量的档案材料作为依托，把廖家人物写得血肉丰满，栩栩如生，使人倍感亲切。完全可以说，该书已经达到了科学性与可读性的统一，理性中充满着激情，堪称匠心独运，值得称道！

现在暨南大学出版社决定重印该书，我大喜过望，承蒙作者的盛情邀请，不揣浅陋，写下以上感言，以示祝贺。

我深信，这部专著的重印，对人们学习中国近现代史或许会提供帮助，同时对于仲恺农业工程学院全体师生员工深入了解廖家人的革命业绩，学习他们的高尚品德，传承红色基因，弘扬仲恺精神，必将起到积极的推动作用。

是为序。

序 二

张 磊

在悠久而又辉煌的中华民族历史上，英雄辈出，无数仁人志士宛若灿烂的群星。迄于充满剧变的近现代，更复如此。至于堪称"一门忠烈"者亦有之，但是较为罕见和难能可贵。

廖家不愧为"一门忠烈"。

廖仲恺在与他同时代的民主革命家群体中显然是卓越的代表：忠实于爱国主义与民主主义，又能与时俱进，以思想激进著称于当世。从1903年开始，他就投身于伟大的民主革命先行者、中国近代化先驱孙中山领导的争取独立、民主和富强的革命大业，先是为推翻清廷、创立共和制度而斗争，后又为捍卫共和国而斗争，艰难顿挫，艰苦备尝。在第二次护法运动中因陈炯明的叛乱，他甚至身陷囹圄。当民主革命新阶段到来后，他满怀激情地积极迎接"时代的曙光"。对孙中山后期的重要活动而言，无论是从旧三民主义到新三民主义和三大政策的确立，还是实现第一次国共合作和准备北伐战争的进行，他都不愧为孙中山最忠诚的战友和最得力的助手。廖仲恺的坚定不移、奋进不已的革命精神和实践，招致了反动派的仇恨，就在孙中山逝世后不久，他即被帝国主义和国民党右派分子指使的凶手所杀害。

作为廖仲恺的同志、战友和伴侣，何香凝与他并肩走过了几乎完全相同的道路。在廖仲恺壮烈牺牲后，她继承和发展了他未竟的事业。她是中国共产党的忠实盟友，在超过半个世纪的长期政治生涯中，对新中国的成立和社会主义革命与建设事业奉献了全部精力和智慧。她还是中国妇女运动的杰出领袖，并对侨务工作作出了突出的贡献。

廖仲恺、何香凝的子女秉承了父亲的遗志，与母亲一起献身于人民的事业。革命家庭的熏陶，急剧变幻的时代风云，对真理的执着追求……使他们从青少年时期就踏上了漫长的征途，接受了共产主义理想，成为中国共产党的一员，承担起前辈的重担。他们走过了一条艰苦曲折的道路，为拯救和发展祖国献出了自己的一切。廖承志参与了广泛的斗争和国务活动，成为党和国家的优秀领导人。他的业绩广为人知，深受称道。廖梦醒的工作性质决定了其业绩鲜为人知，但她的贡献是不容低估的。

真实地反映廖家两代人的事迹，无疑兼具科学价值和社会意义。因为他们的政治生涯融入了中国近现代史，并成为其中的重要组成部分；还由于他们的思想和活动堪为楷模，有助于当代人文精神的高扬。然而，有关的研究和宣传却是不够的，特别是作为一个光辉的家族，整体的反映更付阙如。正是这样，光励同志的首部《廖家两代人——廖仲恺、何香凝和廖梦醒、廖承志》自属开拓性著作。

本书以数十万字的篇幅展示了廖家两代人的丰功伟绩，称颂了他们的崇高气节和品格。作者既评述了他们的主要活动，也叙说了许多鲜为人知的传奇性故事。在撰述过程中，作者充分利用长期收集积累的有关资料，其中包括未刊的档案素材，使全书具有坚实的史实基础。同时，作者在分析评论人物与事件时坚持以科学的理论、方法为指导，并广泛吸取学术界的有关研究成果，本着实事求是的精神提出了中肯的、带有独创性的意见。此外，作者还进行了可喜的尝试——注意和力图做到传记作品应有可读性。

本书是一部发扬革命英雄主义的优秀著述，理应受到广大读者的欢迎。

从 20 世纪 80 年代初我们相识，光励同志是我的老朋友。他多年主持廖仲恺何香凝纪念馆的工作和从事廖家两代人的研究，锲而不舍，不仅对有关文物资料十分熟悉，谈起来如数家珍，而且颇有见地。我们每次相见，交谈内容总以此为主要话题，使我受益匪浅，常怀感激之情。他的新作问世，令我甚感欣慰，也给我以激励。

希望光励同志不断推出新作！

（本文作者曾任广东省社会科学院院长和省社科联主席，中国史学会副会长及广东省孙中山研究会会长等职，著名历史学家。）

目 录

引　言

　　1997年9月26日上午10时，在北京八宝山革命公墓第一告别室内，摆满了密密麻麻的花圈。已故廖承志副委员长的夫人经普椿同志的遗体告别仪式在这里举行。白花朵朵，哀乐阵阵，像重锤一般猛烈地撞击着人们的心灵。时任中共中央政治局常委、中央书记处书记胡锦涛同志来了，中共中央原政治局常委、中央军委副主席刘华清同志来了，廖仲恺夫人何香凝生前的许多老部属来了，廖承志副委员长生前的许多老同事也匆匆地赶来了……

　　向经普椿同志遗体告别的队伍排成了长龙，在阵阵揪人心肺的哀乐声中，人们佩戴着黑纱，哭泣着，缓缓地走到经普椿同志的遗体前，深深地三鞠躬，霎时，哭泣声、哀乐声响成一片，震撼着整个大厅。

　　经普椿同志是廖家两代人中最后一个走的。她生前的地位并不显赫，为什么逝世后享此哀荣？毫无疑问，这不仅是属于她个人的，而且还寄托着党和人民对廖家两代人的深切怀念。

　　一位年逾古稀的历史学家对笔者说过："在中国近现代革命史上，孙中山与宋庆龄是伟大的革命家，但孙科就不行了；周恩来与邓颖超也是伟大的革命家，遗憾的是他们没有后代；而两代人都是伟大革命家的，唯有廖氏一家。"信哉斯言！

　　经普椿同志病逝的噩耗传来，笔者急匆匆地从广州飞到了北京，在送丧的人流中缓步而行。巨大的悲痛叩击着我的心灵，笔者泪珠涔涔，脑海中闪现着历史上壮烈的一幕幕：廖仲恺为了维护国家和民族的利益，血洒惠州会馆；何香凝在腥风血雨中，坚决抨击蒋介石的反革命罪恶行径，愤而弃职出国，漂泊他邦；廖承志在茫茫的长征路上，被押解着艰难前行……

　　中华人民共和国成立已经 50 周年，进入新世纪的钟声即将敲响。在将近一个世纪的历史长河中，廖家人为了中华民族的解放与振兴，英勇奋斗，前仆后继，谱写了壮丽的诗篇，堪为中国人民的楷模。笔者暗自下定决心，要用笨拙之笔，展现那波澜壮阔的历史画卷，向广大读者评说廖家人的品德和功业，翔实地叙述他们许多鲜为人知的传奇故事。

第一章 少年时代

在美国加利福尼亚州的北部，有一座美丽的海滨城市，它西靠太平洋，东部是湾区，这里山峦起伏，酷似我国的山城重庆，景色美不胜收，气候宜人。每当夜幕降临，灯火闪烁，似是银河降凡尘，这就是风光旖旎的旧金山市。

1877年4月23日，廖仲恺就在这里出生。[①]他原名恩煦，又名夷白，笔名屠富、渊实、微尘。其父廖竹宾是一位爱国华侨，广东省归善县鸭仔埗乡（今广东省惠州市仲恺高新技术开发区陈江街道幸福村）人。早年他在圣保罗书院读书，颇通英语，毕业之后，在香港汇丰银行工作。娶妻梁氏，1863年生大儿子恩焘。1871年（或1872年），廖竹宾被调往美国旧金山市工作，协助处理汇丰银行在美国的商务，于是举家迁美。当廖仲恺诞生时，廖竹宾在美国的事业已获得相当的发展，成为当地有地位的侨商。[②]

在廖仲恺出生前的30年，旧金山这块地方，土地荒芜，杂草丛生，遍地荆棘，隶属于墨西哥。1848年，加利福尼亚州才归属美国。这时，旧金山一带发现了金矿，于是，掀起了狂暴的"淘金热"。汹涌的人群从四面八方蜂拥而至，起初搭起简陋的帐篷，以后逐渐被崭新的房屋所代替，商贾云集，百物充牣，市场繁荣，生机勃勃。

加利福尼亚地区的开发，凝聚着华工的血泪。来自广东、福建等沿海一带的华工们，为其开发提供了大量廉价的劳动力。据统计，廖仲恺出生前夕，在旧金山城区范围之内，冬季有6万至7.5万人，夏季也有3万人左右。他们从事建筑、铁路、淘金、治理涝洼地等最为繁重和艰苦的工作，而且表现出色，以致雇主们无不承认他们是极好的工人。③

尽管华工们用自己的血和汗酿就了旧金山的繁荣，然而，他们得到的回报却是种族歧视和血腥的镇压。就在廖仲恺出生的那一年，美国发生了经济危机，工厂倒闭，商业萧条，大批工人失业。资本家为了摆脱困境，狡猾地转移目标，掀起了一阵阵排斥华工的风潮。

在廖仲恺出生才3个月的时候，旧金山华人居住区就遭到流氓、暴徒一次大规模的袭击。当他牙牙学语、蹒跚作步之时，加利福尼亚州议会修订了州宪法，塞进了许多排华的内容，并制定了许多排华律例。在美国政府的煽动怂恿下，流氓、无赖之徒到处寻衅，他们包围华人的居住区，袭击手无寸铁的华人，致使华人的财产和生命安全毫无保障。驱逐、袭击、屠杀、迫害华工华侨，捣毁、焚烧华人财产的惨案随处可见。廖仲恺的童年和少年时代，就是在这种"寄人篱下"的环境中，在举目便见斑斑的华工血迹中度过的。当地流氓每一次袭击华人的行动，都像重锤一样震撼着仲恺幼小的心灵。

廖竹宾对儿子寄予厚望。他给儿子原取名恩煦，象征着廖仲恺将来能给人们施以恩德，像阳光那样煦照，把温暖撒满人间；又名夷白，希望儿子静心好学，为政清廉，像雪那么白。

廖仲恺8岁时，进入旧金山市的美国学校修习英语，同时，每天下午到华人区陈馨甫的专馆攻读中文。④其父"对他的教育很是关心，在旧金山也延师教读而且督促很严"⑤，因"不忘国学，故仲恺国学之根基，得于幼时稳立"⑥。

廖仲恺"自云小时顽劣非常，不乐读书"⑦。他的女儿廖梦醒在谈到父亲童年的逸事时，颇为有趣，谨录如次：

　　父亲八九岁时，随着祖父住在第五层的楼上。有一天，父亲在祖母身旁的窗口边玩耍，祖母突然不见了父亲，觉得很奇怪，以为跌落楼底下去了，大惊失色，然而从窗口望下，街上并无异状，但父亲的确是失去所在，于是动员全家，找了很久，始发现父亲实在是已从窗口跌出，只凭他一只脚钩在百叶窗上，倒悬空中，保存他的性命……⑧

　　廖竹宾对儿子的教育抓得很紧，他经常教育仲恺说："我们不能忘记我们是中国人，对于祖国的文字更应该学习精通。随便哪个人都得懂自己祖国的文字。祖国是每个人灵魂和生命所寄托的，灵魂没有寄托的人，生命没有寄托的人，就像树叶离开树枝一样，失去了营养的供给，便会焦枯而死的。所以我们要爱护自己的祖国，就像爱护自己的灵魂、自己的生命一样。能够不忘记祖国，不忘记祖国的文字，这就是爱护祖国的第一个条件。"⑨所以后来仲恺的书法遒劲、潇洒，古代诗词的造诣很深，实缘于此。

　　目睹着美国流氓、无赖对华侨的嘲笑和戏弄，耳闻许多华工被迫害的惨事，廖仲恺也多次听到美国警察咒骂华人为"黄狗"，所有这一切，在仲恺的心中激起阵阵涟漪。为了宣泄自己心中的怒火，他经常与华人小伙伴一道，趁美国独立日允许燃放鞭炮的机会，点燃鞭炮，朝美国警察头上扔过去，然后，又"哄"地一声走开了。

　　1894年，廖仲恺的父亲廖竹宾在美国去世。因此，他陪同庶母及妹妹静仪一起，踏上了回国的途程。回到香港时，他"在码头上看到英帝国主义的殖民地警察殴打中国码头搬运工人，从那时起，就抱着怎样使中国富强起来的愿望"⑩。在香港，他寄居叔父廖紫珊家中。次年，他回到家乡归善县，从儒师梁缉暇攻读国学。在家乡读私塾期间，他勤奋好学，刻苦攻读。传记作家梁绍文写道："仲恺意气扬扬，欲在科场中占一席，入大馆，从梁绨皲游，鸡鸣而起，孳孳研究经史策论之学。"①1896 年，廖仲恺便依靠叔父是一名清朝官员，曾任职于好几家中国工业化实验的官办企业。由于叔父的帮助，后来他的哥哥步入仕途，在清朝和民国时期都担任过外交官。一入香港，廖仲恺便展示其在故乡读书的成果，并一如既往，刻苦攻读。后来与他一起在日本留学的关乾甫，在《廖先生事迹一斑》中说："一到香港，前后如出两人，精勤苦学，各书无所不窥。四五年后，所学如宿儒，诗词文艺无不精妙，并旁及美术，字尤秀雅，并喜研究维新革命文书。"由此可见廖仲恺少年时代刻苦学习之精神风貌。

何香凝，原名谏，又名瑞谏，别号双清楼主，广东省南海县棉村（今广州市荔湾区中南街道海南村）人。这里四季如春，花团锦簇，高高的木棉树（人称为"英雄树"）怒放着大朵大朵的"英雄花"，朵朵繁花，闪着火红的光彩，像一团团燃烧的火焰，远远望去，如亿万花灯，壮丽异常。但何香凝不是在这里出生的，她于 1878 年 6 月 27 日出生于人称为"东方之珠"的香港。父亲何载，字炳桓，是一个破落商人的儿子。何载的父亲出身于农民家庭，从祖辈起就在棉村从事农业劳作；他后来转到著名的佛山镇经营商业，过上了富裕的生活。由于清政府残酷的政治压迫和经济剥削，使得经济凋敝，商业萧条，他的生意因之入不敷出，家境日益窘困，濒临破产。为了摆脱困境，他派遣儿子到建埠不久的香港，开设了一个规模不大的杂货店铺，希望将来求得更大的发展。②

何香凝出生时，她的父亲靠"炒地皮"发了横财，已成为拥有百万财产的大地产商了。何香凝的母亲陈氏，名叫陈二，是贫家之女，在一户有钱人家做"住年妹"（广东人对佣工的称呼），经常到何载的店铺里购买东西，她长得天生丽质，人又温柔，后来她与何载由相熟到相爱而结婚了。何载家住在香港东街31 号。这是个人丁兴旺、儿女成群的大家庭，何香凝是她母亲的第五个孩子，和她同母生的还有一兄、一弟、三个姐姐。和异母生的孩子总算起来，她有兄弟姐妹 12 个（三兄弟、九姐妹），何香凝排行第九，仆婢们称呼她为九小姐。晚年，亲戚们称呼她为九姑婆。⑬

随着何家财富的不断积累，她的父亲也像当时香港的有钱人一样，养着几房标致的姨太太，穿红戴绿的丫头们前呼后拥，吞云吐雾抽鸦片。家里人打纸牌推牌九，经常要玩到三更后才就寝，直睡到白天午后才起床。她的父亲尤其追求享受四世同堂的家庭乐趣。要儿女们陪他玩牌，陪他"消夜"。因此，何家公馆里经常是几桌"六九"和"十五和"（赌博用的纸牌）。厨房的炉火一直烧到月沉更尽。

何香凝就生活在这样的富豪之家。可是，她对这种骄奢逸乐的生活，没有丝毫兴趣。每当姐妹们拉她去打牌时，她总是笑眯眯地借故走开，实在躲不开时，她便用零花钱请仆婢们"顶数"，并对她们说："赢了归你，输了算我的。"而丫头们乐不可支，乐意接受这桩"美差"。

何香凝的兴趣在于读书。她 7 岁时便再三要求入学读书，父母只得把她送进邻近的"女书馆"，后因家里给她施行"小脚手术"时，脚被烫坏了，被迫辍学。这时，父亲虽聘请教师在家里办了私塾，但他认为"女子无才便是德"，不准她入塾就读。性格倔强的小香凝却买来书本，偷偷地跟着哥哥们学了起来。碰到不懂的字，就在书本上做个记号，叫仆婢去问老师，有时则请哥哥讲授。通过学习，她懂得了不少知识，连父母都暗暗称奇。

少年的何香凝不仅聪颖，而且顽强、勇敢，小小年纪便展现出非凡的风骨以及叛逆的性格。她本是女儿身，却很会爬树，经常和哥哥们在院子里比赛谁爬得高，大家都赛不过她，哥哥们都甘拜下风，姐姐们看见了，更是佩服得五体投地，连声喝彩。⑭当时何家有些亲戚同太平天国的人做买卖，他们谈到反清的事，又谈到太平天国的女兵都是天足，而且打起仗来非常勇敢，何香凝对她们非常钦佩，可是当时女子缠足被视为富贵人家小姐的象征，否则被视为"低贱"之辈，但何香凝坚决不买这个账。当她 7 岁的时候，母亲便命令女佣人先用滚烫的水浸她的脚，以使骨头软化，然后用很长的裹脚布紧紧地缠住，还要用针线密密地缝连，以防裹脚布脱落，且要等它三天两夜才能解开。如此三番五次，循环反复，待到天长日久，好好的一对天足，成了一团弯曲的肉瘤模样时，才算完事。这时，这双"肉瘤"，才被视为"金莲"。有此"金莲"，在当时来说，是"高贵"的主要象征。

何香凝对此进行了顽强的抗争。为了保护自己的一对天足，每夜关门睡觉时，她就用剪刀把包在脚上缝紧的脚布剪开，使自己从揪心的疼痛中"解放"出来。可是，第二天母亲发现了，先是骂了一顿，然后又命人给她缠住。何香凝不肯屈服，晚上再剪。后来剪刀被没收了，她就央求老佣人为她买把小剪刀，把它藏在祭坛下面。那是父亲每天焚香祷告、祈求祖宗庇佑的地方。如此反复，父亲只好无可奈何地说："任她去吧。"⑮

无巧不成书。恰是何香凝的大脚促成了她和廖仲恺的姻缘。当何香凝长到 19 岁时，已是亭亭玉立的大姑娘了。"男大当婚，女大当嫁"，乃天经地义之事，何载夫妇这时也开始考虑女儿的婚事。这时有媒人把何香凝介绍给廖仲恺，何香凝的大脚正合廖仲恺的心意。原来，廖仲恺的父亲廖竹宾由于亲身经历旅美华侨所遭受的种种歧视，深知小脚女人是中国的一种耻辱，加上他又是"客家人"，所以曾留下两条遗嘱："第一，根据客家人的规矩，儿子必须讨个大脚妇女做媳妇。第二，小脚女人在外国被人看不起。"⑯1897 年，经媒人撮合，20 岁的廖仲恺还来不及和何香凝谈恋爱，便在广州匆匆结婚了。

注释：
①关于廖仲恺的出生年月，学术界说法不一，陈福霖、余炎光在他们

合著的《廖仲恺年谱》中，认为他是 1878 年出生的。尚明轩、姜义华、周兴梁在他们的专著中，均认为他是 1877 年出生的。笔者曾访问廖家亲属，他们清楚地记得何香凝是虎年（1878 年）出生，何香凝在其著述中多次讲到廖仲恺比她大一岁。由此推算，廖仲恺应为 1877 年出生。

②〔美〕陈福霖、余炎光：《廖仲恺年谱》，湖南出版社 1991 年版，第 1 页。

③姜义华：《国民党左派的旗帜——廖仲恺》，上海人民出版社 1985 年版，第 3 页。

④孙甄陶：《美国华侨史略》，《少年中国晨报》，1960 年，第 81 页。

⑤廖梦醒：《我所知道关于父亲的几件事》，《新华日报》，1944 年 8 月 20 日。

⑥〔美〕陈福霖、余炎光：《廖仲恺年谱》，湖南出版社 1991 年版，第 10 页。

⑦乾甫：《廖先生事迹一斑》，《廖仲恺先生逝世周年纪念特刊》，国民革命军总司令部政治部 1926 年版。

⑧廖梦醒：《我所知道关于父亲的几件事》，《新华日报》，1944 年 8 月 20 日。

⑨尚明轩：《廖仲恺传》，北京出版社 1982 年版，第 7 页。

⑩廖梦醒：《我的母亲何香凝》，转引自〔美〕陈福霖、余炎光：《廖仲恺年谱》，湖南出版社 1991 年版，第 12 页。

⑪乾甫：《廖先生事迹一斑》，《廖仲恺先生逝世周年纪念特刊》，国民革命军总司令部政治部 1926 年版。

⑫尚明轩：《何香凝传》，北京出版社 1994 年版，第 1－2 页。

⑬尚明轩：《何香凝传》，北京出版社 1994 年版，第 5 页。

⑭廖梦醒：《我的母亲何香凝》，见《回忆与怀念——纪念革命老人何香凝逝世十周年》，北京出版社 1982 年版，第 72 页。

⑮杨代琇：《香凝风骨》，《人民日报》（海外版），1992 年 4 月 14—25 日。

⑯廖承志：《我的母亲和她的画》，见《回忆与怀念——纪念革命老人何香凝逝世十周年》，北京出版社 1982 年版，第 125 页。

第二章　东渡扶桑

南国羊城，绿树婆娑，繁花似锦，四季如春。珠江河面白帆点点，船舶来往穿梭，一片繁忙景象。在珠江河南岸（广州人习惯称为"河南"）三官庙附近有一幢米黄色的两层小楼房（今属广州市南华西路龙溪新街 42 号），这就是廖仲恺的哥哥廖恩焘的家。廖仲恺结婚后就住在这里。

起初，他们住的是楼下一间房。后来，为躲避喧闹干扰，他们就把屋顶晒台上的破屋修整一下，然后搬到上面作为"新房"。房子虽然简陋，但躲过了侄儿侄女们的嬉戏吵闹，显得格外宁静。他们在此吟诗作画，其乐融融。他们的儿子廖承志后来在评论父母亲的婚姻时，饶有兴味，谨录如次：

> 外祖父恰恰听到有人到处敲锣打鼓似的要讨一个没有裹过小脚的人做媳妇，那可不正好？于是他俩没有经过繁多的手续，顺利地结了婚。我父亲和母亲来不及享受自由恋爱之福，但是省掉了种种麻烦。①

他们夫妻俩确实是在婚后才享受恋爱之福的。他们相敬如宾，相互体贴，感情十分融洽。每当皓月当空，银色的清光洒进斗室，更增添了少许甜蜜和温馨。他们给自己的小屋命名为"双清楼"，寓"人月双清"之意。以后，凡是他们住过的房子，都叫"双清楼"。后来，何香凝在自己的画作中经常署"双清楼主"的别号，可见他们对这段新婚燕尔生活的眷恋。多年以后，何香凝还写有"愿年年此夜，人月双清"的诗句，回忆他们美好的爱情生活。

但是，廖仲恺并没有沉浸在小家庭的温馨之中。"国家兴亡，匹夫有责"的古训在他的心头震荡，他始终关注着祖国的前途和命运。清朝政府充当了帝国主义列强的奴隶总管，它们共同残酷镇压群众的反抗和联合抵制真正的变革，因而民族矛盾和阶级矛盾进一步激化：群众抗捐抗税斗争此起彼伏；抵制美货、收回利权运动如火如荼；知识分子日趋革命化；革命团体纷纷成立。特别是慈禧太后发动政变，谭嗣同等"六君子"血洒北京菜市口；八国联军的铁蹄践踏北京，《辛丑条约》中空前丧权辱国的条款，更使全国人民痛心疾首，也使廖仲恺、何香凝夫妇义愤填膺。他们经常在一起抨击时政，倾诉救国救民的夙愿。1922 年，廖仲恺被陈炯明囚禁时作《幽禁中感赋》，其中有几句写道：

> 吾生遭不造，芒鞋肆所之，
> 廿载茹酸辛，努力思匡时。
> 魔障满人寰，霂泽安从施！

诗中所写，正是回溯他们夫妇从"双清楼"开始，20 年共商"匡时"的艰难历程。当时有志青年出洋留学的风气盛极一时，特别是由于日本人向西方学习颇见成效，因此涌到日本留学的人更多。从 1896 年清政府派出 13 名学生赴日，揭开了近代中国人留学日本的序幕之后，一批又一批的热血青年接着东渡日本，出现了前所未有的留日热。廖仲恺的叔父廖维杰（廖紫珊）和哥哥廖恩焘（字凤舒）都希望他紧步他们的后尘，进入清朝官场，但廖仲恺坚决拒绝走这一条路。

廖仲恺志在去日本留学。但当时廖仲恺"家道中落，财产非丰"，缺乏旅费、学费，因而成天愁眉不展，唉声叹气。何香凝看在眼里，急在心中。问其原因，廖仲恺说："国家危险至此，我们岂能坐视？日本留学界朝气蓬勃，志士云集，我也想东渡求学，结交革命贤豪，共图大事。"②，但苦于没有盘缠。为了成全丈夫的志愿，何香凝便悄悄地变卖了结婚时陪嫁的珠玉饰物，并拿出了全部私蓄，加上叔父维杰、胞兄恩焘的帮助，廖仲恺如愿以偿。1903年1月（清光绪二十八年十二月），廖仲恺赴日本留学，抵达东京，旋入日语学校补习日语。何香凝在廖仲恺的影响下，也有了前往日本留学的向往。1903年4月，她抵达东京，先入东京目白女子大学，后转入东京女子师范学校预科。

就在他们到达东京不久，1903年4月29日，东京留学生汤槱、钮永建等组织"拒俄义勇队"。5月11日改组为"军国民教育会"，廖仲恺、何香凝均予捐款。同年6月25日，何香凝在日本东京出版的《江苏》杂志第4期上发表《敬告我同胞姊妹》一文，这是何香凝开宗明义的发端之论，文中指出："然则天下兴亡，吾二万万（女）同胞安能漠视哉！"并且"吁我同胞，其勿仍以玩物自待，急宜破女子数千年之黑暗地狱，共谋社会之幸福，以光复我古国之声名"。③

在东京，他们在早稻田大学附近租了一间房子居住。这所公寓名曰"觉庐"，建筑精美，有园林之胜。同寓居住的还有留日学生广东南海籍的关乾甫和香山籍的萧友梅等人。他们与广东籍的留学生冯自由、黎仲实、卢少岐等过从甚密。通过黎仲实的关系，廖仲恺参与了青山军事学校的筹备并参加军事训练。

1903年8月的一个晚上，廖仲恺夫妇一起到神田神保町的中国留日学生会馆参加聚会。就在这个会场上，他们见到了仰慕已久的孙中山，这使他们喜出望外。

孙中山温文尔雅，眉宇间蕴藏着英气。他说着带有浓重广东口音的普通话。在那次聚会上，孙中山谈得并不多，只泛泛地谈到中国积弱太甚，应该发愤图强等道理。因为是第一次见孙中山，所以廖仲恺夫妇显得特别兴奋，彻夜未眠。

几天以后，一个带有寒意的春夜，他们同广东籍老乡、留日学生黎仲实一起，步履匆匆，行走在湿润的小石子路上。他们按照地址去小石川的一间"下宿屋"（普通的小旅社），拜访他们敬仰的孙中山。孙中山住在一间面积狭窄、陈设简单的日本式平房里。房间里虽然没有炉火，但他们的脸色却因兴奋而泛着红扑扑的光彩。孙中山见到他们，没有任何客套，正像一般青年之间的会面一样。刚刚坐定，话题马上从中国政治问题上开始了。孙中山这次谈得很多，他纵论历史，从1840年鸦片战争英国武装侵略中国开始，讲到半个世纪以来帝国主义对中国的经济、政治和文化的侵略，讲到清政府丧权辱国的种种罪行，讲到太平天国、戊戌变法以及义和团运动的失败，阐明了发动革命去推翻清朝的必要。他个子魁梧，蓄着八字胡，音调铿锵有力，不时打着手势，富有感召力。廖仲恺、何香凝凝神聆听。随着孙中山的话语，思绪把何香凝带到她在少年时代所听过的太平天国的故事中。那时，她十分敬佩那些太平军的英雄气概。如今，自己却能幸运地在一位伟人面前聆听教诲，因而心中充满着激情与憧憬。正如她后来所说的，听了孙中山关于"推翻清廷、建立民国的道理，很是佩服，十分同情"，④他们完全赞同孙中山的主张。在回家的路上，他们都很振奋，原先在他们心目中渺茫的国家前途，似乎已透露出黎明前的曙光，鼓舞着他们前进。

其后，他们又两次到"下宿屋"去见孙中山，表示愿效微力参加革命工作。孙中山对他们的革命热忱表示嘉许，勉慰有加，并嘱咐他们在日本留学生中物色有志之士，广为结交。廖仲恺夫妇这几次的拜访，给孙中山留下深刻的印象。孙中山在《孙文学说》第八章《有志竟成》中回忆说："河内博览会告终之后，予再作环球漫游，取道日本、檀岛而赴美欧。过日本时，有廖仲恺夫妇、马君武、胡毅生、黎仲实等多人来会，表示赞成革命。予乃托在东物色有志学生，结为团体，以任国事，后同盟会之成立多有力焉。"⑤自从认识孙中山之后，他们的生活面貌也开始发生了变化。他们的思想更加活跃了，视野更加开阔了，生活内容也比以前丰富了，交友的圈子也逐渐扩大了。

根据孙中山的指示，廖仲恺夫妇在留学生中积极地开展联络工作，他们还利用自己在美国和港澳的社会关系，进行秘密串联，宣传孙中山的革命理论和武装反清的革命思想。由于他们两人诚挚忠厚，深得大家信任。很快，他们就团结了一批爱国者，如胡汉民、秋瑾、陈天华、黎仲实、方声洞、林时爽等，许多人成为后来同盟会的骨干，还有的在推翻清朝统治的斗争中献出了年轻的生命。

1903年9月底，孙中山离开日本赴美洲宣传革命。行前，他指示廖仲恺夫妇和黎仲实等人，在留学生中学习手枪、步枪射击等初步军事知识，为将来发动武装斗争作准备。

当时廖仲恺夫妇在东京牛込区租赁了一所房子居住。廖仲恺、黎仲实等人就组织住在牛込区的留日青年学生，成立义勇队。每天清晨，义勇队员秘密集合到大森操场，由懂得军事知识的黄兴教他们枪法，练习射击。何香凝每天早早便起床，照料当时与他们同住一寓所的二十多位义勇队员，负责他们的早饭。这些年轻的爱国者学习军事十分热心，组织工作也进行得十分秘密。当时，清政府的驻日公使馆十分注意留学生的动向，经常勾结日本警察侦察他们的行动，义勇队员进行军事训练的事很快被他们侦知。他们同时了解到一位与何香凝同住一寓所的义勇队员正与日本"女中"（服务员、保姆）谈恋爱，就指使这个"女中"假装怀孕，然后到何香凝的住处大吵大闹，寻死觅活，要求赔偿，声言如不答应就要告发，不得已，何香凝只好变卖家具杂物，筹款"赔偿"。

为了避免警察的纠缠，他们只好离开牛込区，搬到小石川居住。倾注了他们心血的义勇队的军事训练活动，也就只好停止了。

1903 年秋天，秋风送爽，凉风习习。何香凝头晕、呕吐。经医生检查，何香凝"有喜"了。此前，何香凝曾怀孕过，因为学习和工作繁忙，没有保养好，因而小产了。这次，廖仲恺夫妇商量，为了使孩子能平安诞生，决定让何香凝回香港娘家静心调养。1904 年 2 月 4 日，廖仲恺和何香凝满怀喜悦地迎来了他们的第一个孩子，这是个女孩，取名"梦醒"。廖仲恺之所以为女儿起这个名字，是因为外国人说中国人是睡狮，廖仲恺为了雪这个国耻，决心追随孙中山闹革命，使中华民族能像雄狮一样从梦中醒来，屹立于世界之林。虽然生的是个女孩，但当远在东京的廖仲恺得知孩子平安地降临人世时，仍然按捺不住内心的喜悦，第一次尝到了当父亲的欢欣。何香凝生下女儿梦醒之后不久，又独自返回日本。也就是这年的 3 月 31 日，廖仲恺进入早稻田大学预科政治科读书。⑥

在这前后，资产阶级革命派的知识分子在民族危机的刺激下，政治上表现得非常活跃。他们在日本和国内编撰了大批书报杂志，宣传反清革命和民主思想。例如邹容的《革命军》、陈天华的《警世钟》和《猛回头》，以及章太炎的《驳康有为论革命书》等。这些书刊，对广大人民，特别是广大知识分子起了很大的推动作用。在革命思潮的鼓荡下，各种革命团体也先后成立。例如黄兴、宋教仁等在长沙成立的华兴会、湖北的科学补习所和日知会、留日学生的军国民教育会等。随着革命形势的发展，成立统一政党一事已提到议事日程上来了。

1905 年 7 月 19 日，孙中山结束了在欧美的革命活动，再次来到日本。他一踏上日本国土，立即投入组织中国同盟会的紧张工作中。孙中山住在东京一家名叫"高阳馆"的旅社里。由于他收发信件多，来往客人也多，再加上他经常聚众宣传，高谈阔论，引起了日本警察的干预。孙中山为了继续顺利地开展革命工作，想找一个合适的住所做开会和收信地点，找一位可靠的人作为掩护。孙中山知道廖仲恺夫妇诚实可靠,待人厚道,便托黎仲实找何香凝商量,当时廖仲恺恰好趁暑假回香港筹措学费,何香凝听说是孙中山的意思,自己又能为革命作些贡献,便马上应承下来。对于孙中山提出的不要日本"女中"的要求,何香凝也满口应承。

从此,何香凝每天下课回来,就要学会做一切家务,包括烧饭、做菜等。这对于一般妇女来说算不了什么,但对从小"饭来张口,衣来伸手",出身于富豪之家的"九小姐"何香凝来说,可算是件"苦差事"。她虽然有点男儿气概,还会爬树,但她毕竟是在仆婢们的簇拥中长大的,到日本留学后,又长期使用"女中",所以对这些杂活粗活简直一窍不通。她细心地看女工人怎样淘米、下锅、添水、烧火。米的多少,水的分量,火烧的时间长短,她都细心观察。觉得有把握了,何香凝便辞退了日本"女中",并且退了小石川区的住宅,搬到新的"贷家"位于神田区的房子安居,自己操持一切家务。

1905 年 8 月 7 日,对于何香凝来说,是终生难忘的日子。这一天,孙中山在何香凝的寓所,由孙中山、黎仲实介绍,主持了何香凝加入"中国同盟会"的手续。她举起右手,在孙中山监督下庄严宣誓:"当天发誓,驱除鞑虏,恢复中华,创立民国,平均地权。矢信矢忠,有始有卒。如或渝此,任众处罚。"声音坚定有力,脸上泛着红光,心潮澎湃激荡。从此,何香凝成为中国同盟会中第一名女会员,也是孙中山在日本发展的同盟会头一批加盟的一员。

1905 年 8 月 20 日,中国同盟会在东京赤坂区灵南坂日本人阪本金弥的住宅举行成立大会,公推孙中山为总理。在香港的廖仲恺听到同盟会已经成立的消息,异常兴奋。他到处奔走,筹集了必要的一点款项,便携带一岁多的女儿梦醒急忙赶回东京。和他同行的还有胡汉民夫妇等人。

1905 年 9 月 1 日，这是廖仲恺终生难忘的一个极有意义的日子。

廖仲恺回到东京神田区的住处，立刻从何香凝那里听到了同盟会成立的详细情况。他和胡汉民夫妇当夜便请孙中山来到寓所，请孙中山主持，正式宣誓加盟。这一晚可不平常，孙中山同这几位年轻志士做了通宵达旦的谈话。

孙中山的谈话，是针对胡汉民就"平均地权"提出的种种疑问而发的。胡汉民，原名衍鸿，字展堂，广东番禺人，1879 年生，与廖仲恺同返东京时，早已倾向革命。他赞成反对清王朝和建立共和制国家，由于在日本法政大学速成法政科学习，受流行的资产阶级经济学说影响很深，对于孙中山提出的"平均地权"，他有较多疑虑。他对孙中山说明了自己的看法。廖仲恺当时对为什么提出"平均地权"以及怎样实现"平均地权"，都还没有仔细思考过，所以，也非常入神地听着孙中山的解释。[⑦]

廖仲恺第一次较为详细地了解到孙中山关于"平均地权"的思想，感到很新鲜；尤其是对孙中山强调的"吾辈是为解除最大多数人民的痛苦而革命"这一点，他十分赞同。正是为解除大多数人痛苦而革命这一思想，使廖仲恺成为当时同盟会中积极宣传"平均地权"纲领和最早介绍与探索社会主义学说的中国人之一。此外，孙中山还对他们讲解"中国革命之必要与三民主义之大略""革命党之性质、作用，党员对党之义务与牺牲服从之要求"等。孙中山兴致勃勃，他的话如江水决堤一样滔滔不绝。一丝晨曦从窗口射进屋里来，已是拂晓时分，孙中山才询问廖、胡等人是否已决心加入革命党，早就立志紧随孙中山革命的廖仲恺，与孙中山彻夜长谈后，更是热血沸腾，激动异常。经黎仲实与何香凝介绍，廖仲恺宣誓加入了中国同盟会。[⑧]

何香凝和廖仲恺加入中国同盟会后，心情格外舒畅。特别是这年暑假，廖仲恺把女儿梦醒带到东京来，更给这个小家庭带来了温馨和欢乐。小梦醒的长相酷似父亲。她，高高的鼻梁，浑厚的嘴唇，圆圆的脸形，身材比较矮小，除了左眉梢上缺少那颗黑痣以外，简直像极了。而她聪明伶俐，嘴巴也特别甜。每当客人们到来时，她总是用刚刚学会的日本话主动问："叔叔好!""阿姨好!"所以大家都说这个小女孩真乖。而最爱梦醒的，首推廖仲恺。每当工作或学习之余，他总是喜欢逗小女儿玩。有时候，他抱着女儿跑到玻璃镜框前照镜子，口里大声喊着："香凝，你过来，看女儿像不像我?"香凝只得暂时撂下家务，跑过来说："像，真像!"仲恺乐得往小梦醒的脸蛋上一吻，才把她放下来，有了这个小生命，他们的生活也更添乐趣了。同盟会的同志们来开会的时候，不单是孩子纯真的笑声，就连她那黄莺似的啼声，也能够使人涌起一股欣慰之情。梦醒常常是从这个伯伯的膝上传到那个叔叔的怀里，简直成了这间屋子的"中心人物"了。尤其是胡汉民的妻子陈淑子特别喜欢小孩，她婚后 4 年，连做梦都想当妈妈，但尚未生育，因而更加疼爱梦醒，一见她就把她抱起来吻个不停，也不管梦醒是否愿意，就自称干妈，把梦醒认作干女儿。小小的梦醒，不仅是父母亲的掌上明珠，而且几乎成为这个革命大家庭里闪光的蓝宝石了。⑨

自从何香凝把家搬到神田区之后，他们的住宅便成为革命党人聚会的地点和通信联络站。孙中山每星期在她家开两三次会，邀集大家筹划各种革命工作。按照日本人的规矩，进门就要脱鞋，人若来多了，脱下的鞋子全堆在门口，很容易引起日本警察和清政府侦探的怀疑。因此，每当集会的时候，何香凝除了忙着开门、关门、照料茶水、问寒问暖之外，还要为收藏鞋子、靴子和木屐忙碌。那时，来开会的人较多，开完会后，就在他们家吃饭，何香凝娘家给的钱，她都用在这上面了。有时只有一毛钱的菜金，因此做饭时只是特别为孙中山烧一个鸡蛋，其他人都一起吃青菜、萝卜。即使这样，她也常常陷于经济困境，只好再向娘家求助。当时，孙中山收发的信件也特别多，有时还不得不用假名，诸如"高野""中山""逸仙""孙宅"等。何香凝都十分仔细地分别收藏，然后一件不漏地转给孙中山。何香凝为人诚实淳厚，待人热情，服务细致、周到，深受大家的尊敬和好评，就连孙中山都尊称她为"奥巴桑"，意为受人爱戴的革命老妈妈。

廖仲恺在参加中国同盟会的当月，被孙中山任命为同盟会总部的外务部副部长，后又兼任会计长。⑩以后曾一度被指定为天津主盟人。廖仲恺、何香凝参加同盟会之后，积极参加政治活动。1905 年 11 月 2 日，日本政府文部省正式公布《关于令清国人入学之公私学校规程》。该规程共 15 条，其第一、四条规定：凡"许可清国人"入学、转学之"公立及私立学校"，留学生入学、转学时之"愿书"，"必令附加一在本邦清国公使馆之介绍书"及"承认字"；其第九条规定留学生不得自由择居；第十条规定"以性行为不良之故被命退学者，不得复令入学"⑪。11 月 26 日，接受中国留学生的日本各公立、私立学校奉文部省之命，分别贴出该规程，并限留学生三日内将原籍、年龄、现住址、学籍经历等一律俱报，逾期若发生不幸事故，后果自负。布告一出，留日的中国学生舆论哗然。从 12 月 4 日起留日学生开始集体总罢课。12 月 8 日，陈天华留下《绝命辞》，愤而蹈海自杀。廖仲恺与何香凝的态度一直十分鲜明，他们和大多数中国留学生一样，一开始就"坚决主张同盟罢课，以示抵抗"⑫。

投身革命之后，廖仲恺早已把生死置之度外，在日留学期间，他曾经奉孙中山之委派，冒着生命危险，回国执行一项特殊的使命。1905 年 10 月初，孙中山自日本赴西贡筹款路过吴淞口时，有法国驻天津屯军参谋长布加卑少校登轮求见。布加卑向孙中山表白"系奉陆军大臣之命来见，传达法政府赞助中国革命事业之意"，并询及中国内地各省革命势力又如何。孙中山因早与法国当局有交往，遂请布加卑"派员相助"，协同调查国内革命实力。议妥之后，孙中山派一"英文"娴熟之党人长驻"天津法军营中"，担任"翻译文件"和联络工作，并"设立机关"，以"图发展北方革命势力"[13]。1906年初，廖仲恺奉孙中山派遣，赴天津完成这一重任。天津是属清王朝的京畿地区，堪称"虎穴"，危险性很大。何香凝明知前面是"虎穴"，却欣然支持丈夫前行。她写了悲壮的《赠别》一首。诗云："国仇未复心难死，忍作寻常泣别声。劝君莫惜头颅贵，留取中华史上名。"[14]廖仲恺此行，一直到同年10月才返回东京。

就在廖仲恺赴天津不久，何香凝结束东京女子师范学校预科的学习，于1906年4月13日考入目白的日本女子大学教育部攻读博物科。[15]在此期间，她努力完成学校功课，又请朱执信辅导数学，胡汉民辅导《史记》《汉书》等古典书籍，她学习十分勤奋，学识也大有长进。1907年初，因患胃溃疡，病情日益加重，被迫停学，在家休养。不久，病情稍有好转又复学，一直到1908年4月28日，终因身体欠佳，加上怀孕，只得忍痛退学。[16]

1908年9月25日，何香凝在东京大久保寓所生下第二个孩子。这是个男孩，长得白白胖胖、虎头虎脑的，哭起来，声震整个屋子，声音特别大。取名"承志"，系子承父母之志的意思。承志的出生给廖仲恺夫妇带来了莫大的喜悦。特别是何香凝，虽然她已投身民主革命的洪流，但毕竟生活在有两千多年的封建古国，传统的"男尊女卑""传宗接代"的思想在脑子里还是很浓厚的。在她看来，生了个男孩，廖家便"有后"了。因此，她内心的喜悦是无法用语言来表达的。他们请了个叫"叶姨"的日本女子当承志的乳母。"叶姨"白瓜子脸，待人很好，在她的精心哺育下，小承志健康成长。何香凝生下承志后，由于休养得好，加上心情愉快，身体康复得很快，反而比产前硬朗得多了。

何香凝生下承志之后，仍然想继续求学。1909年春，她进入东京本乡美术专科学校高等科就读。一方面，学习美术功课不如目白女子大学那么重，适应何香凝的身体状况及适当照顾家务，主要的原因却是那时孙中山在国内多次领导武装起义，起义军旗和告示的花样、军用票的图案等，需要有人设计，并且把它画出来。何香凝颇有绘画天赋，进入"美校"后，她先师从端管紫川先生学画，继而又成为日本帝室画师田中赖章先生的学生。她每星期到田中先生家学两次画。她画狮、虎，最初就是跟田中赖章先生学的。刚学绘画时，何香凝画过不少狮、虎的题材。当时，外国人对积弱的中国常常比喻为"睡狮"，何香凝画狮常用"雄狮"，画虎则常用"猛虎咆哮图"作标题，寓意深刻，洋溢着革命党人的昂扬斗志。

早在廖仲恺参加同盟会不久，他就参与对社会主义的探索，是中国首批参加对社会主义探索的先驱者之一。从1905年11月26日开始，他在《民报》第一号上以"屠富"的笔名，发表了亨利·乔治的《进步与贫乏》一书的部分译文，后来，又先后在《民报》第八、九、十一号上分别发表了《无政府主义之二派》《无政府主义与社会主义》和《虚无党小史》等译文。廖仲恺译介的《进步与贫乏》这篇文章，叙述了近世社会主义形成的前史以及法国大革命以来社会主义运动发展的状况。廖仲恺在译者前言中对社会主义运动做了研究，他肯定了社会主义运动反对无政府主义的斗争，希望各国社会主义运动能达到共同的目的，还要求读者读他译介的文章时，能与宋教仁所译介的《万国社会党大会略史》对照研究。在《无政府主义与社会主义》译者前言中，他则强调研究理论必须摒弃一知半解、匆忙作结论等学风，做学问不能赶时髦、出风头，自示渊博。廖仲恺的这番话，体现出他治学严谨的态度。

对于经济理论的浓厚兴趣，使廖仲恺孜孜以求。1907年春，他转入东京中央大学政治经济科读书。他刻苦攻读，不久即以优异成绩被列为优等生，并因此而获补官费留学。1909年6月，廖仲恺在中央大学毕业，随即返回灾难深重的祖国。何香凝及子女则继续留在东京，直至 1911 年 2 月，在东京本乡美术专科学校毕业后才回到香港。

注释：

①《回忆与怀念——纪念革命老人何香凝逝世十周年》，北京出版社 1982 年版，第 127 页。

②邹鲁：《中国国民党史稿》第 6 册，中华书局 1960 年版，第 1587 页。转引自 [美] 陈福霖、余炎光：《廖仲恺年谱》，湖南出版社 1991 年版，第 20 页。

③尚明轩、余炎光编：《双清文集》下卷，人民出版社 1985 年版，第 1 页。

④何香凝：《我的回忆》，见尚明轩、余炎光编：《双清文集》下卷，人民出版社 1985 年版，第 903 页。转引自尚明轩：《何香凝传》，北京出版社 1994 年版，第 34 页。

⑤ [美] 陈福霖、余炎光：《廖仲恺年谱》，湖南出版社 1991 年版，第 19 页。

⑥据廖仲恺在早稻田大学预科注册表。影印件在廖仲恺何香凝纪念馆展出。

⑦姜义华：《国民党左派的旗帜——廖仲恺》，上海人民出版社 1985 年版，第 21 页。

⑧周兴梁：《廖仲恺和何香凝》，河南人民出版社 1989 年版，第 31 页。

⑨尚明轩：《何香凝传》，北京出版社 1994 年版，第 43 页。

⑩此据陈福霖、余炎光编著《廖仲恺年谱》第 27 页。但据中山大学历史系余齐昭老师撰写的《廖仲恺何时在同盟会任职》一文，认为廖仲恺 1905 年底才在同盟会任"职员"，《团结报》（北京），2006 年 9 月 26 日第 4 版。孰是孰非，有待进一步考证。

⑪中国之新民：《记东京留学界公愤事并述余之意见》，《新民丛报》第 3 年第 23 号。转引自周兴梁：《廖仲恺和何香凝》，河南人民出版社 1989 年版，第 38 页。

⑫何香凝：《回忆孙中山和廖仲恺》，中国青年出版社 1957 年版，第

1 页。

⑬周兴梁：《廖仲恺和何香凝》，河南人民出版社 1989 年版，第 41 页。

⑭廖仲恺、何香凝：《双清诗画集》，人民美术出版社 1982 年版。

⑮《日本女子大学校学籍簿》中"何香凝履历表"。《辛亥革命研究》第 2 号（日本辛亥革命研究会 1982 年 3 月出刊）。

⑯《日本女子大学校学籍簿》中"何香凝履历表"，影印原件。

第三章　战云荡漾

廖仲恺回国之时，正是腐朽透顶的清王朝面临覆灭的前夕。清政府面对日益高涨的革命形势，不甘心退出历史舞台，进行着垂死的挣扎。然而，革命党人前仆后继，英勇斗争，孙中山所领导的民主革命的洪流，汹涌澎湃，势不可当。

其时，革命党人通过"入清廷握其政权以成革命之工作"的人很多，廖仲恺走的也正是这样的路。1909 年 6 月，廖仲恺在北京参加清廷的留学生科举考试，中法政科举人。7—8 月间，被清廷派往东北，在吉林巡抚陈昭常公署担任翻译工作。①

陈昭常和廖仲恺有同乡之谊，他对这位年轻的译员很客气，尤其是对他能讲满口纯正的英语相当满意。这种关系，为廖仲恺利用公开职业做掩护，在"吉林、营口等地秘密做策反的地下工作"提供了方便。这期间，他遇上了同在吉林省以提学司科长、劝学所总办职业为掩护、暗中从事联络知识界及绿林豪杰反清的林祖涵。两人在东京留学时早已相识，这次重逢倍感亲切，他们同在省城"时常过从"②，成为志同道合的挚友。

廖仲恺在译员任上，成绩显著。原来延吉地区以图们江为界与朝鲜接壤，日本侵占朝鲜后就觊觎这块地方，并在 1907 年秋制造事端，派出军队渡江侵占了龙峪、光霁峪等地，巧立名目称为"间岛"，妄图吞为己有。经过廖仲恺协助，吴禄贞据理交涉，终于把这块土地从日本人手中收回。不仅如此，廖仲恺还利用他和陈昭常的老乡关系掩护革命党人。有一次，陈昭常发觉了革命党人吴禄贞暗中进行革命活动的可疑之处，准备将吴调走，经廖仲恺从中斡旋，才相安无事。③

廖仲恺、何香凝这对恩爱的革命伴侣，身隔两地，而心却紧紧相连，他们以诗传情，倾诉怀念之情。1910 年春，柳飘絮之时，何香凝赋《谒金门》一首。词云：

> 风已起，帘外柳花飞絮。月照危栏人独倚，
> 忽闻双燕语，添我闲愁几许！回首故人何处？
> 更那堪云万里，谙天涯情味。④

同年底，1908 年在安庆起义的熊成基，被陈昭常所逮捕，经斡旋疏解无效，面对黑风恶浪，廖仲恺十分思念远在日本的何香凝，他饱含深情地写下一首《菩萨蛮》，词云：

> 春归腊照孤凤，年来年去愁迎送。
> 边冷雪如尘，随风猛扑人。
> 拥衾寻梦睡，梦也无处寻。
> 便许到家乡，楼头少靓状。⑤

在廖仲恺回国一周年之际，皓月当空，皎洁的清辉撒满大院，何香凝触景生情，回忆起她和廖仲恺在"双清楼"新婚的甜蜜岁月，而今，丈夫却不在身边。她模拟李白"我寄愁心与明月，随君直到夜郎西"的诗句，写下了自己对丈夫的思念之情：

> 悄向阶前立，愁看皓月圆。
> 空垂千滴泪，流不到郎边。
> 一别妆台久，思君懒画眉。
> 颜随秋月减，空自卜归期。⑥

廖仲恺虽然怀念妻子儿女，但他始终以革命事业为重，坚信革命事业一定能取得胜利。1910 年岁暮，他写了一首诗，以诗

言志。诗云：

> 松柏励初志，风霜改素颜。
> 遥知南岭表，先见早春还！[⑦]

　　1911 年 10 月 10 日，武昌起义的枪声，回响在神州大地。武昌城头，旌旗猎猎。摇摇欲坠的清朝政府迅速土崩瓦解，革命党人的长期战斗和人民群众的奋起，终于结出了丰硕的果实。

　　武昌起义之后，广东的革命党人立即密谋响应。在朱执信等人的策动下，陈炯明、王和顺、陆领、李福林等分别起事于惠州、南海、顺德、番禺；李准又向同盟会输械，准备倒戈。于是广州的士绅巨贾便确定了"和平独立"方案，于同年 11 月 9 日宣告独立，推举胡汉民为都督。同月，廖仲恺从东北返回广州，任广东军政府财政部副部长（正部长是香港大商人、同盟会员李煜堂）。当时，广东省库被清两广总督张鸣岐等洗劫一空。廖仲恺受命于危难之际，为尽快解除军政府财政上的困境，稳定政局和建设民主共和新政权，他利用留日时所学政治经济之专长，做了大量的实际工作。他和李煜堂商议，采取了三条措施：一是利用广大群众的政治热情，向各阶层人士和海外华侨募"国民捐"。由于广大民众"为大局计，咸踊跃捐输"，头五个月，共收到捐款 126 万多元。二是成立筹饷局，发行债券借款。据统计，头五个月，先后向海内外有息借款、发行公债等共达328.13 万元。三是大量发行纸币，流通于市面。在独立后的头五个月，财政部从前清藩库、银行等处，提取前清纸币1 223.294 万元，加盖财政部大印，逐月流放于市面。[⑧]上述财政措施实行后，广东的财政初步得到恢复，军政两费得以维持，对稳定广东军政府发挥了重要作用。在实施上述措施过程中，廖仲恺不仅出谋献策，而且亲自操办。他在理财方面的才华，受到人们普遍的赞扬。

1912 年 5 月 24 日，廖仲恺升任广东军政府财政司司长。由他主持的财政司为稳定纸币和市面金融做了很大的努力。1912年 6 月，他呈请都督胡汉民任命邹鲁为官钱局统办后，指定官钱局专门解决纸币兑换风潮。他和邹鲁商定解决办法：①要军政府命令各县征收机关一律只收纸币，不准索取现洋；②由造币厂加工铸造现洋，同时在城内各处设立兑换钱庄，暗中每日提高纸币价格若干成分；③加强舆论宣传工作，以安定人心。以上措施实行后，初步平息了商民的不满情绪，经济形势有了新的转机。

廖仲恺在任财政司长期间，克己奉公，廉洁自守。他制定一整套条规，严格财经纪律和制度，从不积蓄私财挪用分文，为全司同仁作出了榜样。他坚持任人唯贤、按才录用的原则，为人们所称颂！

廖仲恺任职财政司长期间，还为推动社会经济革命做了可贵的尝试。早在留学日本时，他便十分推崇美国经济学家亨利·乔治的"单税"理论。20 世纪初叶，他刊载在《民报》的几篇文章，反映了他对社会改革的浓厚兴趣。他曾以"屠富"为笔名，以表明他对贫富不均现状的抗议。在财政司长任内，廖仲恺曾尝试依据亨利·乔治的"单税法"，议订公平的征税制度，以消除社会上贫富不均的弊病。1912 年 6 月 12 日，廖仲恺在广东省议会上提出换契案并阐述换契案的内容和主旨。他提议要广东的地主，以两月为期，把旧的三联印契，交与政府检验，再行另发新契。业主可以自由呈报地价，政府按价抽 2% 的税。逾期两个月，仍未换契者，则加倍；逾期四个月者，再倍之。若过了六个月的限期，便没收其土地。廖仲恺希望通过这项改革，促进经济发展，实现孙中山"平均地权"的理想。他的这项计划，得到了孙中山的热情支持，然而却受到了当地绅商的强烈反对。由于革命党人在广东的政治势力不足以和保守的议会相抗衡，换契案终告失败。^⑨然而，廖仲恺勇于改革、敢于开拓进取的精神却是难能可贵的。

注释：

①〔美〕陈福霖、余炎光：《廖仲恺年谱》，湖南出版社1991年版，第45页。

②何香凝：《回忆孙中山和廖仲恺》，中国青年出版社1957年版，第43－44页。

③宁武：《东北辛亥革命简述》，见中国人民政治协商会议全国委员会文史资料研究委员会编：《辛亥革命回忆录》第5集，中华书局1961年版，第544页。

④廖仲恺、何香凝：《双清诗画集》，人民美术出版社1982年版。

⑤廖仲恺、何香凝：《双清诗画集》，人民美术出版社1982年版。

⑥廖仲恺：《吉林岁暮杂感》，见《传记文学》第43卷，台北1983年8月版，第2期。

⑦周兴梁：《廖仲恺和何香凝》，河南人民出版社1989年版，第49页。

⑧蒙光励：《理财能手廖仲恺》，《华声报》，1991年9月3日。

⑨〔美〕陈福霖、余炎光：《廖仲恺年谱》，湖南出版社1991年版，第59页。

第四章　讨袁斗争

窃国大盗袁世凯在中外反动势力的积极支持下，逐步攫取了革命的果实。孙中山不得不于清帝溥仪宣布退位的次日辞去临时大总统之职，并荐袁世凯以代之。此前，孙中山以临时大总统身份推动临时参议院制定了具有民主精神的《中华民国临时约法》，袁世凯也口头表示要遵守"约法"。这在孙中山、廖仲恺等人看来，民族、民权主义因"清帝退位而付之实现"，当前的首要任务是实现民生主义，只有"振兴实业""发展物力"方能利于"民国巩固"。①然而，这不过是他们的一厢情愿而已！1913年3月20日，袁世凯指使凶手刺杀宋教仁的枪声惊破了他们的迷梦！

1913年3月12日，廖仲恺离粤赴沪，同在上海的黄兴、宋教仁、于右任等共商宋教仁赴京力争组织责任内阁的计划。3月20日上午10时许，廖仲恺与黄兴、于右任等到上海车站，欢送宋教仁取道沪宁铁路，由南京换乘津浦线车北上。10时45分，黄兴等人从车站议员接待室正门走出，而宋教仁则由廖仲恺一人陪同步行出来，他们正向月台走去，突然凶手向宋教仁后背开枪射击，宋教仁身中毒弹，经抢救无效，于1913年3月22日4时许溘然长逝。不久经查明，主使者正是国务总理赵秉钧及袁世凯本人。

孙中山、廖仲恺和黄兴等人召开紧急会议，决定武力讨袁，以确保民主共和的胜利果实。1913年4月底，廖仲恺赶回广州，向胡汉民等传达了上海紧急会议的精神。在广州仅逗留了四五天，他又奉孙中山之使命匆匆北上，到北京做运动议员反袁的工作。可是廖仲恺在北京的活动都被袁世凯的密探所侦知，在他们预备捕人的黑名单上已经写有廖仲恺的姓名。就在袁世凯发动对革命党人大搜捕的前夜，仲恺得到友人密告消息。显然形势已经极为危急，他幸而能够只身离开北京去天津，平安回到广州。②

1913 年 4 月 26 日，廖仲恺接财政总长周学熙电召，于是日离穗赴京，商讨国税与地方税划分事。6 月上旬，由北京返抵广州。自京回粤后，他集中力量清点库存、令造币厂赶铸毫币等事外，还急电已赴美国筹款及印新纸币的廖凤舒，令其将新纸币速付回粤，以作收回广东纸币之用。在此后的一段时间内，他都为稳定广东财政事而奔忙。③

自从"宋案"真相大白之后，袁世凯撕下"拥护共和"的假面具，赤裸裸地向国民党人举起屠刀。1913 年 6 月 9 日，袁世凯悍然下令罢免国民党江西都督李烈钧；6 月 14 日，下令罢免胡汉民的广东都督职务，调胡充任西藏宣抚使，而以陈炯明接任广东都督。6 月 30 日，袁再下令罢免安徽都督柏文蔚。形势十分严峻，革命果实几乎全部化为泡影。但当时许多国民党领袖仍不赞成"紧急会议"所做出的武力讨袁的决策，主张"法律解决"；或是寄望于从中斡旋而不遗余力。党内的意见分歧，使得孙中山的"速战"之计不能实现。只是由于孙中山的极力促进，李烈钧才在袁军逼迫下，于 1913 年 7 月 12 日，在江西湖口举兵讨袁，于是"二次革命"爆发。7 月 15 日，黄兴在南京举兵讨袁。安徽、上海亦在 7 月 17、18 日相继通电讨袁。7 月 18 日，陈炯明宣布广东独立，出兵讨袁，自任广东大都督兼讨袁军总司令。陈炯明和省议会发表联合宣言，列举了袁世凯的 12 条罪状。

由于宣布独立的省份局限于东南一隅，加以这些地区内部情况复杂，反袁斗争并未形成洪流，因而失败的结局是难以避免的。仅仅在很短的三个月里，反袁斗争就被袁世凯镇压下去，"二次革命"遂以失败而告终。

在广州，广东讨袁军于 1913 年 8 月 11 日被打垮，广东军政府也随之瓦解。在这危急关头，廖仲恺、何香凝不得不急忙携子女梦醒、承志离开广州。廖仲恺路过香港时，香港英国政府不许他逗留，限 48 小时内离境。廖仲恺、何香凝和胡汉民等，于1913 年 8 月中旬抵达日本神户，同早数天前已抵达的孙中山会合。

廖仲恺夫妇在神户稍做停留后，转赴东京。他们在千驮谷附近的青山七丁目安下了家。这里离孙中山的住处青山四丁目很近，只需步行几分钟就可到达。他们住的房子很简陋。这住处有两间房，胡汉民夫妇住一间，他们住一间。会客、吃饭、睡觉都在里面。每月的房租仅 20 元，其他各项开支都很节省。海外人士知道廖仲恺当过一年的财政司长，以为他一定很有钱，没想到他却过着如此俭朴的生活，无不感到惊讶。

孙中山在"二次革命"失败后，表示要用"以前反对君主专制之决心"坚决反袁，"以竟辛亥之功"。他认为"二次革命"失败的原因，是国民党内部无组织无纪律，丧失了革命精神，于是决定重举革命旗帜，组织中华革命党，继续进行斗争。

孙中山规定入党者都要按指印、立誓约，绝对服从孙中山。这种做法遭到黄兴等许多老革命党人的反对。他们宁可离开孙中山，也不愿履行这一手续。廖仲恺、何香凝认为履行这种手续确有缺点，但"二次革命"的失败教训表明，任何一个政党必须有严格的纪律，这样才能担负起革命的任务。经过半年多的犹豫，他们分别于 1914 年 5 月 2 日和 7 月 8 日参加了中华革命党。1915 年 2 月 12 日，孙中山任命廖仲恺为中华革命党财政部副部长（正部长是张人杰）。由于张人杰远在法国巴黎，因此财政部的工作实际上由廖仲恺主持。为了发展党务，给宣传、军事、政治等方面的活动提供必要的经费，廖仲恺千方百计向各方面筹款。

除此以外，廖仲恺还为推动中华革命党健康发展做了不少工作。首先，他积极参与了《中华革命党革命方略》的制定。从1914年9月中旬至同年12月中旬，孙中山在东京赤坂区灵甫坂主持召开关于制定《中华革命党革命方略》的讨论会17次。廖仲恺与会并认真参加讨论，积极发表自己的意见。该会议决定组织中华革命党东北军、东南军、西北军、西南军四个司令部。廖仲恺多次在东京为内地讨袁军购置和秘密发运枪械子弹等物资，并协助孙中山统筹联络各军，为反袁斗争出谋献策。

作为中华革命党机关刊物《民国》杂志的撰稿人之一，廖仲恺深知对于革命理论的探索与宣传的重要性。他在给邓泽如的信中指出："改革人心、转移风化之力，笔舌较兵戎为巨。"④所以，他翻译了英国学者何思敬的《大私归士》一文，以微尘笔名，在《民国》的第一、二、四号上连续刊载。他还翻译了阿斯吐哥士奇的《社会威力为政治生活之本》一文，刊载于该刊的第三号。"私归士"，是英语 squeeze 的音译，是占小便宜的意思。该书作者游历了中国北方后写下了这本书。作者指出占小便宜是当时中国的一种国民通性，要革去它，不是旦夕可以成功的。廖仲恺把这篇译作介绍给读者，其意在于要克服这种劣根性，不要像在武昌起义后那样，满足于廉价的胜利而停止进击，从而导致革命的失败。《社会威力为政治生活之本》一文，原为法文《民政与政党组织》卷末附录中的第一篇。廖仲恺在译介这篇文章时，写了一段按语并指出："如果因噎废食，不实行民主政治，只能促使国家衰亡而已。"廖仲恺的译文，对于袁世凯的党羽们借机攻击政党政治，无理要求取消民主共和，是一个有力的回击。⑤

这时，何香凝在留日学生中进行广泛的联络、宣传活动，向青年学生们宣传革命的道理，提高认识，鼓舞斗志，以增强信心。1915年5月间，袁世凯与日本帝国主义签订丧权辱国的"二十一条"后，何香凝多次在东京中国留学生的集会上，满腔激愤地进行演讲宣传和鼓动工作，揭露袁世凯卖国的罪行，并大声疾呼大家要"以祖国利益、民族大义为重，坚决反对日本帝国主义侵略中国"，号召大家行动起来，坚持打倒卖国害民的袁世凯政府。

廖仲恺夫妇在千驮谷的家虽然简陋、朴素，却是一个美满幸福的小家庭。廖梦醒、廖承志这时都已上小学读书。梦醒很聪明，红扑扑的脸蛋上，总是挂着甜甜的笑容。她从小就上日本的幼儿园，所以能讲满口纯正流利的日本话。她不仅长相酷似父亲，而且神态也像父亲，有时她还模仿父亲讲话时的手势，这使廖仲恺、何香凝笑得前仰后合，十分开心。廖仲恺在子女面前，既是慈父又是严师。梦醒12岁那年，有一次，父亲检查她的英文功课，发现她的发音糟糕，气得一把夺过她的英文课本就扔在地上，此后一有空便亲自执教。⑥儿子承志，1915年入日本东京晓星小学读书。他从小天赋过人，调皮，性格开朗。他活泼的性格给小家庭带来了很大的乐趣。

廖梦醒在谈到她弟弟小时候的调皮事时说，弟弟小时候调皮，长大后性格就变得开朗了。的确，后来直到晚年，人称德高望重的廖公，仍然爱开玩笑，好像他的生命是与他爱开玩笑紧密地连在一起似的。而正是这种乐观的态度，支撑他在人生的漫漫征途中战胜了一切艰难险阻。也正是这种爱开玩笑的性格，使他广交朋友，誉满全球。廖梦醒在回忆弟弟小时候的趣事时，颇为生动，谨录如次：

　　有一次在东京过年，父亲请客。当父母送客出门时，年幼的弟弟把桌上剩下的酒都一饮而尽。醉了，就钻到日本式"榻榻米"房屋放被褥的柜橱里睡大觉去了。到了晚饭时，找来找去就是找不到他，全家都急坏了，晚饭都不想吃了。正愁闷间，突然柜门作响，原来

是弟弟在里面翻身撞响了门板……少年时的调皮，长大
后就变成活跃、好动、爱开玩笑的乐观性格。[7]

　　廖承志的童年尽管是在兵荒马乱、颠沛流离中度过的，但由
于得到父母亲的呵护，仍然过得天真烂漫。据他回忆，有一次，
父母亲带他去玩具店，母亲给他买了一把长柄刀，他"不禁欣喜
若狂，不顾地方就把刀舞起来，因此立即被母亲斥责"。他垂头
丧气地跟着母亲坐人力车回家，在返抵千驮谷家前，竟大意地将
那把刀掉在车轮中，弄断了。他大声哭喊，最后"被父亲在屁股
上狠狠地打了几巴掌，才醒定过来"。[8]

　　廖仲恺夫妇对子女的要求是很严格的。童年的廖承志喜欢读
书，用"嗜书如命"来形容他可以说是绝对不会过分的，这个
爱好始终伴随他的一生。据当时也在日本的堂姐廖六薇回忆，承
志"对书本简直是着了迷，洗澡也舍不得放下。他常常拿一本书
进浴室，泡在浴缸里半天不出来，水凉了也不知道"[9]。朱执信
有空时也来考他的算术，而他的父亲总是笑嘻嘻地在旁边观看他
握着铅笔时小手的动作。当他"张开口想打呵欠之际"，他的父
亲就对他"投以炯炯的目光，简直像动物园的虎眼一样"，使他
不得不"急急停止打呵欠"[10]。由于他的聪明、勤奋，加上家庭严
格的要求，因此他的学业进步很快，1915 年，在他刚满 7 岁的
时候，便顺利地通过了考试，一下子考入了东京晓星小学二年
级。这个班一共有 30 位学生，只有他是中国人。一位日本籍教
师看不起中国人，把中国人当成劣等民族。每当他在课堂上提
问，而廖承志回答不出问题时，这位老师就会嘲讽他，怪声怪气
地说："你这头支那猪崽，当然啥也不懂啦。"这大大伤害了廖
承志稚嫩的心灵。后来，廖承志索性不回答老师的提问，这时，
那位老师就会嚎叫："我早就料到中国人会跟猪一样蠢，日本人
就不这样。"为了发泄愤恨，他不得不跟日本学生打架。一名日

本学生有一次也学老师的腔调，叫他"小猪"，被廖承志狠狠地揍了一顿，喊爹叫娘的。但大部分日本学生看见这位中国小家伙这么聪明活泼，待他很不错，还有一个跟他特别合得来。

廖承志从小就受到母亲的熏陶，喜欢绘画。有一天，一位认识他父亲的日本人来看望他们。这位日本人知道小承志会绘画，想欣赏他的"技艺"，便叫他绘一幅画。承志事前听父母说过，这个家伙跟特务机关有联系，嘱他要提防。这时，廖承志决心让这家伙长长见识，便"遵命"作画。他拿起画笔，不到几分钟工夫，一幅法国人和中国人一起痛打日本人的漫画便绘制完毕。这个日本人看了气得哇哇直叫，满脸通红。又有一次，有个日本人在他堂姐廖六薇家做客，他也在场。他痛恨日本欺压中国，当场画了一幅反对日本帝国主义的漫画。⑪这不仅表现了他出众的才华，而且也表明，在父母亲革命思想的熏陶下，爱国的种子已经在他稚嫩的心坎里发芽。

在千驮谷的日子里，因为廖家与孙中山的住宅距离很近，只需步行5分钟就可到达，所以两家来往频繁。据研究孙中山的著名学者、中山大学段云章教授考证，廖仲恺那时化名金佐治，从1913年9月到1916年4月，同孙中山在寓所会见达462次之多。⑫可见孙、廖关系非常密切。也就是在这段时间里，廖承志初次认识了宋庆龄。当时他昵称宋为"姑姑"。初识宋庆龄，给廖承志留下了深刻的印象。1981年，宋庆龄逝世后，廖承志在两首悼念诗中饱含深情地写道：

一

童年初睹丰姿美，六十五年事尚新；
痛惜伟人今谢去，深宵泪湿满衣襟。

二

暮春月里星辰稀，新竹摇风似悲啼；

　　巾帼英雄馀冻骨，天涯难觅芳魂归。⑬

　　认识伟大的革命先行者孙中山和巾帼英雄宋庆龄对于廖承志的一生影响巨大。正是父母亲的熏陶及孙、宋伟大的人格力量，给少年廖承志以良好的启蒙教育，打开了他的心扉，指引他步入漫漫的人生之旅。

　　袁世凯的倒行逆施，特别是卖国的"二十一条"的签订和帝制自为，激起了广大群众的反抗。从西南发端的护国运动，得到了广泛的响应。袁世凯处于极其孤立的境地，"洪宪新朝"被迫撤销。消息传到日本，廖仲恺、何香凝笑逐颜开。1916 年 4 月 9 日，廖仲恺、何香凝携女儿廖梦醒、儿子廖承志，和孙中山、宋庆龄以及日本朋友，在东京举行集会，庆祝袁世凯帝制失败。会后摄影留念。年仅 8 岁的廖承志荣幸地倚靠在孙中山的怀里，令他终生难忘。

　　袁世凯被迫宣布取消帝制后，1916 年 4 月 27 日，廖仲恺、何香凝随同孙中山由日本乘"近江丸"轮起程回国，5 月初到达上海。5 月 25 日他被孙中山派往山东青岛，慰问中华革命军东北军。他先后到山东潍县、即墨、寿光、高密及诸城等县，连续十多天深入部队和地方基层进行慰问和视察，对做出特殊成绩的东北军第二师及高密县的民政部门给予鼓励和表扬，并奖授了孙中山手书的匾额。⑭

　　1916 年 9 月 8 日，廖仲恺又奉孙中山之命，与胡汉民一道离开上海北上进京，向黎元洪、段祺瑞传达孙中山旨意，共同商讨进一步贯彻孙中山恢复约法及国会的主张。⑮当时，廖仲恺还要求黎元洪及财政部负责偿还"华侨债券"，指出华侨毁家相助讨袁，"今共和再造，应要清政府偿还"。在京期间，廖仲恺等还与孙洪伊等人谋划扩充北京的党务，终于使孙洪伊等人的韬园派，能与马君武等人的丙辰俱乐部合并为"民友社"，服从孙中山之领导。⑯10 月初，他到上海徐园看望华侨讨袁敢死队队员后，又风尘仆仆地赶回北京，就偿还华侨债务事，同政府进行磋商，直至 11 月底才由北京重返上海，代表孙中山再次到徐园慰问华侨讨袁敢死队。

袁世凯虽然在全国人民的讨伐声中死去，然而，打着"再造共和"旗号进行招摇撞骗的段祺瑞，不过是"以假共和之面孔，行真专制之手段"的政客，因而孙中山不得不为捍卫共和进行新的斗争。廖仲恺目光敏锐，当黎元洪继任总统伊始，他就深刻地指出："黎元洪是看印总统，大权都在老段的掌握之中，段是日本的忠实奴才"，"我们必须时时刻刻提高警惕"。⑰后来事态的发展，完全证实了廖仲恺的判断是正确的。因此，他早有思想准备，满怀豪情地跟随孙中山，走上了荆棘丛生的斗争道路。

注释：

①张磊：《伟大的爱国者、民主革命先驱者孙中山》，见中山大学近代中国研究中心编：《从林则徐到孙中山——近代中国十八先贤传》，中山大学出版社 1994 年版，第 275 页。

②何香凝：《我的回忆》，见尚明轩、余炎光编：《双清文集》下卷，人民出版社 1985 年版，第 918 页。

③〔美〕陈福霖、余炎光：《廖仲恺年谱》，湖南出版社 1991 年版，第 81 页。

④尚明轩、余炎光编：《双清文集》上卷，人民出版社 1985 年版，第 71 - 72 页。

⑤姜义华：《国民党左派的旗帜——廖仲恺》，上海人民出版社 1985 年版，第 47 页。

⑥据笔者 1984 年 4 月在北京访问廖梦醒的记录。

⑦廖梦醒：《丧弟的哀痛》，见《中国建设》纪念廖承志特刊，1983 年。

⑧廖承志：《我的童年》，见《廖公在人间》，生活·读书·新知三联书店 1984 年版，第 249 页。

⑨廖六薇:《承志弟二三事》,见《廖公在人间》,生活·读书·新知三联书店1984年版,第175页。

⑩廖承志:《我的童年》,见《廖公在人间》,生活·读书·新知三联书店1984年版,第249页。

⑪廖六薇:《承志弟二三事》,《廖公在人间》,生活·读书·新知三联书店1984年版,第175页。

⑫段云章、倪俊明:《廖仲恺石龙被拘析》,转引自〔美〕陈福霖、余炎光:《廖仲恺年谱》,湖南出版社1991年版,第99页。

⑬《廖承志文集》下卷,人民出版社1990年版,第832页。

⑭尚明轩:《廖仲恺传》,北京出版社1982年版,第49页。

⑮《孙中山先生与中央往来书牍补录》,《上海民国日报》,1916年9月11日。

⑯周兴梁:《廖仲恺和何香凝》,河南人民出版社1989年版,第71页。

⑰钟冰:《中华革命军由山东讨袁始末》,见中国人民政治协商会议全国委员会文史资料研究委员会编:《文史资料选辑》第48辑,第103－104页。

第五章 护法风云

"魔障满人寰，需泽安从施！"这是廖仲恺一首诗中发出的沉重感叹！也是他对当时中国政局高度而形象的概括。袁世凯死后，鉴于"障碍既除"，孙中山提出"规复约法，尊重民意机关"的要求，但窃踞北京政府总理的段祺瑞，却承袭了袁世凯的衣钵，导演了一幕幕丑剧：继续践踏《中华民国临时约法》和国会；导演督军团叛乱和张勋复辟等，因此孙中山以大无畏的革命精神，和战友们一起投入新的斗争。

1917年7月6日，孙中山与章炳麟、朱执信等人及部分国会议员，由上海乘应瑞、海琛舰起程赴广东，10日抵达汕头，12日出席欢迎会并发表演说。8月25日，国会非常会议在广州开幕，在广州的议员120多人出席，通过了《国会非常会议组织大纲》和《中华民国军政府组织大纲》；9月1日，选举孙中山为中华民国军政府海陆军大元帅。9月10日，孙中山就中华民国军政府海陆军大元帅职，于是，揭开了第一次护法运动的序幕。

廖仲恺、何香凝没有跟随孙中山一起南下广州，而是留在上海筹款和做海军家属的思想动员工作，直至1917年9月18日，他们才由沪起程归粤。①廖仲恺于7月11日在上海致函饶潜川等，7—8月间，又分别致函郑螺生及饶潜川等，均促其为护法而加紧筹款。另外，海军总长程璧光于7月21日率领七炮舰离沪南下护法，以及7月28日、8月4日两批国会议员南下的费用合计逾百万元，均系廖仲恺所筹措。②何香凝在上海期间，积极向海军家属晓以大义，她在哈同路寓所经常"接待一些海军家属，对她们讲解护法的必要，配合做些说服动员工作"③。他们夫妇为海军舰队官兵归服孙中山和南下广州出了大力。

1917 年 9 月 22 日，廖仲恺被大元帅孙中山特任为代理中华民国军政府财政总长；24 日，被孙中山委任为军政府财政部次长；25 日，军政府财政部正式成立，廖仲恺就职视事。在财政总长唐绍仪就任之前，由廖仲恺代理总长职权。

广州护法军政府成立后，经费极端困难，廖仲恺在代理财政总长任上，呕心沥血，多方筹措，颇有成绩。他从三个方面采取了应急措施：一是继续动员海外华侨捐款。他多次向新加坡、缅甸等地的中华革命党组织通报护法战况，因此华侨"源源接济，俾师行无阻"④。据统计，从 1917 年 10 月至 1918 年 6 月中旬的八个多月时间里，军政府共收到海外华侨捐款 24.769 7 万元，相当于同时期军政府财政收入的一半。二是发行军事国内公债。孙中山任命廖仲恺兼任筹饷公债局局长，在八个多月的时间里，军政府向海内外发出公债票券和债券收条共 1 554.593 万元。三是截收盐税。1918 年 3 月，军政府与领事团及桂系控制的广东督军署达成分享盐税余款的妥协，军政府每月可以从中获得 5 万元作为日常经费。⑤廖仲恺在理财过程中，规定了严格的财经纪律，比如在发行销售公债券过程中，对于债票销售、数目的报告、债票号码的呈报及存根表之缴交等，都做了明确的规定。廖仲恺一丝不苟的态度受到了人们的赞扬，他多年"全权管理党的财务，直到民国八年在结算的时候，没有一笔不清楚的账目，没有一宗无本人签字的收条的支款"⑥。廖仲恺为官清廉，两袖清风，他常常说："为官不能爱钱，爱钱则民穷，民穷则国弱。"⑦他言行一致，说到做到，死后家无余财。

广州护法军政府成立后，虽然孙中山殚精竭虑地策划讨伐段祺瑞的军事斗争，要求"还我约法，还我国会，还我人民主权"，护法运动取得了某些成果，却未能真正贯彻实行。孙中山领导的护法运动，尽管有它的时代进步性，但是缺乏人民群众的支持，本身又没有坚强的军事实力，这就决定了它难以成功。在护法队伍里面，握有实力的西南军阀头子唐继尧、陆荣廷之流，仅仅是"借护法之名，收蚕食鹰攫之效"而已！孙中山捍卫共和的事业，与他们的反动统治背道而驰。西南军阀头子对军政府事事掣肘，使其"命令不能出府门"，甚至悍然改组军政府，公然排斥孙中山。因此孙中山被迫向国会辞职，在通电中指出"南与北如一丘之貉"。1918 年 5 月 21 日，孙中山离粤赴沪，第一次护法运动就此失败。

孙中山离粤后，廖仲恺即向广州非常国会报告财政收支情况，以期收束工作。1918 年 5 月 27 日，非常国会审议廖仲恺的报告后，宣布无误。但他为了协助解决援闽粤军的经费，依然留在广东，数月后他才和何香凝一起，怀着沉重的心情，黯然离粤赴沪，开始了新的探求。

廖仲恺到了上海以后，奉孙中山的指派，和朱执信、胡汉民等人创办了《星期评论》（《民国日报》副刊）和《建设》杂志，作为宣传民主革命理论的阵地，阐发和传播孙中山的学说，以"激扬新文化之波澜，灌溉新思想之萌蘗，树立新事业之基础，描绘新计划之雏形"⑧。作为这两个刊物的编辑和主要撰稿人之一，廖仲恺先后翻译和撰写了数篇文章，阐发孙中山的思想，尤其是对民权、民生问题进行了可贵的探索。

1919 年五四运动的惊雷，从廖仲恺那里虽然没有得到强烈的反响，但似一缕清风徐徐地拂动了他的胸怀。在 7 月 13 日发表的《三大民权》一文中，廖仲恺指出当时中国的政局，"简直像个死物僵尸"，腐烂已极，"再坏没有了"，其主要原因，就是军阀有权，人民无权。解决的办法，就是要使人民有权。在他看来，主权的主体，当然就是人民。人民的权不是靠恩赐，"总要靠自己自觉，自己要求，自己奋斗"。他热情赞颂伟大的五四运动，使"北京根深蒂固的几个大官也就罢免了，政府对于欧洲和会的约也不敢签了"⑨。因此，他主张"要把这民众的力弄成一个具体的民权"，直接的民权。由此可见，廖仲恺这时已开始看到了人民群众的力量，为他以后大力支持工农运动打下坚实的思想基础。

为了宣传"民权主义"的学说，廖仲恺还翻译了美国政治学家威尔科克斯的《全民政治论》一书，连续在《建设》第一卷第一号至第二卷第四号发表。该书分"序论""创制权""复决权""罢官权"四章，全面论述了人民动用创制、复决、罢官三权对于直接参与政治之意义，驳斥了反对使用"三权"的各种意见。廖仲恺很赞同威尔科克斯的观点，所以他专门写了一篇序，表示他翻译这本书"有无限之意思及希望存焉"。在他看来，"中华民国成立8年，变乱侵寻，迄无宁岁"，其根本原因，"在于权力中心，停落散失而不能聚"。⑩因此他主张由人民直接行使创制、复决、罢官三大民权，亦称"全民政治"，来矫正当时代议政治为少数富人所控制的弊端，以建立一个孙中山所希望的"民之所有""民之所治"的民主国家。廖仲恺对于民权主义的研究颇有建树，他的阐发和探讨丰富了孙中山民权主义的内容。戴季陶曾经赞扬道："就思想上说，仲恺是在中国鼓吹'全民政治'的第一人。'全民政治'这一个名词，是他的创译。民国三年以后，在中国政治思想上，有全民政治的出现，成为普通的力量，确是仲恺先生的功绩。"⑪

在同一时期，廖仲恺还先后发表了《中国人民和领土在新国家建设上之关系》《钱币革命与建设》《革命继续的工夫》《中国和世界》《再论钱币革命》等文章，对孙中山的民生主义进行了宣传和阐述。就国家如何进行建设诸问题，阐发孙中山的思想，并提出了自己强国富民的经济建设理论。廖仲恺这些可贵探索的成果，表明他的旧三民主义思想日益成熟。

廖仲恺在致力于理论研究和宣传的同时，还奉孙中山之命为援闽粤军回穗讨伐桂系军阀一事而奔波。1919年10月10日，孙中山正式将中华革命党改名为中国国民党。13日，廖仲恺被任命为中国国民党财政主任。翌年6—7月间，廖仲恺和朱执信奉孙中山之命，先后两次去福建漳州，敦促陈炯明率粤军回师讨伐盘踞广东的桂系军阀。他到漳州之后，反复对陈炯明进行动员，并对陈的部属熊略、钟秀南等人晓以大义，进行说服工作。同时，还替陈炯明部队筹募军饷，帮助他们克服财政上的困难。孙中山在上海的住宅就因此由廖仲恺经手作过两次抵押，一次得款2万元，另一次得款2.5万元，由廖仲恺带往漳州，交给了驻闽粤军，以充军饷。[12]

1920年8月，陈炯明在廖仲恺、朱执信的催促下，在漳州誓师，回粤讨伐桂系军阀，10月驱逐了岑春煊、陆荣廷等桂系势力。11月，孙中山再返广州重组军政府。1921年4月，召开国会非常会议，决定建立中华民国正式政府，孙中山被选为非常大总统，于5月5日宣誓就职，第二次护法运动由是展开。

孙中山就职以后，设总统府于观音山南麓。廖仲恺于是日被任命为财政部次长（正部长为唐绍仪）。他努力协助孙中山，力图在广东开拓新的局面。1921年7月20日，何香凝受孙中山委派，前往广西梧州慰劳讨伐陆荣廷的部队，鼓舞士气，勉励将士完成消灭桂系军阀的使命。10月15日，廖仲恺随孙中山出巡广西，为北伐出师做准备；11月1日，又受孙中山派遣，与汪精卫一起由梧州返回广州，为北伐出师筹款。

这时的广东财政，经过桂系多年盘剥，"大有破产之虞"，财源枯竭，困难重重，面对如此困境，廖仲恺却满怀信心，艰难筹措。首先，他主张"裁减军队，搏节经费，使收入适合"；同时整顿省银行，以充足的基金维持纸币，动员商人与政府合作，避免纸币低跌。其次，他发布整理财政令，要求全省各主管机关严格按照规定，造缴经费开支报表，连同单据凭证报省财政厅核销，如有余存截旷，均应解省库核收。[13]再次，他决定测量全省田亩，补征少量的土地税，此项预计可增收六七百万元；同时整顿盐税收入，增加粤盐在闽、赣、湘、桂等四省的销售量，此项预计可增加财政收入800万元。最后，他计划"由粤政府出资，或官商合办种种生利事业，如矿产、工厂等"。这样，累计可增收的生利事业、田亩补税及盐款并杂捐，每年合共得三千多万元。[14] 由于廖仲恺采取了一系列开源节流的措施，原来财政拮据的困难局面逐渐得到缓解，护法运动进入兴旺发达的鼎盛时期。

孙中山在扫除桂系残寇，统一两广之后，积极部署北伐，得到了廖仲恺、何香凝等人的大力支持。当孙中山的北伐军改道出发韶关时，需要款项，廖仲恺想方设法，在几天之内便筹集现款3万元，从而保证了北伐计划的进行。[15] 因此廖仲恺被人们誉为孙中山的"钱荷包"。

然而，孙中山的北伐计划却遭到了陈炯明的激烈反对。陈炯明（1878—1933年），字竞存，广东海丰县人。出身于绅商家庭，自幼接受的是儒家思想教育，到20世纪初，他才进入新式学堂，较多地接受了资产阶级思想，进而参与维新活动，鼓吹君主立宪和地方自治。这时他一身兼任广州革命政府的陆军总长、粤军总司令及广东省省长等要职，成为广东军政大权的实际控制者。陈炯明率领的粤军，原是1917年孙中山主持军政府时以极大努力从粤督陈炳焜手中争到省长公署的20营警卫军，开始有八千余人，后来发展到两万余人，编为两个军。孙中山对陈甚为倚重，认为他是可靠的"革命将领"，因此孙中山大力培植他，在经济上大力援助他，在政治上批准全体官兵参加国民党。粤军从闽返粤驱桂的胜利，对陈炯明的赞誉之声不绝于耳，使原来就有强烈权力欲的陈炯明，加速了向军阀蜕变的过程。他自以为羽翼已丰，对孙中山等人根本不放在眼里。他希图割地自雄，反对孙中山等南下重组军政府和国会，同时也反对孙中山的北伐计划，只想踞有广东这块富庶地盘，当他的"广东王"。[16]

陈炯明为了截断孙中山的财源，1922年6月14日，他假意请廖仲恺去惠州领款，并说"有事相商"。廖仲恺也想见见陈炯明，以便做些挽救工作。但他刚到石龙即被扣留，旋被押送到广州北郊石井兵工厂囚禁。这时，陈炯明的部下兴高采烈地狂叫："这一下我们把孙大炮的荷包锁住了。"囚禁廖仲恺以后，陈炯明即密令部属在广州变乱。16日凌晨3时，叶举等指挥部队炮轰观音山总统府。顿时，炮声隆隆，硝烟弥漫，火光冲天，越秀山上成了一片火海。密集的枪声像鞭炮一样响个不停。陈炯明以四千余人的兵力袭击总统府，欲置孙中山于死地。孙中山于先一晚午夜得人密报，离开总统府，间道奔抵长堤的海军司令部，登上楚豫舰，移驻黄埔，6月23日转至永丰舰。

何香凝在叛军炮轰总统府时尚未入睡。听到隆隆的炮声和凄厉的枪声，她立即警觉地起床，到街上到处打听消息。一打听，才知道是陈炯明叛变，进攻总统府。何香凝又气又急，几乎晕了过去。回到家里时，她忽然想起孙中山下落不明，廖仲恺生死未卜，陈炯明会不会加害她的孩子，来个"斩草除根"呢？为安全起见，决定托人把女儿梦醒、儿子承志送到香港去。

枪声响了个通宵，到天亮时，还有些零落的枪声。何香凝不顾自己的安危，一早就出门打听消息。但是广东政府的要员们几乎全躲避起来了。她在枪林弹雨中奔波了一天，仍然毫无所获。

第二天，何香凝决定去广州卫戍司令部。当她通过戒备森严的警卫来到司令部时，司令员魏邦平正在与叛军陈炯明的部下叶举、洪兆麟等人开会。叶举正是率部攻打总统府的反动军官。何香凝对他们说："中山先生失踪了，我必须找到他的下落，你们必须发给我通行证。"魏邦平等人装出一副不理睬的样子。何香凝理直气壮地说："孙中山就任大总统职时，你们不是都去庆贺过的吗？为什么现在又来反对他呢？你们应该追念孙先生是推翻清朝、创立中华民国的人。你们不都是由于孙先生倡导革命，以及黄花岗等各次战役烈士们流血牺牲，激发起全国同胞共同奋斗，推翻清朝，成立了中华民国，才有中华民国的官做吗？你们今天饮水思源，不应该这样对待孙先生。"魏邦平点燃了一支香烟，"嘿嘿"地干笑了两声，仍然不屑一顾。何香凝焦急得很，但仍耐着性子，继续说理："你们纵使不让我去找孙先生，也必须让我去找孙夫人才行。你们应该记得，孙夫人是我们慰劳会的会长，当年你们讨伐莫荣新、沈鸿英的时候，她不是和我发起组织出征军人慰劳会，募了十几万款子慰劳过你们吗？你们应该容我去找她呀！"

何香凝反复要求，决心不达目的不罢休。最后，他们只得同意派一辆有通行标志的汽车和两个卫兵，"陪同"（实际上是监视）她去寻找孙中山。

在炎炎烈日、酷暑难忍的两三天中，何香凝到处奔波，疲劳不堪。她终于巧妙地支开了监视的卫兵，在岭南大学宋庆龄的友人处找到病中的宋庆龄。她从宋庆龄那里了解到，孙中山已转移到停泊在珠江河面的永丰舰上，她的心才安稳了一些。

在叛乱发生4天后，何香凝终于只身登上了永丰舰，见到了黑瘦疲惫的孙中山。何香凝见状，不由得一阵心酸，落下泪来。孙中山紧紧地握着她的手，十分感慨，在辛酸中也感到少许安慰。何香凝把孙夫人的情况告诉孙中山，孙中山听了，微微点头，稍显安慰。

后来，何香凝又三次冒着生命危险登舰，给孙中山带去消息和衣物，支持孙中山坚持反叛斗争。

在得知孙中山、宋庆龄的下落后，何香凝才想方设法营救廖仲恺。当时何香凝染上了红白痢疾，天天要打针、吃药。为了四处奔走，她像婴孩似的从早到晚，在裤子里捆块尿布，忍受着肉体上和精神上的痛苦，设法去见廖仲恺。在仲恺被囚后的第十天，她由陈部军官熊略派电汽船送至石井兵工厂。在一座楼上，他们夫妇见面了。她看见仲恺被陈的部下用三道铁链锁着，捆在一张铁床上，卫兵戒备极为森严，禁止他们夫妇谈话。

廖仲恺浑身污秽不堪，但神情却很刚毅。何香凝想到廖仲恺和陈炯明认识十多年，却受到如此残酷的待遇，嗟叹前途渺茫，人心奸诈，世道险恶。在回来的路上，廖仲恺所遭受折磨的凄惨景象不断浮现于脑际，她不禁流下了眼泪。但当她一想到过去，想到半生革命，"什么罪没有受过，什么苦没有吃过，什么艰难没有战胜过"，就从悲观到乐观，心里反而觉得坦然了。不久，何香凝第二次去探望廖仲恺。她带了一件衣服去，因为廖被锁着，没法子穿。她只好用剪刀把脏衣服从背后替他剪下来，才能换上带去的衣服。后来，何香凝又打电话给陈炯明的部下熊略、钟秀南等人，要他们设法给仲恺开锁。

在这段日子里，何香凝四处奔走，心力交瘁。祸不单行，又患痢疾，迫不得已要到医院住院治疗。就在这个时候，陈炯明一个名叫陈达生的兄弟在香港被人暗杀。据说布置行刺的人透露出口风，说是因为陈炯明囚禁了仲恺，所以一定要杀陈炯明的人。陈炯明和他的部下因此决定再过几天就要枪毙廖仲恺。何香凝听了这个消息，焦急万分，又带病出来奔跑。

何香凝第三次去看廖仲恺的时候，陈炯明要杀害他的消息他也知道了。这次，加多了警卫，共有5个卫兵看守。何香凝要上前靠近仲恺谈话，被卫兵用枪拦住。她与仲恺相隔不远，仲恺示意有一张纸要递给她，她要过去取，再次被卫兵用枪拦住。她气愤极了，要去抢那支枪，并大声嚷道："你们放枪吧！放枪吧！我是不怕的。"卫兵被吓住了，后退了两步，松了手。何香凝赶紧伸手把纸接过来。卫兵是看到的，但一生都没见过赤手空拳要抢枪的女人，他们被吓住了，也无可奈何。

廖仲恺在狱中所写的诗，鞭挞了陈炯明之流的可耻行径，把他们比喻为连"马勃牛溲"都不如的"鼠"和"虫"。对于这群害人虫表示强烈的憎恶，同时对于同陈炯明作过斗争，而又作古的邓仲元、朱执信、伍廷芳等战友，寄予了深切的怀念。诗云：

> 珠江日夕起风雷，已倒狂澜孰挽回？
> 微羽不调弦亦怨，死生能一我何哀！
> 鼠肝虫臂惟天命，马勃牛溲称异才。
> 物论未应衡大小，栋梁终为蠹蟓摧！
>
> 妖雾弥漫混太清，将军一去树飘零。
> 隐忧已肇初开府，内热如焚夕饮冰。
> 犀首从仇师不武，要离埋骨草空青。
> 老成凋谢余灰烬，愁说天南有陨星。

又：

> 迢阁层栏倚晚风，山上烟笼，江上霞红。
> 兴亡阅尽古今同，文只雕虫，技只屠龙！
> 莫问当日旧公主，昔日名隆，今日楼空。
> 跳梁小鼠穴其中，昼静潜踪，夜静穿墉。

有一首是写给其夫人的诀别诗。从诗中可以看出，他早已把生死置之度外，准备随时献出自己宝贵的生命。诗云：

> 后事凭君独任劳，莫教辜负女中豪，
> 我身虽去灵明在，胜似屠门握杀刀。
>
> 生无足美死奚悲，宇宙循环活杀机，
> 四十五年尘劫苦，好从解脱悟前非。

廖仲恺给孩子们的诀别诗云：

女勿悲，儿勿啼，阿爹去矣不言归。
欲要阿爹喜，阿女、阿儿惜身体。
欲要阿爹乐，阿女、阿儿勤苦学。
阿爹苦乐与前同，只欠从前一躯壳；
躯壳本是臭皮囊，百年会当委沟壑。
人生最重是精神，精神日新德日新。
尚有一言须记取：留汝哀思事母亲！⑰

另外，还写了《幽禁中感赋》等一共十多首诗，由于篇幅关系，恕不一一恭录。这些诗写得感情真挚，豪情满怀，亲切感人，体现了革命家在逆境中无所畏惧的乐观主义精神。

在营救廖仲恺的过程中，除何香凝四处奔波外，陈璧君、陈公博等人也出过力。

1922 年 8 月 9 日，孙中山以北伐军回师平叛失利，乘英炮舰"摩汉号"离开广州赴上海后，海军与陈炯明部的对峙趋于和缓。8 月中旬的一天，何香凝从留日同学龙荣轩口中知道陈炯明 16 日在白云山召集会议。因此她决定在那天乘坐龙荣轩的车到白云山下。

1922 年 8 月 16 日，午后，⑱广州白云山上空阴云密布，狂风骤起，雷声大作。山坡上一位中年妇女，正步履艰难地朝山顶走去。只见她中等身材，脸上呈现出沉着、刚毅的表情。她就是何香凝。此刻，她思绪不宁。这次带病上山，是为了找新军阀陈炯明，要回她的丈夫廖仲恺的。

"干什么的？"前面传来士兵的吆喝声，打断了何香凝的思绪。她不予理睬，继续往前走。

"站住！"又是一声吆喝，两把锃亮的刺刀突然伸出来，拦住了她。何香凝双手用力推开了刺刀，两位士兵惊愕地盯着这位勇敢的女性，认出了她："呵！廖夫人！"

这时，一位青年军官走过来，一眼就认出了何香凝。他毕恭毕敬地行了个军礼："廖夫人！有何指教？"

何香凝庄重地说："我要去见你们的总司令陈炯明！"

"总司令现在已经不是孙先生的人了，请廖夫人还是不去为好。"这位军官在福建时便听说廖仲恺多次筹款支持他们，因而好言相劝。

"陈炯明想杀害廖先生，你知道吗？"青年军官听见这话，一阵惊愕，沉默不语。

何香凝振振有词："廖仲恺不仅是我的丈夫，中国革命也需要他。我今天是以死的决心来找陈炯明的。"军官听了这话，沉思片刻，把身子闪到一边，低声说："总司令正在开会，请廖夫人多多保重！"

会议室里，烟雾腾腾，桌子上摆满了点心、水果。一位军官急匆匆地进来，在陈炯明的耳边低声报告："廖夫人找到这里来了。"

"是谁放她进来的？"陈炯明先是一惊，然后气愤地问。

"是我自己闯进来的！"未等军官回答，何香凝已冲进会场，高声说道。

陈炯明连忙起身让座，肥胖的脸上堆满了笑容："廖夫人，怎么冒这么大的雨到这里来了，啊！衣服都湿透了！"

"雨湿有什么要紧，我还要血湿呢！"何香凝声色俱厉，"听说你要杀廖仲恺，还要杀我。我今天是送上门来的。请吧！"

陈炯明神情尴尬，故作亲热："快给廖夫人送一盅酒来，热热身，驱驱寒。"何香凝接过士兵送来的酒，一饮而尽。

"廖夫人，我怎么会杀仲恺呢？"陈炯明装出一副"委屈"的样子。

何香凝单刀直入，语气咄咄逼人："我问你，仲恺有什么对你不起？民国九年，你们在漳州两年多，如果不是仲恺给你们筹饷，你们就要困死在福建。"

陈炯明无法否认这一事实，只得搪塞道："这次仲恺在石龙被囚时，我还在惠州。是部下干出来的。"

何香凝深知，囚禁廖仲恺完全是陈炯明的旨意，因而连珠炮似的说："他甚至做主，把孙中山在上海的房子作抵押，帮你们渡过难关"，讲到这里，她怒目环视会场，接着问道："可是你却以怨报德，良心何在？真是天理难容！"

"廖夫人，我派人把他送到白云山来，可以了吧？"陈炯明如坐针毡，似乎松了口。

何香凝唯恐其中有诈，反问道："为什么到白云山？你想搞什么鬼？"

"廖夫人，你难道信不过我？"陈炯明边说边站起来，点燃了一支烟，踱着方步，斜睨着眼睛问道。

"我今天来，也不打算回去。你要杀仲恺，就把我也砍成肉酱。你要真心放他，就写一张条子，由我去领他回家。"何香凝十分明确地答道。

"好吧！"陈炯明理屈词穷，踌躇再三，终于答应了何香凝的要求。他写了张条子，交给何香凝，并派龙荣轩、缪培南两人陪同何香凝到监狱释放廖仲恺。

当夜，廖仲恺、何香凝乘船经香港转赴上海，夫妻双双踏上新的途程。[19]

注释：

①《孙中山年谱》说：7月6日孙中山离沪赴粤，同行者有廖仲恺、朱执信、何香凝、章炳麟等人。（见该书第 208 页）有误。据 9 月 18 日廖仲恺在沪《复杨寿彭函》说："弟以孙大元帅屡次电召，今日起程归粤矣。"（尚明轩、余炎光编：《双清文集》上卷，人民出版社 1985 年版，第

89 页。)

②周兴梁：《廖仲恺和何香凝》，河南人民出版社 1989 年版，第 74 页。

③何香凝：《回忆孙中山和廖仲恺》，中国青年出版社 1957 年版，第 16 页。

④尚明轩、余炎光编：《双清文集》上卷，人民出版社 1985 年版，第 91 页。

⑤莫世祥：《护法运动中的廖仲恺》，见吴雁南等：《廖仲恺何香凝研究——廖仲恺何香凝学术研讨会论文集》，广东高等教育出版社 1993 年版，第 76 页。

⑥何伯言：《朱执信、廖仲恺》，中国国民党中央党部编，重庆中国文化服务社 1941 年版，第 32 页。

⑦廖梦醒：《缅怀遗爱话当年》，《大众电影》1983 年第 10 期。

⑧《致海外国民党同志函（十）》，见黄季陆编：《总理全集》下册，成都近芬书屋 1944 年版，"函札"第 160 页。

⑨尚明轩、余炎光编：《双清文集》上卷，人民出版社 1985 年版，第 127 页。

⑩尚明轩、余炎光编：《双清文集》上卷，人民出版社 1985 年版，第 144 页。

⑪戴季陶：《无涯的悲痛与无限的责任》，见《廖仲恺全集》上册，三民图书公司 1929 年版，第 15 - 16 页。

⑫何香凝：《我的回忆》，见尚明轩、余炎光编：《双清文集》下卷，人民出版社 1985 年版，第 923 页。

⑬尚明轩、余炎光编：《双清文集》上卷，人民出版社 1985 年版，第 380、383 页。

⑭莫世祥：《护法运动中的廖仲恺》，见吴雁南等：《廖仲恺何香凝研究——廖仲恺何香凝学术研讨会论文集》，广东高等教育出版社 1993 年版，第 77 页。

⑮《廖仲恺》，见《革命人物志》第 7 集，台北 1971 年版，第 193 - 209 页。

⑯段云章、邱捷：《孙中山与中国近代军阀》，四川人民出版社 1989 年版，第 347 页。

⑰以上所录几首诗，均见《双清诗画集》。

⑱关于何香凝上白云山和陈炯明进行面对面斗争的日期，何香凝在多篇回忆文章中均说是8月18日，此后许多著作均照引之。但据陈福霖、余炎光两位教授的考证：广州《七十二行商报》1922年8月18日报道说，何香凝于8月16日亲见陈炯明，由此判断，廖获释的日期应为8月16日。笔者完全赞同陈、余两位教授的考证。

⑲这里所引用何香凝营救廖仲恺的资料，均据何香凝《我的回忆》及《廖先生被囚》等文章。《我的回忆》《廖先生被囚》分别载于《双清文集》下卷，第906页和第377页。

第六章　激流勇进

　　廖仲恺、何香凝刚离开住宅，乘小艇赴香港，陈炯明就懊悔释放了他，马上派兵到他家寻找，好险！廖仲恺刚踏上上海的土地，1922年8月底，孙中山就在上海会见了李大钊，同他讨论"振兴国民党以振兴中国"的"种种问题"。经过多次交谈，孙中山便介绍李大钊加入国民党。①这使廖仲恺、何香凝十分振奋，备受鼓舞。

　　十月社会主义革命的胜利，以及中国五四运动的影响，给廖仲恺以新的启迪。他朦胧地看出了中国问题的症结"就是政治上的障碍"②；认识到欧美的资本主义制度并不完美，对俄国革命给予热情的赞扬，指出"俄国革命以后，私有废除，生产分配之事，掌诸国家机关与人民合作社。空前之举，震慑全球"；深信"前途曙光，必能出人群于黑暗"。③历次革命失败的深刻教训，使孙中山对十月革命也倍加赞扬。1919年冬天，孙中山安排他和朱执信、蒋介石等在上海学习俄文，准备赴苏俄学习，后来因国内革命形势的发展和其他原因而未能成行，却使廖仲恺对苏俄更加向往。1921年12月下旬，共产国际代表马林在中共党员张太雷的陪同下到达广西桂林，就国民党改组以及建立军官学校等问题同孙中山进行了数天会谈。会谈结束后，孙中山把会谈的情况电告在广州的廖仲恺。所有这些，都为后来廖仲恺鼎力支持孙中山的联俄、联共、扶助农工的"三大政策"打下较为坚实的思想基础。

　　陈炯明的叛变，这"祸患生于肘腋，干戈起于肺腑"的残酷教训，使孙中山加速了"联共"的步伐。还在广州河永丰舰上蒙难时，孙中山即要陈友仁转告少共国际代表达林说，他认为

今后"中国革命唯一实际的真诚的朋友是苏俄"④。1922 年 8 月
25 日，孙中山在上海寓所会见了苏俄驻北京使团团长越飞的代
表马林，以后又进行了多次会谈。同月底，廖仲恺也在上海会见
了马林，向他表示完全支持马林提出而得到孙中山同意的各项
主张。⑤

　　为了躲避英国租界特务的阻挠，更详尽地商讨联俄等重大问
题，孙中山决定派遣廖仲恺、何香凝赴日本与越飞或越飞的随员
举行会谈。廖仲恺的胞兄廖恩焘是北洋政府驻日本的代理公使。
其第六个女儿廖承辘（廖六薇）天生丽质，美丽动人，待字闺
中。当时她也跟随父亲在日本。廖仲恺便以介绍许崇清与侄女廖
承辘结婚为掩护，于 1922 年 9 月 25 日偕何香凝乘克利兰总统号
轮船离开上海前往日本。这一天早晨，旭日东升，霞光满天，金
风送爽。自从到上海与马林等人接触后，廖仲恺看到了中国革命
的前途，心情显得特别好。他们先后登船后，轮船起锚，缓缓地
开出了黄浦江。途中，只见碧天白云，浪涛滚滚，海鸥翱翔，廖
仲恺站在船舷上，眺望无垠的大海，心潮激荡，情不自禁地
吟道：

　　　　兰舷百尺凭都遍，目送吴江远，白鸥追逐呢喃，欲
　　问海波何处漾深蓝？山形树势随舵改，日上孤云碍。画
　　舡付与载鸳鸯，不载秋风秋雨惹神伤。⑥

　　经过一天一夜的航行，他们先到横滨，26 日抵达日本东京，
受到国民党东京支部同志们的欢迎。他在讲话中强调说，他此行
的目的在于旅游。⑦廖仲恺一行到了哥哥家，他的哥哥看到未来
的女婿英俊魁梧，气宇非凡，感到很满意。他欢天喜地地招呼他
们和他未来的女婿在他家住下，还让他们用东京公使馆的汽车到
处去游览。10 月 3 日，在东京的 50 名国民党员开会欢迎廖仲恺

夫妇，在会上，廖仲恺和各党人"有所恳谈"。同月24日，廖仲恺到驻日公使馆参加了许崇清和廖承麐的婚礼。这门亲事，是廖仲恺做媒的。廖仲恺深知许崇清很有才华，且为人忠厚，所以这次完婚，廖仲恺甚为高兴。酒过三巡后，廖仲恺欣然作"千秋岁"诗，祝他们白头偕老。诗云：

> 节楼天际，挹尽风光丽。丛菊唉，山枫醉，秋色湛蓬莱，良夜谐人事。劳月老，不辞红线牵千里。璧合成双美，阿娇归学士。瑶瑟弄，华堂启，翩翩鸾凤集，息息心情契。齐按拍，高歌为唱千秋岁。⑧

何香凝因奔父丧而提前返港。1922年10月间，廖仲恺还游览了日本著名的风景区箱根。廖仲恺在日本待了一个多月之后，得知越飞或他的随员因故不能来，故于1922年11月初离开东京，乘太平洋丸轮船停靠长崎，第二天驶向上海。这次访日，由于苏俄方面的原因，预定的会谈未能举行。⑨

廖仲恺回到上海后，奉孙中山派遣，于11月24日抵达福州，协助许崇智的东路讨贼军工作。同月下旬，他在福州向许崇智等讨贼军将领转达联俄、联共方面的进展情况。

1923年元旦，《中国国民党宣言》发表，稍后，又公布了《中国国民党党纲》和《中国国民党党章》。1月11日，廖仲恺奉孙中山电召，由福建返回上海，协助进行国民党改组工作。同月17日，苏俄代表越飞于是晚由北京抵达上海，翌日即同孙中山开始了为期数天的会谈。也就是在这期间，即1月23日，廖仲恺被孙中山委任为国民党本部参议。1月26日，《孙文越飞宣言》发表。宣言首先指出："共产组织，甚至苏维埃制度，事实上均不能引用于中国。"宣言认为："中国最要最急之问题，乃在民国的统一之成功，与完全国家的独立之获得。"越飞表示，此项事业，中国可以得到俄国之同情和依靠俄国的帮助。此外，宣言重申放弃苏俄时代在中国的特权。这就为孙中山的联俄政策奠定了坚实的基础。

宣言的发表，使廖仲恺、何香凝深受鼓舞。为了对具体细节进行深入的探讨，廖仲恺奉孙中山之命，以带女儿廖梦醒到日本治病为名，于1923年1月29日和越飞一起，乘亚洲皇后号轮船离沪赴日。据廖梦醒回忆："赴日之前，母亲把我关在屋里，对外诈称我患病了，然后才让父亲带我去日本。船经过长崎，有记者问父亲这次访日有什么任务，父亲只说：'带女儿去热海养病。'当时，许多名流都带家属去热海疗养，日本犬养首相的儿子也在那里。"⑩廖仲恺等一行人途经长崎、神户，于2月1日到达横滨。当天立即去东京，住在筑地精养轩，直到2月10日转往热海。

廖仲恺在2月3日就已经和越飞一行人在精养轩共进午餐。4日上午，他和越飞的秘书谢瓦尔沙龙会谈约20分钟，下午同另一秘书列温同车去中国公使馆。同一天，留日中国学生对越飞进行礼节性访问；廖仲恺也在座，他们一起接见了留学生。同时利用这个机会他本人接受学生的访问。9日午间，廖仲恺访问谢瓦尔沙龙，谈话片刻。到了10日，他就和越飞一行人一起去热海。在2月4日，廖仲恺对向他探询的日本警视厅外事课的人发表了一次谈话，其中谈到，他这次访日是为了带女儿来疗养病躯。他此次虽与越飞同船而来，但他们只是于1922年1月才在上海认识，并没有特别深的关系等。

1923年2月10日他们赴热海之后，越飞的足疾逐渐恶化，加上神经痛而难以步行，因此只得蛰居在客房。因而他们的会谈主要是在廖仲恺和越飞的秘书列温和谢瓦尔沙龙之间进行。据日本警视厅的报告：2月12日夜，廖仲恺和谢瓦尔沙龙在饭店打桌球；13日上午，廖仲恺父女和谢瓦尔沙龙、列温等人一起去伊豆山的相屋旅馆洗温泉浴，过了中午才回来。据静冈县知事道冈秀彦15日的报告：廖仲恺每天出入于住在同一旅馆的谢瓦尔沙龙的房间。据2月23日的报告称：廖仲恺于当日在旅馆客房和食堂，与谢瓦尔沙龙和田口运藏等人进行一两次会谈。⑪

　　在热海期间，廖仲恺有时也甩开日本特高课（特务）人员，悄悄跑到越飞的房间与他进行会谈。据廖梦醒回忆："特高课人员天天盯梢，父亲很难与越飞会面。有一天，越飞的秘书、一些日本人和我一起在饭店楼下的客厅做游戏，特高课人员也在看热闹，父亲乘他们不备，悄悄上楼进越飞房间和他见面。我玩到一半，发觉父亲不在，正想去找，越飞的秘书用英文轻声叫我不要声张。"⑫像这种情况，特高课人员未发现，当然就无法向他的上司报告了。

　　廖仲恺在日本逗留了一个多月，于1923年3月21日，乘加拿大皇后号轮船离开日本横滨回国。他和越飞及其随员会谈的具体内容，没有直接的资料记载，但综合各方面史料可以窥见，他们除了围绕《孙文越飞宣言》深入讨论有关细节外，还谈到了共产主义和三民主义的问题，商议了筹办军官学校以及苏俄援助、派代表团访苏等问题，廖仲恺此次赴日谈判，取得了很大成功。

　　廖仲恺的日本之行，开阔了视野，解除了过去思想上的某些疑虑，坚定了联俄的决心。当时陈公博也在日本，据他回忆："一夜天气很冷，忽然接到廖先生一封信，说希望我到热海一行，因为那天在座还有几个人，许多话不便谈，现在在热海可以多谈几句，如果来的话，希望接信后即来，他在热海也不会停留很久的。……这次廖先生倒不提出我回粤问题，只是询问我国共合作意见。我告诉他我和斯里佛列（马林——引者注）与张溥泉的谈话经过，他沉吟了一下说，我们不妨和越飞谈谈。这时我才知道苏俄驻华代表越飞也来了热海。晚上三个人见了面，越飞告诉我，苏联命令中国共产党加入国民党，实为完成中国的国民革命；而且越飞更郑重地说：中国只有实行孙先生的三民主义，绝不能行共产主义，我问越飞：苏俄希望共产主义何时在俄实行？越飞只是摇头不答。我问越飞：六十年共产主义在俄会实现吗？越飞倒很老实说，这是一个疑问。廖先生很滑稽地笑着说：'公博，你还有什么说？我们要做革命党也要做现在的革命党，不要做一百年以后的革命党。我们实行三民主义，不必再讨论了！'"[13]汪精卫在1926年召开的《中国国民党第二次全国代表大会政治报告》中，也比较中肯地评价了廖仲恺的日本之行。他说廖仲恺和越飞"彼此在热海住了一个月，此时东方人士不知道的许多事情，廖同志便知之甚详。如俄国的现状，俄国对东方被压迫民族之态度，俄国何以想和中国携手之原因，都已十分了解。所以十二年（指民国十二年，即1923年——引者注）春间，廖同志由东京回广州帮助总理做联俄的工作，当时许多同志怀疑，而廖同志却很勇敢、很坚决去干，其中实有原故的"。情况确实如此，后来廖仲恺大力襄助孙中山制定三大政策，成为协助孙中山促成第一次国共合作的第一功臣，与此关系极大。

廖仲恺在日本期间，1923年3月2日，孙中山委任他为大本营财政部部长。从1923年10月10日起，廖仲恺频繁出席国民党恳亲大会、国民党党务讨论会等会议，实际上介入国民党的改组工作。1923年10月18日，廖仲恺和汪精卫、张继、戴季陶、李大钊等被孙中山委任为国民党改组委员；10月25日，在广州召开的国民党改组特别会议上，公布了由孙中山指定的临时中央执行委员会的组成人员名单，廖仲恺、胡汉民、邓泽如、孙科、谭平山、林森、陈树人、杨庶堪、吴铁城为委员；候补委员有汪精卫、李大钊、许崇清、谢英伯、古应芬。廖仲恺在这次会议上发表了演说，宣布改组理由："一、以往组织未严密；二、本党内容，多未完备；三、欠缺纪律。"[14]从此以后，廖仲恺实际上挑起了孙中山交给的改组国民党的重担。

　　孙中山把这副重担交给了廖仲恺，可以说是"知人善任"。早在1903年廖仲恺夫妇与孙中山认识，孙中山即委托他们"在东京物色有志学生，结为团体，以任国事"。在中华革命党时期，孙、廖两家住地很近，来往密切，一睹"帝政取消一笑会"的照片便可了然。⑮特别是当陈炯明叛变时，廖仲恺与孙中山同遭厄难，一个羁囚于缧绁之中，随时有生命危险；一个在叛兵围攻之下，几乎以身殉国。两人乃至两家的革命情谊，经历了这次事变更加深厚。不仅如此，陈炯明的叛变使廖仲恺和孙中山一样痛切地感到国民党非彻底改弦更张不可。廖仲恺后来痛心地指出，原来集体加入过国民党的陈炯明军队，竟成"攻总统府之人"，所谓国民党员，徒有虚名，除少数干部外，并无真正为党奋斗之党员。痛定思痛，他总结了十多年的斗争经验，得出结论："民国成立已经十余年，孙先生的三民主义不能够实现，这说明是党的组织的问题……所以非把国民党改组不可。"⑯廖仲恺不仅对改组国民党必要性的认识与孙中山完全一致，而且对如何建设我们国家的构想方面他们也特别接近。民生主义是孙中山思想中最具特色的部分，正是廖仲恺的著述丰富了民生主义的内容。他们都十分推崇亨利·乔治的单税论，如本书第二章所述，廖仲恺早在日本留学时，就在《民报》上发表过亨利·乔治的《进步与贫乏》译文的一节。在1912年廖仲恺任广东军政府财政司司长时，制定了《广东都市土地税条例草案》，努力贯彻孙中山平均地权的"照价纳税"的主张，试图解决民生问题。廖仲恺这样不遗余力地贯彻孙中山主张的实践，深得孙中山的赏识。此外，孙中山关于共产主义与民生主义关系的论述，与廖仲恺希望中国"建一社会主义国家"的美好愿望也十分吻合。⑰所以，在孙中山的重要助手中，虽然胡汉民、汪精卫也是举足轻重的人物，但他们对联俄、联共并不热心，因而孙中山把改组国民党的重任托付给廖仲恺是顺理成章的事。

改组工作一开始，就遭到国民党内部右翼势力的激烈反对。他们人数多，资格老。如汪精卫之流就散布谣言说，让共产党人参加进来，好比"孙行者跳入铁扇公主的腹内翻跟斗、使金箍棒，铁扇公主如何受得了"。国民党右派分子邓泽如、林直勉等11人也联名上书孙中山，危言耸听地说国民党改组"实多出自俄人鲍罗廷之指挥"，"全为陈独秀之共产党所议定"。阻力这样大，但廖仲恺全然不顾，毅然加紧进行改组工作。

1923年11月底的一天傍晚，暮色苍茫，华灯初上。广州东山百子路"双清楼"亮着灯光，廖仲恺正在伏案批阅文件，邮递员急匆匆地进来，递给他一封信。廖承志把信拆开了，知道是戴季陶从上海寄来的。他念给父亲听，当念到"叫共产党参加进来，只能当做酱油之类的调味品，不能当做正菜吃"时，廖仲恺气得双手发抖，他猛地把信撕得粉碎，愤愤地说："天仇（戴季陶）哪里懂得革命是什么东西！"⑱何香凝见状，十分理解丈夫的心境，感慨地说："他们在受到孙先生的严厉批评之后，将不满全泼向你身上了。他们造谣、中伤、诽谤，手段卑鄙得很。"对于这位贤内助的理解和支持，廖仲恺感到极大的安慰。他坚定地说："香凝，他们并不为党的前途打算，不必管他，我决要改组，不必计较这利害的。"

改组国民党的工作，在廖仲恺的具体组织下，取得了明显的成效。他亲自抓广州市的国民党改组工作，在他的支持下，广州地区的中共党员阮啸仙、刘尔崧、杨匏安、周其鉴、周文雍等22人，分别当选为各区党部或区分部委员。在筹备阶段，他亲自主持会议28次，议决案400余件。在广州改组工作取得明显成效之后，1923年11月28日，他又风尘仆仆，和鲍罗廷及共产党人谭平山一起赴上海，指导成立国民党上海执行部，于1924年1月7日赶回广州，迎接国民党"一大"的召开。

　　光阴荏苒，冬去春来。1924 年 1 月 20 日这一天，广州市内商店门口张灯结彩，"热烈庆祝国民党第一次全国代表大会的胜利召开"的巨幅标语贴满大街小巷。广东高等师范学校门口彩旗飘扬，锣鼓喧天，人海如潮。上午 8 时许，孙中山、廖仲恺、何香凝等人健步走过来时，人们欢呼雀跃，争相一睹孙中山的风采。孙中山神采奕奕，慈祥的脸上挂着微笑，向欢呼的人群点头致意。廖仲恺跟在孙中山的后面，频频向群众招手。9 时整，中国国民党第一次全国代表大会在广东高等师范学校礼堂隆重开幕。到会代表 165 人，其中共产党员 24 人，孙中山以总理身份担任会议主席。

　　当孙中山宣布大会开幕时，会场上响起了热烈的掌声。孙中山致开幕词后，廖仲恺首先发言，提请孙中山指定大会主席团 5 人，并将大会"会议规则及秘书处组织规则提前议决通过"。这一提议得到孙中山的首肯和与会代表的赞成。[19]接着，大会通过了由孙中山指定的胡汉民、汪精卫、林森、谢持、李大钊 5 人为主席团成员。下午，大会由秘书长刘芷芬宣读《中国国民党第一次全国代表大会宣言》（以下简称《宣言》）草案。接着，孙中山发表讲话，当他指出"这个宣言，系此次大会之精神生命"时，代表们又报以热烈的掌声。

　　围绕着《宣言》草案中提出明确的反帝反封建纲领，共产党人与国民党左派一起同国民党右派展开了一场激烈的斗争。右派们对孙中山进行围攻，企图迫使孙中山放弃《宣言》草案。他们每天都聚集在一起，密谋策划，还经常从后门跑到孙中山那里，竭力用"通过宣言会产生极危险的后果"来恐吓他，还动员他们的朋友们从海外打电报给孙中山，表示"担心国民党会落入布尔什维克手中"。孙中山为尽力避免摩擦，同意撤销《宣言》草案，提出政府的纲领。1924 年 1 月 23 日会前，孙中山急派一名信差去邀请国民党顾问鲍罗廷到代表大会秘书处商量。鲍罗廷详述不能取消宣言草案的理由，指出"宣言回答了与中国命运攸关的问题，因此，它必将成为运动指导性的和决定性的文件"。听着鲍罗廷精辟的分析，孙中山表示赞同鲍罗廷的见解，打消了原来的动议，决定通过《宣言》。

1924 年 1 月 23 日下午，在《宣言》审查委员会报告完毕后，孙中山宣布"请付讨论"。廖仲恺首先发言，他站了起来，刚毅的脸上神情严肃，炯炯有神的目光扫视了会场一周，然后用十分深沉的语调说道："本席对于宣言审查修正结果认为满足。此次大会宣言全文及政纲大致表现十分清晰，本席对此宣言有三层见解：第一层，本层之宣言及政纲是革命的性质，实行打破一切军阀官僚，铲除一切发展的障碍，并且表现本党做事的精神，不可与普通的一般宣言同论。第二层，我国从前许多政党均有洋洋大文发表，其实皆满纸空谈一无价值，绝对不如本党此次之宣言丝毫不假借，完全依靠主义而实行。第三层，此次本党暨发表切实之宣言，实将本党置于几何学之定点上，有了定点才能前进，才能发展，如太阳升天，同一向上，发扬光大。此宣言不但代表本党诸君的意思，并且代表全国人民的要求，嗣后无论如何必须以此宣言为奋斗进行之标准，努力前进，冀贯彻本党主义完全达到目的。"他的话音刚落，会场里就响起雷鸣般的掌声。[20]

廖仲恺精辟的分析，使代表们赞叹、折服。接着，是沉默，会场静悄悄的。孙中山抓住这个时机，宣布"交付表决"。他带头举手，其他代表也跟着举手。《宣言》终于通过了。当孙中山宣布表决结果时，大厅里又响起长时间的热烈掌声。

树欲静而风不止，斗争并没有停息。1924 年 1 月 28 日上午，在大会讨论《中国国民党章程》草案时，右派们又趁机兴风作浪。当大会执行主席胡汉民宣布讨论开始后，广州特别区代表方瑞麟按照国民党右派们的预谋提出："本党党员加入他党，应有明文规定。"主张增加"本党党员不得加入他党"的条文。接着，国民党右派分子江伟藩、李希莲、黄季陆等人先后发言，支持方的提案。会场气氛顿时变得紧张起来。廖仲恺静听着，双眉紧锁，神情严峻。黄季陆讲完后，廖仲恺曚地站起来，旗帜鲜明地说："我坚决反对把限制其他政党党员加入我党这一条列入党章。"接着，他挥舞右手，以无可争辩的口气说道："我们第一要问，我们的党是否是有主义的，是否是要革命的？如对于我们的主义能服膺，革命能彻底，则一切皆可不生问题。且加入本党的人，我们只认他个人的加入，不认他团体的加入。只要问加入的人，是否是诚意来革命的。此外，即不必多问。这次共产党人加入，是本党一个新生命。诸君如果不以为然，请先闭目静思其意何居？彼等亦不是来拖累我们的，是与我们同做国民革命工作的。请大家思之，重思之。"㉑这一席掷地有声的话，激起了一阵阵掌声和赞许声。胡汉民内心并不赞成廖仲恺的意见，但他考虑到如果不许跨党案通过，无法向孙中山交代。所以，他在强调"只要在纪律上规定即可""不必再在章程上用明文规定何种取缔条文"后，即宣布表决。结果，允许共产党人跨党的《中国国民党章程》获得了通过。

大会《宣言》草案原先包括有收回租界、收回海关、废除不平等条约等内容。主持《宣言》最后定稿的胡汉民，却接受了黄季陆等人的意见，把这些具体要求删掉了。事后孙中山知道了，对此十分愤慨。1924 年 1 月 30 日上午，在大会选举中央机构前夕，廖仲恺根据孙中山的指示，提出临时动议，他说："一、租界制度于 20 世纪之今日尚任其存在于中国，实为中国人民族之耻辱，应由中国人收回管理。二、外国人在中国领土内应服从中华民国之法律。三、庚子赔款当划作教育经费。"经过激烈争论，在孙中山的大力支持下，这项提案也获得了通过。㉒

1924 年 1 月 30 日，大会胜利闭幕。广州市内人们喜气洋洋，敲锣打鼓，载歌载舞，欢庆这具有历史意义的日子。廖仲恺、何香凝挤在欢乐的人流中，笑得合不拢嘴。廖仲恺高兴地对何香凝说："香凝，国共合作实现了，中国革命有指望了。你看！群众那股高兴劲，真是大势所趋、人心所向啊！"何香凝微笑着，连连点头称是。

国民党"一大"之后，廖仲恺夫妇又满怀信心地踏上新的风雨征程。

注释：

①陈锡祺主编：《孙中山年谱长编》下册，中华书局 1990 年版，第 1499 页。

②廖仲恺：《国民的努力》，见尚明轩、余炎光编：《双清文集》上卷，人民出版社 1985 年版，第 347 页。

③廖仲恺：《消费合作社概论》，见中国科学院广州哲学社会科学研究所编：《廖仲恺集》，中华书局 1963 年版，第 258 页。

④达林：《中国回忆录》（1921—1927 年），中国社会科学出版社 1981 年版，第 126 页。

⑤〔美〕陈福霖、余炎光：《廖仲恺年谱》，湖南出版社 1991 年版，第 165 页。

⑥尚明轩、余炎光编：《双清文集》上卷，人民出版社 1985 年版，第 415 页。

⑦日本神奈县知事井上孝哉致内务大臣水野炼太郎等人的报告（1922 年 9 月 27 日），见日本外交史料馆《外国人动静杂纂·政府报告之部·支那国人》。

⑧尚明轩、余炎光编：《双清文集》上卷，人民出版社 1985 年版，第 417 页。廖仲恺写《自书词稿》的题注是："许君志澄，官服广州，时由余执阿，与第六侄女承蘬订婚。壬戌 9 月，余因事赴日本，约与俱东。以 10 月 24 日良辰，在驻日中国使署成合婚礼，成美事，为赋此词，以祝偕老。"许崇清长期担任中山大学校长，于 1968 年病逝。20 世纪 80 年代初，笔者曾多次去康乐园，在一幢绿树簇拥的小楼里拜访许夫人廖承蘬（后来叫廖六薇）。许校长和夫人诚如廖仲恺所祝愿，夫妻一生相互体贴入微，恩爱有

加。许夫人对其叔父廖仲恺当时高兴的情景，记忆犹新。

⑨关于廖仲恺的日本之行，有些学者根据何香凝和廖梦醒的回忆，认为1922年廖的访日"为《孙文越飞宣言》做好准备工作"，有误（尚明轩：《廖仲恺传》，北京出版社1982年版，第86页）。本文系根据日本学者山田辰雄教授的论文：《关于廖仲恺一九二二年和一九二三年的两次访日》，见《廖仲恺研究》，广东人民出版社1989年版，第220页。山田辰雄教授的论文是依据日本《日俄恢复外交关系谈判·东京会谈·越飞等一行代表的行踪及情况》档案资料撰写，可靠性强。

⑩廖梦醒：《缅怀遗爱话当年》，《大众电影》1983年第10期。

⑪［日］山田辰雄：《关于廖仲恺一九二二年和一九二三年的两次访日》，见《廖仲恺研究》，广东人民出版社1989年版。

⑫廖梦醒：《缅怀遗爱话当年》，《大众电影》1983年第10期。

⑬《陈公博、周佛海回忆录合编》，第45－47页。转引自［美］陈福霖、余炎光：《廖仲恺年谱》，湖南出版社1991年版，第219页。

⑭《国民党周刊》第1期，1923年11月25日出版。

⑮暨南大学历史系、广东省文物管理委员会等编：《纪念廖仲恺何香凝》，文物出版社1987年版，第34幅。

⑯何香凝：《廖仲恺先生事略及其感想》，见尚明轩、余炎光编：《双清文集》下卷，人民出版社1985年版，第28页。

⑰陈锡祺：《国民党改组前后的廖仲恺与孙中山》，见《孙中山与辛亥革命论集》，中山大学出版社1984年版，第198页。

⑱廖梦醒：《回忆我亲爱的父亲——廖仲恺》，《中国工人》1957年第16期。

⑲《中国国民党全国代表大会会议录》，中国第二历史档案馆存档。

⑳《中国国民党全国代表大会会议录》第27页，中国第二历史档案馆存档；见尚明轩、余炎光编：《双清文集》上卷，人民出版社1985年版，第604页。

㉑尚明轩、余炎光编：《双清文集》上卷，人民出版社1985年版，第604－605页。

㉒蒙光励：《纯信之士，赤心事国——廖仲恺晚年的革命生涯》，《纵横》1992年第1期。

第七章　黄埔慈母

1924 年 6 月 16 日，在离广州 40 公里的长洲岛码头，人声鼎沸，军号嘹亮，彩旗飘扬。人们翘首以待，等待着一位伟人的到来。这天，是黄埔军校（广州陆军军官学校）举行开学典礼的日子。7 时 40 分，孙中山乘坐的江固舰缓缓停靠码头，随同翼卫的江汉舰也随后靠岸。孙中山走出船舱，上岸了。他个子魁梧，蓄着八字胡，神采奕奕，微笑着向欢迎的军校师生招手、致意，孙夫人宋庆龄跟随在孙中山的后面，她年青、美丽、温文尔雅，眼睛里闪现着激动的泪花。霎时，"孙总理万岁！"的口号声响彻太空，整个长洲岛沸腾了。①

这天，孙中山显得特别高兴，因为创办一所军校，是他三年多来的愿望，今天终于如愿以偿。廖仲恺是黄埔军校的党代表，他一早就驱车来到长洲岛，心情特别兴奋，似乎几个月来的奔波、疲惫在刹那间全部消失得无影无踪了。

筹办一所革命的军官学校，是孙中山、廖仲恺梦寐以求的愿望。十多年来，孙中山最初认为"借会党暴动为可靠"。②但"一哄而起，一哄而散"的教训使他逐渐意识到"不可专恃会党"——"取得新军，方可成事"。③辛亥革命虽然推翻了腐朽透顶的满清王朝，然而，却未能从根本上改变中国社会的性质，大地主大资产阶级的代表袁世凯轻而易举地攫夺了政权，旧秩序迅速在新形势下恢复，民国徒有空名。第一次护法运动，因受假称拥护共和的西南军阀的排挤而失败；第二次护法运动因号称"革命同志"的新军阀陈炯明炮轰总统府而以失败告终。严酷的现实使孙中山不断进行反思，逐渐认识到"没有革命军的奋斗……我们的革命，便没有完全成功"。④早在 1921 年底，共产国际代表马林在共产党员张太雷的陪同下，到桂林会见了准备北伐的孙中山。在涉及广泛内容会谈中，马林提出了"要有革命的武装核心，要办军官学校"的建议。⑤会谈结束后，孙中山及时把会谈的内容电告在广州的廖仲恺，使他很早就接触到这个问题。如本书第六章所述，1923 年春，他和苏俄代表越飞在日本热海会谈，苏俄援助孙中山创办军官学校是其中重要的内容之一。通过这次会谈，廖仲恺更加认识到掌握革命武装的紧迫性和重要性。1923 年 8 月，孙中山派遣"孙逸仙博士代表团"赴苏考察了有关军事及政治等事务。⑥

1923 年 11 月，国民党中央执行委员会第十次会议正式决定开办一所陆军军官学校，指定廖仲恺和苏联顾问鲍罗廷着手筹建。1924 年 1 月 24 日，孙中山正式下令筹建陆军军官学校，并确定校址设在黄埔的长洲岛。任命蒋介石为军校筹备委员会委员长，廖仲恺以大本营参议的身份协助军校的筹办事宜。1 月 30 日下午，当国民党"一大"即将闭幕的时候，廖仲恺委托参加大会的代表回原籍招收军校学生，他强调指出："各代表对于介绍青年军官学生要特别注意，必其人明白主义，且诚实可靠，方可入选。"⑦

军校创办初期，困难重重。军校校址曾为广东陆军学校及海军学校旧址，因年久失修，败瓦颓垣，荒烟蔓草，久为狐鼠窃居之所。⑧要在短时间里修复，谈何容易！筹备处于 2 月 6 日正式成立，地址在广州市南堤 2 号。这是一座洋楼，原是粤军总司令部参谋长邓仲元的故居。它位于广州堤畔，天字码头的下边，整幢楼绿树掩映，环境优美。筹备处的任务主要有下列诸端：①订定校章；②修理校舍；③任免教职员；④招考学生；⑤审查员生资格；⑥决定第一期学生教练计划；⑦决定全校员生须加入国民党；⑧决定服装书籍之样式种类及购置办法。

当时广东的军事、财政大权基本上由滇桂军阀所把持，他们根本不愿意看到从自己眼皮底下崛起一支革命军，因而他们到处设置障碍，多方掣肘。校址虽经孙中山指定在长洲岛，但军阀们就是不肯迁出，后经军校筹备处人员一再交涉才得以进驻。蒋介石顾虑重重，他担心在广州的军阀不赞成创办黄埔军校，因而会解除军校学生的武装，最后会跟他算账。有一次，滇军第二军军长范石生当面奚落他："你在黄埔办什么鸟学校，那几根吹火筒，我只派一营人就完全可以缴你的械。"蒋介石当面受此侮辱，不敢哼一声，回到黄埔天天提心吊胆。同时他又害怕共产党人的革命威望。有一次，苏联顾问为革命说了几句话，他就不高兴。因此蒋于1924年2月21日，向孙中山呈请辞去筹备委员长职，要廖仲恺代为交卸。他未经孙中山和廖仲恺的许可，擅自派英文秘书王登云召集军校筹备处工作人员开会，宣布筹备处解散，发给黄埔军校招来的教职员一笔离职津贴，声称学校不办了，而他自己却跑到了上海。⑨叶剑英在1938年回忆了当时的情况，真实地反映了当时的困境，兹摘录如次：

> 忽然有一天上午，俞先生（俞樵峰——引者注）召集了我们大家，传达一个事件，说学校暂时不办了，筹备处奉命结束，每人都有规定的旅费发给你们，资遣回籍。上海招来的学生，打电去阻其暂勿前来。……
>
> 人们对于这件事，自然觉得奇异，后来邓择生建议请廖先生来解决，适逢廖先生又下乡去解决农民协会的问题了，以是只好苦闷着静候廖先生回来。
>
> 伟大的廖先生，解决这一重要问题，只是两句话，他诚挚而和蔼地说，第一，你们应该知道我们创办黄埔是党的决定，不论谁来主持，都要办的，决不会因某人不来便停办；第二，君子爱人以德，你们都是爱护蒋先生的人，应当继续地做去，应该把工作做好了，蒋先生

自然会回来领导你们，假如你们因此就把事业中止下去，使当前发展着的革命受损失，你们将如何对蒋先生。[⑩]

两天后，孙中山任命廖仲恺兼任军校筹备委员会代理委员长。其时，廖仲恺是在人力、财力都相当贫乏的条件下积极开展工作的。为了早日开学，他常常每天工作长达 15 个小时。经他主持议决的包括订定校章、修葺校舍、聘请教职员、招考学生、审查员生资格、决定服装、决定第一期新生的教练计划等，截至 1924 年 5 月 8 日，在短短两个多月的时间里，由他主持的会议达 32 次之多。[⑪]筹备工作在廖仲恺的领导下，有条不紊地进行，与此同时，他迭电蒋介石，催其速归。在 1924 年 4 月 3 日的复蒋介石电中，他甚至向蒋保证："军校款，弟不问支出，兄亦不问来源，经费不乏，尽可安心办去。唯请即来。"[⑫]在廖仲恺的再三催促下，直至 4 月 26 日蒋介石才回军校视事。这时，各项准备工作都已基本就绪，昔日破旧的校址已变得焕然一新。经过披荆斩棘，除秽去污，已变得林木葱茏，绿草如茵，莺歌燕舞，鲜花盛开。周围山峦起伏，南连虎门，为广州第二门户，确为跃马谈兵之胜地。

孙中山于 1924 年 5 月 3 日任命蒋介石为校长；5 月 9 日，任命廖仲恺为党代表。5 月 5 日开始上课，6 月 16 日，举行了隆重的开学典礼。军校办起来之后，最大的问题还是财政极端困难。虽然孙中山在 5 月份指定广东省财政厅等机关每月拨给军校经费 3 万元，但每月实际能拨给的款不过 6 000 元左右；军校经费的另一来源是苏联的援助，但也很不可靠。那时，财政尚未统一，无论铁路的收入或者其他的各种税收都被滇桂军或其他军收去，因而省财政厅的收入也很少。军校的武器奇缺，全靠廖仲恺东奔西跑筹措。据王柏龄忆述：军校开学前，孙中山就批准发 300 支粤造79毛瑟枪给军校。但是，兵工厂并不以黄埔军校为重，只知道往军阀那里送，经廖仲恺多次干涉，才勉强发下30支枪，供卫兵守卫。[13]后曾请求配给步枪580支，每支子弹50粒，但只领得步枪230支，而有枪无弹。校长蒋介石对此无能为力，唯有函请廖仲恺解决。军校伙食则处在"一天三餐，有早上不知晚上，有今天不知明天"的困苦境况中。这还得靠廖仲恺奔波劳累，艰难支撑。为了筹款，他往往忙到三更半夜才回来。有一天，廖仲恺竟忙到第二天凌晨四点多钟才回家，何香凝叫工人为丈夫烧了三次洗澡水都冷了，觉得对工人有些过意不去，便有点责怪他。廖仲恺听了之后，含泪对夫人说："我晚上是在杨希闵家，等他食完大烟才拿这几千元给我，不然，黄埔学生再过两天便无米食了。"听完这席话，何香凝的气全消了，急忙招呼丈夫洗澡。据何香凝回忆，有时廖仲恺从杨希闵那里领款不足时，便四处和亲戚、朋友借，以凑足预算，应付开销。有一次，廖仲恺购买军校的东西，向她借400元，但因她的钱也不够，她便向女工借30元才凑够数交给他。有时候，何香凝为应付廖仲恺购买军校东西之款，多次拿自己家的东西去典押。这对夫妇为军校的巩固与发展，真可谓殚精竭虑，呕心沥血。[14]

有一天，廖仲恺去找杨希闵要10万元的税款，杨希闵自管抽烟，根本不理睬他。廖仲恺在杨的烟床旁足足等了两个小时，憋了一肚子气，回到家里来大怒。廖梦醒迎上前去，笑着问："爸爸心里不高兴呀？"廖仲恺看见亭亭玉立、眼睛水灵灵的女儿，怒气顿时消了许多。他点着梦醒的鼻子，亲昵地说："就你机灵！"在一旁的何香凝这时也感到宽慰了许多。[15]

军校经费困难，造成人心不安，为了稳定学校，廖仲恺出面向师生保证："经费方面，都由我负责。教官尽可安心教育，学生尽管学习。"[16]这才使众人思想安定下来。他当时身任中央常委、军需总监、财政部长、广东省省长等要职，鉴于地方军阀将广东财源"瓜分豆剖，点滴无遗"的状况，他接连发表《统一广东财政通电》，呼吁"共维财政统一，借作士气，而挽危机"。⑰

在廖仲恺看来，要办好军校，干部和教官的挑选至关重要。他先后物色了一批人才来校任教，如黄埔军校首批任教的教职人员，就是他与鲍罗廷确定的。⑱对于校内国共两党师生，他都能始终坚持有利于国共合作为原则处理问题，力图造成生机勃勃的政治局面。

在任党代表期间，廖仲恺为军校的思想政治工作做出了杰出的贡献。他提出要以苏俄红军为榜样来办学。他说："俄国的军官学校，军事政治是并行的而且是并重的，偏重军事而轻视政治是不可以的"，军校应该在"训练方面与他们的军校是相同的，完全以主义为主干组织军队的"。⑲这就把建立一支新型的革命军队与以往的旧军队从根本上区分开来了。由此，他十分注重军校政治部的作用。他指出："政治部就是党代表的参谋部，政治部主任是党代表的参谋长，政治部主任有权行使党代表的职权。"他和共产党人亲密无间，真诚合作。周恩来从 1924 年 11 月起担任军校政治部主任。他是由张申府推荐，经廖仲恺寄旅费到法国，邀请回来的。廖、周两人过从甚密，配合默契。有时早晨周恩来到廖仲恺住处"双清楼"去找他，如果周还没吃早餐，廖仲恺便请他吃，他们一边吃一边研究工作，然后一起乘车到黄埔长洲岛去。廖承志深情地回忆了当时的情况，1978 年他在《教诲铭心头　恩情重如山》的文章中写道：

> 1924 年，我已 16 岁，初秋的一个晚上，我在家门口，看见一个穿着白帆布西装的人进来，同我父亲低声交谈了好一会。他炯炯双眸和两笔刚毅的浓眉，给我的印象很深。我问父亲："这人是谁?"父亲带着敬意地说：他就是共产党的大将周恩来!⑳

从这段话可以看出，廖仲恺对周恩来是极其赞赏和器重的。当时，共产党人在军校各个政治部门任职所占比重很大。例如，在早期两个教导团 6 个营级党代表中，共产党员占 3 人，政治部则长期由共产党员当主任或核心骨干。由于共产党人在政治工作中发挥积极和有效的作用，从而保证了军校反帝反封建的革命方向。

为了使军校成为"有主义武装的军队"，不被军阀所利用，1925 年初，廖仲恺仿效苏俄红军的制度，草拟了党代表条例草案。这个草案规定，党代表有监察校内行政、指导党务并主持政治训练事宜之责。俟国民革命军成立后，又正式颁布了《国民革命军党代表条例》，规定党代表为所属军队之长官，其所发命令与指挥官同，所属人员一律执行之。"党代表不干涉指挥官之行政命令，但须副署之""一切命令及发出之公文，凡未经党代表之共同签署者，概不发生效力"。廖仲恺还建立了党代表机构系统，团、营、连各级都设置了党代表，军校又设置各级政治部机构，规定军校政治部"为校长、党代表之政治教育的佐理机关""专司本校一切政治工作"。[21]

政治课程的设置，是提高政治教学质量的又一重要问题。蒋介石为了培植私人党羽，要求学生以《曾文正公家书》《曾胡治兵语录》等著作来作为处世待人哲学，用儒家思想来熏陶学生。廖仲恺则主张以三民主义为指导，对学员进行革命人生观的教育。在廖仲恺的干预下，军校设置了三民主义、帝国主义解剖、社会进化史等 8 门课程。而且在军校训令中明确规定："社会主义、共产主义、马克思主义等书籍，本校学生皆可阅读。"周恩来担任政治部主任后，在廖仲恺的支持下，政治部自编了大量通俗生动的辅助教材，教育学生养成爱国爱民的思想，发扬为主义而奋斗，为主义而牺牲的精神，以提高学生的反帝反封建的革命斗志。

军校聘请一批国共两党知名人士来校讲课、做报告。廖仲恺身兼数职，日理万机，十分繁忙，但仍抽空多次对学生进行爱国主义教育。1924 年 5 月 11 日，在他就任校党代表后的第三天，他就到军校做了首次报告，他说："想救中国，只有三件事：就是要统一的组织，统一的意志，统一的精神。却是这三件事，须从国民党做起，尤其须从本校做起。如果这三件事做不成功，就是本校失败。"[22]他做报告时，常常被军校学生雷鸣般的掌声打断。1925 年 1 月 10 日，他在军校的政治报告中强调要以三民主义为指导，他说："各位现在系军人，又系党员，而党员对于党之主义，必须明白然后方能为党奋斗。三民主义能得实行，方算是革命成功。若三民主义未能实行，则革命未得成功。"[23]正是廖仲恺苦心孤诣的组织、扎实的工作，才使军校的政治工作结出了丰硕之果。

在黄埔军校内，国共两党的斗争日趋激烈，廖仲恺总是以遵循孙中山的"三大政策"为原则，妥善地处理矛盾和事端。1925 年初，以共产党员为主体的先进分子，要成立"青年军人联合会"，廖仲恺认为这有利于革命军人之间的团结，便批准成立了。他还在百忙中抽空参加了该会第一次代表大会并致训词。稍后，以国民党右派军人为骨干的"孙文主义学会"也产生了。他们处处与"青年军人联合会"相对抗，不断制造摩擦，挑起事端。廖仲恺总是力劝他们以团结为重，不要惹是生非。在第一次东征时期，曾发生国民党员林振雄枪击共产党员李汉藩未遂事件，震动全校。林振雄是校管理部主任、孙文主义学会骨干。李汉藩是校政治部职员，青年军人联合会的代表之一。为避免事态扩大，廖仲恺亲审其事。结果，对身为长官的林振雄以企图开枪杀人，情节严重，给予撤职的处分；对李汉藩在遭枪击后恃众将林振雄缚入禁闭室关押，亦属藐视纪律，给予记过处分。这样分清是非、轻重有别的处理，使大家心悦诚服，从而平息了这场

风波。㉔

　　廖仲恺还注意引导学生积极参加革命实践，使学生在斗争中增长才干，接受血与火的严峻考验。1924 年 9 月，广州商团勾结帝国主义准备叛乱之时，廖仲恺便和蒋介石商量派出第三、四队学生军开进广州城，以对付商团叛乱；10 月，黄埔学生军参加了平定商团的斗争，受到了实际锻炼。1925 年 2 月，在廖仲恺的参与下，决定让黄埔军校教导团参加东征。3 月，在棉湖的战斗中，廖仲恺亲临前线，参加搬运弹药，因而士气大振，一举击溃了陈炯明的主力，取得了重大胜利。

　　廖仲恺在创建和发展黄埔军校方面的功绩，受到了人们普遍的赞扬。共产党人肯定他"为黄埔立了政治教育的模范，造就了许多革命的青年军人"㉕。连蒋介石也不得不承认廖仲恺"积 20 年之经验，知非先有为人民奋斗之武力，进而以武力为人民所有，则革命将终于无成，乃赞襄总理，手创本校，谬以中正为知兵。一年以来，学子成师，皆赖先生之殷勤训诲，辛苦经营"㉖。因而国民党人认定他"真是黄埔的慈母"㉗，他是当之无愧的。

注释：

①凤蔚：《广州陆军军官学校开幕纪盛》，《上海民国日报》，1924 年 6 月 22 日。

②中国人民政治协商会议全国委员会文史资料研究委员会编：《辛亥革命回忆录》第 6 集，中华书局 1961 年版，第 5 页。

③邹鲁：《中国国民党史稿》第 4 册，中华书局 1960 年版，第 1352 页。

④张磊：《孙中山论》，广东人民出版社 1986 年版，第 143 页。

⑤中国人民政治协商会议全国委员会文史资料研究委员会编：《辛亥革命回忆录》第 1 集，中华书局 1961 年版，第 576 页。

⑥张磊：《孙中山与黄埔建军》，见《孙中山论》，广东人民出版社 1986 年版，第 145 页。

⑦《中国国民党全国代表大会会议录》。

⑧《本校筹备之事略》，见广东革命历史博物馆编：《黄埔军校史料（1924—1927）》，广东人民出版社1982年版，第26页。

⑨陈锡祺主编：《孙中山年谱长编》下册，中华书局1990年版，第1845－1846页。

⑩叶剑英：《回忆廖仲恺先生的片断》，《新华日报》，1938年8月20日。

⑪蒙光励：《廖仲恺在创建黄埔军校中的功绩》，《黄埔》1989年第6期。

⑫尚明轩、余炎光编：《双清文集》上卷，人民出版社1985年版，第633页。

⑬王柏龄：《黄埔军校开创之回忆》，见《传记文学》第16卷，台北1983年8月版，第3期。

⑭何香凝：《改组国民党前后的回忆》，香港《华商报》，1941年6月14日。

⑮廖梦醒：《缅怀遗爱话当年》，《大众电影》1983年第10期。

⑯陈以沛：《廖仲恺在黄埔军校的革命贡献》，见《廖仲恺研究》，广东人民出版社1989年版，第121页。

⑰尚明轩、余炎光编：《双清文集》上卷，人民出版社1985年版，第664页。

⑱《致蒋介石函电十通》，见中国科学院广州哲学社会科学研究所编：《廖仲恺集》，中华书局1963年版。转引自《廖仲恺研究》，广东人民出版社1989年版，第115页。

⑲尚明轩、余炎光编：《双清文集》上卷，人民出版社1985年版，第747页。

⑳廖承志：《教诲铭心头　恩情重如山》，《人民日报》，1978年3月11日。

㉑《政治部服务细则》，见《中央军事政治学校法则全部》，1927年5月版，转引自黎显衡：《廖仲恺建军思想及其建立革命军的贡献》，见《廖仲恺研究》，广东人民出版社1989年版，第107页。

㉒尚明轩、余炎光编：《双清文集》上卷，人民出版社1985年版，第

640 页。

㉓尚明轩、余炎光编：《双清文集》上卷，人民出版社 1985 年版，第 735 页。

㉔《廖仲恺研究》，广东人民出版社 1989 年版，第 118 页。

㉕恽代英：《廖仲恺与黄埔军校》，《人民周刊》第 19 期。

㉖《蒋中正谨致祭廖党代表文》，见《廖党代表纪念刊》，1925 年版，转引自《廖仲恺研究》，广东人民出版社 1989 年版，第 111 页。

㉗张治中：《五百师生的艰苦创校》，见广东革命历史博物馆编：《黄埔军校史料（1924—1927)》，广东人民出版社 1985 年版，第 68 页。

第八章　妇女部长

1924 年 3 月 8 日上午 10 时许，阳光灿烂，南方温煦的阳光映照在人们的脸上，呈现出一派喜气洋洋的节日景象。在广州第一公园临时搭建的大会主席台两边，彩旗猎猎，春风吹拂，发出"哗啦啦"的响声。会场门口，人们兴高采烈地敲锣打鼓，锣鼓声与人群的熙攘声交织在一起，组成一曲美妙的"交响乐"，飘向无垠而蔚蓝的太空。中国首届庆祝"三八"国际妇女节的大会将在这里举行。廖仲恺、何香凝站在主席台上，满怀喜悦地观看鱼贯而入的人流。广东省立执信学校的女师生来了，广东高等师范学校的女师生来了，广东法政学堂的女师生也来了……她们正值豆蔻年华，英姿勃勃，个个精神抖擞，满脸笑容。廖仲恺望着热闹非凡的人们，高兴地对站在身旁的何香凝说："香凝！你们的准备发动工作做得不错呀！"何香凝也兴致勃勃地说："还不是靠大家，我个人有什么能耐！这里面也有你的一半功劳么！大家都说，几天前你在执信学校做的《国际妇女节之性质》讲演，讲得好，很精辟。"廖仲恺聚精会神地听着，满意地点点头。

十一时整，庆祝"三八"国际妇女节大会开始。这次大会由何香凝主持。首先，由廖仲恺和国民党中央妇女部部长曾醒发表了演说。[①]何香凝看到台下妇女扬眉吐气，异常兴奋。曾醒讲完之后，接着，何香凝发表了热情洋溢的演讲，当她的讲话中痛述广大妇女所受的痛苦和重重压迫时，全场凝神恭听，个别妇女暗自流泪、叹息。当她讲到妇女们应该昂头挺胸，团结起来，"打倒封建主义，打倒帝国主义和妇女自求解放的道路"[②]时，全场欢声雷动，报以长时间的热烈掌声。

大会结束后，举行了大游行示威。与会的两百多名妇女沿着吉祥路省署前、广仁路财厅前、永汉路长堤，转入太平路、一德路、维新路，再返回第一公园。她们边游行边高呼口号："打倒封建主义、打倒帝国主义！""保护童工孕妇，革除童养媳、革除多妻制，禁止蓄婢纳妾，废除娼妓制度！""争取妇女解放！"口号声响彻云霄，沿途街道两旁观看的人们人山人海，争看新时代女性的风采。沿途还有十余人乘坐汽车把印好的口号和传单撒向群众，人们纷纷捡起来，争相传阅。与此同时，有27支演讲队在工厂、学校、剧院发表演说，整个羊城，沉浸在节日的欢乐之中。③

这次纪念活动是由何香凝提出来的。1924年2月下旬，国民党中央妇女部召开干部会时，何香凝提出纪念"三八"国际妇女节的建议，得到与会者的一致赞同，并议定暂借执信学校为筹备地点。④同时决定筹备工作由何香凝负责。为了做好这项工作，她发动广东各界大部分女共产党员和女青年团员都参与筹备。当时妇女们对妇运工作的重要性认识不够深刻，为此，她动员廖仲恺3月3日在执信学校做了题为《国际妇女节之性质》的专题讲演。廖仲恺在报告中讲述了"三八"节的由来及其意义，强调指出"吾人求解决社会各问题，则对于妇女问题不能同时兼顾"，"中国男女不平等，比别国特甚"，因此，"中国妇女为解除所受的压迫，应学习苏俄及欧洲各国妇女，要为争妇女参政权、工作平等权而斗争"。⑤廖仲恺富有启发性的讲话，给与会者的教育很大。两天后，何香凝在执信学校礼堂主持了筹备会议。各女校和各女界团体百余人参加。何香凝在会上发表了重要讲话，她极透彻地阐发了提倡女权的必要性。会议还讨论了纪念活动的口号等事宜。总之，何香凝为这次活动倾注了不少心血。首次纪念"三八"国际妇女节意义重大，影响深远。邓颖超指出，这次活动"不但喊出打倒帝国主义及军阀的口号，而且参加实在工作，表示她们革命的行动"⑥。

　　何香凝十分热爱妇女工作，关心妇女的疾苦。1924 年 3 月 21 日，她在国民党中央妇女部党员大会上提议成立"贫妇生产保护医院"（后定名为中国国民党党立贫民生产医院），这个建议也得到了通过。[⑦]她并主动承担筹备建院的工作。当时由于缺乏资金，她除了致函国民党海外部部长林森代向檀香山及美洲等地华侨募捐外，还联络广东知名妇女伍智梅、居若文、唐允恭等人发起演剧筹款活动。广州市内各剧班、剧社看到是廖夫人何香凝领衔发起，都踊跃参加，募捐活动搞得有声有色。经过何香凝近三个月的辛劳奔波，中国国民党党立贫民生产医院终于在1924 年 6 月 18 日正式揭幕。院址设在广州永汉北路（今北京路——引者注）财政厅前向东的一座楼房里。何香凝喜不自禁地出席了揭幕式，并就创办此医院的目的为主要内容发表了热情洋溢的讲话。[⑧]

　　在国民党"一大"行将结束时，孙中山任命曾醒（时任广东执信学校校长）为国民党中央妇女部部长。后来，曾醒提出辞职，1924 年 8 月 7 日，国民党中央执行委员会第 49 次会议议决由廖仲恺的堂姐廖冰筠（时任广州女子师范学校校长）任此职，但廖冰筠没干几天，也提出辞职。8 月 14 日，国民党中央执行委员会第 51 次会议决定由何香凝代理国民党中央妇女部部长。[⑨]

　　何香凝担任妇女部部长之后，以更大的热情，尽职尽责，与国共两党的知名妇女人士一道，开拓妇女工作的新局面，成为我国劳动妇女的先驱者之一。作为中国同盟会第一位女会员，她很早就关注妇女问题，在留日期间，她发表的《敬告我同胞姊妹》一文，就是我国近代较早谈及妇女问题的文章之一；作为孙中山指定的国民党"一大"的女代表之一（另外两名女代表是陈璧君和唐允恭），她在会上提出关于妇女解放的提案，因而在《中国国民党第一次全国代表大会宣言》的政纲中，明确规定："于法律上、经济上、教育上、社会上确认男女平等的原则，助进女权之发展。"从而确立了男女平等合法地位的原则。

何香凝虽然出身于豪富之家，但也难逃被歧视的厄运：父亲不许她读书；母亲硬要她缠足，自身被歧视的经历使她深感妇女被压迫的深重，但如何使妇女获得解放，在中国共产党成立以前，她是找不到出路的。1923 年 11 月在广州召开的中共"三大"通过的《妇女运动决议案》明确提出建立妇女统一战线的方针，号召全国妇女大联合，建立广泛的统一战线，以实现打倒帝国主义和封建主义的伟大目标。何香凝从中共妇女领导人那里得到启迪，把妇女解放与阶级的解放联系起来，因而她热切地呼吁广大妇女投身于国民革命，她说："我们妇女现在要求生路，不必向别的路程走去，只要努力国民革命工作，这是我们妇女唯一的生路呵！"[⑩]

基于这一正确认识，她总是身先士卒，率领广大妇女，投身于大革命的洪流。1924 年 10 月，广州商团叛乱，杀死杀伤群众多人。她及时组织人民救护队，亲自率领，赶赴广州西关现场抢救。1925 年 6 月，广州革命政府在工农群众的支持下，平定军阀杨希闵、刘震寰的叛乱时，她奔走各地，率领贫民医院的医务人员，救治和慰问战斗中受伤的士兵。1925 年 6 月下旬，广州"沙基惨案"发生后，她亲率贫民生产医院、光华医院的医生、护士，赴现场救治受伤的群众，并组织演讲团，揭露帝国主义惨杀同胞的罪行，呼吁妇女们投入反对帝国主义的斗争。第一次东征时，她又亲赴东征前线，慰劳前方讨敌将士，勉励他们奋勇杀敌，深受前线官兵们的欢迎。[⑪]在她的号召和推动下，许多妇女纷纷走出家门，参加救护、慰劳等工作，为推动国民革命的发展作出了贡献。

为了保护妇女的权益，为了从法律上确定男女平等的权利，何香凝进行了不懈的努力。1925 年 11 月，她出席了广东妇女联欢大会，并在会上发表演说，坚决支持大会提出的男女平权、职业自由、教育平等、结婚离婚绝对自由、废除奴婢等多项要求，还建议把这些要求列入党纲，以求女权从法律上得到保障。她这鲜明的态度和热情的讲话，曾使会场为之欢呼雀跃。[12]在此后不久召开的中国国民党第二次全国代表大会上，她正式提出："法律方面：1. 制定男女平等的法律。2. 规定女子有财产承继权。3. 从严禁止买卖人口。4. 根据结婚离婚绝对自由的原则制定婚姻法。5. 保护被压迫而逃婚的妇女。6. 根据同工同酬保护母性及童工的原则制定妇女劳动法。行政方面：1. 切实提高女子教育。2. 注意农工妇女教育。3. 开放各行政机关容纳女子充当职务。4. 各职业机关开放。5. 筹设儿童寄托所。"[13]这一提案，经过激烈的争论，在与会的共产党员和国民党左派的支持下终于得到了通过，从而把国民党"一大"宣言中所阐述的原则具体化，范围也更加广泛了。

为了使国民党"二大"通过的关于妇女问题的决议得到实现，1926 年 3 月，何香凝借纪念"三八"国际妇女节之机，发动妇女请愿游行。这一天，在她的组织领导下，广东各界几十个工、学、妇女团体共几万人，在广东大学操场隆重集会，由她担任大会主席。广东妇女解放协会代表蔡畅、全国总工会代表刘少奇都在会上发表了演说。会后几万妇女排队前往国民政府请愿，要求迅速实行二大妇女决议案。[14]1926 年 5 月，国民党召开中央二次执行委员会会议时，她又联络广东八十多个妇女团体，联名呈请督促国民政府迅速实行妇女决议案。后来，北伐军到了武汉，在她和宋庆龄、邓颖超等人的努力下，决议中的男女平等、同工同酬及男女都有遗产继承权等项，在汉口地区一度实行。

何香凝热心于妇女的公共福利事业，十分关心妇女的疾苦。她发起创办的贫民生产医院在 1924 年 6 月 18 日揭幕后，她经常到该院巡视检查医疗质量，亲切慰问产妇，并指示罢工男女一律免收医药费，女工到医院流产者，其医务、膳食费用均由医院供给。她的这些举措，深受妇女们的欢迎。医院创办不到一年，就诊者已达一万多人。有一次，何香凝到该院视察时，看到一位华侨家属已有多胎女孩，又生一个女婴，想送给别人。何香凝便领回，拟作养女。蒋介石的第三任夫人陈洁如见这女孩生得又白又胖，惹人喜欢，自己又没有生育，征得蒋的同意，就把这女孩抱回家，取名"陪陪"，意为她将带来一个小弟弟做陪伴。"陪陪"学名叫蒋瑶光，蒋介石把陈洁如一脚踢开，娶宋美龄为妻后，蒋瑶光跟随陈洁如，改姓叫陈瑶光。

1925年6月，省港大罢工爆发，从香港返回广州的工人有十多万人。为了使罢工能够坚持下去，同时也为了解决罢工女工的生计问题，何香凝筹款办起了省港罢工女工工读传习所，内分车衣、洗衣、制草鞋三部。她一面教给女工做草鞋的方法，一面又把做出来的草鞋拿到各军团去推销，并对军团长们说："我们承包做军用草鞋，请不要到别处买了。""在财政厅前有卖罢工女工做的东西，请你们去买。"⑮此外，她还到市内的布店和缝纫店，以贱价买了碎布，有时也向来访的客人要碎布，积累多了，就把碎布运到车衣部给女工缝制。她自己平时节衣缩食，但对有困难的女工却慷慨解囊。据廖梦醒回忆："母亲还为连手纸和牙刷都买不起的女工们，买了缝纫机。"⑯她对女工们的亲切关怀，过细的工作，赢得了女工们的尊敬和爱戴。

为了提高妇女的文化水平和思想觉悟，培养妇女运动人才，何香凝十分注重开办各类女子学校。除省港罢工女工工读传习所外，1925年1月，她以国民党中央妇女部名义，与工人部在广东省顺德县合办了两所女工补习学校。1925年10月，她发起创办军人家属妇女救护员传习所，招收学员九十余人，12月25日正式开学，学制半年。同时，她还创办了中国国民党红十字会，培养妇女救护人才。1926年9月，她又在广州创设了国民党中央妇女运动讲习所，亲任所长，培养了一批妇女运动骨干。

1926 年 7 月，国民革命军从广东出师北伐，很快消灭了长江以南的军阀势力，掀起了全国的革命高潮。何香凝积极参加北伐战争，组织慰劳队和救护队，随同北伐军出发。到汉口时，她还和宋庆龄等组织红十字会，发起慰问伤兵运动和战时救济工作，有力地配合了北伐战争。

注释：

①《国际妇女日之广州界》，《时报》，1924 年 3 月 12 日。

②何香凝：《回忆中国第一个"三八"节》，见尚明轩、余炎光编：《双清文集》下卷，人民出版社 1985 年版，第 901 页。

③《妇女节之女权运动》，《广州民国日报》，1924 年 3 月 10 日。

④《广州民国日报》，1924 年 3 月 5 日。

⑤《空前之国际妇女运动》，《上海民国日报》，1924 年 3 月 12 日。

⑥邓颖超：《民国十四年的广东妇女运动》，《妇女之声》1926 年第 4 期。

⑦《国民党广州党务消息》，《上海民国日报》，1924 年 3 月 29 日。

⑧《贫民医院开幕》，《广州民国日报》，1924 年 6 月 20 日。

⑨据《国民党中央执行委员会第 51 次会议记录》（1924 年 8 月 14 日）。

⑩何香凝：《国民革命是妇女惟一的生路》，见尚明轩、余炎光编：《双清文集》下卷，人民出版社 1985 年版，第 35 页。

⑪《民国十三年三月至十四年十二月中央妇女部工作报告》。

⑫《光明》1925 年第 3 期。

⑬《政治周报》1926 年第 6 - 7 期。

⑭《"三八"国际妇女节大会情形》，《工人之路》1926 年 254 期。

⑮廖梦醒：《我的母亲何香凝》，见《回忆与怀念——纪念革命老人何香凝逝世十周年》，北京出版社 1982 年版，第 90 页。

⑯廖梦醒：《我的母亲何香凝》，见《回忆与怀念——纪念革命老人何香凝逝世十周年》，北京出版社 1982 年版，第 90 页。

第九章　平定商团

1924年8月9日清晨，一轮红日从东方冉冉升起，明媚的阳光透过绿树掩映的窗户射进屋里来。

"铃……铃……"一阵急促的电话铃声响起，廖仲恺刚起床，还没来得及洗脸，听到电话铃响，飞快走过去拿起听筒。从那熟悉的声音，他一听就知道是共产党员谭平山打来的。谭平山告诉他，据广州工团军的报告，反动商团向英国购买的一批枪械，已用挪威商船"哈佛号"运到天字码头。情况火急！廖仲恺意识到，如果这批武器落入商团之手，将严重威胁着广州革命政府的安全。他立即向孙中山报告，孙中山随即命令蒋介石严加戒备处置。8月10日凌晨，发现"哈佛号"已停泊于白鹅潭（在广州市区内的珠江水域，其北岸即帝国主义控制的沙面）。孙中山当即饬令永丰、江固两舰将该轮押至黄埔，并把查获的全部械弹封存于军校。广州革命政府扣留非法偷运的大批枪械，成为商团蓄谋已久的叛乱的导火线。密云不雨的局势被打破了，各个阶级和政派积极活动起来。[①]

1911年夏，省城首先组织商团。佛山商团于次年建立。江门商团则成立于1919年。商团的宗旨是"原为防御内匪，保全生命财产，维持公安起见"，而对"其他事项，概不干预"。[②]自从1919年野心勃勃的陈廉伯接任商团团长后，情况迅速发生了变化。

陈廉伯，广东南海西樵简村人，出身于商人家庭，香港皇仁书院毕业后，当上了英国汇丰银行的买办，兼任由他父亲创办的昌栈丝庄司理。他早就醉心于建立一支商人武装力量。在"粤商维持公安会"成立之初，他任理财课主任，即觊觎商团团长一职，至 1919 年终于如愿以偿。他当上商团团长后，另一方面更加活跃地与官场联系周旋，一方面加紧扩充商团实力，声名益显，赫然与省长齐名，并梦想有朝一日当上"中国的华盛顿"。

中国国民党第一次全国代表大会后，广东的政治情况起了很大变化，成为革命运动的策源地。国共合作实现后，工农运动蓬勃发展。这一切，帝国主义和广东的地方买办阶级，当然不能容忍。陈廉伯这个手上控制着商团武装，住在沙面租界、受英国主子保护的大买办，对此更为仇视。他利用帝国主义大量金钱、军火的援助，丧心病狂地策划从内部来颠覆广州革命政府。③

商团与广州革命政府的直接冲突，发端于 1924 年 5 月。当时，广州市政厅财政局决定征收铺底等捐，商团坚决反对，并借此联络附近商团和乡团酝酿罢市。"商团、乡团"亦即纷纷向广州集中，数达 98 团。后经调停，政府取消捐税。但商团代表们却于 5 月 28 日集议于广州，名为"团务会议"，实为组织"联防"。会议决定成立联防总部；并推举陈廉伯为总长，邓介石、陈恭受为副总长；还确定于 8 月中旬在广州举行"大联团开幕典礼"，以便示威性地大肆庆祝一番。为了加强商团的装备，在"议决全省联防时，同时议决扩充实力，筹备款项，购买军械，并公推陈廉伯经手其事"。④陈廉伯于是擅自向香港南利洋行订购长短枪 9 841 支和子弹 337.42 万发，并由悬挂丹麦国旗的轮船"哈佛号"潜运广州。械弹的购运"初时非常秘密"，但因数量庞大（装为 1 129 箱），终难"瞒过政府"。陈廉伯于是就贿买粤汉铁路局局长许崇灏（粤军将领许崇智的弟弟），于 8 月 4 日向军政部蒙领护照一张。4 天后，械弹运抵省城。8 月 8 日，"哈佛号"驶抵虎门并泊于沙角炮台附近。商团派轮驻看，准备起卸。在此之前，孙中山也从香港获得了偷运械弹的消息。他先令滇、桂军查办，但杨希闵、刘震寰"奉令而不照行"，直至 8 月 9 日，孙中山接到廖仲恺的报告后，才命令黄埔军校当局处理。于是，揭开了"扣械潮"的序幕。⑤

　　1924 年 8 月 10 日，廖仲恺以省长名义，发布"扣留商团私运枪械布告"，布告说："查枪、弹为违禁物品，照章必须呈准领照，方得购运，本署查无核准购运此项大宗枪、弹之案。嗣查军政部于本月 4 日，曾准商团领照购枪。惟原案声明 40 日后运到，现距 4 日，计仅 6 日，时日不符……现奉帅令，除饬由海关扣留……并饬该挪威商轮，移泊黄埔，听候查明核办……"⑥8 月 11 日，孙中山下令将秘密参与私运商团枪械的许崇灏扣留。

　　事件发生后，陈廉伯派遣党羽，煽动各埠商民罢市，通电全省各县商团，命令他们驱逐县长，宣布独立。陈恭受散布廖仲恺是共产党人，广州革命政府将实行"公夫公妻主义"的谰言。商团中的反动分子到处扬言，陈廉伯已得英人百万款之助，陈恭受已在佛山任攻城总司令，推翻广州革命政府后，陈廉伯将任省长，煽动商民参加罢市。

　　1924 年 8 月 12 日，在珠江之滨的大元帅府门口，人声鼎沸，一片吵闹之声。两千多名穿着军装的商团军闹闹嚷嚷。这是陈廉伯策划的"请愿"。"坚决要求发还枪械"的旗子东倒西歪。"工人有工团军，农民有农团军，我们商人为什么就不能有商团军"的责骂声不绝于耳。他们并以"罢市"相要挟，形势极其严峻。也就是在这天，廖仲恺发布了《第二次扣留商团私运枪械布告》，在历数扣械的 7 条理由之后，指明私运枪械的实质是"私贩军火，罪等谋乱"，并劝告商民"万勿受人煽惑，自由纷扰"。⑦

　　1924 年 8 月 13 日，商团军违抗政府法令，继续举行联防总部成立活动，并酝酿总罢市。他们还以索取枪弹为名，出动团丁，进行捣乱。廖仲恺为维持治安，立即电令黄埔军校派出第三、四队学生军开进市内。接着，商团总机关移设佛山，由佛山大地主、商团副团长陈恭受主持，陈廉伯则携家眷逃至香港，遥控指挥。

廖仲恺采取正确的斗争策略，集中孤立地打击商团谋叛首恶分子。他于 1924 年 8 月 21 日发出致旅沪粤商电，说明扣械理由及规定"补价领枪"之体恤宽大办法。声明对"陈廉伯谋为不轨，业查有确据，政府为维持治安计，在所必惩"，而对于"正当商团本系良善分子……断不牵涉"。⑧在同日发出的布告中，廖仲恺重申陈廉伯等"谋乱有据，害马必除，政府复何顾惜？"至于守法商团可照民团条例办法购械，"每杆定价 160 元，其前经在商团公所缴款领收据者，亦特体恤，概予承认，既已缴百元者，准予补缴 60 元，立即发枪"。但是反动商团不听劝诫，8 月 22 日，佛山首先罢市，而且迅速蔓延到广东许多市镇。陈恭受自任攻城总司令，宣称必定推倒现政府，改由陈廉伯任省长。

为了劝告各县商团勿附逆和勿参与罢市，廖仲恺于 1924 年 8 月 22 日、23 日、24 日连续向各属商会商团发出三电：一面揭露陈廉伯包藏祸心、私运军火之罪行；一面要求各商团"联络地方军警，共除败类，力保公安"。8 月 23 日又发出《通缉陈廉伯陈恭受电》，历数陈廉伯"派遣刘焕为代表，密谒洛吴，勾结为患"等罪行，同时指出"陈恭受胆敢纠匪谋乱，厥罪尤著，应予一并通缉，以遏乱萌"。⑨在廖仲恺劝告下，南海、香山、番禺、三水、英德、曲江、肇庆、江门等地商、乡团，都表示"罢市为自杀政策，不敢赞同"，他们继续拥护广州革命政府。为防止陈恭受的进攻，廖仲恺迅速调派黄埔学生军和部分滇、桂、湘军进驻广州，加以防范。

1924 年 8 月 24 日，广州市各团体在市第一公园举行市民大会，声讨陈廉伯私运军火反对政府的罪行，参加大会者达两万余人。廖仲恺出席并发表讲话。他在讲话中说："今日政府因防卫市民安全，故将私运枪械扣留。……其运械之前，并未通知政府一句；运军械将到之时，又拟以武力起卸，其诡计系压迫贫民，以组织少数人之政府"⑩，再次揭穿反动商团的实质。商团确定 8

月22日全省罢市以后，广州以及其他城市，均有部分商民不同意罢市，以致罢市迟迟未能实现。廖仲恺特发出布告表彰广州市河南商民，并警告"其有立心煽动，或随声附和者，法纪所在，定予严惩"。⑪8月22日，又通电广州总商会，指出"本市商店如能不受蛊惑，照常营业，各军自必遵令移驻郊外"。⑫也就是在这天，广州商团强迫商民罢市。8月27日，廖仲恺在省长公署召开紧急会议，讨论应付罢市之办法。同日，他发布劝谕商民开市布告及命令。

商团公然在广州市挨家挨户强迫商店罢市。他们雇用流氓、备粪便，见有开铺者，即浇掷。到处张贴反动传单，并撕毁廖仲恺发布的省长布告。廖仲恺下令黄埔军校第三、四队学生军把个别气焰极为嚣张的商团叛乱分子枪决。至此，商团策划更大的暴动。为回击商团的嚣张气焰，中国共产党人发动广州工人、农民声援革命政府，并推举代表会集省长公署，组织平籴委员会，预备收管粮食及其他重要的公共消费品，使商团不能以罢市相要挟。

这时，支持反动商团叛乱的英帝国主义者从幕后跳到前台，赤裸裸地干涉中国内政。8月28日英舰多艘集中白鹅潭，炮口对准中国军舰。日本领事英羽天二代表领事团，向廖仲恺提出警告。翌日，英国总领事致函广州政府，声称"奉香港海军总司令训令，倘中国当局对城市开炮，所有一切可用之英海军队，应立即行动"⑬，气焰十分嚣张。

在这革命与反革命短兵相接、互相较量的关键时刻，廖仲恺和中国共产党人要求明令讨伐商团。但厕身于革命政府内部的国民党右派和反动军阀，却反其道而行之。打着拥护孙中山旗帜的滇军第二军军长范石生、第二师师长廖行超找到孙中山，胁迫孙中山接受所谓调停六条件：全部发还扣械；商团联防总部"改组"后批准立案；撤出调入广州驻军；取消陈廉伯、陈恭受的通缉令；商团终止罢市；报销军费 50 万元。当孙中山不同意范石生的调停，表示要对商团坚决镇压时，范石生危言耸听地说："市面危机四伏，险象环生，万一发生变故，全局皆坏。在此两三日内，无论如何，必须解决，否则我撒手不理，将全军调回，竭力保护市内治安，无论何方部队，如其骚扰商场，糜烂地方，我当派部队迎头痛击，断不令此璀璨五羊，供一二人意气之争。"气焰极其嚣张。国民党内胡汉民、汪精卫、伍朝枢等一大批人，也居然主张对商团妥协。在国民党右派分子的怂恿下，广州市纷纷散布只有将廖仲恺调离省长职，才能缓和紧张局势的舆论。右派以及中派的妥协、退让和投降的倾向，给孙中山和左派造成了很大的压力。1924 年 8 月 29 日，"力持打倒商团""提倡工人组织工团军"的廖仲恺，被迫向孙中山面辞省长职务，表示了自己的抗议。

这天，廖仲恺回到家时，夜已经很深了，他进入客厅时，看见何香凝正坐在那里发呆。"怎么还没睡？"廖仲恺关切地问。何香凝这才站起来，接过他的公文包，回答说："睡不着啊！想等你回来问问情况。"廖仲恺悲愤地说："那些主张发还商团枪械的人胜利了。""呵！怎么会这样？"何香凝瞪着惊奇的眼睛。廖仲恺向沙发上一靠，不无感慨地说："我革命了这么多年，到今天才知道，在我们这个古老的国家，革命是多么困难啊！"何香凝深情地望着丈夫，劝慰道："难是难，可不能灰心啊！"廖仲恺双眉紧锁，思绪万千，他突然说："香凝，我已向孙先生辞省长职了！""这话当真？"何香凝理解丈夫的心境，但万万没想到压力会这么大。廖仲恺愤愤地说："不辞职，就只能屈从于胡汉民他们搞的所谓多数，再用我的名义去欺骗人。我辞去省长，让胡汉民重任省长！"何香凝愤然站起，忧心忡忡地说："他当省长，会向商团妥协的。""那当然。可你知道，那伙人天天包围孙先生，他的压力也不小啊！"廖仲恺这话似向夫人解释，又像是自言自语。他们谈了很久，直到破晓才就寝，可是谁也睡不着。

孙中山接受了廖仲恺的请求，于 1924 年 9 月 12 日，免其省长职，改由胡汉民接任。胡汉民就任省长后，于 9 月 20 日取消了对陈廉伯、陈恭受的通缉令，发还其被封财产，同时决定以商团报销 50 万元给政府为条件，发还部分枪械。商团在英国的支持下，反动气焰更加嚣张。他们书写"打倒孙中山廖仲恺！""请孙文下野！"的传单到处散发。10 月 4 日，广东全省 188 个县镇商团代表在佛山集会，议决发动全省第二次总罢市，武装进省请愿。10 月 9 日，李福林等人又将枪械四千余支发还给商团，商团总部却发出全省总罢市的最后通牒。次日，商团竟然枪杀广州纪念"双十节"游行的工农群众，正式发动了武装叛乱。

广州商团武装叛乱发生后，廖仲恺马上将严重情况电告在韶关的孙中山，请孙中山回师戡乱。1924 年 10 月 11 日，孙中山指派廖仲恺、谭平山等 6 人组成革命委员会。10 月 12 日，廖仲恺亲赴韶关，同孙中山商讨对付商团叛乱事。10 月 14 日，孙中山又令廖仲恺为秘书，全力扑灭商团叛乱。同日，在廖仲恺等人的指挥下，黄埔学生军与滇、湘、粤、豫各军兵分五路，对商团占据的广州市西关实施包围。10 月 15 日，经过数小时的激战，终于平定了商团叛乱。

注释：

①张磊：《孙中山与 1924 年广州商团叛乱》，见《孙中山论》，广东人民出版社 1986 年版，第 156 页。

②《粤商商团议草》，《民立报》，1911 年 5 月 6 日。

③姜义华：《国民党左派的旗帜——廖仲恺》，上海人民出版社 1985 年版，第 107 页。

④《广州当局与商团》，《东方杂志》第 21 卷第 17 号。

⑤张磊：《孙中山论》，广东人民出版社 1986 年版，第 155 - 156 页。

⑥尚明轩、余炎光编：《双清文集》上卷，人民出版社1985年版，第670页。

⑦尚明轩、余炎光编：《双清文集》上卷，人民出版社1985年版，第675页。

⑧尚明轩、余炎光编：《双清文集》上卷，人民出版社1985年版，第678页。

⑨尚明轩、余炎光编：《双清文集》上卷，人民出版社1985年版，第681页。

⑩〔美〕陈福霖、余炎光：《廖仲恺年谱》，湖南出版社1991年版，第278、279页。

⑪〔美〕陈福霖、余炎光：《廖仲恺年谱》，湖南出版社1991年版，第278、279页。

⑫〔美〕陈福霖、余炎光：《廖仲恺年谱》，湖南出版社1991年版，第278、279页。

⑬〔美〕陈福霖、余炎光：《廖仲恺年谱》，湖南出版社1991年版，第278、279页。

第十章　扶助农工

1925 年 1 月 19 日深夜，冷风飕飕，寒气逼人，街上行人稀少。广州市东山百子路"双清楼"寓所（今广州市中山一路 8 号）依然亮着灯光。国民党中央农民部秘书、共产党员罗绮园于 12 时依约来到廖家。廖仲恺把他引到房间，他一眼就看到办公桌上放着四道大元帅的命令。廖仲恺把这四道命令交给他，并且说："彭湃明天从广宁回来，请你交给他。"信封尚未封口，罗绮园打开来看，四道命令赫然映入他的眼帘：

> 大元帅令第 12 号（1 月 19 日）
> 着替代卫士队前方队长职务谢星继，卫士队党代表廖乾五，中国国民党农民部代表彭湃，共同组织军事委员会，关于广宁绥辑上一切军事动作悉由该委员会决定，指挥卫士队铁甲车队行之。此令。
> 大元帅令第 13 号
> 着前方卫士队长及铁甲车队长关于广宁绥辑事宜，悉听广宁军事委员会指挥。此令。
> 大元帅令第 14 号
> 卫士队队长卢振柳着即回省报告，所有前方卫士队长职务暂由卫士队第一连连长谢星继代理。此令。
>
> 　　　　　　　　　　　右令卫士队队长卢振柳
> 大元帅令第 15 号
> 卫士队队长卢振柳着即回省报告，所有前方卫士队长职务暂由卫士队第一连连长谢星继代理。此令。
>
> 　　　　　　　　　　　右令卫士队队长谢星继

　　罗绮园阅毕，即匆匆告别廖仲恺，离开"双清楼"。在回家的路上，虽然春寒料峭，但他心里却热乎乎的，非常激动。作为农民部的秘书，他十分了解"广宁事件"的原委：1924 年冬，广东省广宁县农民的减租减息运动，在中共广东区委农委负责人彭湃、周其鉴的领导下，轰轰烈烈地开展起来了。可是，却遭到江淮英、江汉英所组织的地主武装——"民团"的围攻，他们绑架农会会员，围攻农会，实行武装收租，农民自卫军寡不敌众，处境相当险恶。在这危急当头，廖仲恺应彭湃的请求，立即派出以共产党员徐成章、廖乾五率领的大元帅府铁甲车队前往支援。稍后，又命令驻防西江一带的粤军第三师派兵一营增援，并指定由廖乾五、彭湃和第三师师长郑润琦、广宁县县长蔡鹤朋等组成绥辑委员会，统一解决广宁的武装冲突事件。可是，蔡鹤朋却公开站在地主方面，污蔑农会；郑润琦表面中立，暗中却偏袒地主，按兵不动，反而替敌人转递污蔑农会的消息，廖仲恺于 1924 年 12 月 23 日复电催促和斥责，电文说："四会郑师长鉴：密。马电奉悉。委员会自应遵令从速组织，以资裁判，至江淮英、江汉英两人请先逮捕交委员会审讯为要。此层贵部能否办到，来电并未声明。查许总司令巧（十八日）电已令尊处严办，勿任土豪劣绅狡逞，淆乱黑白。良以恶草不锄，将来滋蔓，必为吾党之害。请兄立下刚断，切勿游移。仲恺。漾。"[①]在廖仲恺的敦促下，第三师一个营才开进广宁，仍采取消极态度。为此，廖仲恺又应彭湃等人的请求，增派大元帅府卫士队携带大炮一门前往广宁支援，决心炮轰"民团"炮楼，荡平碉堡。但是，卫士队到达广宁后，队长卢振柳却畏缩不前，不肯攻炮楼，说："炮楼里有许多我们国民党的老同志，不要攻打。"他口头上主张"调和"，但在行动上却反转来限制监视农军的行动。廖仲恺接到报告后的当天，气愤地说："我早知道卢振柳不甚可靠，现在只有把他调回。"接着，又嘱咐罗绮园："你今晚 12 点到我家来，把命令交你，明天早上等彭湃同志回来，我现在去找展堂。"②于是，经廖仲恺请示代帅胡汉民，便下了本章开头所述的命令：改组广宁县绥辑委员会，新的"绥委会"由谢星继、廖乾五、彭湃组成；免去卢振柳的卫士队队长职务，由谢星继代理卫士队队长。

命令到达广宁后，农民们欢声雷动，响彻山岳；农民自卫军个个精神抖擞，军威大振。霎时，喊声连天，军号嘹亮，卫士队员与农民自卫军通力合作，奋力杀敌，他们一举摧毁地主武装的许多据点，消灭民团军一千多人，缴获枪炮一千多件。③广宁县的农民运动虽然一波三折，但在廖仲恺的大力支持下，终于取得了胜利。

在国民党的领袖中，像廖仲恺这样不遗余力地支持工农运动的人，实属少有。国民党"一大"后，廖仲恺于6月12日，被孙中山特任为广东省省长，同年担任国民党中央工人部部长；1924年11月11日，又被任命为大本营参议、中央农民部部长、所有党军及各军官学校讲武堂党代表，工作相当繁忙，但他始终把主要精力放在大力开展工农运动方面，其所以如此，缘于他对开展工农运动重要性的深刻认识。如本书第五章所述，廖仲恺丰富了孙中山民生主义的内容，而中国以农立国，十分之九为农民，所以他对农民问题的关注是完全可以理解的。他多次对农民部的秘书罗绮园说过："夫土地本由天赋，而以养人。天下为公，不应专属。且欲求土地之使用，莫善于自为地主，而自力耕耘。至地主不自耕其田，不劳而坐获多额之租，实为不当之利。有资本者，若以田地收入无多，不置田产，则土地仍在。农得而耕，耕而获利，则耕者多，而惰者少，农业发达，可以操券。若因买得土地，勤收贵租，而农产副业，又以不敌外国物产无限量之输入，而日渐趋于崩坏，农民不堪，必舍耕作，则地成荒坏，国以立贫。"④廖仲恺的这段话是对孙中山"耕者有其田"主张的诠释，思想上与孙中山是完全一致的。在国民党改组以前，孙中山总是利用一派军阀赶走另一派军阀，没有发动群众，广大群众则漠然置之，结果他的革命事业屡遭挫折。

1923 年 11 月，当陈炯明的军队进犯广州，军事形势十分严峻之时，同月 13 日，廖仲恺担任会议主席，主持临时中央执行委员会会议。这次会议，几乎全体中央执委都出席了。参加会议的还有广州各区（共 12 个）的党部委员。廖仲恺在会上扼要地讲述了当时的状况，然后请鲍罗廷讲几句话。鲍罗廷建议立即在广东颁布农民分配土地的法令。他在讲话中坦率批评国民党不关心农工利益，而使自己不能植根于群众之中的困境。他说："尽管国民党客观上是有革命性的，但至今它仍然'悬在空中'，而没有依靠某一个阶级或某些阶级。主要由农民构成的广东省居民对待前线发生的斗争是消极的。最近在一些地方不时发生农民暴动。很遗憾，这帮了敌人的忙……我在来参加这次会议的路上，见到饥饿、疲倦、衣衫褴褛的士兵像浪潮一样从前线沿铁路撤下来。我的翻译问他们为什么离开前线，士兵们回答说，农民对他们极不友好，食品一点不给。为了使农民友好地对待我们的军队，我们究竟做了些什么事情呢？你们是否考虑过，你们对中国伟大未来的信心是否足以使广东的农民愿意听从你们？有一半农民在前所未闻的艰难条件下耕种极少的土地。他们不得不向地主们缴纳很高的地租并向政府缴纳重税，以便进行某种对于农民来说完全莫名其妙的、在他们看来不需要的战争。直到现在你们还没有做过任何一点帮助农民的事，这样，贵党就失去了一个最重要的支柱。"在谈到工人状况时，鲍罗廷指出："你们的第二个支柱是广州市 35 万有组织的男女工人。工人们到工厂去上班，眼见从前线跑来的士兵，却毫不关心所发生的事情。这奇怪吗？自有贵政府以来你们没有向工人们发过一份传单。你们没有举行过一次工人的会议。你们满足于工会向你们表示某种好感。这种好感多半是因为你们毕竟与反动分子不同，没有特别干涉工人们的阶级斗争。因此，本来可能成为你们政权——掌握这种政权有利于进行民族革命斗争的一个重要支柱的工人们，现在却从你们身旁溜掉了。假如国民党的宗旨和志向是与中国工人利益相违背的，那么他们今天表现出来的漠不关心就是完全可以理解的。但是现在局势的悲剧就在于，虽然贵党的胜利归根到底必然要导致人民的胜利，但是贵党却与工人阶级毫无联系。"⑤廖仲恺把鲍罗廷的演说逐句从英语译成汉语。演说尤其在共产党员和社会主义青年团员中受到热烈欢迎。笔者之所以不厌其烦地摘录这一大段鲍罗廷的话，不仅仅是鲍罗廷一针见血地指出国民党严重脱离工农群众的缺陷，而且从廖仲恺后来从事扶助农工的革命实践来看，他受鲍罗廷的影响是显而易见的。

在这前后，廖仲恺参加了国民党"一大"宣言的制定工作，这使他对国民党的农工政策有了更深入的了解。大会宣言明确指出："国民革命之运动，必恃全国农夫、工人之参加，然后可以决胜，盖无可疑者。国民党于此，一方面当对于农夫、工人之运动，以全力助其开展，辅助其经济组织，使日趋于发达，以期增进国民革命运动之实力；一方面又当对于农夫、工人要求参加国民党，相与为不断之努力，以促国民革命运动之进行。盖国民党现正从事于反抗帝国主义与军阀，反抗不利于农夫、工人之特殊阶级，以谋农夫、工人之解放。质言之，即为农夫、工人而奋斗，亦即农夫、工人为自身而奋斗也。"⑥这是对改组后国民党农工政策的最完整的表述。在大会期间，廖仲恺在发言中指出大会宣言"实将本党置于几何学之定点上。有了定点，才能前进，才能发展，如太阳升天，同一向上发扬光大。……嗣后无论如何，必须以此宣言为奋斗进行之标准，努力前进，冀贯彻本党主义，完全达到目的"。⑦国民党"一大"之后，廖仲恺正是从"几何学之定点上"，阐发国民党的农工理论，并百折不挠地付诸实践、努力前进的。首先，廖仲恺对工农在国家中地位的认识有新的突破。他指出："国家主权放在四万万同胞手上，然后使四万万同胞都有管理国家的义务。"⑧因此，他主张要维护工农的利益，反复强调"挽救农工即所以挽救中国"。⑨其次，他在国民革命要依靠什么人的问题上，也有了明确的认识，他说："我国农工占全民十分之九，以这十分之九之大多数农工阶级来做反帝国主义反军阀的中心势力，当得到胜利。"⑩何香凝回忆说，廖仲恺生前对她讲过"想要打倒帝国主义，非与共产党亲善不可；更非注意于最有革命力量的工农阶级不可"。⑪由是观之，廖仲恺的思想认识已达到前所未有的高度。

为了更好地贯彻执行孙中山的"扶助农工"政策，在廖仲恺的主持或参与下，国民党中央制定了一系列具体的法令和条例。如：革命政府对于农民运动第一次宣言和第二次宣言；农民协会和农民自卫军组织法以及工会组织条例等，分别以大元帅、国民党中央执行委员会或广东省省长的名义予以公布。这些法令和条例，是中国第一个保护农民协会、提倡农民自卫的政府法规，也是中国第一个承认工人有组织工会以及有言论出版和罢工自由的政府法令，这是中国工农运动史上的创举，在这些法规的保护下，工农运动得到很大的发展。

廖仲恺身兼数职，工作很忙，但他深入实际，不尚空谈。1924 年 5 月 29 日，他偕农民部秘书罗绮园去佛山南浦乡，参加该乡农团军成立典礼。他在演说中希望农团军为自身利益与农民解放努力奋斗，在国民革命中发挥先锋作用。⑫同年 8 月间，廖仲恺在谭平山等人陪同下，从广州前往香山县参加一万多人的农民集会。船抵码头时，香山县公署专备肩舆多乘欢迎，廖仲恺乃舍肩舆登陆，步行至该县党部，使得"参与欢迎之工农友们，觉得这些国民党中央委员，省长们，竟如是其行程单简，不见有老爷的威风，而充满了平民的精神，都讶为奇观，至先生亲找农民谈话时，更叹为得未曾有，此是廖先生能接近下层群众之好处"。⑬在香山县大黄圃农民大会上，他说他这次来香山，目的"就是要来看看我们的耕田兄弟痛苦成什么样，艰难成什么样，受什么压迫，要怎样救济"，然后，他号召农民要组织农会，指出："你们要自己起来组织一个真正的农民协会。这个农民协会，就是我拿来救你们的救生圈。我现在抛出来救你们了，你们要从速来接受！"⑭会场上黑压压的人群，不时为廖仲恺精彩的报告而鼓掌、欢呼。1924 年 12 月，花县地主民团向花县农民协会和农民自卫军发动了猖狂的反扑，杀害了花县农民协会副委员长王福三，捣毁了花县农民协会的办事机构，烧毁二十多间房屋。廖仲恺闻悉此事后，当即饬令花县县长严办民团头子，并打电话谴责花县驻军坐视民团摧残农会、杀害农民的失职行为。事后，他又亲自接见受害的农民代表，为他们安排膳宿，向他们表示慰问，并表明惩办祸首的决心。

廖仲恺在党政军财四方面都身居要职，是国民党内的实力派人物，但他从不摆官架子，热心同工农群众交朋友。他常常告诫他身边的工作人员："以后如有学生及农民工人来问什么，你们应该详细向之解释。"⑮他自己也常常接待来访的工人农民，"凡有农民来见他，无不亲身接见，农民请他做事，他没有不马上做，绝不踌躇"。⑯他平易近人的和蔼态度，在工人农民中是有口皆碑的。

廖仲恺在捍卫农民的权益方面，一身正气，大义凛然。蔡鹤朋到广宁县当县长时，廖仲恺同他谈过几次话，要他保护农民。1924 年冬，广宁县掀起减租减息的风暴时，蔡鹤朋却公然站在地主一边，廖仲恺就撤了他的县长职务。⑰1925 年春，廖仲恺亲往虎门巡视，第一师师长林树巍要求他发 4 万发子弹。廖仲恺说："可以，但是你要帮助东莞宝安的农民运动发展，把以前无辜拘捕去的农民放了。"⑱

廖仲恺对农民无辜被捕、被杀的突发案件都亲自过问，一抓到底。廖仲恺的办公室很简陋，在普通的办公桌旁边放着一张木椅子，墙上挂着一面镰刀锤头红旗。他交代工作人员，凡是工人、农民来访，千万不要挡驾。因此，工人、农民经常来找他。在廖仲恺刚担任农民部部长不久，一天，番禺县夏园乡农民协会的一位职员急匆匆地来到农民部，一看他的神情就知道肯定是发生了什么事变。廖仲恺问："唅！有什么事？"夏园乡的农民说："今天有三个会员趁圩给中央直辖第三军王天任部捉去了，听说要枪毙，这三个的确是真正农民，全村可以担保。"廖仲恺说："待我写封信去问问王天任。"他一面写信，一面对秘书罗绮园说："即派一位特派员下乡去查查，看实在情形怎样。"隔天特派员回来报告，那三位被捉的确是农民。于是，廖仲恺又写一封信去。一个星期过去了，王天任还没有放人，廖仲恺很生气地说："这班陷家！"说着，又执笔写信，秘书站在旁边，看见廖仲恺在纸上走笔龙蛇，他写道：

天任兄鉴：

　　此间屡次致函，关于夏园乡农民徐基、李松兴、何炳荣三人，被贵处捕去一事，至今未复，前经台驾亲至舍下说明，可押到部讯明，嗣经本部查确，向属安分之农会会员，故函尊处释放，本部为保护农民计，必不任令徐、李、何三人受不法军队之鱼肉，此事尊处如何处置，请于三日内作复，倘逾限不复，本部当取积极办法，贵部既隶属锡卿（卢师谛字，时任中央直辖第三军军长——引者注），弟为锡卿名誉计，决不许其蛮横至此也。[19]

这封信寄去后不到两天，王天任只好乖乖地把这三位农民释放了。

1924 年 12 月 13 日晚上，农民部秘书罗绮园正在家里谈论些时事，突然，有人敲门。他把门打开了，原来是何友逖和一位农民。他们尚未坐定，何友逖便叹气说："今次可糟了，市郊第一区执行委员长林宝宸同志，今日下午 5 时在招村给几个民团包围住，一轮驳壳打死了，这事是因为林同志反对崇文两堡总局加抽禾更谷起祸的。崇文两堡总局局长是彭础立，他做过广州商会会长，神通广大，又是廖仲恺的亲戚，怎么办？"罗绮园说："你明天到检察厅请验，我还是去报告廖先生去。"第二天早晨 7 时左右，罗绮园已赶到廖仲恺的书房。廖仲恺刚起床，见罗绮园神情紧张，便问："有什么要事这么早？"罗就把昨晚的事向他报告。他听了以后，双眉紧蹙，说："这还了得！待我写信给展堂，请他严办。"他匆匆洗完脸，还未来得及吃早餐，就伏案奋笔疾书。原文如下：

> 展兄大鉴：
> 芳村农民协会执行委员林宝宸昨日行至招村地方，为崇文两堡联团局总稽查招铎等枪毙在途。招铎（闻系积匪）等闻已逃匿。此事原因实由林宝宸反对联团局加抽田亩，借口办团，以行剥削；团局衔之，故出此毒手。查团局局长为彭础立，副局长为苏春荣。拟请政府先将彭、苏两人扣留，令其交出凶手，并将该两堡叙团局封禁，以为白昼任意杀人、阻碍农民运动者戒。如何之处，惟〈希〉卓夺。[20]

这封信寄出之后不久，廖仲恺又几次向省政府催促，结果胡汉民省长终于下令把彭础立扣留在公安局，勒令其交出凶手。彭础立是廖仲恺妹夫的妹夫，他被扣押后，廖仲恺的妹妹哭丧着脸来向哥哥求情，要他不要难为础立。廖仲恺摊开两手，无可奈何地说："这有什么法呢？他答应第一区农民协会所提出的条件就算了，不然，我也没办法。"廖仲恺不徇私情、秉公办事、大义灭亲的美德，在广大农民中广为流传，一时成为佳话。

为了培养大批农运干部，在廖仲恺的关注下，广州专门开办了农民运动讲习所。他在第一届农民运动讲习所作了专门演讲，指出国民革命的主要分子是国民，国民中最多的是农民，故进行革命唯一的重要条件，是必须得到农民大多数对革命的了解，并争取他们集中在国民党的旗帜之下。广东的农民运动由于得到廖仲恺和广州革命政府的支持与帮助，所以农民协会的发展如同雨后春笋，迅猛异常。

从 1923 年彭湃创立海丰县总农会开始，至 1925 年 4 月，全省已有 22 个县建立了农会组织，拥有 21 万名会员，并于 1925 年 5 月 1 日在广州召开了全省第一次农民代表大会。廖仲恺出席了这次大会与中华全国第二次劳动大会的联合开幕典礼，并代表国民党致辞。他在讲话中强调说："工农利益与革命是不可分的，但是革命是工农为主体才行。革命要成功，第一是要工农大联合共同奋斗。"[21]稍后，广东省农民协会正式成立，他被聘为顾问。在廖仲恺的积极推动下，农民自卫军也迅速得到发展，至 1926 年 5 月，广东农民自卫军已发展到三万余人，成为广东农民运动的骨干力量。

廖仲恺同时也是国民党领袖中支持工人运动最为得力之人。在国民党"一大"之前，廖仲恺缺乏领导工人运动的实践。广东的工人运动，基本上是由马超俊、陈炳生和谢英伯等人所把持，他们在和工会会员谈话时，"强调的不是他们之间在社会地位和经济利益上的差异，却是敦促他们和谐合作以实现共同的目标"。[22]他们对孙中山的三大政策心怀不满。马超俊曾先后 8 次劝说孙中山放弃向苏俄谋求援助的意图，但遭到孙中山的拒绝。谢英伯对廖仲恺担任工人部部长曾公开表示不悦。他们把持广东机器工会等组织，对孙中山的联俄、联共政策提出诘难。马超俊和谢英伯都拒不接受廖仲恺对工人的领导地位。廖仲恺不能容忍工人运动分裂状态的存在，因而把工人们团结在孙中山的旗帜下，就成为摆在他面前的首要任务。1924 年 3 月 5 日，廖仲恺在国民党中央工人部召开的有一千多工人参加的大会上，号召工人们要加强团结，统一组织，得到工人们的热烈响应。1924 年 5 月，他又主持了广东各界"五一"国际劳动节纪念大会和广州市工人代表会开幕式，并担任工人代表会的主席。

廖仲恺关心工人的疾苦，尽力维护工人的利益。当时广东江门油业工会会员一千余人参加"五一"游行，油业资本家、江门市商团第四分团长李超借端寻衅，督率商团军数百人包围工会，杀伤工人数十人，造成严重的流血事件。廖仲恺闻讯，非常愤慨，即以工人代表会主席身份领衔，同 200 位代表联名发出通电，谴责资本家和商团的反革命暴行。通电指出，决不能"任此横行，长为吾辈工人之大毒"，提出"保护工人，成立工团军，以保工人行动之自由"，以及"依法严惩江门油业东行及商团，以为惨杀劳工者戒"等多项要求。㉓

1924 年 5 月，廖仲恺指令香山县县长调查处理该县小榄镇商团蹂躏工会、拘捕工人事件，要求被拘工人立即释放，并戒饬商团嗣后不得拘捕工人。㉔

1924 年 7 月，廖仲恺赞同和支持广州工人团体等组织工团军，并命令于 8 月下旬开始进行训练。他参与广州工团军的领导，把工人武装——如同农民一样作为广州革命政府的依靠力量。此外，他还亲自过问新会葵业工人遭受商团摧残的事件，对北洋军阀杀害武汉工人领袖杨德甫、逮捕张国焘等事件，表示强烈的抗议。

1924 年 7 月，广州爆发了沙面工人为反对租界当局颁布

"新警律"限制华人自由出入租界而举行的罢工，得到了廖仲恺的积极支持。当法国领事出面要求广东省政府制止工人罢工时，廖仲恺严词拒绝，指出"此次沙面工人罢工，全由沙面英法工部局颁布新律所激动而成"，如"嗣后允许本省武装警察随时进沙面协助，或可防患于未然也"。㉕在廖仲恺的大力支持下，沙面工人的罢工取得了完全的胜利。

廖仲恺经常到工人群众中去作报告，希望他们努力提高文化素质和思想觉悟。1924年3月，罗绮园在兵工厂当训育主任时，创办了一间青年工人学校。据他回忆："开学那一天，仲恺先生来讲演了两个钟头，在一所湫隘而充满了工人、毫无隙地的房子里，空气很局促，此外还有他的夫人，这是我们第一次的见面，我当时就觉得这位省长有些古怪。过了两个星期，他又来兵工厂讲演，劝工人办消费合作社，站在觉然亭的桌子上，晒着太阳向听众反反复复、深譬浅喻地讲，我疑惑到说话的并不是什么省长，而是一个工人的领袖了。"㉖廖仲恺乐于接近工农，为他们排忧解难，做到不怕累、不怕脏。廖梦醒的回忆生动地描述了她父亲思想的重大转变。她在《回忆我亲爱的父亲——廖仲恺》一文中写道："他有一种洁癖，看见哪里有蜘蛛网就嫌脏。可是自从他接受了新的革命思想，当了大革命时期国民党中央的工人部长和农民部长以后，他却经常主动地接近工农群众，到他们住的地方去。我那时因为在岭南大学读书，沾染了满身美国资产阶级生活习气。有一次，父亲刚从外面回到家里，我看到他的帽子上挂了些蜘蛛网，就惊讶地问：'爹爹，您到哪儿去啦？看谁把您的帽子弄得这么脏。'不料父亲竟以责备的口气回答说：'你不要学那些先看罗衣后看人的坏习气；有时外表看来很脏的人，而且住在很脏的地方，却有好些罗衣肉食者所不及的地方。'"这话表明廖仲恺对工农群众的感情有了微妙的变化。

从廖仲恺对"义和团"运动的看法，我们也可以看到他对群众运动予以高度赞扬的热情。过去，以孙中山为代表的中国资产阶级民主派，曾经把义和团称为"拳匪"，并加以指责。然而，廖仲恺却对过去的错误认识作了深刻的反省，认为"拳匪"二字实为失词，"庚子发难，虽为仇外，而中华民族民心未死，强悍之气犹未泯息。列强不敢谓秦无人，瓜分中国之念，乃不敢发生"。他甚至把义和团运动同辛亥革命一样看待，说："中国的革命运动，已经有了两次；前一次就是义和团""第二次就是辛亥革命"。㉗这些都充分表明，廖仲恺对工农在中国革命中的地位和作用已有了较为明确的认识。所以，对于1925年6月爆发的省港大罢工运动得到他的大力支持，就不难理解了。

1925年，上海和青岛两地日本纱厂工人举行大罢工，却遭到日本帝国主义和中国军阀的联合镇压。5月30日，上海各校学生两千余人分头在公共租界各马路散发传单，发表演讲，揭露帝国主义的野蛮侵略和压迫，支持工人的正义斗争。但是，帝国主义的捕头竟命令巡捕逮捕演讲的学生，向群众开排枪射击，制造了骇人听闻的"五卅"惨案。中共广东区委得到这个消息后，立即召开紧急会议，发动广州各界群众举行声势浩大的援助"沪案"大会，强烈抗议帝国主义者在上海屠杀中国人民的野蛮暴行。在共产党人苏兆征、邓中夏等人的具体组织下，香港工人怀着对帝国主义的深仇大恨，于6月19日实现了全面大罢工。6月21日，广州沙面租界的中国工人积极响应，也举行了罢工，震动全球的"省港大罢工"从此揭开了序幕。

还在罢工的准备阶段，就得到廖仲恺的热情支持。中共广东区委派共产党员李森负责和他联系，"李森同志受命之后，频频与国民党左派领袖廖仲恺先生往来联系，深得廖先生的热情帮助，允予先拨一定的款，以充工人的伙食费，并允通知广州市公安局，将长堤一带原来作赌烟馆、停业酒楼和祠堂会馆的房屋先行封好，作为罢工工人的宿舍"㉘，从而使从香港返穗的香港罢工工人十余万人的食宿问题得到了解决。

罢工委员会成立后，廖仲恺被聘为顾问。他利用自己担任广东省省长、工人部长、农民部长的有利条件，日夜奔波，为罢工工人排忧解难。随着返穗的香港罢工工人的不断增多，住宿发生了困难，他便征用市内会馆和空屋作为罢工工人的临时住所；伙食费不够，他提出发行非常时期的债券；同时建议罢工工人去建筑公路，并协助何香凝创办女工草鞋厂等，真是呕心沥血、废寝忘餐了。何香凝回忆道："这个时候，仲恺可以说是废寝忘餐了，每天清晨就出去，很晚才回家来，常常在半夜还要起来，为省港罢工委员会交涉事情或筹募款项。"㉙

廖仲恺十分关心罢工工人的疾苦，对他们有着真挚的感情。在罢工期间，有一天忽然天气变黑了，霎时，风雨交加。廖仲恺从外面回到家里，他站在窗户边，凝神望着漆黑的天空，心绪不宁。嘴里喃喃地说："少下些雨吧！现在天暖还好，将来到了冬天，工人们找不到住处，该怎么办呢！"说完又长吁短叹了一阵。有一次，廖家的亲戚从香港带来牛奶、饼干、罐头等礼物，当时廖梦醒刚好有病请假从学校回家休养，看到这些礼物就跑过去想吃。这时突然有人来告诉廖仲恺说，有些工人病了。仲恺马上制止女儿："你还有吃的，把这些东西送给他们吃吧。"于是，他立即派人把全部礼物送给了罢工委员会，由他们再转给有病的工友，而自己患病的女儿却连一块饼干都没吃上，足见廖仲恺对罢工工友视同亲人一样。

熟悉廖家情况的人都知道，廖仲恺偏爱梦醒，而何香凝则偏爱"肥仔"承志。平时廖梦醒放学回来，廖仲恺总爱摸着梦醒的头发，问东问西，很是亲热。有一天，梦醒放学回家，看见父亲坐在沙发上发呆，一言不发，牵肠挂肚似的。廖梦醒怔住了，她放下书包，赶紧跑到父亲跟前，小声问道："爸爸，发生了什么事情吗？"廖仲恺长叹了一声说："有个工友因病死了，我感到心里很难过。那些坏蛋怎么不死一个，偏偏死了好人！"为这事廖仲恺一直难过了好几天。

那时，财政尚未统一，军阀割地为牢，搜刮民脂民膏，省政府的经费相当困难。但是廖仲恺除了多方设法维持罢工工人的伙食外，还发给每人一毛钱的烟钱。罢工工人病了，他就和何香凝商量，把病号送到何香凝发起创办的贫民医院去免费治疗。

廖仲恺半夜三更起床办理、交涉省港大罢工的事也是常有的。廖梦醒的忆述颇能说明廖仲恺任劳任怨、拼命工作的精神，谨录如次：

> 我记得父亲经常在电话中，因为借房子和资本家发生争执；如果好话说尽还是不同意，他就亲自去和他们当面交涉。有时深夜，父亲还把我叫起来，翻译从国外各地拍来的电报，这些电报有的是汇款来支援我国罢工的；有的是慰问罢工工人的。这些来自国外的支援，使父亲更清晰地看到了省港大罢工的重大的政治影响。㉚

廖仲恺以政治家敏锐的目光，很快看出这次罢工不仅仅是经济的，而首先是政治的。他说："这次罢工的目的，是为国家谋自由与独立，争国家的地位，争民族的人格，不是经济的斗争，要求增加工资的斗争。"但"经济关系，亦寓在政治斗争之内"。㉛他还指出工人的罢工是为国家为民族，不顾一切而奋斗，"所以诸君此次奋斗，比倒清、倒袁、倒段、倒曹、倒吴什么都大"。他又说："此次罢工，是以广东为根据地，这次罢工运动于广东政治上、经济上有非常重大的意义。我们知道，此次的罢工不是经济的，而是政治的。其目的就在取消一切不平等条约，为国家政治上、经济上谋独立的运动。这是中华民族最大的事。"㉜

廖仲恺还协助罢工委员会的共产党人教育工人搞好内部团结，协助健全罢工工人的组织制度。他对罢工工人说：此次罢工实可说是打仗，如学生军（黄埔学生军）一样。我们知道，作战要有统一的计划与统一的命令，罢工更要有统一的计划与号令。罢工工人代表会筹备成立的时候，罢工委员会规定每50个工人选一名代表，但香港一些行业的工会首领在黄金源的带动下，反对这种选举法。他们要以工会为单位选举代表。代表大会开成立会时，黄金源召集一批行业工会工人另外择地开会。廖仲恺知道后，即招来黄金源等人，反复向他们阐明罢工工人搞好内部团结的意义，指出要按会员人数比例选举，才是公平的。终于使得黄金源等人改变态度，不再闹分裂。又有一次，香港车衣工会首领梁子光听信谣言，在罢工工人代表会上指责罢工委员会贪污受贿。罢工工人代表激于义愤，将梁子光扭送国民政府，要求惩办。为了避免分裂、一致对外，省港罢工委员会中的共产党组织研究决定，只要梁子光肯向代表会认错道歉，就应团结他。廖仲恺非常支持这一意图，并亲自带梁子光参加罢工工人代表会，向代表们说："为顾国家大事起见，应仍旧和好结合，以一致对外。现在兄弟向各代表为梁子光同志讨一个人情。梁同志以前的错误，望各代表原谅之。现在请梁子光同志表示意见，向大会道歉。"从而平息了这场风波，增强了团结。

为了夺取罢工的胜利，廖仲恺提出由罢工委员会设立一个统一指挥的将官与决定战略的参谋部。作为罢工委员会的顾问，他提出对付英国殖民主义者的三条措施：

第一，对香港实行经济封锁，使香港成为孤岛。即不为香港打工；断绝他们的粮食；凡香港的货轮皆不准进口。[33]

第二，提出工农兵联合斗争的革命主张。他明确指出："只靠兵士去打仗，很难得到胜利，惟有工农兵的大联合，始可达到成功。"[34]

第三，提出要有统一作战计划、统一号令的思想。他十分形象地把罢工"统一"举动的重要性，比作"抬轿的人，撑艇的人"，要有统一的举动，方能走动。[35]

省港大罢工坚持了一年零四个月，取得了重大胜利，除了中国共产党的坚强领导外，与廖仲恺的努力是分不开的。诚如林伯渠同志所指出："著名的香港大罢工得以坚持下去"，"是和廖仲恺先生坚决执行革命三大政策有密切关系的"。[36]

廖仲恺对工农的认识上也存在着某些不足之处。如：他把加快解决工人们的读书问题，作为救国的重要途径等，同时，他主张发动工农群众的目的，仅仅是作为完成国民革命的手段，对于工人阶级的领导地位却缺乏足够的认识。当然，对于民主革命家来说，后人是不能苛求的。廖仲恺积极开展工农运动的实践充分表明，他不愧为"无产阶级的好朋友"。

刘少奇于 1926 年所写的《廖仲恺先生与工农政策》一文中，明确地指出：在国民党人中，廖仲恺"是首先执行工农政策的一个人"，他"极力扶助工农运动的奋进，虽然经过很多的困难，受了很多的诬蔑，仍然行之不止。廖先生确实了解中国国民革命的进程及工农群众所占之位置。廖先生之所以伟大，廖先生之所以为国民党的模范党员，实即以此"。廖仲恺牺牲后，周恩来在《勿忘党仇》一文中也指出："我党（指国民党——引者注）改组后，最显著的革命势力便是革命军之组织和工农群众之参加国民革命，这两种伟大事业的做成，多部分功绩要属于廖先生，廖先生亦因此而愈加见忌见恨于反革命反工农群众的分子……于是廖先生遂为反帝国主义运动、革命运动、工农运动而牺牲。"[37]刘少奇、周恩来的话，是对廖仲恺竭力扶助农工功绩的正确评价。

注释：

①《廖仲恺致郑润琦函》，见尚明轩、余炎光编：《双清文集》上卷，

人民出版社 1985 年版，第 732 页。

②绮园：《回忆》，《犁头周刊》第 13 期。

③吴恩壮：《廖仲恺与大革命初期的广东工农运动》，见《廖仲恺研究》，广东人民出版社 1989 年版，第 87 页。

④绮园：《回忆》，《犁头周刊》第 13 期。

⑤〔苏〕亚·伊·切列潘诺夫：《中国国民革命军的北伐》，中国社会科学出版社 1981 年版，第 40 - 43 页。

⑥孙中山著，中山大学历史系孙中山研究室编：《孙中山全集》第 9 卷，中华书局 1986 年版，第 121 页。

⑦尚明轩、余炎光编：《双清文集》上卷，人民出版社 1985 年版，第 604 页。

⑧中国科学院广州哲学社会科学研究所编：《廖仲恺集》，中华书局 1963 年版，第 133 页。

⑨何香凝：《在粤军追悼廖仲恺陈秋霖大会的演说》，见尚明轩、余炎光编：《双清文集》下卷，人民出版社 1985 年版，第 13 页。

⑩《国民新闻》，1925 年 9 月 4 日。

⑪何香凝：《在省港罢工工人第十八次代表大会上的演说》（1925 年 8 月 27 日），见尚明轩、余炎光编：《双清文集》下卷，人民出版社 1985 年版，第 12 页。

⑫《佛山南浦农团军开幕纪盛》，《广州民国日报》，1924 年 6 月 2 日。

⑬阮啸仙：《廖仲恺先生殉国一周年纪念与农民》，《农民运动》1926 年第 4 - 5 期。

⑭廖仲恺：《农民解放的方法》，见尚明轩、余炎光编：《双清文集》上卷，人民出版社 1985 年版，第 704 - 706 页。

⑮绮园：《回忆》，《犁头周刊》第 13 期。

⑯绮园：《回忆》，《犁头周刊》第 13 期。

⑰《广东农民运动报告》，1926 年 10 月版，转引自余炎光：《廖仲恺和工农运动》，《学术月刊》1980 年第 3 期。

⑱绮园：《回忆》，《犁头周刊》第 13 期。

⑲绮园：《回忆》，《犁头周刊》第 13 期。

⑳绮园：《回忆》，《犁头周刊》第 13 期。

㉑尚明轩、余炎光编：《双清文集》上卷，人民出版社 1985 年版，第754 页。

㉒［美］陈福霖：《廖仲恺与 1924—1925 年广东的劳工运动》，见《孙中山廖仲恺与中国革命》，中山大学出版社 1990 年版，第 218 页。

㉓尚明轩、余炎光编：《双清文集》上卷，人民出版社 1985 年版，第638 页。

㉔《广州民国日报》，1924 年 5 月 30 日。

㉕尚明轩、余炎光编：《双清文集》上卷，人民出版社 1985 年版，第667 页。

㉖绮园：《回忆》，《犁头周刊》第 13 期。

㉗中国科学院广州哲学社会科学研究所编：《廖仲恺集》，中华书局1963 年版，第 161 页。

㉘罗声：《回忆省港大罢工》（油印本）。

㉙何香凝：《回忆孙中山和廖仲恺》，中国青年出版社 1957 年版，第68 页。

㉚廖梦醒：《回忆我亲爱的父亲——廖仲恺》，《中国工人》1957 年第16 期。

㉛中国科学院广州哲学社会科学研究所编：《廖仲恺集》，中华书局1963 年版，第 247 页。

㉜尚明轩、余炎光编：《双清文集》上卷，人民出版社 1985 年版，第772 页。

㉝中国科学院广州哲学社会科学研究所编：《廖仲恺集》，中华书局1963 年版，第 248 页。

㉞中国科学院广州哲学社会科学研究所编：《廖仲恺集》，中华书局1963 年版，第 250 页。

㉟李益然：《廖仲恺与省港大罢工》，《中学历史教学》1982 年第 6 期。

㊱《人民日报》，1955 年 8 月 21 日。

㊲周恩来：《勿忘党仇》，《廖仲恺先生哀思录》。

第十一章　粉碎叛乱

广州革命政府平定商团叛乱之后，消除了一大隐患，广东的局势虽然获得了初步稳定，但仍然处在"内忧外患岌岌可危的环境"之中。[①]

就在商团被平定没几天，1924 年 10 月 23 日，受孙中山革命思想影响的直系将领冯玉祥等发动北京政变，囚禁总统曹锟，推倒北京直系政府。北京政变后，冯玉祥等 19 人联名发出和平解决国是的通电，电文曰："国家建军，原为御侮，自相残杀，中外同羞。……玉祥等受良心驱使，为弭兵之主张，爰于 10 月 23 日决意回兵，并联合所属各军另组中华民国国民军，誓为国为民效用。……至一切政治善后问题，应请全国贤达急起直追，会商补救之方，共开更新之局。"[②]孙中山闻讯，甚喜。同年 10 月 27 日，他致电冯玉祥，表示将应邀北上，共商建设大计。11 月 13 日，孙中山偕夫人宋庆龄等乘"永丰舰"起程北上。

孙中山北上前，在人事方面作了安排：由"长于调和现状，不长于彻底解决"问题的胡汉民代行大元帅职权；而他所信赖的能够开创新局面的廖仲恺除原任国民党中央常委、国民党中央工人部部长、黄埔军校党代表等职外，又兼任党中央农民部部长、所有党军及各军官学校与讲武堂的党代表。孙中山期望廖仲恺利用这些职务之便，进一步推进工农运动的发展，建设一支有觉悟的革命军队。

廖仲恺不负孙中山的期望，在孙中山北上之后，与中国共产党人一道，促进工农运动蓬勃的发展，一如既往地关心黄埔军校的建设和发展，从而进一步巩固了广东革命根据地。

孙中山北上后，盘踞粤东的新军阀陈炯明误以为有机可乘，蠢蠢欲动，他从北洋政府与买办陈廉伯等人那里得到经费资助，在汕头重整残部，自称"救粤军总司令"，分兵三路，锋芒直指广州，广州革命政府面临新的更为严峻的考验。

在这危急之际，廖仲恺起了第一次东征的主要决策人与组织者的作用。1924 年 12 月 24 日，在廖仲恺、胡汉民、加伦的三人小组会议上，决定成立"军事委员会"。"军委会"委员由廖仲恺、胡汉民、许崇智、蒋介石、杨希闵及苏联顾问加伦组成，并责成东征总指挥杨希闵"绝对服从军事委员会"，这就把东征的领导权牢牢地掌握在"军委会"手中。"军委会"则直属国民党中央执行委员会，掌握各军总指挥权。26 日和 30 日，军事委员会先后两次开会讨论东征进军路线与作战计划等问题。廖仲恺均参加了这两次会议。他在会议上特别强调在士兵和农民、工人中进行宣传鼓动工作。会议结束后，他经过多方面的努力，将以谭延闿、程潜将军为首的湘军，朱培德将军的滇军，许崇智将军的粤军部队，吸引到政府方面。[③]

就在广州革命政府准备进行东征陈炯明之时，从北京传来了孙中山病重的消息，廖仲恺与何香凝得此消息后，心急如焚。廖仲恺再三考虑，决定让夫人前去慰问与侍疾。1925 年 2 月 3 日，他对何香凝说："孙先生的病恐怕难治了，孙夫人很忙。我现在因党务、政事、军需都不得脱身，第一次东征军事行动，都要我亲自料理，不如你到北京去帮忙一下吧！"[④]第二天，何香凝简单整理行装，便匆匆北上，代表廖仲恺去北京侍候他们毕生仰慕的孙中山。[⑤]

1925 年 1 月 15 日，广州大本营以建国滇、粤、湘、桂等军组成东征联军，杨希闵为总指挥，发布东征动员令；2 月 1 日，东征军出发；2 月 7 日，廖仲恺、胡汉民、加伦将军、许崇智等赴石龙与蒋介石会商东征进军计划。东征军兵分三路：以杨希闵统率的滇军为左翼军，由河源、老隆以趋兴宁、五华，主攻陈炯明军林虎的防地；以许崇智、蒋介石率领的粤军、黄埔校军为右翼军，由海陆丰以趋汕头，主攻陈炯明军洪兆麟防地；以刘震寰率领的桂军为中路军，负责围攻惠州城，主攻叶举主力杨坤如部。

东征出师，进展神速，所向披靡，捷报频传。右翼军之黄埔校军，从1925年2月初出发，"由虎门而东莞，而石龙，而樟木头，而塘头厦，而平湖，而龙冈，而淡水，而白芒花，而平山，为时半月，驱敌数百里"。⑥势如破竹，锐不可当。自从占领平山之后，逆军多无斗志，闻风而逃。海陆丰皆入革命军之手，乘胜东下，经河田、河婆、棉湖、普宁、揭阳，于3月6日直抵汕头。与右翼军长驱直入而形成鲜明对照的是，左翼的滇军和中路的桂军。虽然滇军也攻克了博罗，桂军也开到惠州城下，但他们一直保存实力，不愿主动进攻。特别是粤军、黄埔校军在与敌苦战之际，他们却袖手旁观，始终按兵不动，致使陈军林虎部主力得以从容集中，袭击右翼军，企图把黄埔校军在揭阳、汕头之间扑灭。他们万万想不到黄埔校军会回师棉湖，战胜林虎部五师，并在兴宁全剿林逆总部。⑦

正当东征右路军取得节节胜利之际，捷报传到北京，给重病中的孙中山以精神上极大的安慰。他对侍病在旁的何香凝说："广东现在十分重要，仲恺万不能离开广东！"⑧并嘱廖仲恺代他前往前线慰劳东征军。廖受命之后，于1925年3月12日抵汕头。次日，军校教导第一、二团与粤军第七独立旅等，同林虎、刘志陆等部近万人在棉湖地区血战。教导团等以寡敌众，战斗十分激烈，情况极其险恶。廖仲恺与蒋介石等亲临战地督战，"校党代表廖公仲恺草履手杖，亲督役夫搬运弹药"，⑨官兵们深受鼓舞，士气大振，士兵们冲锋陷阵，奋勇杀敌。晚上，在红湖宿营地，他利用战斗的空隙，与蒋介石商讨下一步的作战计划，至次日凌晨3时许才休息。3月16日，廖仲恺在河婆对教导团全体官兵发表演说，高度赞扬教导团浴血奋战的精神和所取得的胜利。他说，教导团自出征以来，打过很多胜仗，"特别棉湖一役，打退敌人十几次冲锋"，"这样子的勇敢，真算是空前之举"！⑩在廖仲恺的关怀下，右翼军乘胜追击，不到半个月，就将陈炯明残部逐出东江境内，取得了首次东征的伟大胜利。

随着东征的胜利，廖仲恺与隐藏在革命队伍内部的滇、桂军头目杨希闵、刘震寰的斗争亦日益尖锐，而杨希闵是国民党中央执行委员；刘震寰是国民党候补中央监察委员；两人同时都是广州革命政府的委员，这就增加了这场斗争的复杂性。

杨希闵（字绍基，云南人），驻粤滇军总司令，曾兼任广州卫戍司令。刘震寰（字显臣，广西人）驻粤桂军总司令。1922年12月25日至26日，滇、桂、粤三方面代表在广西藤县白马举行军事会议，"会商驱陈的战略和合作的条件"。会后发表了讨伐陈炯明、拥护孙中山的联合宣言（史称"白马会盟"）。杨、刘就是这样打着拥护孙中山的旗号而到广东来的。

杨希闵、刘震寰其实无心革命，来粤的真正目的在于敛财自肥。来粤前，他们对战士作动员时，都是宣传广州如何繁华，在广州容易"捞世界"，以此来"鼓舞士气"。到穗后，杨希闵部抢占西关、西堤等商业繁华地段；刘震寰则盘踞广州东堤、东莞、宝安（深圳）等富饶地区。他们在霸占的地区大开烟赌，以致鸦片烟馆林立，他们从中大捞烟赌税。另外，又设卡抽税，甚至武装走私以从中牟利。他们还克扣官兵薪饷，纵兵抢劫等，真是无恶不作。⑪孙中山对滇桂军的所作所为，非常震怒。1924年秋，在大本营召集的一次军事会议上，在座的多是滇桂军官，孙中山严厉痛斥他们："你们于民国十二年（1923年——引者注）春间，替我出力赶走陈炯明，我是很感激你们，当时我因为在广东没有一些权力，所以并不想回来。你们却派人到上海请我回来，说要服从我的命令，实行我的主义，我更是感激你们。所以，我便回广东了。谁知你们却是戴着我的帽子来蹂躏我的家乡……我觉得对家乡不住，尤其是对国家不住，我决意离开你们。"这沉痛的话语并没有使杨、刘军阀们有所收敛，他们继续敲诈勒索，巧立名目，愈演愈烈。

廖仲恺对杨、刘横征暴敛、截留税饷之不法行为早就察觉，在创办黄埔军校之时，他常常要三更半夜到杨希闵的寓所，等他抽完了鸦片烟后，才求得一笔款子。据广州革命政府的调查，滇军各部不仅占收了省河猪捐、屠牛捐、牛皮捐、硝磺捐、花捐、轮渡捐、面粉捐、丝捐、各项补捐等年达两百余万元，而且还霸收北江、省河、佛山、韶州等各属厘厂税收与烟、赌各饷，以及广三路车利等，年达八百万元以上。桂军截收石龙、新塘等地税饷，每年也有数十万元。在正税之外，他们又擅立名目征收各捐，严重破坏了广东财政之统一。[12]

廖仲恺在财政部长任上，曾经与之进行了力所能及的斗争。他于1923年10月和1924年7月两度发出统一财政通电。在电文中他愤怒地指出："粤省财政，久陷分裂。握军柄者，各就防地，自筹军食；掌度支者，形同守库，挹注无从"，并要求杨、刘"共维财政统一，借作士气，而挽危机"。[13]在1924年7月的通电中，廖仲恺愤而辞职，电文曰："仲恺救时有心，回天无力，知难引退，实负初衷！"[14]这字字句句，都是对杨希闵、刘震寰等反动军阀的强烈抗议！

发现杨希闵叛乱的阴谋始于东征占领兴宁，歼灭林虎部之后。他们在林虎的总司令部"搜获杨希闵等与敌军来往密电，始悉其勾结奸谋"。[15]孙中山逝世后，以前孙中山曾多次劝其就大本营副元帅职而拒不就职的滇系军阀头子唐继尧，在孙中山病逝后的第六天，即1925年3月18日，竟突然宣布就任副元帅职，诡称："尔时军国大事，夙赖大元帅主持，未便遽膺崇秩；今不幸大元帅在京逝世，一切未竟之主张，皆吾辈应负之责任。"[16]完全暴露出他企图取代广州革命政府、吞并广东的野心。随后，唐继尧派代表孔庚来到港穗与杨、刘勾勾搭搭，许愿让杨希闵任广东督军，刘震寰为广西省长，以此作为钓饵，叫他们当内应。唐并允派一支军队经广西直下广东（后因李宗仁、黄绍竑所阻而未果），以武力改组大元帅府，从而夺取广东。为此，刘震寰于1925年5月中旬秘密赴云南，与唐继尧策划于密室。但他的秘密行踪很快就被大元帅府所侦知。杨希闵、刘震寰又于5月下旬借故潜赴香港，在香港皇后酒店60号，与段祺瑞的密使们共谋颠覆广州革命政府之诡计。返穗后，刘震寰又将唐继尧之间谍马自祥接来广州密谈。杨、刘并频频调防军队，广州革命政府再次面临严峻的考验。[⑰]

在如何对待杨希闵、刘震寰叛乱的问题上，廖仲恺力主以武力平叛，而代帅胡汉民则谋求与杨、刘妥协。

1925年4月下旬，廖仲恺、胡汉民和苏联顾问加伦等人就杨、刘问题商讨对策，决定以政府名义派廖仲恺、蒋介石、加伦前往汕头与军事部部长许崇智共商行动方针。

但是，被廖仲恺斥为"傻瓜和懦夫"的胡汉民，却在广州召集总司令举行秘密会议，让杨希闵、刘震寰等也参加，意在劝杨、刘不要与政府决裂。接着，胡汉民又以杨希闵声讨唐继尧为条件，允任杨所保荐的夏声为广东兵工总厂委员长。针对胡汉民的妥协行径，廖仲恺和加伦商定，必须造成东征军回师讨伐杨、刘的事实，使胡汉民的妥协企图破产。当廖仲恺、加伦、蒋介石到达汕头的时候，许崇智的粤军司令部正在紧锣密鼓地部署进军福建。要与杨、刘决战，就必须先说服许崇智回师广州。1925年4月28日，廖仲恺、加伦、许崇智、蒋介石在汕头举行会议。廖仲恺、加伦力持回师广州，蒋介石也表示支持，许崇智只好同意。廖仲恺和加伦回穗后，又数次登门拜访谭延闿，在廖仲恺的极力劝说下，谭也表示愿出兵参加讨伐杨、刘。与此同时，对妥协派施加压力，共产党人也通过各种途径大造舆论支持和推动廖仲恺等主战派的行动。正在广州召开的第二次全国劳动大会、广东省第一次农民协会，成了声讨杨、刘的中心，与会者纷纷发表谈话、声明，公开提出了"打倒唐继尧和一切反革命派"的口号。共产党人还毫不留情地揭露胡汉民的妥协行径，如罗亦农发表文章指出："至于胡汉民，原本与许崇智意见不合，与其他国民党各有实力的首领的意见又未见纯然融洽，不无恐怕军阀纯然肃清以后，许、廖、蒋提出改组大本营，难被推为政府首领，因而想留一部分反动军队的力量，以保存现有地位的嫌疑。"必须指出，胡汉民后来否认自己的妥协行为，自称一开始就坚决主战，这是有违事实的。受胡汉民指派往香港迎杨、刘的邹鲁承认："杨刘曾效忠本党，而我所主持的讨陈之役，他们尤其出力。总理待人，宽大为怀，这次我设法出来调停，亦不应视为另有用意。"⑱

在共产党人和国民党左派的推动下，国民党中央执行委员会做出决议，严令各军服从政府，抗命者予以严厉制裁，并要求代帅胡汉民"察纳施行"。至此，国民党对杨、刘的讨伐决心终于毋庸置疑地定下来了。

在战斗打响之前，大元帅府一面暗令粤军和黄埔校军由潮梅班师回省城，一面命令驻扎北江之湘军及滇军朱培德部，调至近省城一带，以资策应。部署就绪之后，大元帅府命令杨、刘限期表示服从政府的态度。1925年6月1日，杨希闵以建国滇军总部暨个人名义发布"宣言"。"宣言"除假惺惺地表示"拥护真正革命政府，以实行本党之主义为归宿"外，竟然污蔑革命政府中"少数激烈党人，阳假国民党之名义，阴施其共产之运动，劫制政府，任意冥行"。⑲这无异于公开叛乱！接着，他们又发出"反赤化呀！杀呀！"等歇斯底里的反革命叫嚣。于是，大元帅府于6月5日发布命令：免去杨希闵、刘震寰的一切职务，同时宣布他们两人为叛徒，并命令朱培德为滇军总司令。

1925 年 6 月 6 日 16 时，平定杨、刘叛乱的战斗打响了。珠江之滨，枪声不断，长堤两岸，交通断绝。早在 4 天前，廖仲恺已以国民党中央工人部部长的身份，委派共产党员刘尔崧、杨殷为工人部特派员，发动粤汉、广九、广三铁路工人和广州轮渡、邮电工人同时举行罢工，使运输线陷于瘫痪，电讯中断。这时，杨、刘急忙派人到香港雇请铁路、邮电工人，但为时已晚，杨、刘拟调兵遣将也来不及了。1925 年 6 月 9 日，由潮梅班师回穗的粤军和黄埔校军甫抵石龙，立即向石滩叛军发起强烈的攻势，主力部队长驱直入，进逼龙眼洞，围歼位于广州东郊之叛军主力；同时，驻扎北江的湘军、朱培德所率之滇军也由粤汉铁路挥师南下，西北方面之粤军一部则沿广三铁路东进，各路人马对杨、刘叛军形成包围圈，叛军如瓮中之鳖，随手可擒。

1925 年 6 月 12 日，张治中率领黄埔军第三期入伍生总队，由猎德渡河进攻数小时，敌师长赵成梁被打死，敌军纷纷溃退。广州市东郊瘦狗岭之敌亦被击溃，死伤无数。残部向广州市溃退，长官多逃往沙面租界，士兵则往广州西部逃窜，湘军等各路人马乘胜追击，尽歼其敌。杨希闵、刘震寰遂在洋人掩护下逃往香港。败退增城之胡思舜部顽敌，于 6 月 15 日反攻至广州北郊，党军迎头痛击，经过两小时激战，歼敌五千人。至此，平定杨、刘的战斗取得了胜利。

在这次平叛中，廖仲恺大力倡导组织的农民协会和农民自卫军发挥了重大作用。东江各地农会组成三千多人的运输队，帮助东征军迅速回师平乱。番禺及广州市郊的农民自卫军，帮助侦察敌情及入城参加战斗。广州市郊的农民还在晚间出动"抓田（滇）鸡"。因为挨饿的滇军经常出来偷吃农田里的番薯，往往被农民所捕获。在这次战斗中，苏俄顾问鲍罗廷于 1923 年 11 月 13 日在国民党临时中执委会议上所批评过的，农民和工人们对战事漠不关心的现象已不复存在了。

何香凝完全赞同廖仲恺力主以武力平定杨、刘的主张。1925年5月21日，何香凝主持了有六七千人参加的广州市党员大会，并发表演说。这次大会通过了"反对卖国军阀段祺瑞、侵略两广祸首唐继尧及勾结帝国主义与祸国军阀之一切反革命派"等议案，在广东大学礼堂里，口号声震天动地，大有气壮山河之气概。[20]1925年6月12日，平叛战斗打响之后，何香凝率领"妇女救护队"，奔走于弹雨纷飞的火线，救治受伤官兵。官兵们知道是廖夫人来了，士气大振，奋勇冲锋杀敌。6月14日，她又"购有物品多种，到各病院慰问"伤兵，广大官兵深受感动。

东征及平定杨、刘叛乱的胜利，使广东革命根据地得到空前的巩固。南粤大地，旌旗猎猎，工农运动空前高涨，广大军民斗志昂扬。面对胜利的喜悦，廖仲恺疲惫的脸上露出了舒心的笑容。然而，帝国主义及一切反动派绝不会甘心他们的失败。他们躲在阴暗的角落里，咬牙切齿地诅咒革命人民的胜利，并且磨刀霍霍。廖仲恺深知革命之道并非坦途，在一片欢呼胜利的凯歌声中，他并不陶醉于已经获得的胜利之果中，而是精神抖擞、信心百倍地迎接新的斗争，接受更大的暴风骤雨的来临。

注释：

①邓中夏：《省港罢工的胜利》，见广东哲学社会科学研究所历史研究室编：《省港大罢工资料》，广东人民出版社1980年版，第733页。

②陈锡祺主编：《孙中山年谱长编》下册，中华书局1990年版，第2040页。

③姜义华：《国民党左派的旗帜——廖仲恺》，上海人民出版社1985年版，第116页。

④何香凝：《我的回忆》，见尚明轩、余炎光编：《双清文集》下卷，人民出版社1985年版。

⑤周兴梁：《廖仲恺和何香凝》，河南人民出版社1989年版，第

224 页。

⑥樵子：《东江战情之预测》，《建国粤军月刊》1925 年第 2 期。

⑦何应钦：《在黄埔军校建校两周年的讲话》，《海外周刊》第 14 期。

⑧尚明轩、余炎光编：《双清文集》下卷，人民出版社 1985 年版，第 56 页。

⑨何应钦：《棉湖战役之回忆》，见罗家伦主编：《革命文献》第 11 辑，台北 1958 年版，第 274 页。

⑩《我们的光彩要照耀大地》，见《廖仲恺先生训练官兵讲演集》，广州印行，第 19 - 20 页。转引自周兴梁：《廖仲恺和何香凝》，河南人民出版社 1989 年版，第 227 页。

⑪周孝中：《滇桂军阀杨刘在广东》，见暨南大学历史系中国近现代史教研室编：《中国近现代史论文集》第 1 集，第 304 页，油印本。

⑫周兴梁：《廖仲恺和何香凝》，河南人民出版社 1989 年版，第 228 页。

⑬尚明轩、余炎光编：《双清文集》上卷，人民出版社 1985 年版，第 663 - 664 页。

⑭尚明轩、余炎光编：《双清文集》上卷，人民出版社 1985 年版，第 724 页。

⑮胡汉民：《胡代帅处分杨刘叛军通电》，见罗家伦主编：《革命文献》第 11 辑，台北 1958 年版，第 285 页。

⑯中国社会科学院近代史研究所中华民国史组编：《中华民国史资料丛稿大事记》，第 11 辑，中华书局 1978 年版，第 43 页。

⑰周孝中：《滇桂军阀杨刘在广东》，见暨南大学历史系中国近现代史教研室编：《中国近现代史论文集》第 1 集，第 310 - 311 页。

⑱邹鲁：《与共产党奋斗和北上侍疾》，见中国人民解放军政治学院编：《中共党史教学参考资料》。

⑲粤海关档案：1925 年 6 月 2 日情报之附件（一）。

⑳《本党之集会》，《党声周刊》第 65 期。

第十二章　仲恺遇刺

　　廖仲恺是国民党人。然而他坚信，年轻的中国共产党人加入国民党"是本党的新生命"。

　　廖仲恺十分相信共产党人。在国民党一届一中全会上，确定中央各部部长和秘书的人选时，廖仲恺将内定由自己担任的组织部长让给共产党员谭平山，他则改任工人部部长。由廖仲恺主持成立的广州工人代表大会，则由共产党员刘尔崧担任主席。在他担任党代表的黄埔军校，先后担任过政治教官或政治部领导的有周恩来、聂荣臻、恽代英、周逸群、萧楚女等著名的共产党员，廖仲恺都能真诚地和他们保持良好的合作关系，共同推行国民党第一次代表大会所通过的政纲。在担任农民部部长时，他把领导农民部的工作交给农民部秘书、共产党员彭湃负责，并委派彭湃担任国民党中央农民运动讲习所主任。在担任黄埔军校党代表期间，他亲自迎接从法国巴黎归国的周恩来到军校担任政治部主任。他们始终团结合作，成了亲密的战友。周恩来常到"双清楼"做客，还被廖仲恺尊敬地称为"共产党的大将"。有时他们共进早餐后一起驱车前往黄埔。同时，他还热情地邀请毛泽东、刘少奇、邓中夏、苏兆征、吴玉章等许多著名的共产党员到军校演讲，对学生进行三民主义的教育。在廖仲恺的倡导下，以及共产党人的鼎力相助下，黄埔军校办得生机勃勃，充满革命的进取精神。总之，廖仲恺无论在担任工人部部长、农民部部长，还是担任黄埔军校党代表期间，都能对共产党人虚怀若谷，从善如流，无愧为共产党人的忠实朋友。后来，何香凝追忆这段历史时说："当时在广东或到过广东的共产党员李大钊、彭湃、苏兆征、杨匏安、周恩来、董必武、蔡畅、邓颖超、林伯渠、吴玉章、聂荣臻、萧楚女、熊雄、熊锐等，仲恺始终和他们真诚合作。"她的这段回忆是完全符合历史事实的。[①]

国民党"一大"闭幕不久，国民党员右派的反共活动就开始嚣张起来。廖仲恺深知，共产党人加入国民党，是国民党新生的催化剂。因此，他无所畏惧，坚决与那些"分共"的行为进行了不懈的斗争。1924 年 2、3 月间，国民党右派分子邓泽如、刘成禺、谢英伯、冯自由等炮制了所谓"警告书"，诬蔑李大钊"攘窃国民党党统"等，企图破坏刚刚形成的国共合作。"警告书"还未发出，被廖仲恺得知后，他便与李大钊、鲍罗廷等向孙中山指控邓泽如等四人"不守党员纪律""挑拨国共恶感"。在廖仲恺的努力下，国民党右派这次的挑衅阴谋未能得逞。同年 6 月下旬，谢持、张继等国民党右派又以"共产党在国民党内组织党团"为借口，掀起一股反共恶浪。廖仲恺对这种分裂行为深恶痛绝。在他的推动下，国民党中央于 7 月发表了宣言，重申"凡有革命勇决之心，及信仰三民主义者，不问其平日属何派别，本党无不推诚延纳，许其加入"。[②]这有力地驳斥了国民党右派分子的无耻攻击，又一次击退了他们的猖狂进攻。

在共产国际和中国共产党人的帮助下，廖仲恺的思想达到前所未有的高度。在晚年，他已经认识到"帝国资本主义之侵略实为万恶之源"[③]，认识到军阀的"背后就靠列强帝国主义来扶持。军阀是一傀儡，列强帝国主义者在后拉线"。[④]因此，他强调必须把反对封建军阀与反对帝国主义的侵略结合起来。

1925 年"五卅"惨案的消息传到广州，廖仲恺认为这事的发生是中国人民的奇耻大辱，因此他立即催促国民党中央以中国国民党的名义，发表对"五卅"事件的宣言，痛斥帝国主义的野蛮暴行。6 月 23 日，广州市民举行有 10 万人参加的大会，廖仲恺在会上发表了演说。他还宣读了国民党中央执行委员会告全国人民书，强调帝国主义暴行之所以得逞于中国，是由于帝国主义对于中国有种种不平等条约为凭借，提出当前中国民族解放运动应以取消不平等条约为反抗帝国主义一切行动的中心。他的鲜明态度，使与会者受到很大鼓舞。[5]会后，举行声势浩大的反帝示威大游行。当队伍行经沙基时，遭到沙面租界英、法军队的开枪扫射，当场死52人，伤170余人，轻伤无数，酿成震惊中外的"沙基惨案"。廖仲恺的女儿廖梦醒、儿子廖承志当时在岭南大学读书，他们都与群情激奋的人们一起，参加了这次反帝的大游行。一颗子弹打穿了廖承志的帽子，好险！这是他平生第一次身经枪林弹雨。[6]

"沙基惨案"发生后，廖仲恺受到巨大震动。6月23日晚7时30分，在他的主持下，国民党中央执委会通过了《中国国民党主张废除不平等条约第一次之宣言》，宣言指出，这次惨案是沙面外国兵向游行的中国民众肆行射击，多所杀伤，比上海、汉口租界事件更为暴戾。要避免这类惨案再度重演，只有取消不平等条约。为追悼沙基惨案死难烈士，他写了一副挽联："丹心扶汉旗，竟遭英吉利毒计阴谋一齐殒命；碧血溅沙基，（堪）与黄花岗忠魂侠骨千古同芳。"[7]由军校共产党人洪剑雄主编的《沙基屠杀中党立军校死难者》纪念专刊出版，廖仲恺也亲书"帝国主义残暴之证据；次殖民地惨状的写真"题词，刊于卷首，以弘扬黄埔军校师生的反帝精神。

由于廖仲恺坚定的反帝立场和对共产党人的友好态度，引起了国民党右派分子的极端仇视。他们到处散布谣言说，廖仲恺已经参加了共产党，广州革命政府将实行共产主义等。为此，廖仲恺于1924年9月10日发布《告诫各界勿轻信谣言布告》进行辟谣；并郑重声明："本省长为国民党党人，非共产党党人""对于此等谣言，切勿轻信，如再有造谣生事者，定行严惩不贷"。[8]到了1925年夏天，右派制造谣言的鬼蜮伎俩愈演愈烈。为此，5月17日，廖仲恺出席国民党中央执行委员会第82次会议，他针对右派的言论，强调指出："近来反对党谋破坏本党者，其手段愈演愈妙。彼等知道公然反对本党主张，必不能得群众之信仰，故乃投身国民党造出一'共产''赤化''亲俄'等名词，以图在党中捣乱，破坏本党，是诚谋陷本党最毒之手段也！"⑨愤怒谴责国民党右派造谣的伎俩。

孙中山在世时，慑于孙中山的崇高威望，右派们不敢过于猖狂。孙中山逝世后，他们把对孙中山联俄、联共、扶助农工"三大政策"的不满都往廖仲恺身上发泄。这时，代帅胡汉民成为右派们的"总发言人"。胡汉民和廖仲恺自从同盟会以来就是亲密的朋友。辛亥革命成功，胡汉民成为广东都督后，还选择廖仲恺为他主管财政。但由于胡汉民反对孙中山发动群众的战略，他和廖仲恺之间在 1924 年就有了隔阂。在接近年底之时，为了即将举行的广州市长选举中农民的投票权问题，两人发生了尖锐的冲突。⑩

除了胡汉民之外，戴季陶认为国共合作是一种策略上的错误；邹鲁对鲍罗廷在广州权势日增感到忧虑；邓泽如、张继、谢持等于 1924 年 6 月曾正式联名建议弹劾共产党人；而反动军阀们则抱怨廖仲恺主张财政统一截断他们的财源，等等。这些暗流汇成一股不容忽视的反动势力。在右派分子们反对廖仲恺之时，胡汉民对黄季陆面授机宜："在第一届的中央委员里面，我们还是多数。你赶快到上海去见季陶、右任、惠生、子超、协和等人，叫他们赶快到广州来，我们召开一次一届四中全会，再商量出一个办法。"胡还写好十几封信，叫黄季陆带给上海、北京等地的右派中央委员。⑪胡汉民等想以突然袭击的手段，将左派廖仲恺等人排挤出国民党的领导岗位，但他的这一阴谋因被廖仲恺发觉而被粉碎。

面对国民党右派们的猖狂进攻，廖仲恺无所畏惧，为了反击右派们的进攻，1925 年 5 月 20 日，他在《革命周刊》第一期发表《革命派与反革命派》的著名论文。文章指出："现在吾党中所有反革命者皆自诩为老革命党，摆出革命的老招牌"，"不知革命派不是一个虚名，哪个人无论从前于何时、何地、立过何种功绩，苟一时不续行革命，便不是革命派。反而言之，何时有反革命的行动，便立刻变为反革命派。"文章进一步指出："占我国人口最多的是农工阶级，那一派人替农工阶级打销压迫他们的力量，便是革命派。反而言之，凡与军阀帝国主义者妥协，并压抑农工的人们，便是反革命派。"廖仲恺还直截了当地把右派分子冯自由与陈炯明等同起来，指出："陈炯明之反动与冯自由之捣乱"，都是"因为他们为军阀官僚及帝国主义所利用"。⑫这篇战斗檄文切中右派们的要害，无异给他们当头棒喝！

1925 年 7 月 1 日，大元帅府正式改组为中华民国国民政府。当时还披着"左派"外衣的汪精卫被推为国民政府主席，这是廖仲恺极力推荐的结果。廖仲恺被任命为常务委员和财政部部长。而原来的代帅胡汉民则被任命为外交部部长。当时唯一承认国民政府的国家是苏联，而胡汉民既反对联俄，同时他又不懂俄文，任命他为外交部部长，的确是个残酷的讽刺。胡汉民这种屈辱性的失败，既迁怒于汪精卫，同时也加深了他和廖仲恺之间的矛盾。

右派分子林直勉、赵士觐等在英帝国主义的资助下，在广州创办了《国民新闻报》。该报出版的第一天，就以"共产主义不适合中国国情"为题征文，并到处劝人参加反共行列，说："你反共产吗？如反共产，请加入来。"右派集团还组织了两个俱乐部：一个名叫"文华堂"，其领袖是胡汉民的堂弟胡毅生。他和林直勉、朱卓文等经常在此聚会，大唱反共老调，并咒骂廖仲恺等人。胡毅生咒骂说："廖仲恺年将五十，兼职十余，许多事情都给他包办，挑拨各方恶感，政府赤化了。"另一个俱乐部名叫"觉庐"。头领是民军头目周之贞。右派分子邹鲁、邓泽如、陈策、梁鸿楷、林直勉等经常到那里吃喝玩乐，胡毅生、朱卓文等也经常混迹其间。林直勉就曾在此大放厥词："廖仲恺是共产党员，他被人利用，祸害国民党，他不应该做国民党政府的官吏，所以，非推倒他不可。"反动气焰极其嚣张。[13]胡毅生等还在不满财政统一的粤军官兵中煽动，说政府将把粤军中不稳的部队解散，英帝国主义者也以大批金钱支持粤军将领林树巍、魏邦平，并秘密供给了梁鸿楷一批优良武器，希望他们发动叛乱。

1925年7月初的一天，广州市东山胡汉民寓所的客厅里，烟雾腾腾，桌上杯盘狼藉。林直勉面色愤然："廖仲恺叫农民组织农会，支持工人罢工，我看，不能再让共产党牵着他的鼻子走！"胡毅生咬牙切齿地说："什么？你说共产党牵他的鼻子？我怀疑廖仲恺就是共产党！"他的话音刚落，忽然响起一阵歇斯底里的狂叫："干掉他！"随即引起一阵骚动。"听说英国人也愿意出几十万元买廖仲恺的头哩！"这是余和鸿的声音。孙科清清嗓子，慢条斯理地说："倒廖仲恺的台是要的，但是万万不能采用暗杀手段。"参加会议的还有邹鲁、伍梯云、邓泽如、傅秉常、吴铁城、林拯民等人。

1925年8月初的一天夜晚，位于珠江之滨的海珠酒店，灯光昏暗，三教九流，混迹其间，打扮妖冶的女人进进出出。在二楼左边的角落里，胡毅生和朱卓文喝得酩酊大醉。朱卓文边喝边骂娘："廖仲恺撤了我的县长职，非干掉他不可！"胡毅生给他添了满满的一杯酒，小声说道："杀了他，不仅可解兄弟一箭之仇，也是党国之幸！"说着，两人嘿嘿地笑了起来。

反动派们磨刀霍霍，到了1925年8月初，杀廖的风声越传越紧，大有"山雨欲来风满楼"之势。廖仲恺也听到了，他甚至当做笑话和朋友们说："听说他们暗杀的家伙，不是用手枪，是用盒子枪、手提式机关枪。我倒要尝尝它的滋味呢！"[14]1925年8月20日，在廖仲恺惨死前几天，在一次劳工集会期间，已经有人向他打过黑枪。⑮据报道，曾有人警告他，离开南方去"休假"方为上策。值得注意的是，上海有一家报纸在廖仲恺遇刺的前一天（8月19日），就刊登了关于廖仲恺死讯的一份电文。⑯

　　1925年8月20日早晨，何香凝用过早餐后，和廖仲恺及卫士匆匆上车，赶着去国民党中央党部参加第106次会议。这天，天空布满阴云。街上挤满了熙熙攘攘的人群，小贩的叫卖声，人力车夫的吆喝声嚷成一片。

　　何香凝忧心忡忡地说："仲恺，有消息说，有人要加害于你，我早就提议你要严加提防，增加两个卫兵才是，可是，你却不以为然，唉！"她说这话时，脸上掠过几丝愁云。"香凝，你不想想，增加卫兵，只好捉拿刺客，并不能阻挡他们行凶。我是天天到工会、农会、学生会等团体去开会或演说的，而且一天到晚要跑几个地方，他们想要谋杀我，可以装扮成工人、农民或学生模样，混入群众中下手。我生平为人做事，凭良心，自问没有对不起党、对不起国家、对不起民众的地方。中国如果不联俄联共，就没有出路。他们如果铁心想来暗杀我，防备也是没有用处的。总之，生死由他去，革命我是不能松懈一步的。"廖仲恺坦然地说。在路上，遇到正要找廖仲恺的陈秋霖，仲恺对他说："请上车一同去吧！"汽车又朝着惠州会馆方向风驰电掣般地疾驶。

　　没多久，汽车开到了惠州会馆门口。往日，这里都有卫兵把守，此时却空无一人。廖仲恺、何香凝、陈秋霖和卫士先后下车。何香凝刚一下车，抬头看见一位女同志，就止住脚步向她说："停20分钟我就到妇女部，我有事情和你们商量，请等着我。"突然，"啪啪啪"的枪声大作，何香凝转过脸来，看见廖仲恺已倒在一片殷红的血泊中。陈秋霖中弹后痛楚地挣扎着走了两步，也倒了下去。卫兵也受了伤。何香凝这才意识到有人行刺，便大声呼喊："快些捉人呀！"同时扑上前去俯身扶仲恺，凄厉地喊："仲恺！仲恺！"这时，仲恺已不能回答。当她刚刚低下头去扶仲恺时，又是一梭罪恶的子弹从头顶呼啸而过。紧接着，有五六个凶手从会馆楼梯底下的石柱后面窜出来，廖仲恺的卫士举枪还击，打伤了其中一个凶手，其余的凶手纷纷逃散了。[17]

何香凝和国民党中央妇女部的刘家桐等人把廖仲恺架了起来，只见满地殷红。他衣服上的鲜血，还点点往下滴。随后，他们把廖仲恺扶上汽车，送往医院。路上，廖仲恺已与世长辞了。

在广东大学医学院的病房里，何香凝守在廖仲恺的遗体旁，含泪对廖仲恺的遗体说："我知道，你最担心的是，三大政策不能执行。我一定要继承你的遗志，把你的工作接过来，一定把它实现，请你安息吧!"正说话间，廖梦醒、廖承志从岭南大学匆匆赶来了，看到慈父已溘然长辞，泪水滚滚而出，阵阵哭声令人心碎。

巨星陨落了。孙中山的得力助手，促成第一次国共合作的第一功臣廖仲恺被暴徒刺杀的噩耗迅速传遍广州，传到祖国各地，革命人民无不悲痛。这天，在广州的周恩来、邓中夏等赶赴医院，表示沉痛的哀悼。周恩来紧紧地握着何香凝的手，沉痛地说："廖先生一生苦斗，革命为党，牺牲为国，人民将永远怀念他，请您节哀。"这亲切的话语，似一股热流，抚慰着她的心。当天，国民政府为廖仲恺被害逝世发出通电。翌日，《广州民国日报》发表社论。社论说："廖先生乃党中最能奋斗之一人，对帝国主义最能洞烛其奸、最深恶痛绝之一人"，"廖先生之死，是本党的损失，是反对帝国主义运动的大损失"，"于孙总理之外，他是感人最深的人，其死是中国的大损失，和孙总理之死有同等之损失"。中国共产党为廖仲恺遇刺唁国民党，电文说："廖仲恺先生几十年来为国民革命尽力，是中国革命运动中的健将，如今竟成了帝国主义阴谋的牺牲品，这不但是贵党的重大损失，而且也是全国被压迫民众的损失。"

　　1925 年 9 月 1 日出殡的那一天，有两个身材魁梧的男人，扛着"精神不死"四个大字的白布横幅，走在送葬行列的前头。参加葬礼的有工人、农民、黄埔军校的师生、市民等，队伍排成长龙，从惠州会馆一直排到沙河顶临时墓地，有许多农民从中山县、南海县等地赶来参加。许多人都哭成了泪人儿，有的悲痛得昏倒在廖仲恺灵柩前面。路上，挤满了参加葬礼的人，何香凝乘坐的车，在路上停了好几次。参加省港大罢工的工人们，扛着"廖先生奋斗精神不死！""我们要为廖先生复仇！"的巨幅标语在送葬队伍中间缓缓前行，哭泣声、哀乐声汇成一片。

　　案发后，国民政府即成立了以朱培德、陈树人、甘乃光、周恩来、陈公博、岳森、吴铁城、陈孚木、李福林等 9 人组成的"廖案检查委员会"进行查处。稍后，因为案情重大，国民党中央政治委员会与中央执行委员会、军事委员会联席会议又指定许崇智、汪精卫和蒋介石组成"特别委员会"，主持缉凶事宜。从被击伤的凶手陈顺身上，搜出红十字会会证一个，枪照一张，是建国粤军南路第一路司令梅光培所发。另有阜康押店当票一张，还有分钱的单据等。从搜出的证据可看出，凶手是被人收买的。按日期顺序，前几天是当衣服的当票，说明他很穷，后几天是分钱的单据。陈顺在昏迷中连声呼唤"大声佬！""大声佬！"（朱卓文的诨名），经查明，陈顺用的这支枪是朱卓文经常用的。陈顺亦供认，这次谋杀是朱卓文一手布置的。他还供认："香港有两百万元打共产党，打'猛人'（猛人是广东方言，意即有名声的人）。"问："猛人是谁?"答曰："廖仲恺、谭平山。"朱卓文是无聊政客，曾任过县长，因办事不力，被廖仲恺免职。案发时，他寄居"觉庐"俱乐部，在他得知廖仲恺被刺身亡的当天（8 月 20 日）便匆忙雇乘电船，用枪恫吓船员，开足马力，仓皇地逃到南海县的乡下去了。同时，还查明，参与主谋的，还有胡毅生、魏邦平、梁鸿楷、林直勉、赵公壁（胡毅生的妻舅）等人。在廖案发生后的头几天晚上，胡毅生等一连在魏邦平家开会，至深夜方出。在逮捕令未发出之前，胡毅生、魏邦平便逃到香港去了，在主谋者当中，仅捕到林直勉一人。此外，还逮捕了凶手和嫌疑人犯梅光培、郭敏卿、梁博、赵士伟、林星、黄鸡、吴培、谭卓、苏汉雄、冯灿、陈细等人。因朱卓文逃跑，国民政府政治会议又议决，以3万元的重赏予以严缉。稍后，在1926年1月召开的国民党"二大"上，还议决函咨国民政府责成国民革命军第五军及广州市公安局限期一个月内把朱卓文捉拿归案，但一个月过去了，终未捕获。

在国民党"二大"闭幕后不久，国民党内右派势力重新抬头，并掀起一股反共逆流。因此，轰动一时的廖案竟然不了了之。躲在朱卓文、胡毅生、林直勉、魏邦平等人背后的元凶，究竟是哪些国民党右派头目，至今仍是悬案。[18]

注释：

①何香凝：《我的回忆》，见尚明轩、余炎光编：《双清文集》下卷，人民出版社1985年版，第939页。

②陈锡祺主编：《孙中山年谱长编》下册，中华书局1990年版，第1943页。

③中国科学院广州哲学社会科学研究所编：《廖仲恺集》，中华书局1963年版，第190页。

④中国科学院广州哲学社会科学研究所编：《廖仲恺集》，中华书局1963年版，第165页。

⑤姜义华：《国民党左派的旗帜——廖仲恺》，上海人民出版社1985年版，第119－120页。

⑥廖承志：《忆青少年时代》，见《廖承志文集》上卷，人民出版社1990年版，第4页。

⑦黄埔陆军官学校编：《沙基屠杀中党立军校殉难者》（1925年版）。

⑧尚明轩、余炎光编：《双清文集》上卷，人民出版社1985年版，第721页。

⑨《第一届中执委第 82 次会议记录》，该会议录影印件藏廖仲恺何香凝纪念馆资料室。

⑩［美］陈福霖：《廖仲恺与 1924—1925 年广东的劳工运动》，见《孙中山廖仲恺与中国革命》，中山大学出版社 1990 年版，第 221 页。

⑪蒋永敬：《民国胡展堂先生汉民年谱》，台湾商务印书馆 1981 年版，第 336 页。这里所说的名字依次为戴季陶、于右任、谢持、林森、李烈钧。

⑫尚明轩、余炎光编：《双清文集》上卷，人民出版社 1985 年版，第 757－760 页。

⑬蒙光励：《廖仲恺被刺案》，《历史大观园》1986 年第 9 期。

⑭《八月二十日廖仲恺身殉革命记》，见尚明轩、余炎光编：《双清文集》下卷，人民出版社 1985 年版，第 236 页。

⑮《广州民国日报》，1925 年 8 月 21 日。

⑯［苏］亚·伊·切烈潘诺夫：《中国国民革命军的北伐》，中国社会科学出版社 1981 年版，第 261 页。

⑰何香凝：《我的回忆》，见尚明轩、余炎光编：《双清文集》下卷，人民出版社 1985 年版，第 906 页。

⑱"廖案"是多年来学术界和政治界争论不休的问题，兹略举如次：

李光一在 1957 年在回答湖南涟源二中谌创元的提问时说"胡（毅生）、朱（卓文）等匪不过是组织者，凶手不过是执行者，而胡、朱头上还有主持的人，那就是孙中山先生的叛徒，国民党的反动派——蒋介石和汪精卫"。（见李光一：《廖仲恺先生的主要革命事迹有哪些？怎样被暗害的？凶手是谁？》，《史学月刊》1957 年第 2 期）这显然是牵强附会，张冠李戴。周恩来在 1963 年 4 月 10 日曾经指出："有一位知名学者写的一本现代史书，说 1925 年刺廖仲恺案是蒋介石支持的，这不是事实，这使几百万知识青年有个错觉，在历史上无法能解释我们当时为什么还同蒋介石合作。"（见曾三：《谈谈存真求实》，《文史通讯》1982 年第 1 期）

1982 年台湾知名人士陈立夫在（台北）《传记文学》第 41 卷第 3 期发表《追念廖仲恺先烈》一文，说暗杀廖仲恺"的确是鲍罗廷及其中共爪牙所精心策划的"，简直是胡说八道。同年 8 月 30 日，廖承志在廖仲恺何香凝纪念馆揭幕式上对此严加驳斥，指出"世界上的颠倒黑白，无耻荒唐，恐怕没有超过这个事情的了"。他并且一再肯定，他的父亲是国民党右派指使暴徒暗杀的。

"廖案"发生后，胡汉民作为嫌疑人之一而被放逐出洋。有的学者在几年前撰文，认为"廖案"与胡汉民无关。（陶季邑：《廖案之谜》，《湖南师范大学社会科学学报》1992年第3期）但笔者认为，这还有待进一步考证。

尚明轩教授在《"廖案"历史岂容置疑》一文（见尚明轩：《孙中山与国民党左派研究》，人民出版社1986年版，第155页）中指出暗杀廖仲恺的是国民党右派们，出面组织和收买凶手的是胡毅生、朱卓文以及梁鸿楷、魏邦平等人，这无疑是十分正确的。但在他们的背后，有没有更大的右派主使，至今仍然是个谜。笔者曾与我馆名誉顾问、美国迈阿密大学陈福霖教授交换过意见，他认为可能就是胡毅生、朱卓文这帮人下的毒手。

第十三章　继承遗志

廖仲恺的逝世，对何香凝的打击很大。五个多月前，她在北京为孙中山侍疾，孙中山在弥留之际，曾经紧紧地握着她的手，连喊三声："廖仲恺夫人，我感谢你……"她含泪表示："先生改组国民党的苦心，我是知道的，此后我誓必拥护孙先生改组国民党的精神。"①她万万没想到，孙中山的尸骨未寒，她的丈夫便遭此毒手。出事的当日，她面对着束手无策的医生，看到车垫子上的斑斑血迹、廖先生一瞑长逝的遗体，不禁涌出伤心的眼泪！甚至觉得天地变了颜色，感到有些孤单起来。

从廖仲恺遇害的那天起，她哀悼死者，忧伤革命事业的未来。精神与体力都有些支持不住，几天没有出家门。这时她收到孙夫人——她的挚友宋庆龄从上海发来的唁电。电文说："惊闻仲恺先生哀耗，元良遽丧，吾党损失甚巨，实深痛切，家母亦深哀悼。但先生为党牺牲，精神尚在，吾辈宜勉承先志，竭力进行。本拟赴粤亲致祭奠，惟因事所羁，不克如愿，务希各同志扶助本党，积极进行，万勿因此挫折。"②这给她带来很大的安慰。随后，她又看到革命的工人、农民、学生、士兵等，每个人脸上都充满了悲愤之情与果敢之气，这使她感到振奋，因为她看到仲恺的赤血并没有白流，仲恺是倒下去了，然而却唤醒了千百万工农群众，化作革命的火花，并且必将在广阔的土地上熊熊燃烧。

在廖仲恺遇难仅仅一个星期，即1925年8月27日，何香凝便应邀在省港罢工工人第18次代表大会上作报告。她用悲壮的语气指出："共产党与国民党根本的主张，或有多少出入，而现在莫不是致力于民族革命，有携手的必要。"在报告中，她强调说："要打倒帝国主义，非与共产党亲善不可，更非注意于最有革命力量的工农阶级不可。"③对于她富有启发性的报告，工人们报以热烈的掌声。8 月底，在粤军将士追悼廖、陈两人的大会上，何香凝慷慨激昂地表示："苟利于国，则吾举家以殉亦所不惜！"④会场气氛庄严肃穆，将士们情绪激昂、悲壮！"誓为廖党代表报仇！"的口号声震撼着报告大厅。邓颖超追忆当时她见到何香凝的情景时写道："她不愧是一位坚强的革命女战士。我看到的她，不是悲痛欲绝，而是满面挂着泪水、内心燃烧着仇恨的怒火"，"在愤慨地痛斥暴行"⑤。何香凝决心踏着廖仲恺的血迹前进。

"廖案"的案情在报纸上披露后，何香凝更加悲愤交加，怒不可遏。她写了"精神不死"四个大字，贴在自家的门口上，以表示对国民党右派分子的抗议。

有一天傍晚，何香凝吃过晚饭后，凝望暮色苍茫的景色，回忆往事，思潮起伏。28 年前的初冬，她和廖先生结婚了，在一间自命为"双清楼"的小屋里，夫妻俩情投意合，一起研读诗书，抨击时政。一天，仲恺提出想去日本留学，可是，没路费、学费，怎么办？没法子，她变卖了陪嫁的珠玉首饰，双双东渡留学。在东京，他们结识了孙中山，借用自己的寓所给革命党人开会。开会时，她帮忙冲茶、倒水、煮饭，孙先生还亲昵地叫她"奥巴桑"呢！不久，她参加了中国同盟会，还是第一位女会员哩！往事历历，一幕幕，如今，革命尚未成功，仲恺却先去了，想到这，鼻子一酸，泪水又流出来了，她抹去眼泪，轻声叫："梦醒！承志！"

"喂！妈妈！"他们正在做功课，听到妈妈叫，急匆匆地进来了，看见妈妈愁容满脸，一下怔住了。

"来，靠近些。"何香凝亲昵地说。他们走近妈妈身边，一左一右倚靠着，自从父亲去世后，妈妈的心情一直不好，他们想劝慰几句，但一时又找不到恰当的语言。

何香凝撂了撂散发，尽力抑住悲痛的情绪，和缓地说："三年前，爸爸被陈炯明囚禁时，写给你们的诀别诗，还记得吗？"

"记得。"姐弟俩几乎是同时响亮地回答。说完，承志朗声背了出来：

> 女勿悲，儿勿啼，
> 阿爹去矣不言归。
> 欲要阿爹喜，阿女、阿儿惜身体！
> 欲要阿爹乐，阿女、阿儿勤苦学。
> 阿爹苦乐与前同，只欠从前一躯壳，
> 躯壳本是臭皮囊，百岁会当委沟壑。
> 人生最重是精神，精神日新德日新。
> 尚有一言须记取：留汝哀思事母亲。

承志一字不漏地吟诵起来，略带稚气的声音震动着楼板。何香凝会心地笑了，笑得那么欣慰。凝思片刻，她庄重地说道："你父亲壮志未酬，你们要继承其志，奋发努力呵！"梦醒、承志默默地点头。

昏暗的灯光下，小拳头捏得更紧了。

廖仲恺的殉难，给何香凝带来了巨大的悲痛。然而，她化悲痛为力量，更加忘我地工作，与共产党人邓颖超、蔡畅等人真诚合作，为开拓妇女运动的新局面而努力。她认为，只有这样，才是对死者最好的怀念。1925 年 10 月，第二次东征开始后，她风尘仆仆，亲往惠州劳军。回来后，又组织军人家属妇女救护员传习所，发动妇女支援东征。11 月，发起组织民间剧社，筹款支持革命。12 月，为了团结广大妇女，又发起组织中国各界妇女联合会。有时连饭都顾不上吃，往往深夜一两点才能就寝。繁重的工作，使她消瘦了，妇女部的同志经常劝她多些休息，她总是微微一笑，说：“比起先烈，我们好多了。不做工作，我心里不舒坦。”

何香凝继承廖仲恺之志，支持省港大罢工。美国著名女作家安娜·路易斯·斯特朗1925年底来到上海采访宋庆龄。在采访结束后，宋庆龄建议她到广州采访何香凝。当她来到广州时，何香凝叫廖梦醒陪同鲍罗廷夫人乘小汽艇去沙面海上接船。安娜·路易斯·斯特朗在她所著的《千千万万的中国人》一书中记述了当时的情景。她写道：“接着她（鲍罗廷夫人——引者注）向我介绍了一位跟她一起来的苗条的中国姑娘。‘你肯定听人说起她的父亲廖仲恺……我们现在就去廖夫人家，妇女部的执行委员正在那里开会。’鲍罗廷夫人说。”斯特朗继续写道：“廖是一位有火一般热情的21岁少女，黑亮的头发，滴溜溜的眼睛……上岸后，我们乘坐廖夫人的一辆深红色汽车，沿广州街道向前驶去。她一路上用英文介绍罢工的情况，直到廖公馆门前。廖公馆的门上挂着一条横幅，上面写着几个汉字，廖翻译给我听：‘精神不死。’她接着说：‘这是我家的箴言。许多人给我们写信，谈到爸爸那不朽的精神指引我们前进，所以我们就把这条横幅挂在大门上。”当天，何香凝会见斯特朗时，廖梦醒在场翻译。“她的英文讲得很好！”斯特朗赞扬道。从那时起，每当何香凝会见英美人士，或处理涉外函件，廖梦醒便成了母亲得力的小翻译。

在廖仲恺看来，中国之所以贫困、落后，一是受帝国主义的侵略和压迫；二是科技落后，所以总是处于被动挨打的地位，何香凝也深明此理，极表赞同。所以，廖仲恺遇难后，何香凝在哀思的同时，就考虑怎样“酬君愿”的问题。她认为，要纪念廖仲恺，最好的行动是创办一所农工学校，培养科技人才，以便为“科教兴国”作出贡献。

基于以上认识，在廖仲恺遇难后仅仅一个多月的时候，何香凝便与詹菊似等 8 人，联名提出在广州中山路旁拨空地一处，建筑仲恺纪念公园，其内附设农工学校的议案，1925 年 10 月 5 日获中国国民党中央执行委员会第 117 次会议通过。为了办好这所纪念学校，还成立了高规格的筹备委员会。委员会名单中不乏国民党党政军要人。他们是谭延闿、邓泽如、廖梦醒、许崇清、陈璧君、陈公博、马洪焕、汪精卫、李济深、何品良、伍朝枢、古应芬、蒋介石、邓召荫、詹菊似、区觉孟、陈树人、徐苏中、林森、宋子文、何香凝、朱培德、伍大光等 23 人。当时蒋介石还没有完全蜕变为右派，加上廖仲恺又是黄埔军校的党代表，所以他对创办纪念学校这件事还是支持的。原拟在中山路旁建立农校，后因考虑到建立农校需要实习农场，而中山路旁作为校址，则缺水无法耕种，所以 1926 年春，国民政府指拨广州市河南石冲口一带共两百五十余亩土地作为仲恺农工学校校园及实验农场用地。

1926 年 3 月，设立了仲恺农工学校办事处，何香凝担任筹备处主任，何品良、陈颂石等 15 人参加具体工作。当时需要开办费概算 11.3 万元。国民政府财政困难，仅拨款 2 万元，其余款项要靠募捐。为了筹款，何香凝提议成立董事会。由廖仲恺的侄女婿、著名教育家许崇清担任董事会主席。为了筹款，何香凝不辞劳苦，奔走呼号。

由于廖仲恺、何香凝的崇高成望，各界捐款比较踊跃。黄埔军校师生捐款两万余元，作为建学生宿舍之用；省港罢工委员会议决"各委员每人捐津贴 10 天，各部职员每人捐一天（津贴），罢工工人每人捐一角"；广州各界人士也踊跃捐助，合计五万余元。此外，著名侨领胡文虎也汇回大洋近一万元。

开办经费基本落实后，何香凝还亲自主持校园规划，先后建成学生宿舍、课室、理化实验室、测候室、蚕舍、制丝工场、学校办事处、农场办事处等，建筑面积 1.6 万平方米；还开辟桑园、果园、鱼塘、稻田等实验农场 168 亩。

办好一所学校，教员的质量至关重要。何香凝聘请她在日本留学时的朋友关乾甫及国内知名的、蚕桑专家杨邦杰、农艺家麦应端、朝鲜籍蚕桑专家桂应祥等到校任教，何香凝则亲自兼任校长达 15 年之久。

学校的学科设置方面，原拟设农科、工科。由于经费困难，先设农科。1927 年春，招收学制 3 年的蚕丝科两个班，学制 1 年的蚕桑实习科一个班，学生共 98 名，教员 21 名。经过一年多紧张的准备，1927 年 3 月 26 日正式开学。开学时，因何香凝北伐到了武汉，故派她的女儿廖梦醒专程从武汉赶回代表她参加了开学典礼。[6]

1961 年在纪念辛亥革命 50 周年时，何香凝在《我的回忆》一文中写道："仲恺死后，我为纪念仲恺一生爱护农工、扶助农工的意愿，特出国到南洋卖画筹募款项，于广州市河南建立仲恺农工学校，内分农艺、蚕丝两科，不徒骛高深学理，而注重实验，以训练中级技术人材。"[7]由此可见，何香凝积极参与创办这所学校，在尔后的发展过程中，又继续倾注了那么多的心血，可视作何香凝化悲痛为力量、继承遗志的具体行动。

第一次国共合作在其酝酿阶段，就遭到国民党右派的强烈反对。孙中山、廖仲恺相继去世后，右派势力更加嚣张起来。1925年 11 月，谢持、邹鲁等西山会议派在北京西山碧云寺集会，通过"取消共产派在本党党籍案"，并宣布解雇苏俄顾问鲍罗廷，"开除"共产党人谭平山等反动提案，从而掀起了一股反共恶浪。面对时局的恶化，何香凝忧心如焚。

1926 年 3 月 21 日清晨，"笃笃！笃笃！"一阵阵急促的敲门声，把何香凝从睡梦中惊醒。她急忙起来开门。门开了，原来是妇女部秘书黎沛华，喘着粗气，脸色苍白，急匆匆地报告说："廖夫人，不好了。有消息说，蒋介石派兵包围了省港罢工委员会和苏联顾问的住宅，还逮捕了共产党员李之龙。"她说话中不时扶着眼镜，急得快哭了。何香凝先是一愕，然后便叫黎沛华打电话，打听蒋介石的去向。从蒋介石最近的言行中，她早有疑窦，但万万没想到事态发展得这么快，这么严重。

她匆匆漱了口，来不及吃早餐，便和黎沛华匆匆出了家门。早晨，冷风刺骨，寒气逼人，街道上，十步一岗哨，布满荷枪实弹的兵士。她知道，全城戒严了。不时有士兵吆喝，但一听说她就是廖夫人，连证件也没检查，敬了个礼，连赔不是，便让她过去了。约莫走了半个多小时，到了造币厂，卫兵用电话请示蒋介石后，便让她进去了。

蒋介石在办公室里接见了何香凝。当她进去时，蒋介石连忙起身让座，并为她泡了一杯热腾腾的浓茶。

"呵，廖夫人！卑职近来军务繁忙，未能前往请安，失敬失敬！"蒋介石故献殷勤地说。

"蒋校长羽毛已丰，本人岂能受此礼遇，我这次来，是要请教校长大人的。"她说这话时，目不转睛地盯着蒋介石光溜溜的脑袋。

蒋介石先是一怔，接着，故作玄虚地说："介石向来得廖党代表及廖夫人教诲甚多，受益良深，本人感激不尽，廖夫人何出此言？"他说这话时，何香凝痛斥陈炯明的情景浮现脑际，心里直打鼓。

何香凝是急性子的人，听到这里，她责问道："国共合作是孙总理定下，仲恺大力赞襄的。国共合作实现后，革命形势高涨，工农运动蓬勃发展，苏联人有什么对你不起？共产党人有什么不好？"说到激动处，还不时敲着桌子。

"这……"蒋介石一时不知所措，嗫嚅了一下，说："李之龙擅自开军舰进黄埔港，有人说，是受苏俄顾问指使。"说着，转了语气，"当然，还需调查。"

何香凝听了，如火上添油，她含泪痛骂道："总理死后，骨尚未寒；仲恺死后，血也未干。你不想想，苏联对我们帮助很大，只有苏联才可以帮助打通中国将来革命的出路前途，你昨夜那样对待苏联人，太背信弃义了。以怨报德，违背了孙先生的主张，使革命前途衰落，你将何以对孙先生？"⑧说完，愤然而出，不辞而别。不久，蒋介石打电话到司令部找韦东声，下令撤退包围苏联顾问处和住宅的军队。

几天来，何香凝心绪不好，她哀思死者，忧虑将来。3月23日夜里，她辗转反侧，不能入睡，索性坐起来，伏案写了一首"悼亡诗"，诗云：

> 辗转兰床独抱衾，
> 起来重读柏舟吟。
> 月明霜冷人何处？
> 影薄灯残夜自深。
> 入梦相逢知不易，
> 返魂无术恨难禁。
> 哀思惟奋酬君愿，
> 报国何时尽此心？⑨

她写完这首诗后，如释重负，心里似乎也宽慰了许多，才又上床，迷迷糊糊地睡着了。

"3·20"反革命事件以后，蒋介石迫于各方舆论的压力，假惺惺地"处分"了他的部下，暂时收敛了一下反共气焰。1926年5月15日，国民党中央召开二届二中全会，17日，通过了蒋介石等人提出的旨在排挤共产党人的"整理党务案"后，何香凝当即要求发言，她在讲话中指出，这个提案是违反孙中山真意的，是孙中山的不肖之徒的所作所为。⑩

秋末，为了支援北伐战争，何香凝和女儿及鲍罗廷夫人、彭泽民夫妻等一起从广州乘火车到韶关，然后再从韶关坐船到南雄，乘轿子登梅岭。当时，梅花盛开，何香凝当即题诗一首：

> 十月重观岭上梅，
> 黄花笑雪傲霜开，
> 梅兰菊竹同时会，
> 羡煞庾山独占魁。

她越过梅岭，转坐小船，经赣州、吉安到了南昌。

当时蒋介石驻扎南昌，他想留何香凝长住南昌，便天天叫他当时的妻子陈洁如带着礼品探望何香凝。何香凝怀疑礼品中有毒药，等她走后，便叫警卫员把礼品全部扔掉了。

1926 年 12 月初，何香凝坚持拒绝了蒋介石的规劝，带病到了武汉。到武汉后，她看到国共团结合作，工农运动高涨，十分欣慰。她以百倍的热情，投入妇女工作中去。她下工厂，参加各种妇女集会，协助宋庆龄创办"妇女政治训练班"，筹款筹物慰劳前方战士，简直把她忙坏了。

不久，何香凝便从种种不正常的气氛中，察觉到国民党右派图谋不轨的动向。廖梦醒当时尚在汉口。她怕一旦时局有变，女儿不能安全转移，便借口说仲恺农工学校将要在广州开学，安排梦醒回到了广州。1927 年 3 月，她和宋庆龄、邓演达、吴玉章等在汉口召开国民党二届三中全会，通过了坚持国共合作的革命原则和限制蒋介石权力的决定，并在会后发表了对全体国民党员的训令和对全国人民的宣言，重申国民革命的方针是要扶助农工运动，彻底打倒帝国主义和封建势力。在这次会议后不久，何香凝为了制止宁汉分裂，到南京去见蒋介石，但蒋介石不肯会面，她只好重回武汉。也是在这个月底，何香凝考虑到国内政局动荡，恐有不测，便通过友人，把子女送到日本去了。

1927年4月12日深夜，何香凝得到蒋介石在上海发动反革命政变的消息，悲愤万分，彻底未眠。次日上午，她参加了国民党湖北省党部、汉口特别市党部召开的会议。在会上，当会议主持人宣布请廖夫人训话时，她还未开腔，泪水已夺眶而出。她抹去泪水，清了清嗓子，以悲痛的语调回忆说："廖先生在时，因要扶助农工，因要筹备改组国民党，天天向刘、杨求援，然终于不得他们的顾盼，所以为保障自己的党起见，拥护农工利益起见，镇压反动派起见，始叫蒋介石来办黄埔军校。当时可谓苦心。"讲到这，她环视会场，提高了声调说："而今蒋介石之所行，全与廖先生意旨相反。廖先生在时常说，反农工即反革命，现在蒋介石居然反农工了，居然反革命了。"她停了停，大厅里有人在哭泣。她接着说："现在蒋介石却公然摧残工农了，我们怎样对付呢？就只有照廖先生说的话，打倒这些反革命派。"说完，大厅里响彻着激动人心的口号："打倒摧残工农的反革命派！""打倒蒋介石！"悲壮、洪亮的呼喊声激荡着人们的心弦。⑪

几天后，何香凝又和宋庆龄等40名国民党中央执行委员、国府委员联名发表讨蒋通电，发起了讨蒋运动。电文历数蒋介石的罪状，号召全国人民"去此总理之叛徒，本党之败类，民众之蟊贼"⑫。这电文，传遍了祖国的千山万水，划破了广袤的夜空。

"四一二"反革命政变后，武汉的形势也如江河直下，汪精卫的革命调子也慢慢唱低了。1927年7月14日，汪精卫撕去了假左派的外衣，召开了"分共"会议。何香凝参加了这次会议。会上，汪精卫以共产国际的《五月紧急指示》作为借口，提出"分共"。该指示是共产国际给共产国际代表罗易和鲍罗廷的。然而，罗易却早于1927年6月1日私自把副本送给汪精卫。该指示的内容为：实行土地革命，从下面夺取土地；吸收更多新的工农领袖参加国民党中央委员会，改变国民党现在的构造；动员两万左右共产党员以及湖北、湖南的革命工农，组成可靠的新军队；组织有声望的国民党人为首的革命军事法庭，惩办反动军官等。汪精卫在会上引用指示中的内容，宣扬共产党要取代国民党，作为"分共"的口实。何香凝作为国民党的元老，孙中山的忠实信徒，长期坚持以国民党为本位，听汪精卫这么一说，她是同意或默认"分共"的。何香凝在会上做了两次发言，提出应"派遣重要同志赴苏俄，讨论切实联合办法"，同时她又提出"不因限制共产分子而停止农工政策之活动"。⑬在风云变幻的岁月，迷雾重重，真假难分，何香凝受了汪精卫蛊惑性的煽动，加上当时正在开展的工农运动，又确有些不合时宜之处，她在无可奈何的情况下同意"分共"，思想上是苦闷的。

没几天，何香凝带了一名卫士，登上了武汉至九江的轮船，她站在甲板上，告别了来送行的朋友们。

长江水在呜咽，阵阵波涛拍打着船舷，那声音似在哭泣，在诉说……何香凝的心恰似长江的波涛，久久不能平静。

何香凝乘船到了九江，转乘汽车上了庐山。这个著名的旅游胜地，山峦起伏，群峰竞秀，然而她无心观赏山上的美丽景色，因为她惦念着留在武汉的同志们。

有一天，何香凝正在作画，妇女部的刘蘅静推门进来了。她报告说："武汉总工会一位领导干部的太太将要分娩，武汉当局以'共党'罪名把她关在厕所里，我和陆晶清写了担保书，让她产后再归案，不料，那人在被送往医院的路上逃走了，现在上面追得紧，可怎么办哪！"⑭刘蘅静说完，急得直跺脚。何香凝劝慰了一番，又表扬她们做得对，同时，还亲笔致函，使她们俩渡过了难关。

风声愈来愈紧，"分共"凶焰笼罩着武汉。"清党"也清到了国民党中央妇女部的头上。过几天，又有人上山来报告说，"共党"栏中列有黎沛华的名字，伍夏理和陆晶清的名字则列在

"准共"栏里。何香凝听了汇报，气愤极了，她当即写了一张给组织部的条子，内容是："我是妇女部部长，若认为妇女部的人都是'共党'和'准共'，我是她们的头头，有事找我，不要难为她们。"她托人把这张条子送给组织部，保护了一批妇女干部的安全。

右派分子在武汉逮捕、杀戮共产党员的消息不断传来，回忆过去，看看现在，更增添了何香凝对亡夫的怀念。为了选择廖仲恺的墓地，1927年10月，她离开了庐山到南京去。这时，右派们正在策划成立反苏反共的"中国国民党特别委员会"。她一到南京，说客们便纷至沓来。于右任、谭延闿等十多人先后来请她赴会。她总是说："革命的黄金时代已经过去，我不参加，你们淘汰我好了。"⑮

1927年11月，何香凝到了上海，住在辣斐坊友人的一栋三层楼房里。这年冬天，蒋介石与宋美龄决定于12月1日举行婚礼，邀请何香凝当"证婚人"，并请廖梦醒为宋美龄做伴娘（被梦醒拒绝）。何香凝认为这是说服蒋介石停止迫害共产党人的好机会，便如期前往。但蒋对于何的晓以大义并不理睬，何香凝便断然拒绝做"证婚人"，也没有参加他们的婚礼。后来蒋介石乃请李德全当证婚人。虽然何香凝没有参加婚礼，但蒋介石为了装潢门面，便找人代为签名。所以，在报纸公布的证婚人名单中，仍有何香凝的名字。⑯

在这前后，何香凝处在极端困苦、矛盾和彷徨之中，可以说是心力交瘁。作为孙中山遗嘱的见证人之一，她要维护孙中山"联俄、联共、扶助农工'"的三大政策。可是，工会擅自拘人，农民协会及农民自卫军未经政府命令而自行拘捕罪犯，她是不能同意的，她认为共产党应该"反省"。"七一五"汪精卫分共之后，北伐仍在继续进行，从而给人们造成一种假象，似乎蒋、汪之辈是真正能够完成统一中国之辈，而共产党在湘赣边界的秋收起义，广东海丰、陆丰的起义，湖北黄安、麻城地区的起义，这在何香凝看来，是妨碍国民党的主体地位的。她不同意蒋介石大量屠杀共产党人，认为共产党人参加国民党是孙中山、廖仲恺请他们进来的，所以提出要"讨论切实联合办法"，但她这时对蒋介石并非完全绝望。所以，在 1927 年 12 月 24 日她与蒋介石联名电请留粤委员陈公博、甘乃光、陈树人等赴南京出席国民党二届四中全会。[17] 她对汪精卫更寄予厚望，认为汪"是总理的忠实信徒"，他的活动是"做救党运动……应该一致起来拥护而促其实现"[18]，并亲自陪同汪精卫一起离宁回粤。

在何香凝看来，"联俄、联共、扶助农工"，应该是在国民党的领导之下进行的。1928 年 3 月 12 日孙中山逝世三周年之际，她在发表《忆总理》的纪念词中，强调"不要忘了中国国民党，是代表中国民众的党"，孙中山提出要唤起民众，由谁去唤起呢？何香凝认为应由国民党去唤起。她说："总理叫我们要唤起民众，那么未唤起的民众，我们应该怎样很恳切地去唤起他们，已被唤起和追随着本党努力的民众，我们应该怎样很切实地去安慰他们，使民众不致离开党，使党不致离开民众，然后把国民革命的全功完成，才对得起民众，对得起党，同时也才对得起总理。"[19] 共产国际的《五月紧急指示》，在何香凝看来，是对国民党领导地位的潜在威胁，所以她同意"分共"，主张"限共"。凡是危及国民党领导地位的军阀、"腐化分子"或其他别的什么力量，通通放在铲除打倒之列。

20 世纪 20 年代末，风云突变，风急雨狂，风雨如磐，夜黑似漆，各类人物的脸谱一时难以看清，何香凝由于判断上的失误，产生思想上的困惑和苦闷，自是不难理解的。正如中山大学段云章教授所指出："何香凝不像宋庆龄、邓演达等那样富于理性观念，而是属于敢说敢做的感情型人物，这些内外因素，使她当时处在十分矛盾和惶惑的状态。"[20] 这是合乎逻辑的结论。

　　何香凝在苦闷中不断进行观察和反思，到了 1928 年 3 月，已略有收获。这个月，她和陈树人等 14 人联名发表了《关于最近党务政治宣言》，反对国民党三全大会，内称：北伐胜利后的国民党"已不能代表民众之意思，而每为军阀官僚所利用"[21]。

　　1928 年夏，何香凝因心情郁郁，引起心脏病复发。为了排遣心中的苦闷，便应时任浙东上虞春晖中学校长经亨颐之邀，偕同爱子承志前往上虞白马湖休养。在白马湖休养了一个多月，病渐愈后，柳亚子及夫人来了，陈树人也来了，四位国民党元老共聚一堂，吟诗作画，也算是处于困境中小小的释怀。

　　光阴荏苒，岁月流逝。背叛孙中山三大政策的蒋、汪继续逆向而行，不断暴露自己的真实面貌，尤其是蒋介石益发骄横专制，更使她极其反感。与此同时，共产党人真正为国为民谋利益的风貌也逐渐展示出来，特别是她一向仰慕的挚友宋庆龄英勇奋战的精神不断给她以新的启迪，促使她重新进行鉴别，终于使何香凝在惊涛骇浪中拍案而起。1928 年底，她在国民党的一次高级会议上发表了义正词严的声明，声明说："在孙先生临终前，我既然答应过他，矢志遵守改组国民党的主张，遵守三大政策，联合苏联，共同打倒帝国主义，而且仲恺也曾为此付出了生命。我现在身负两大重责，我誓不能违背他们的遗志。你们这样反苏反共，我坚决辞去国民党内的一切职务。"[22]这铮铮之言，使右派们如尖刀刺心，为之震惊。

　　此后，何香凝不再参加国民党的任何会议，也不拿国民党的一文钱薪水，只靠绘画卖画维持贫困的生活，不久就出国了。

注释：

　　①蒙光励：《执行和捍卫孙中山"三大政策"的模范》，《广州日报》，1988 年 6 月 24 日。

　　②《广州民国日报》，1925 年 8 月 25 日。

　　③尚明轩、余炎光编：《双清文集》下卷，人民出版社 1985 年版，第

12 页。

④尚明轩、余炎光编：《双清文集》下卷，人民出版社 1985 年版，第 15 页。

⑤邓颖超：《中国革命先驱、杰出的女革命家何香凝》，《光明日报》，1982 年 8 月 23 日。

⑥关于创办仲恺农工学校的提案情况，中国第二历史档案馆所藏民国档案有详细的记载。笔者于 1984 年 8 月到该馆，在蔡鸿源研究员的协助下，查阅了上千个案卷，所获颇丰，顺致谢忱；关于仲恺农工学校创办概况、筹集资金等资料，参见余德富：《卖画办学　忠心报国——何香凝创办仲恺农工学校的经过》，《团结报》，1998 年 6 月 27 日。

⑦何香凝：《我的回忆》，见尚明轩、余炎光编：《双清文集》下卷，人民出版社 1985 年版，第 954 页。

⑧何香凝：《廖仲恺遇害事略及其感想——在国民党第二次全国代表大会上的讲话》，见尚明轩、余炎光编：《双清文集》下卷，人民出版社 1985 年版，第 29 页。

⑨廖仲恺、何香凝：《双清诗画集》，人民美术出版社 1982 年版。

⑩廖梦醒：《我的母亲何香凝》，见《回忆与怀念——纪念革命老人何香凝逝世十周年》，北京出版社 1982 年版，第 94 页。

⑪何香凝：《蒋介石是反革命派——在国民党湖北省党部、汉口特别市党部的演说》，见尚明轩、余炎光编：《双清文集》下卷，人民出版社 1985 年版，第 64 页。

⑫尚明轩、余炎光编：《双清文集》下卷，人民出版社 1985 年版，第 72 页。

⑬《中国国民党中央执行委员会第二届常务委员会第二十次扩大会议速记录》，转引自尚明轩：《何香凝传》，北京出版社 1994 年版，第 191 页。一些书刊，如唐瑛绢等著《宋庆龄与何香凝》，说何香凝"坚决反对分共"，有误。

⑭陆晶清：《在何香凝先生身边》，见《回忆与怀念——纪念革命老人何香凝逝世十周年》，北京出版社 1982 年版，第 204 页。

⑮何香凝：《自传初稿》，见尚明轩、余炎光编：《双清文集》下卷，人民出版社 1985 年版，第 205 页。

⑯廖梦醒编：《何香凝大事纪年》，未刊稿。转引自尚明轩：《何香凝传》，北京出版社 1994 年版，第 194 页。1983 年 9 月，笔者赴北京采访廖梦醒时，她一再肯定，何香凝拒绝为蒋、宋证婚。有的学者根据报刊资料，认定何香凝当了蒋介石、宋美龄的证婚人（见周兴梁：《从何香凝为蒋介石证婚说起》，《历史研究》1994 年第 4 期）。谨此备忘，以供读者参考。

⑰尚明轩、余炎光编：《双清文集》下卷，人民出版社 1985 年版，第 84 页。

⑱《何香凝训词》，见《广州事变与上海会议》，广州平社 1928 年版，第 21 – 22 页。

⑲尚明轩、余炎光编：《双清文集》下卷，人民出版社 1985 年版，第 96 页。

⑳段云章：《1927 年前后何香凝对蒋介石、汪精卫的认识》，见吴雁南等：《廖仲恺何香凝研究——廖仲恺何香凝学术研讨会论文集》，广东高等教育出版社 1993 年版，第 292 页。

㉑杨松林等编：《中国国民党大事记》，解放军出版社 1988 年版，第 185 页。

㉒何香凝：《自传初稿》，见尚明轩、余炎光编：《双清文集》下卷，人民出版社 1985 年版，第 206 页。

第十四章　雏鹰展翅

　　位于广州市河南的岭南大学（今中山大学），北靠珠江，康乐园里古木参天，绿草如茵。树林深处，繁花似锦，鸟啼莺舞，景色秀丽，是做学问的好地方。1923 年春，廖仲恺的子女就在这里读书。梦醒在岭南大学农学院就读，承志比姐姐小 4 岁，在附中读书。

　　在这之前，承志除于 1921 年底入广州培正小学读过一年多书之外，在国内没上过正规的学校。1918 年后，父母亲在上海。但在上海时，由于他不懂普通话和上海话，所以他无法入正式学校读书。父亲在繁忙的工作中，每日给他讲授两个小时的英语，其余的功课主要靠自学。

　　承志很聪明，不读死书，是个"思考型"的学生，上课爱提问题，有时提的问题连老师也感到难以回答。据当时在岭南大学读书并曾兼附中历史课的刘思慕回忆："聪明、活泼、幽默、好开玩笑，是他给我的最初印象。在课堂上，他喜欢提出一些不容易解答的疑问以至不同的看法，如对教科书中关于秦皇汉武、唐宗宋祖的功业的评价，就是如此，说明他是好动脑筋，不迷信古人的。"[①]在革命策源地的广州，风起云涌的革命浪潮不断冲击着廖氏姐弟的心房，他们不是"两耳不闻窗外事，一心只读圣贤书"之辈，虽身在校园，却时刻关注着时局的发展，他们和李少石（当时名叫李振，后来成为梦醒的丈夫）及新学生社社员、共青团员之间的关系很好，过从甚密。有时他们还领着同学们到"双清楼"公馆，聆听父亲的教诲。[②]

　　廖氏姐弟受双亲的影响是十分明显的。梦醒成了爸妈的私人"小翻译"，而承志却自愿当了父亲的"小皮鞋匠"。据他回忆：

"假期回家就给父亲擦皮鞋，他的白皮鞋被我擦得生光发亮。父亲当上黄埔军校党代表，穿军装时的绑腿多半是我帮他打的。"③在革命浪潮的冲击下，以及父母亲的熏陶下，廖承志的思想政治觉悟迅速得到提高，1924年8月，他参加了改组后的中国国民党。

1925年6月23日，廖氏姐弟瞒着父母亲参加了反帝游行示威。当队伍通过沙面桥开往沙面租界区时，廖承志突然听到英租界方向传来三声枪响，接着就是噼里啪啦的机枪扫射声。一颗子弹打穿了他的帽子。他亲眼"瞧见一个男孩子叫子弹打得肚破肠流。事后医生验尸，确定是中了达姆弹，还瞧见一些人受了伤"④。

岭南大学是美国基督教长老会创办的学校。"沙基惨案"发生后，一位英国教师却说打死中国人"死得好"，于是，廖氏姐弟和李少石等人便组织罢课，轰跑了学校里唯一的英国教员，美国教员很快也跟着滚蛋了。

1925年8月20日，廖仲恺被刺逝世，是廖氏姐弟最悲伤最难忘的日子。那天清晨起来，廖梦醒正在岭南大学农学院的蚕室作暑期实习，忽然有一美籍教员跑来问她："你父亲好吗？"她当时点点头说很好，还感谢她的好意。谁知一个小时以后，她就接到了噩耗，待她匆忙地赶到父亲身旁的时候，他已经流尽了最后一滴血，气绝冰冷了。她当时就觉得像天塌下来一样，眼前一片漆黑，陷入了不省人事的状态。等她感到有人握着她手的时候，才知道弟弟承志和一群人在她身边，弟弟叫着"姐姐！"并给她额上擦药，安慰她……梦醒伸出双手抱住弟弟痛哭流涕地说："我们以后要团结起来，为父亲报仇！"承志点点头，也哭得说不出话来。⑤不久，"廖案"案情在报刊上逐渐披露出来，他们才知道慈祥的父亲是被国民党右派暗杀的，廖氏姐弟悲愤交加，怒不可遏。从那时起，17岁的廖承志便决心寻找共产党了。⑥

在廖仲恺被刺不久，廖承志在岭南大学组织了一次全体员工的罢工，提出要求增加工资，取消强迫做礼拜和禁止吸烟的规定。这次罢工取得了胜利。校方拟开除廖承志和李少石，但慑于廖仲恺在广州的声望，只把李少石开除了。

岭南大学是一所地道的殖民主义学校，奴化教育很彻底。一帮买办子女攻击革命学生进行反帝斗争全是瞎胡闹，反动气焰极其嚣张，于是廖承志等人决定在1927年4月15日再次组织罢工。罢工有校外进步力量做后盾，学校停课了。罢工队伍和纠察队员不得不到广州市内去。校方要求警察来校抓人。幸亏左翼学生在特务搜查前已经躲了起来。这些学生里面大约有二十个是共产党员。廖承志当时是国民党左派，但已经跟共产党人站在一起了。

1927年蒋介石发动"四一二"反革命政变后，李济深在广州也搞了"四一五"大屠杀，大肆屠杀共产党员和工农群众。廖承志气愤地把国民党的党证也撕掉了。这时，他接到母亲从汉口的来信，叫他火速离开广州到德国去。同年6月下旬，梦醒以"送弟弟去日本留学"为名，陪同承志一起离开广州到香港，再转赴日本。廖承志当时并没有到日本留学的想法，只是打算到日本把日文温习一下，再到德国去。⑦

廖氏姐弟到日本后，廖承志由妈妈的好友伍琼石做保证人，考入早稻田大学第一高等学院读书。在"早大"，他参加了该校的学生进步团体——文化思潮研究会。廖承志在早稻田大学第一高等学院的同窗好友，20世纪80年代担任东京太田区日中友好协会会长的川村统一郎先生回忆当年的情况时说："约在1928年春天，文化思潮研究会举办《无产者教程》学习会时，一位身体结实、留着光头、目光炯炯有神的青年也参加了进来。后来才知道他就是廖仲恺先生的公子廖承志君。廖先生操着标准的东京口音，一般人不知道他是中国留学生。我们相识之后，经常在一起交谈、讨论问题。他熟悉日本文化，通晓日本和歌、川柳、俳

句，读过许多日本小说。"⑧稍后，经郑汉先介绍，廖承志又参加
了中共东京特支领导的"社会科学研究会"。他如饥似渴地学习
马克思列宁主义，交往的都是郑汉先、黄昙等共产党员。他经常
去听日本各政党发表政见的演说。通过学习和实践，他的眼界开
阔了，对中国存在问题的症结也有了比较清醒的认识，思想觉悟
提高得很快。

廖梦醒经常被"关东妇女同盟"邀请去参加座谈会。她在
会上宣传中国共产党人为中国人民办托儿所等做了许多好事，并
宣传共产党人提倡男女平等主张，引起日本警察的注意。⑨1927
年9月下旬的一天，一群警察闯进廖氏姐弟的住所，把他们逮捕
了，来访梦醒的同学也被逮捕了。旋被押到东京赤坂拘留所。梦
醒的那位同学第二天就被释放了。

日本警察把廖氏姐弟隔离开来，集中力量审讯廖梦醒。他们
问廖承志："你和你姐姐是不是共产党员""来往的是什么人"
"为什么来日本"等。廖承志回答说，他不是共产党员，姐姐同
什么人来往他不知道。姐姐之所以来日本，是因为妈妈怕他年轻
不懂事，叫姐姐送他一程。警察们对廖承志一顿拳打脚踢、几记
耳光之后又把他关起来。一个月后，警察让他们会面。承志看见
姐姐被打得鼻青脸肿，但很坚强。她冷笑着对日本警察说："你
们垂涎我们的东北。你们搞吧，将来我们中国人一定会通通收回
来的！"警察随即把姐弟俩押送到车站，在车站上释放了廖承志，
而廖梦醒则被警察押解到横滨，驱逐出境。

廖承志第二次被捕，是在1927年的12月中旬。他和郑汉先
一道去旁听日本各政党政见演说会——大山郁夫的演说。大山郁
夫还未开口，日本警察就蛮横地把他逮捕了，并宣布解散这个集
会。当时全场愤怒，大批人立即举行抗议示威。廖承志和郑汉先
刚走到门口，就同许多人一起被捕了，押到东京青山警察拘留
所。被捕的人陆续押到，黑压压的有四五百人。警察把他们面熟

的（大约每次示威都被捕过的）集中在中间，面生的在两旁，廖承志和郑汉先都在两旁。警察先对面生的逐个搜身。在廖承志身上搜出早稻田大学的学生证，知道他是中国人。廖承志说，他是来听演说的。警察们把他毒打了一顿，拘留了6个小时，就把他放了。⑩

廖承志到日本，主要目的不在于治学，而是寻找救国救民的真理，入"早大"后，他经常到外面去听演讲，所以旷课太多。1928年1月31日，早稻田大学以他"学费未纳，长期缺席"为由，开除了他的学籍。同年3月12日，留日学生中的国民党反动分子打起纪念孙中山逝世的旗号，进行反共活动。中共东京特支为粉碎反动分子的阴谋，发表了两个声明，即《对时局的声明》和《告士官生书》，反对蒋、汪勾结，号召留学生不要违背孙中山的革命精神，继续革命，保卫祖国，不要被反动派所利用。"纪念会"的文艺演出一开始，廖承志就乘关灯的机会，把印有两个声明的传单雪片似的撒到人们身旁，有力地揭露和抨击了反动分子反共反人民的阴谋。⑪1928年5月3日，济南惨案发生后，中共东京特支发起召开留学生大会，反对日本侵略中国、杀我同胞、占我济南。会上决定成立反日大同盟，继续开展反对日本军国主义的运动。廖承志是广东旅日学生同乡会的骨干。通过这个同乡会，他做了许多工作，团结了很多人投身到反帝斗争中来。

1928年5月的一天，廖承志到住在东京郊外的广东同乡陈曼云（其时为中共党员）家，一进门，便看到大批特高（日本特高科的简称）正在搜查，翻箱倒柜，大声吆喝。廖承志当即被逮捕了。警察把他押到东京获洼警察拘留所。在那里，他受到多次刑讯，但他守口如瓶，日本警察什么"稻草"也捞不到。

一个月后，廖承志被转押到东京警察总厅。不久，又对他进行审讯。警察问："你同陈曼云是什么关系?"廖承志坦然回答：

"都是广东人么，是老乡关系。"警察点燃了一支烟，故意拖长语调问："你知道谁是共产党？说出来，大大有赏。"廖承志只回答三个字"不晓得"。警察咄咄逼人，措辞严厉："你参加5月3日留学生的反日集会否？"廖承志慨然地说："当然参加。每个爱国的中国留学生都会参加的。"说完，他遭到一顿毒打。过了一会，警察又问："你同哪些日本人有来往？"聪明机智的廖承志忽然想起了他父亲的挚友、日本知名人士萱野长知，便答曰："萱野长知。"警察听了，大惊失色。原来萱野长知在辛亥革命时期、中华革命党时期曾大力帮助中国革命，和孙中山、廖仲恺、何香凝等人是挚友，在日本是很有地位和声望的人物。日本警察十分慌张，鬼鬼祟祟地出去通了一阵子电话后，就把廖承志释放了。

廖承志到日本后，确实去过萱野长知家好几次，获释后，他明知日本特务在盯梢，便故意到萱野长知家去。萱野长知见了他，嘘寒问暖，十分亲热。特务侦悉，亦确信无疑。从此，再也不敢轻易来纠缠他了。[12]

此后，廖承志深深地感到在日本再待下去没什么意思，便决心回国寻找共产党。他于1928年7月回到了上海。[13]著名作家夏衍回忆道："我第一次在东京认识廖公，那时他17岁，瘦长个子，和服木屐，很像一个日本中学生，可是一接触，就使人感到他气宇不凡，豪情如火，这样我们就成了很好的朋友。1927年四一二事件后，我们先后回到上海，我住在蔡叔厚办的绍敦电机公司，这是一个革命者的集散地，张秋人、杨贤江、何兆芳都在这儿住过，他常和郑汉先、庞大恩一起来找我，然后顺便在附近日本商店里买点日本酱菜和'生果子'之类，去孝顺他的母亲。"[14]他回到上海后，在反日大同盟上海分会工作。反日大同盟上海分会是一个公开的群众爱国团体，受中共江苏省委的直接领导，任务是联系工商学界，宣传抗日。廖承志负责编辑《反日新闻》，他撰文绘画，又快又好，所编的墙报很受欢迎。在长期的革命实践中，他接受了马克思主义。1928 年 8 月，经关键和黄昌（黄鼎臣）介绍，廖承志加入了中国共产党，成为无产阶级的先锋战士，走上了为无产阶级革命事业而奋斗的光辉道路。当时国民党反动派对群众的抗日要求不但不给予支持，反而百般刁难。反日大同盟上海分会最感到困难的是经费问题。廖承志知道了这件事，便主动对黄鼎臣说，他妈妈让他去德国留学，正催政府办理留学申请。可以请黄鼎臣当他的德文教师为名，叫他妈妈出一笔钱。黄同意他的建议。据黄鼎臣回忆："和他一起到他家里，见到了何香凝先生。老人家和蔼可亲地接见了我，然后承志让我先下楼，他和母亲谈了这事。他的母亲马上拿上几十块大洋给他做学费。这笔钱对我们当时的工作来说，是多么大的支持啊！"⑮

　　这年冬天，何香凝安排廖梦醒去法国；把廖承志安排到德国。廖承志持中共中央的介绍信，到德国参加德国共产党，开始了他"浪迹天涯"的斗争生活。⑯

注释：

①思慕：《六十年故交》，见中国新闻社编：《廖公在人间》，生活·读书·新知三联书店 1983 年版，第 17 页。

②杨世兰、冯鉴川、蒙光励等：《廖承志》，见中共党史人物研究会编：《中共党史人物传》第 34 卷，陕西人民出版社 1987 年版，第 6 页。

③汤晓丹：《廖公谈影片廖仲恺》，见中国新闻社编：《廖公在人间》，生活·读书·新知三联书店 1983 年版，第 9 页。

④廖承志：《忆青少年时代》，见《廖承志文集》上卷，人民出版社 1990 年版，第 4 页。

⑤廖梦醒：《回忆我亲爱的父亲——廖仲恺》，《中国工人》1957 年第 16 期。

⑥1982 年 8 月 30 日，廖承志在廖仲恺何香凝纪念馆揭幕式上的讲话。

讲话稿影印件为该馆所藏。

⑦廖承志自述去日本的时间是 1927 年 6 月下旬（见《廖承志文集》下卷，人民出版社 1990 年版，第 434 页。）但据《廖承志早稻田大学成绩表》，廖承志入学时间是 1927 年 4 月 4 日。据此推断，成绩表上的时间可能是其监护人伍琼石代为报名的时间，而廖赴日确为 6 月下旬或 7 月初。

⑧据《人民日报》记者孙东民采访川村统一郎而撰写的文章《同窗好友忆当年》，《人民日报》，1983 年 6 月 19 日。

⑨据笔者 1984 年 1 月 8 日采访廖梦醒的记录。记录稿藏于廖仲恺何香凝纪念馆资料室。

⑩《廖承志文集》下卷，人民出版社 1990 年版，第 435 页。

⑪黄鼎臣：《廖公的青年时代》，见中国新闻社编：《廖公在人间》，生活·读书·新知三联书店 1983 年版，第 14 页。

⑫《廖承志文集》下卷，人民出版社 1990 年版，第 436 – 437 页。

⑬关于廖承志 1928 年夏从日本回国的原因，1983 年中国新闻社编：《廖公在人间》以及 1984 年新华通讯社编，由新华出版社出版的《廖承志的一生》均说是"被日本警方驱逐出境"，有误。据 1984 年 4 月，笔者采访廖承志原秘书郑伟荣同志，他说："廖公和我讲过，1928 年他从日本回来，哪里是什么驱逐出境？实在是感到呆下去没意思了，便回来了。"同时廖承志也有文字记述，参见《廖承志文集》下卷，人民出版社 1990 年版，第 437 页。

⑭夏衍：《我的良师益友》，见中国新闻社编：《廖公在人间》，生活·读书·新知三联书店 1983 年版，第 10 页。

⑮黄鼎臣：《廖公的青年时代》，见中国新闻社编：《廖公在人间》，生活·读书·新知三联书店 1983 年版。

⑯据廖承志所填《外交部工作人员履历表》，原件藏中央组织部，档案号：0227。据廖承志在"文革"中回忆，他赴德国，是由徐冰用德文开的介绍信。

第十五章　弃职出国

何香凝一生喜欢画梅、狮虎，一旦她认清了目标，就会像梅花那样傲雪斗霜，巍然屹立；像猛虎下山那样义无反顾，勇往直前。自从 1928 年底，她拍案而起愤而辞去国民党的一切职务，不拿国民党的一文钱薪水，靠卖画维持清贫的生活。她拒绝参加国民党"三大"，但会议结束，她又与陈树人等联名发表通电，称这次会议是"伪"的，这使蒋介石如芒刺在背，大为光火，但慑于廖仲恺的崇高威望，也拿她没办法，倒是频频派人去请她"出山"，均被她严词拒绝。

何香凝在上海开始住在辣斐坊宋子文友人的一幢三层楼房里，后来迁往名曰"海庐"的寓所中。这里树木葱茏，风景清佳，是吟诗作画的好地方。她的挚友经亨颐、陈树人等人经常在这里雅集。有一次，这里举行"文酒集会"。沪上文化名流张大千、经亨颐、陈树人、黄宾虹、张红薇、马孟容、马公愚、郑曼青、郑午岛、王一亭等人都来了，可谓名家荟萃，群贤毕至，好不热闹。画以明志，诗为心声。由何香凝画梅，陈树人画松，经亨颐画竹，于右任题诗的《岁寒三友图》，充分表达了何香凝这段时期的心境。诗云：

> 紫金山上中山墓，扫墓来时岁已寒。
> 万物昭苏雷启蛰，画图留作后人看，
> 松奇梅古竹潇洒，经酒陈诗廖哭声，
> 润色江山一支笔，无聊来写此时情。①

鉴于何香凝与国民党当局斗争无效，她愈加怀念亲爱的丈夫廖仲恺。为了办好纪念仲恺的"仲恺农工学校",同时也为了宣传祖国的文化,她萌发出国售画以便为纪念学校筹款的念头。一天,何香凝在国民党中央妇女部的部属刘天素和罗衡来找她。她对她们说:"国民党现在被搞得乱七八糟,你们年轻人还是出洋留学的好,等以后回国再发挥作用。"她还亲自为刘天素争取到一个国民党官费留学的名额,帮助她去法国留学,并对她说:"你去打前站,我过些时也要离开这些乌七八糟的名堂,到国外去生活一段时间。"②

何香凝是个说一不二的人,出国的决心既已定下,她便投入紧张的准备工作之中。她成天伏案作画,经亨颐、柳亚子也常来帮助绘画、写诗、写字等。她的作品分大中堂、中堂、横幅、条幅、斗方、山水、花鸟、林木、猛兽等,各种题材,无一不备。所画醒狮猛虎,或蹲或扑,或踞高岗,或伏林下,笔致超卓,神采奕奕。其中《国魂》《瀑布虎》《水中月》《后调》《层峦积雪》和《岁寒三友图》等幅堪称佳作。③蒋介石虽然对何香凝的傲骨甚为不满,但为了讨好何香凝,派人以两万元认购画一幅,并手写条幅,供何香凝出国筹款之用。经过几个月的准备,共有三百余幅自己的作品和名人书画,作为筹款建设"仲恺农工学校"和宣传祖国灿烂的文化之用。

怀着悲愤、惆怅的心情,1929 年 9 月 18 日,何香凝登上上海至香港的轮船,准备取道香港,先到南洋群岛,然后转赴西欧。过去,她曾经追随孙中山、廖仲恺多次亡命国外,如今哲人先逝,唯独留着她自己,而且这次逼使她出国的既不是腐朽透顶的清王朝,也不是袁世凯等北洋军阀,而是那些自命为孙中山忠实信徒的"革命同志"。共产党员和工农群众惨遭他们的屠杀,人民怨声载道,三民主义已被弄得面目全非,毕生以救国救民为己任的何香凝,怎么不感伤于怀呢!出国途中,她写了《1929年出国途中感怀》的诗作,抒发她此时的心境,诗文如下:

车摇摇，风萧萧，多少青年海外飘！

长驱直进何所畏？不怕狂涛与暗礁。

舟行世界千万里，飞机直上干云霄。

一望中原无净土，同胞血染赣江桥。

三民主义今非昔，污吏贪官民怨极。

帝国侵凌祸怎消？频年借债如山积。

金钱变作炮弹灰，到处肥田生荆棘。

可怜十室九家空，民穷财尽饥寒迫。

谋生无路去投军，愿为司令当执役。

无情毒炮一声鸣，断送生灵千万亿。

牺牲为彼争地盘，空流鲜血无遗迹。

遥怜少妇泣闺中，望子思夫长叹息。

不知已上断头台，梦魂相会各言哀。

留言后辈青年者，我等雄心且莫灰。

天生我才必有用，今天死了再胚胎。

前者牺牲后者继，此后无穷烈士来。

花开花落年年在，血冢黄花几度开！④

　　何香凝在女秘书黎沛华、黄佩兰（南京市妇女协会成员）和张发奎夫人刘景容、甘乃光夫人陈杏容的陪同下，在香港住了一夜，第二天继续乘法国邮船前往菲律宾。到菲律宾后，受到华侨们的热情欢迎。在中国驻菲律宾领事馆邝总领事及华侨中某银行行长黄友情等的热情帮助下，何香凝举行了书画展览会。但是有些华侨怕陷入政治圈子，所以卖画成绩不佳，仅筹得五六万元。何香凝即托邝总领事汇回广州仲恺农工学校，以应该校经费之急需。⑤

　　何香凝离开马尼拉后，赴新加坡筹款，于1929年10月14日抵达新加坡。10月21日侨领胡文虎假嘉东中华俱乐部设宴招待；24 日，中国驻新加坡总领事唐榴（唐绍仪之子）召集各界人士欢迎；25 日，何香凝到皖江园访问旧友杜景祺医生。从 10 月 26 日起至 11 月 1 日，何香凝分别在南洋女校、华侨中学和青年励志社发表演讲，在讲话中强调"女子为国民之母"，要争取男女平等。中国要急速发展农工业，必须先废除不平等条约，她的演说赢得了师生们热烈的掌声。⑥

1929 年 11 月 4 日，何香凝在南洋酒店招待各界人士，致辞中，她表明这次离国远游的目的："此回姐妹远游，原抱两大目的，盖欲环游世界各国，一以筹募仲恺农工学校基金，一以宣扬祖国文化。"⑦致辞毕，即席成立"新加坡华侨筹助仲恺农工学校经费书画展览筹备委员会"。委员中有罗承德、唐榴夫人等 17 人。稍后，成立"新加坡华侨筹助仲恺农工学校经费书画展览委员会"，成员均是新加坡著名侨领。委员长：胡文虎，副委员长 24 人，包括陈嘉庚、林金殿等，名誉委员长 145 人，包括林义顺、张永福等。展览会于 11 月 17 日至 19 日，展出作品 200 幅，包括谭延闿、于右任、蔡元培等人的书法作品。参观者络绎不绝，所筹基金共达 5 588.99 叻币，除扣除费用外，共筹得 5 017.80 叻币，于 1930 年 1 月 15 日悉数汇交仲恺农工学校。⑧

不久，黎沛华和黄佩兰离开新加坡回国。刘景容和陈杏容陪同何香凝于 1929 年 11 月 28 日从新加坡乘船经红海、地中海赴法国。这时，何香凝眺望茫茫大海，思绪像滚滚的波涛，吟诗一首。诗云：

> 我岂忍心离故园？身行万里物华清。
> 鸟飞有意传音讯，云出无心碍月明。
> 几载兴衰如一梦，卅年惨史待谁鸣？
> 停舟我亦凄凉日，忍听夷歌奏凯声！⑨

她们乘坐的船于 1929 年 12 月中旬到达马赛，再转火车赴法国首都巴黎，在火车站得到留学生们的热烈欢迎。[⑩]何香凝开始住在巴黎旅馆，不久就搬到市郊的里拉顿岛居住。

何香凝与在巴黎文学院的留学生刘天素、李洁民合租了一套公寓房，共有三间屋，中间的一小间作为她的绘画室。何香凝生活俭朴而有规律，终日勤奋绘画。就在这间狭小而简陋的画室里，她画了不少画：《红叶雪景》《红梅菊花》《青松梅菊》以及《月虎》《雪虎》等佳作，都是她当时心情的写照。她还在这间画室中接待过画家刘海粟，并同他合作绘画。

刘天素和李洁民都劝何先生不要整天足不出户地绘画，有空时也该游览一些巴黎的名胜古迹，或者到有名的国家歌剧院去看看古典歌剧。何香凝以为去这个剧院看剧一定要穿晚礼服，不大愿意去。后来刘天素告诉她，穿中国式的旗袍亦可以。何香凝听了，笑着说："那我请你们看！"看歌剧的那天，何香凝身着中国丝织灰色旗袍，脚穿广东式黑皮鞋，手提黑皮包，显得朴素而又端庄。

香凝自奉甚微，对人甚厚。她居留法国期间，从未做过新衣。穿的大衣还是在日本留学时做的，只不过翻改了一下，这样比购置新大衣节省了一千多法郎。她省下的钱，都拿来帮助留法学生中经济困难的人。她买了一件蓝色大衣送给刘天素，并笑着说："你年轻，总穿件黑大衣不好，所以送你件蓝色的。"[⑪]

一天，一位名叫韩涵的黄埔军校毕业生来探访何香凝，谈话中提及蒋介石托他代为致意问候，并请她回南京去。何香凝托韩转交一首《感怀》诗给蒋介石，表示决绝。

何香凝虽然身在异国，但时刻关注着祖国的局势，关心着受苦受难的同胞。1930 年元旦，她和十几个巴黎留学生去"中国饭馆"吃晚饭，当陈杏容等扶着她走进餐厅时，大家都站了起来向她敬礼问好。这时，有两个黄埔军校毕业的国民党军官很热情地称她为师母，还表明自己是廖仲恺党代表的学生。她表情立刻严肃起来，当着大家的面对他们说："你们都是党代表的学生，党代表是怎么教你们的？今天你们又是怎么干的？党代表教你们残杀工农吗？教你们违反孙总理遗教吗？今天国内在大肆屠杀，高喊'宁可错杀一千，不能放走一人！'这是党代表教你们的吗？你们身为高级军官，既然还记得是党代表的学生，就要按照党代表的教导办事。"一席话说得他们面红耳赤，连连点头称是，恭恭敬敬地把她让到座椅上。停了一会，她缓和了语气，谆谆嘱咐他们说："如果你们还记得廖党代表，就要按照孙总理的遗教继续革命。"这两位军官又连声称是，行过军礼后，便回到自己的座位上去了。⑫

1930 年 6 月，廖承志从德国的汉堡到柏林，又从柏林转往巴黎，陪同母亲到德国柏林，住在原国民党中央妇女部干事、何香凝的老部下胡兰畦的寓所。

这时，宋庆龄恰好也在柏林。她经常去看望何香凝。她们虽然身在国外，但都十分关心中国革命形势的发展。她们常常在一起交谈中国革命前途的问题，谈论德国的革命历史等。她们共同回忆在日本从事革命活动的情景。宋庆龄告诉胡兰畦说，何香凝在日本是大学生，还和她讲起何香凝在日本留学时感人的革命事迹。宋庆龄常常同何香凝出去散步，参观博物馆，游览柏林的名胜古迹。有时请她带着胡兰畦等一道上日本料理馆。每当出门时，宋庆龄总要替何香凝梳梳头发，整整围巾，好像姐妹一样亲热。何香凝十分珍视这情同手足的真挚友谊，一天，她们谈得正投机，何香凝兴致勃勃地拿出纸和笔，泼墨画制《菊石图》的条幅，并挥毫题诗。诗云：

惟菊与石，品质高洁；
惟石与菊，天生硬骨。

悠悠清泉，娟娟皓月；
惟菊与石，品质高洁。⑬

　　站在一旁的宋庆龄笑吟吟地点头，连声称赞画得好，诗也写得有内涵。菊与石是自喻，也是她们纯洁友情的颂歌。

　　廖承志这时正在汉堡从事海员工人运动。他一有空就来柏林探望母亲。他风度潇洒，谈吐文雅。胡兰畦接触他没多久，从谈话中就知道他已是一名共产党员了。1983年廖承志逝世后，胡兰畦悲痛难忍，同年7月3日在《成都晚报》上发表《痛悼廖承志》的文章，深情地追忆这段日子："我与廖承志同志相见之后，像一般的青年学生一样，毫无拘束地畅所欲言，我爱谈德国的风俗，他总把话题转到国际和国内的政治形势。我想的是发展科技，实业救国；他却向我阐述马列主义理论基础，分析中国各党各派情况。他说：'只有中国共产党才能领导中国的革命。除了共产党，哪一党哪一派都领导不了中国的革命。'说到这里，他严肃地问我：'你怎么办？''我正在学习，等学有所成再谈吧！'我刚说完，廖承志同志用讽刺的口气向我说：'那么，你要考了博士才革命喽？''我没有这个思想。'我郑重地说，'献身革命是肯定的！我愿意跟着共产党革命，但我又到哪里去找共产党呢？''我就是共产党员，你怎么样？''我跟共产党革命。'"接着，廖承志从口袋内掏出一叠纸、一支笔，叫胡兰畦写入党申请书。

　　廖承志是典型的孝子，有一次，他来到柏林，看到何香凝手背上贴了一块胶布，他便拉着妈妈的手，轻轻地揉了很久。何香凝绘山水画，总要留个空间让承志来才补画个"公仔"（广东方言，指人）。有一次，她要承志在山清水秀的画面上补个"公仔"，承志颇难为情，何香凝从旁热情鼓励说："兰畦！你看那么好的山水，没人欣赏，多不好哇，是不是？"承志遵命几笔就绘出两个挂着拐杖的"公仔"。何香凝看着两个活灵活现的小人物，高兴得合不拢嘴，赞扬说："兰畦！我说承志画得就是好啵？"霎时，整个房间充满了欢乐的笑声。

1930年9月，何香凝母子又回到巴黎。开始仍住原地方，后来搬到巴黎郊区红山威尔乃街35号一处公寓4楼居住。这时，李洁民已转往里昂求学，而刘天素的未婚夫曾庆集这时也到了巴黎。这是四间室的套房，他们母子师生住在一起后，气氛和谐，其乐融融。伙食方面他们分工合作：何香凝煮饭，廖承志洗菜、切菜，刘天素掌勺炒菜。每天做饭时，风趣幽默的廖承志一边切牛肉一边将刀子剁肉发出砰砰的节拍，他又一边吹口哨，组成一曲美妙的"交响乐"，引发大家一阵阵的笑声。何香凝即使在寒冬腊月，也是自己动手洗衣服，并作诗抒怀。诗云：

> 卅年没洗衣，水冷如针刺。
> 当爱我精神，何惜十手指！[14]

1931年"九一八"事后变，何香凝闻悉日本帝国主义武力侵占东北三省的消息，毅然决定立即回国，同全国人民共赴国难。

在巴黎的一些中国留学生，为何香凝归国举行了一次送别会。出席送别会的，有黄埔军校的军人，也有大革命时代曾供职于政府的人。何香凝问他们："你们究竟什么时候回国？"并激动地批评他们滞留异国说："你们知道祖国现在的情形吗？敌人已经越过国境侵入到祖国心脏部分了，我认为拯救国家危机，正是爱国军人的职责所在。但是你们没有想到祖国的安危，还逗留在异国，把保卫祖国的责任诿诸他人。我对你们感到失望。"她说这番话时，情绪很激动，说完这段话，她也没有向参加送别会的人致谢，就返回寓所去了。

　　1931 年 10 月 23 日，何香凝由巴黎到马赛，登上麦新格将军的轮船，踏上了回国的旅程。

注释：

①该画原件现藏何香凝美术馆。

②刘心武：《"留洋姑妈"刘天素》，《团结报》，1991 年 8 月 10 日第 3 版。

③见新加坡《星洲日报》，1929 年 11 月 18 日，转引自姚梦桐：《何香凝在新加坡》，《亚洲文化》1992 年第 16 期。

④廖仲恺、何香凝：《双清诗画集》，人民美术出版社 1982 年版。

⑤尚明轩：《何香凝传》，北京出版社 1994 年版，第 202 页。

⑥姚梦桐：《何香凝在新加坡》，《亚洲文化》1992 年第 16 期。

⑦新加坡《星洲日报》，1929 年 11 月 5 日。

⑧新加坡《星洲日报》，1930 年 1 月 21 日。

⑨何香凝：《往法国途中》，见尚明轩、余炎光编：《双清文集》下卷，人民出版社 1985 年版，第 108 页。

⑩关于何香凝到达法国的时间，尚明轩教授在他的《何香凝传》第 204 页写道："到已届深秋的 11 月初才抵达马赛。"有误。因为据新加坡《星洲日报》1929 年 11 月 28 日报道，11 月 27 日，新加坡华侨筹助仲恺农工学校经费书画展览会的职员，假中华总商会欢送何香凝远赴欧洲，说明"11 月初"她仍在新加坡。

⑪杨代秀：《香凝风骨》，《人民日报》（海外版），1992 年 4 月 14 日。

⑫胡兰畦：《回忆何香凝先生》，《回忆与怀念——纪念革命老人何香凝逝世十周年》，北京出版社 1982 年版，第 193 页。

⑬胡兰畦：《回忆何香凝先生》，《回忆与怀念——纪念革命老人何香凝逝世十周年》，北京出版社 1982 年版，第 193 页。

⑭尚明轩、余炎光编：《双清文集》下卷，人民出版社 1985 年版，第 110 页。

第十六章　万里遄归

何香凝乘坐的轮船，经地中海吉不地、哥伦布、新加坡、西贡、香港等地，历时一个多月的漂泊，终于在 1931 年 11 月 28 日驶抵上海。

码头上，人群喧嚷。柳亚子、甘乃光夫妇等多人很早就在这里接船，迎接廖夫人的归来。何香凝和他们一一握手后，立即驱车风驰电掣般开往莫里哀路（今香山路）会晤早已回国的宋庆龄。自从 1930 年夏天他们在柏林分别后，已一年有余。好友见面，分外高兴，但国难当头，她们又忧心忡忡。何香凝不顾旅途的疲劳，和宋庆龄谈了很久，然后才驱车往甘乃光家暂住。稍后，迁往金神父路（今瑞金二路）花园坊的新居。

虽然何香凝多次表示坚决辞去国民党内一切职务，但鉴于她的崇高威望，就在她回国途中召开的国民党第四次全国代表大会上，仍选她为国民党中央执行委员。

何香凝于 1931 年 11 月 29 日和 12 月 1 日，分别接见了《民国日报》和国闻社的记者，阐明抗日主张，指出国难临头，救国之事"是我中国四万万同胞所同具责"，并指出不能依靠国联解决问题，唯一的对策是"国人应速自救"。她公开拒绝国民党中央对她的拉拢，郑重声明"对国内政治，十九不拟参加"，并表示"拟一星期或 10 日内举行书画展览会"，将"把售得之款全数捐助给红十字会"，作为抗日救护用款。①

1931 年 12 月 11 日，上海的报刊上，以醒目的标题刊登了《何香凝主办救济国难书画展览会宣言》。宣言书中说："香凝海隅闻警，万里遄归，于兹宗邦急难之秋，敢忘匹夫有责之训，权衡缓急，一念转移，则兴学尚可稍迟，而救国不容成后"，故拟将原为仲恺农工学校筹措经费所"积存时贤墨宝,并香凝个人历年所作画件,举行展览会,悉数变价出售,即以售得之款,为反日救伤工作费用"。[②]宣言书刊出后,在文化艺术界反应强烈,响应的人甚多,北平、广州等地的名流纷纷邮寄书画来沪,共征得书画物品 1 500 余件,何香凝带头认捐,郑洪年、叶恭绰等社会贤达 20 余人踊跃响应,共得款 1.775 万元。[③]

不知是巧合,还是她们事先商量,就在 1931 年 12 月 19 日这一天,宋庆龄发表宣言,宣布"国民党已不再是一个政治力量",何香凝也发表《对时局之意见》,痛斥"一班假革命者","日日倡革命,而革命卒未成功,人人倡统一,而统一反难实现。时至今日救国救民之功未竟,而反召外侮之来"。[④]孙夫人、廖夫人的宣言,在沉闷的政治空气中,宛如石破天惊,在国民党军政界乃至全社会各阶层引起强烈的反响。柳亚子盛赞这两个宣言:"真好极了。……两人地位不同和个性不同的缘故,大概孙夫人很精细,而廖夫人则比较简单。整个国民党,弄得只剩两个女人,中山有灵,真要痛哭了。"[⑤]

1931 年 12 月 27 日上午,上海先施公司(今上海市服装公司)二楼东亚酒店大厅,热闹非凡,人海如潮。何香凝站在大厅里,望着鱼贯而来的人们,疲惫的脸上露出少有的笑容。何香凝筹办的"救济国难书画展览会"如期在这里隆重举行。墙壁上挂满了书画,计有两千多件。宽敞的大厅里,挤满了各界来宾,人们情绪高涨。画展展出没多久,很快就出现了你争我赶的"竞购"热潮。在场的书画家们也深受感动,立即泼墨挥毫绘制佳作,一幅幅新作刚绘好,争先恐后的人们便立即把定购的红纸条贴在画轴上,好不热闹!何香凝在旁边走来走去,她常常应画家们的请求在画上补画遒劲的古松、挺拔的寒梅、傲霜的秋菊、娟秀的翠竹。傍晚时分,当夜幕已经降临之时,忙碌了一天的何香凝已经疲劳不堪,她还是应几位画家之请,画了一枝红灿灿的傲雪红梅，柳亚子也欣然在画上题诗："健儿塞北挥戈日，画家江南吮墨时，一例众芳零落尽，忍挥残泪为题诗。"下午6时，展卖活动结束，共得款项两万余元。何香凝喜上眉梢，当大家向她庆贺展卖活动取得很大的成功时，她扶着拐杖站起来，欣慰地向周围的人们鞠躬致谢，说："这是中国人高度的爱国热情的胜利。"

1932年1月28日深夜23时，在上海闸北天通庵路，激烈的枪声划破静寂的夜空，顿时，烈焰冲天，炮声隆隆，震撼着整个上海。何香凝被远处传来的枪炮声所惊醒，当她得知这是19路军翁照垣部奋起反击日本海军陆战队的突然袭击时，兴奋得热泪盈眶。这时，她的睡意全消，她立即用电话通知有关好友和有关同志，第二天下午到上海辣斐德路（今复兴路）商量支援19路军的办法。待到她发完通知，已是次日凌晨3时许了，这才上床就寝。

1932年1月29日上午，第19路军向全国各界发出通电："特急！暴日占我东北三省，版图变色，国族垂亡。最近，更在海上杀人放火、浪人四出，极世界卑劣凶暴之举动，无所不至。而炮舰纷来，陆战队竟于28日夜12时，在上海闸北登岸袭击，公然侵我防线，向我开火，业已接火。光鼐等分属军人，惟知正当防卫，捍卫失土，是其天职，尺地寸草，不能放弃。为卫国守土而抵抗，虽牺牲至一卒一弹，绝不退缩，以丧失中华民国军人之人格，此物此态，质天地而昭世界，炎黄祖宗，在天之灵，实式凭之。"⑥通电是控诉书，痛斥日本帝国主义发动侵略的罪行，同时也是号召全国人民奋起反击侵略的动员令！

1月29日下午，何香凝在辣斐德路主持了"后援"工作会议。参加会议的有医护人员、慈善团体负责人和部分知名人士。何香凝发表热烈的演说后，大家就如何支援淞沪抗战问题展开讨论。最后决定：①组织上海妇女前线慰劳队、救护队立即行动，从30日起投入工作；②请医务界人士协助，开办护士训练班，以应前线需要；③将尽力协助慈善团体、各临时成立的救济难民机构做些工作；④初步拟定了工作计划和人员安排。会上还组织了三个临时工作组，立即分头去完成翌日到前线慰劳、救护的筹办任务，包括备办药品；赶制旗子、袖章；撰写慰问信等。

1932 年 1 月 30 日早晨，北风呼号，寒气刺骨。两辆满载着慰劳品、救护用品及一些慰问人员的汽车和几辆小汽车从辣斐德路开出，市民们看到车上插着"慰劳队""救护队"的旗子，都热烈地鼓掌、欢呼。何香凝、宋庆龄坐在车上，不时地把手伸出车窗，向欢呼的人群招手致意。她们先到真如 19 路军前线指挥部慰问。她们与 19 路军军长蔡廷锴亲切交谈，答应为众多伤员提供有效的急救服务，并和他合影留念。[7] 然后，她们驱车前往慰问翁照垣部。翁照垣部正在与敌人激战，子弹呼啸着从头顶而过，官兵们浴血奋战，看到此情此景，何香凝深受感动。翁旅长代表全旅官兵感谢何先生和慰问队对他们的关心爱护。当何香凝向他介绍慰问救护队的人员和所带来的慰问品时，翁旅长激动地连声说："真不敢当！真不敢当！"在何香凝等人的鼓舞下，官兵们奋勇杀敌的劲头更足了。何香凝跑到前沿阵地，看到在坑道里坚持战斗岗位的战士们有的受了伤，伤口化脓了，也不肯下火线，她感动得流下了眼泪，并鼓励战士们："你们好好作战，保卫国土，我回去一定为你们筹备救伤！"风越刮越猛，雪也越下越大，翁旅长劝她返回休息，但她执意不肯，每到一地，她都挥手向官兵们致意，勉励战士们坚守阵地。战士们感动了，纷纷表示，要为保卫祖国痛击敌寇。何香凝看到战士们穿着很薄的单衣在冰天雪地的寒风中坚持战斗，心中十分难过。回去之后，便发起捐制棉衣运动，五天之内赶制三万多套，运送给前线将士。

在翁旅长和随行人员的一再劝阻下，何香凝才回到太阳庙休息。这时，刚好复旦大学学生宣传队也在这里。当负责人整理好队伍，请她"训话"时，她十分亲切地叫了一声"孩子们！"便老泪纵横、声音哽咽了，停了一会，她才接着说："中国不会亡！中国没有愿做亡国奴的人！我们的老百姓都爱我们的国家！日本人在 40 小时内扫平上海的狂妄恫吓已被我英勇的 19 路军粉碎了！我们要打败日本侵略军！你们是国家的主人翁，要为国家争气，要向 19 路军学习！"听演讲的学生十分激动，一致举手高呼："我们向您保证：愿为反抗侵略、保卫国家不惜牺牲一切！"接着，悲愤、高昂的口号声和救亡歌声，震动着太阳庙。⑧

为了解决 19 路军抗战的后援问题，何香凝从 1 月 31 日起在上海市新闸路海关监督公署成立了办事处，组织、领导上海妇女前线慰劳队、救护队、难民救济队及救护训练班的工作。因参加救亡的人不断增加，办事处的工作十分繁重。她以身作则，每天提早到办事处坐镇，工作人员也都争先恐后地提前上班，一忙就是一整天，常常到深夜才能休息。

当时，何香凝除协助宋庆龄办了一处有 300 个床位的国民伤兵医院之外，还和陈铭枢夫人等数人，联合发起在上海募集经费，慰劳 19 路军，并设立伤兵医院于上海公时学校及政法大学。连同在苏州设立的伤兵医院，当时共办医院四处，收容抗日受伤战士千余人。"九一八"事变后，何香凝创办的短期救护训练班的学生，有数十人在这些医院担任护士。她还常常到医院慰问伤兵，并送广东音乐唱片到医院播放，以减轻伤员的痛苦。有一天，她到医院慰问伤兵时碰见孔祥熙，孔说："廖夫人办伤兵医院办得很好，你愿意到南京去办吗？南京也正预备办呢！"她回答说："我愿意闻抗日伤兵的血腥臭味，不愿闻腐化官僚的臭味！"⑨

自从何香凝从前线慰问归来后，几天来，她被战士们英勇奋战的精神所感动，心情久久不能平静，为鼓舞士气，她提笔写下了《"一·二八"后寄黄埔学生》一诗。诗云：

沉沉寂寂，河山今非昔。不堪回首十三年，千点泪痕滴滴。问君入学欲何求？为民族生存杀敌。数年来，辜负了你，供内战牺牲，虚伪功绩，无分敌我。回思历史，已成陈迹。悲愤极！叹我山河日下，向何方觅？惨戚！追怀祖逖，莫辜负你雄心，速向倭奴痛去！⑩

抗战经费严重不足，为了筹款，何香凝在自家门中贴了一张很大的募捐告示，上面写着"在此接受热心的帮助"。参加捐献的市民十分踊跃，有小贩、车夫、苦力，还有舞女、妓女等。捐献的品种繁多，有鸡、鸭、羊、猪、鸭蛋、牙刷、肥皂、绷带、针线等。有的人一次就捐款数百元，不少妇女纷纷要求参加护理工作。上海黄雯医院院长黄雯，有一天晚上，主动到何香凝寓所，表示愿每天到伤兵医院义务为伤兵治疗。他的妻子容玉枝，也到伤兵医院当了一个时期的护士长。归国华侨陈乙明开车来找何香凝，对她说："我可以开车，您到那里去，我都可以伴随，送货物也行。"热心支持抗日的人们，真正做到有钱出钱，有力出力。何香凝还致电海外侨胞，要求给抗日军民以援助。据统计，在她的倡议下，19 路军在淞沪抗战期间，共筹款 700 万元，相当于该路军八九个月的军饷。⑪

由于过度劳累，何香凝病了，咳嗽、气促、胃痛……身边的人请她在家休息治病，她说："前方战士在浴血抗敌，为保家卫国牺牲生命，让我回去闲在家里享福？你们说得出，我可做不到！"当淞沪抗战将要失利时，何香凝偕陈铭枢、蒋光鼐，带病从上海到南京，为 19 路军救援。在蒋介石为她举行的宴会上，她开门见山地提出援助 19 路军抗日一事。蒋介石对此避而不谈，只是一边不停地向她的盘里夹菜，一边说："请吃，请吃。"她见蒋介石采取敷衍的态度，十分失望地说："你这样做，恐怕以后我要与你绝交了。"她对丰盛的筵席未动一箸，就气愤地从南京回到了上海。⑫

何香凝对蒋介石拒绝支持 19 路军和对日本采取不抵抗的政策极为不满，1932 年 3 月 2 日她在致蔡元培函中附上新作《为中日事赠蒋介石及中国军人的有感而咏》，抒发了她的愤懑心情。诗云：

> 枉自称男儿，甘受倭奴气。
> 不战送山河，万世同羞耻。
> 吾侪妇女们，愿赴沙场死。
> 将我巾帼裳，换你征衣去！⑬

这是一首充满爱国激情、令人振奋的佳作，强烈鞭笞蒋介石对日妥协的政策，表达我中华民族的英雄气概。稍后，当张治中率第五军由宁至沪参加抗战时，何香凝把这首诗附在致张的信中，并送去女服一件，请他转达黄埔学生的将领，激励他们英勇杀敌。后来这首诗在前方广为传颂，成为鼓舞广大将士勇于冲锋陷阵的精神力量。⑭

蒋介石的不抵抗政策，带来了丧权辱国的恶果。正当 19 路军与敌寇激战方酣之时，国民党政府却在 1932 年 3 月 14 日，派代表与日方代表秘密举行谈判，炮制卖国条约。何香凝闻知，于 3 月 22 日发表"养电"，强烈谴责这种卖国行径。电文指出："中日停战会议，我方如允签订丧权辱国之条约，我民众当一致反对，万难承认。"⑮她强烈地呼吁全国同胞奋起反对签订卖国条约。

蒋介石在爱国抗日舆论的压力下，批准张治中将军的请求，率第五军于 1932 年 2 月中旬开赴淞沪前线参战。该军绝大部分将士是黄埔军校毕业的学生。他们在庙行、浏河、葛隆镇战斗中连战皆捷，重创日寇。何香凝的"裙子诗"在战斗中发挥了作用。捷报传来，她喜不自禁。1932年4月，她专程赴江苏常熟东塘墅第五军驻地慰问。黄埔军校师生人人皆知廖仲恺曾任该校党代表，听说何香凝要来慰问，十分高兴。张治中在军部热烈地欢迎她。在介绍了战况后，张治中说："廖师母，您前次寄给我的信和女裙子一件，我都收到了。它们时时刻刻激励警醒我们未敢忘却军人守土之责。您的爱国热情，豪迈斗志，令学生敬佩不已！"何香凝笑笑，然后说："张将军过誉了。寄赠女裙子及诗一事，是出于对日寇侵略之激愤和对黄埔军人之期望，有偏激之处，请将军见谅啰。现在，将军率兵出征，屡次获胜，一洗前日之耻，我愿再赠将军和全体将士一首新诗，如何？"张治中喜不自禁，忙吩咐取来纸、笔，敬请何香凝题诗。何香凝泼墨挥毫，一气呵成，写下《赠前敌将士》一诗。诗云：

　　倭奴侵略，野心未死，既据我东北三省，复占我申江土地。叹我大好河山，今非昔比。焚毁我多少城市，惨杀我多少同胞，强奸我多少妇女，耻！你等血性军人，怎样下得这点气？

　　何香凝的书法遒劲，诗句铿锵，富有感染力。人们熟知廖夫人善绘画，没想到作诗也能出口成章，站在一旁的军官们看了都暗暗称奇。[16]张治中双手接过何香凝的诗，连连道谢，并指示在军内广为传阅。随后几天，何香凝又到第五军的各师、旅、团营去慰问，鼓励他们英勇杀敌，再创佳绩。当她在慰问259旅时，她将《赠前敌将士》一诗抄赠黄埔毕业生，该旅旅长孙元良。到了88师时，她在抗日纪念旗上，再次挥毫题词："国破山河在，光荣血永存。"何香凝的亲切慰问，给第五军广大将士以极大的鼓舞和鞭策。

　　1932年5月5日，国民党政府不顾全国人民的强烈反对，与日本签订了屈辱性的《淞沪停战协定》，历时三个多月的淞沪抗战终于失败了。消息传来，一生以救国为己任的何香凝，其悲愤是可想而知的。

1932年5月16日，南京举行追悼阵亡将士大会。与会者四万多人。追悼会很悲壮，揪人心肺。何香凝从上海赶往南京参加了这次大会，她在演说时放声大哭，引得蔡廷锴将军难忍男儿泪，全场许多人都暗自抽泣，大会在一片悲痛声中结束。

1932年5月29日，苏州城里天黑如漆，大雨滂沱，似是苍天在哭泣。苏州市的街道随处可见"为阵亡将士复仇！""为殉难同胞复仇！"的巨幅标语。"一·二八"淞沪之役阵亡将士追悼大会在苏州公园右侧的公共体育场悲壮地举行。会场主席台前面的花圈密密麻麻，会场四周悬挂着数百条挽联和挽词，其中一条写着："头可断身可杀民族斗争不可屈；将非骄卒非情外交妥协岂非忧！"说出了全国人民的心声。在一片哀乐声中，何香凝率领抗日阵亡将士的家属来了。她在大会讲话中，向为国捐躯的抗日将士致以沉痛的哀悼和高度的赞颂。她言辞激动，老泪盈颊，身旁有南国少女为之拭泪，听者无不动容。⑰

由于忧劳成疾，何香凝的心脏病复发。病稍愈，她约几位不肯为南京效劳的挚友在上海组成"寒之友社"。这名称含有不畏严寒之友的意思。其成员除经亨颐、柳亚子、陈树人等国民党元老外，著名画家黄宾虹、潘天寿、王祺等，均为社友。他们画松、竹、梅、水仙等，都是寒冬开花、傲雪芬芳的植物，以示他们在逆境中绝不向南京的权贵们低头的坚强意志。何香凝当时就曾在一幅枫菊的画作上题诗："红叶虽红不耐寒，黄花傲雪可盘桓。劝君莫醉秋深酒，留作人间壁上看。"⑱抒发了她不畏高压、不惧屈辱、矢心报国的勇气和决心。著名诗人柳亚子在何香凝、经亨颐合作的《梅花、水仙》上写了这样寓意深刻的诗句："寒冰为骨玉为身，不似优昙顷刻春。雪地霜天斗幽艳，孤山新妇洛川神。"这是对何香凝崇高理想和品德的热情赞美。他们在一起经常抨击时弊,责骂南京当局,柳亚子口吃,但骂声也最大。当他们讲到激动处,有时还敲桌子,摔凳子,以发泄他们愤懑的心情。

自从"九一八"事变以来,何香凝从未忘记东北三省处于日寇铁蹄下受苦受难的同胞。平时省吃俭用,生活清苦。在上海住的是简陋的楼房,用的是朴素的家具,平时吃饭,常是一碗清汤,一碟糟白鱼(咸鱼)和一碟广东的小菜。但在1932年初,当上海各大学学生为援助东北义勇军向她募捐时,她立即慷慨解囊。为了更好地支援东北人民抗日,她和老友柳亚子和郭琦元(上海东南医学院院长)等人发起组织"东北义勇军国难救护队",奔赴东北抗日救护。其经费由何香凝多方筹措,共有8200元。由于救护任务繁重,加上她的身体又不好,所以另成立国难救护队后方理事会,何香凝任主席,柳亚子任副主席兼会计主任,办理后方有关事宜。

1932年6月13日晚,一支以东南医学院学生为主的有14名队员的救护队从上海出发,北上支援抗日。出发之前,何香凝请后方理事会理事和全体队员到她的寓所,置酒话别。当时何香凝心脏病严重,卧病在床,未能参加酒会。但吃完饭后,她请全体队员到她的卧室,支撑着在床上训话,她边讲边哭,泪珠涟涟。全体队员也失声痛哭。当晚,由杨庶誉队长率领,在东南医学院数百名学生的悲壮送别声中乘火车北上,投身抗日救亡的洪流。

何香凝这位生在朱门下、人称富贵花的女革命家,在回国不到一年的时间里,日夜操劳,建树良多,体现了巾帼不让须眉的豪杰气概。

注释:

①《申报》,1931年11月30日;《上海民国日报》,1931年12月

2 日。

②铅印原件，藏中国革命博物馆。

③《申报》，1931 年 12 月 20 日。

④何香凝：《对时局之意见》，见尚明轩、余炎光编：《双清文集》下卷，人民出版社 1985 年版，第 116 页。

⑤《柳亚子选集》（上），转引自李永、温乐群等：《何香凝传》，中国华侨出版社 1993 年版，第 92 页。

⑥张治中著，中国人民政治协商会议全国委员会文史资料研究委员会编：《张治中回忆录》，文史资料出版社 1963 年版，第 96 页。

⑦蒋光鼐、蔡廷锴、戴戟：《十九路军淞沪抗战回忆》，见中国人民政治协商会议全国委员会文史资料研究委员会编：《文史资料选辑》第 37 辑，文史资料出版社，1963 年版。

⑧陆晶清：《在何香凝先生身边》，见《回忆与怀念——纪念革命老人何香凝逝世十周年》，北京出版社 1982 年版，第 211 页。

⑨何香凝：《自传初稿》，见尚明轩、余炎光编：《双清文集》下卷，人民出版社 1985 年版，第 209 页。

⑩廖仲恺、何香凝：《双清诗画集》，人民美术出版社 1982 年版。

⑪龚古今、唐培吉主编：《中国抗日战争史稿》上册，湖北人民出版社 1983 年版，第 39 页。

⑫何香凝：《自传初稿》，见尚明轩、余炎光编：《双清文集》下卷，人民出版社 1985 年版，第 209 页。

⑬诗作原件藏中国第二历史档案馆。

⑭张治中：《第五军参加淞沪抗战的经过》，见中国人民政治协商会议全国委员会文史资料研究委员会编：《文史资料选辑》第 37 辑，文史资料出版社 1963 年版，第 27 页。

⑮《申报》，1932 年 3 月 23 日。

⑯何香凝慰问张治中部的情节参见李永、温乐群等：《何香凝传》，中国华侨出版社 1993 年版，第 103 页。《赠前敌将士》诗，见尚明轩、余炎光编：《双清文集》下卷，人民出版社 1985 年版，第 244 页。

⑰《大晚报》，1932 年 5 月 29 日。

⑱廖仲恺、何香凝：《双清诗画集》，人民美术出版社 1982 年版。

第十七章　新的考验

1928年冬，刚满20岁的廖承志从上海登轮远航，告别他所眷恋的祖国，踏上新的革命旅程。他先到法国巴黎，从汪精卫的儿子那里要到章文晋在德国的地址后，才转赴德国柏林。在柏林，他在工人住宅区找到当时年仅14岁的共青团员章文晋，章立即向成仿吾（当时名叫石厚生）报告，于是廖承志便与党组织接上了关系，加入德共中国语文组支部。该组当时的负责人是成仿吾，经常与德共中央保持着联系。

这时，成仿吾已把《赤光》杂志从法国巴黎搬到德国柏林来。成仿吾当编辑，由廖承志、张谔、章文晋用笔刻写后，用复印机复印若干份，然后广为发行，初到柏林的廖承志也在《赤光》杂志上发表过文章。

当时廖承志在柏林的生活很艰苦，然而他却很幽默、乐观。现已耄耋之年的复旦大学教授董问樵当时也在德国，是位共青团员。他回忆起当时与廖承志的交往，印象极深。1991年在其寓所，他侃侃而谈："廖承志聪明、好学，写文章特快。有一回他从海员工会来找我，见面就嚷嚷：'老朋友，我肚子闹革命了，只是身无分文，怎么样，请我吃馆子去。'我一脸尴尬，平摊双手，说：'哥哥还没寄钱给我，我也是两手空空，不怕你笑话，我已经两餐没吃了。''那我请客！'廖承志一眨眼笑容满面，拉着我就往外走。"说着，廖承志便带董问樵去一家高档餐馆，他把皮大衣给当了，请董问樵美美地吃了一餐。席间，廖承志不停地逗笑。酒足饭饱，廖承志抹抹嘴巴，一本正经地嘱咐他："这事对我母亲要保密，大衣是她给我买的，要是让她听说我'吃了'，一定不开心，她不开心的事太多了，我不能雪上加霜。"

董问樵频频点头称是。①

不久，廖承志奉瞿秋白之命，转赴汉堡。名义上是在汉堡大学读书，实际上是从事海员工人运动。他深入到工人群众中去，不久在每条船上都组织了统一的工会。为了更好地做好宣传发动工作，他还创办了《海员半月刊》，两个星期出一期，其内容是"①简单社论。②中国新闻。③国际海员新闻。④船上新闻。⑤漫画。"他利用会画漫画的特长，每期都穿插了一些漫画，使之图文并茂，很受海员欢迎，宣传效果很好。由于他进行艰苦深入的工作，加上采取生动活泼的宣传形式，在短时间内，工作开展得颇有声势，打开了局面。②

1930 年 6 月，廖承志赴法国巴黎把他的母亲接到柏林来，住在胡兰畦的寓所。在将近三个月的时间里，他除了忙于工作外，经常抽空到柏林去探望母亲。这是自从他父亲殉难后，少有的天伦之乐。这年夏天，他由德国汉堡国际海员部派赴莫斯科参加职工国际第五次代表大会。

1931 年初春，汉堡国际海员码头工人总工会（以下简称"国际海码工会"）派廖承志到荷兰鹿特丹，做中国海员的工作，并协助建立鹿特丹国际海员俱乐部。廖承志到了阿姆斯特丹，会见当时荷共负责人和主持职工运动的特古洛，传达了国际海码工会的意见，并要求得到他们的帮助和指导。他们指定了一个鹿特丹的工人同志负责国际海员俱乐部的筹办工作，并答应在鹿特丹找适当的房子做俱乐部。

廖承志随即到了鹿特丹，他先从认识的少数中国海员着手，筹办夜校，主要是教他们学习英文。中国海员们知道他是廖仲恺的公子，因而入学的人数急增，连中间和落后的海员都来了，夜校由十几人一下增加到 90 人。开始他教英文，尔后逐渐加进宣传内容，最后大讲共产党的十大政纲，揭露蒋介石反动派，宣传国际海码工会的纲领，鼓励他们团结起来打倒包工头，争取中国海员同工同酬，并且同各国的海员联合起来等。1931年鹿特丹的"五一"节大游行，就有不少的中国海员参加。"五一"节游行不久，在鹿特丹国际海员俱乐部成立了"中华全国海员工会西欧分会"，有近百名海员参加。这之后，廖承志办的夜校就变成政治讨论会了。他成天和中国海员们泡在一起，有时夜深了就同海员住在行船馆里。

不料，"五一"节大游行，把荷兰帝国主义当局吓坏了。一个大包工头向荷兰国民党领事馆告发廖承志，由领事馆向荷兰当局提出要逮捕他。1931年6月上旬的一天拂晓，廖承志与海员们还在酣睡。突然闯进来五六个荷兰警察，把他和一名中国海员一起抓走了。

在扣押期间，警察对廖承志进行了一次审讯。

警察厉声问道："你是共产党员吗？"

"现在还不是。但我拥护马克思主义，拥护共产党的主张。"廖承志回答说。

警察瞪着眼睛："你到荷兰有什么任务？"

廖承志不紧不慢地回答道："我是在德国的中国留学生，到荷兰是游览。"

警察有些不耐烦了，斥责道："你为什么做煽动海员的工作？"

"我看中国海员生活苦，便教点英文帮助他们，也谈谈我对我们国家的看法，无所谓煽动。"廖承志据理辩驳。

警察似乎知道他们手头没捞到什么证据，口气稍为缓和了一些，又问："你同鹿特丹国际海员俱乐部是什么关系？"

廖承志回答说："我觉得俱乐部的主张很合理，便时常去玩，谈不上什么'关系'。"他始终咬定了是教英文的，警察从他口里捞不到什么稻草，便再也不问了。

过了5个星期，荷兰警察提他出去，拿出一卷东西，说是记录他的"口供"，要他在上面签字。"口供"记录用的是荷兰文，廖承志以不懂荷兰文为由坚决拒绝签字。他们毫无办法，回去了。过了几天，警察又提他出去。蛮横地宣布把他从荷兰"驱逐出境"，并声称"以后永远不许进入荷兰，如发现偷入荷兰，即处以6年以上的徒刑"。廖承志对此提出抗议，荷兰警察冷笑着说，"看来你很有经验"，并不理会他的抗议。随后把他押上密封的囚车，开到荷兰国境车站，还把他护照上所有的荷兰过境签证通通用红笔画上"以后永远无效"的字样，到了车站，荷兰特务监视着他直到出了国境。

这样，廖承志只好重返汉堡。回汉堡后，他立即向国际海码工会负责人荷兰人阿道夫作了报告。③

廖承志一如既往，精神抖擞地在海员中从事罢工的发动工作。这时，他担任德国汉堡国际海员俱乐部书记。在1931年9月末10月初，他成功地领导了中国海员在汉堡的两条英国船上的罢工斗争。罢工的胜利惊动了德国汉堡警察当局。没过几天，德国警察闯进了廖承志在汉堡的寓所进行搜查。他们开始搜查时，廖承志要房东出来作见证，以防止他们栽赃。德国警察冷笑道："你们都懂得这一手的。"结果，搜出几本油印的《中国西欧海员》，搜查完毕就把廖承志带到汉堡警察署。这一回没有对他进行拘留。他们不容廖承志开口，劈头就"判处"他"永远驱逐出汉堡，如果发现出现在汉堡市及码头区域内，立即判处6个月以上有期徒刑"。廖承志提出严重抗议。警察们说："限你一个月收拾行李，以后永远不准重回汉堡。"廖承志再次提出抗议，并质问根据和理由何在，警察们不敢正面回答，只是说："你自己最明白"，然后冷冷地说："你可以走了。"廖承志又一次提出抗议，警察们仍然置之不理，然后答非所问地说："6个月，明白吗？"廖承志随即到海码国际和德国汉堡市的党组织报告了这件事。汉堡市议会共产党议员维尔特在市议会上公开为此事提出抗议，并要求取消这个宣判，结果被否决。这个事件的经过登载在汉堡德共机关报《人民日报》上。

1931 年秋，廖承志赴莫斯科，在旁听职工国际第 11 次全会之后，在苏联呆了一阵子。于次年 5 月回到了上海。回到上海后，他找到章文晋。章通过王德宣，终于使廖承志和党组织接上了关系。初任全总党团宣传部部长，两个月后，转调海总任党团书记，参加全总常委。④

那时的上海，正是国民党政府与日本签订屈辱性的《淞沪停战协定》后不久，蒋介石继续奉行"攘外必先安内"的反动政策，大肆捕杀共产党员和革命人民。廖承志不畏强暴，继续坚持革命斗争，积极领导工人运动。经过两年多国外从事革命实践的锤炼，廖承志显得成熟多了。早在日本时便认识他的夏衍，在上海见到他时，第一印象是廖承志老练多了。但是爱开玩笑的脾气没变，爱吃寿司和日本酱萝卜的习惯也依然没有变。

1933 年 3 月 28 日，廖承志在上海突遭逮捕，宋庆龄、蔡元培等人积极营救，惊动了蒋介石、汪精卫等国民党最高当局。于是，在上海滩展开了一场惊心动魄的激烈斗争。

这天是"全总"（中华全国总工会）接头的日子。"全总"设在上海山西路五福弄 9 号。廖承志要在这天去领取"海总"的经费。他先到了离山西路不远的、伪装成茶叶批发商的海总机关，然后再到山西路五福弄 9 号。他一到机关门口，便看见人山人海，还停着一辆黑色汽车。他心里想："糟了！肯定出问题了。"便立刻赶回自己新搬进去的住所。这地方是在离山西路不远的一条小巷里的一间灶壁间。回到寓所后他想，出事的原因可能是与"全总"为邻的"燕子窝"，因为那是鸦片烟馆。抱着要"探个究竟"的心情，他重返"全总"机关，这时已是下午 4 时，原来喧嚷的人群已经散去，附近静悄悄的。他刚走到门口，还未进门便被逮捕了。他随即被戴上了手铐，押上汽车驶往老闸捕房。在老闸捕房大门前，叛徒卢福坦指认他正是廖承志。他进入捕房二楼大厅，见到了罗登贤、余文化，他们同样都被扣上了手铐。不久，叛徒王其良出来了，他一一指证，其叛徒面目暴露无遗。

原来，时任中华全国总工会秘书长的王其良，于1932年4月加入中国共产党，日前，在上海闸北共和路活动，被敌探密捕，随即被屈打成招，为了"将功赎罪"，他供出28日下午将去山西路五福弄9号开会的人员，并"交代"了三人的政治身份："皆为中共党员。罗登贤是中华全国总工会党团书记，余文化系红军军长张国焘（张国焘）之叔，而廖承志则为全国海员总工会之书记。"于是，上海租界工部局便串通国民党上海市公安局于廖承志被捕前两小时先将罗登贤、余文化拘捕，然后留下密探，等待廖承志的到来。廖承志被捕后，敌探从他身上搜出借款与人的单据两张，此外别无他物。⑤

廖承志被关在老闸捕房半地下室的拘留所内。他关在左边一个小单间。中间关着一个自称是"上海反帝大同盟"的人，但廖承志从未见过他。右边较大的一间，关着罗登贤、余文化和陈赓（当时化名陈广，3月24日在其寓所被捕）三个人。这时，廖承志同罗登贤谈起来，登贤问他怎样被捕的，他说了个大概，登贤狠狠地批评说："你还去干什么？！"他们还商约一口咬定是援助东北义勇军抗日的。陈赓慷慨激昂，大唱《国际歌》。

不久，他们逐个被提出去问话。轮到廖承志时，英国特务讯问他，他就大摆其家庭历史，说他是由德国留学回来，愤慨于日帝的侵略，决心筹款支援东北抗日义勇军。这次无辜被捕，纯粹是蹂躏人权的行为，为此，他提出抗议。特务问："你知道什么地方还有党的机关？"廖承志答："我是花花公子，当共产党员还远远不配哩，他们有什么'机关'，我哪里知道？"特务们冷笑道："你好好想一想，否则要吃'生活'。"廖承志毫不犹豫，大声说："你怎么样问也一样，事实就是如此。"特务们从他口里捞不到什么稻草，就把他押回房间。这时，中间房那个人刚好不在，廖承志就到右边那个大房间去。陈赓对他说："你要赶快设法通知你母亲，把事情闹得越大越有利于斗争。"在一旁的罗登贤对陈赓这个主意也连声叫好。

既然主意已定，廖承志立即付诸实行。当晚，他对看守的巡捕说："我有一'伙计'，我愿意带路去找他。"看守暗喜，立即向他的上司汇报，以便邀功请赏。片刻工夫，来了一群特务，个个笑眯眯的，如获至宝。他们把廖承志带出了拘留所，照例剥光衣服搜身。一个年纪大的特务问他："带我们去什么地方？"廖承志回答说："相信我，就跟我走，不相信我，我回去。"另一个特务生怕廖承志反悔不肯去，急忙说："由他，他似乎还不错。"他们一共有七八个人，簇拥着上了两辆汽车。廖承志被押上前面的一辆汽车，用扣着手铐的手指点方向，向左或向右。他很熟悉上海的道路。车子开往法租界时，一位特务颇有疑问，问道："这里？"廖承志不出声，照样指挥行驶的方向，俟车开到康脑脱路何香凝寓所时，已近深夜 11 时了，廖承志大声喝道："停车！"车停后，特务们面露喜色，蜂拥而下。

原来，法租界和英租界是互不通气的，以致英租界连何香凝的寓所都不知道。一进门，何香凝立即起来，她一眼看见爱子廖承志戴上手铐，就全明白是怎么一回事了。顿时大嚷起来。她大声呵斥道："我儿自从回国后，一直住在家中，日前曾向我索取数十元，救济贫友，今日我又命他去购买茶叶，以支援东北义勇军抗日，他究竟犯了什么法，你们为何要拘捕他？"骂得巡捕和探员们面面相觑，无言以对。一位探员环视屋里，然后问何香凝："廖承志住在哪间房？"何香凝情急之下，回答道："不知道。"这时住在何香凝隔壁的国民党中央执行委员经亨颐和他年方 16 岁的女儿经普椿也过来了。连法租界的捕房头子也匆匆赶来了，跟在他后面当法文翻译的中国人看见何香凝满脸怒气时吓了一跳，赶快同那头子咕哝了一阵，那头子脸上一下变了色，立即下令全部退出。⑥

廖承志被押走后，何香凝对经亨颐说："对不起你，经先生，刚才那位青年就是我的儿子廖承志，我以前没有告诉过你。"后来成为廖承志夫人的经普椿回忆道："1933年3月28日的晚上，我已经睡觉了。伯母家的佣人来敲我家的门，我的父亲叫我起来，一起到她家。我们看见两个法国巡捕带着一个戴手铐的人，这个年青人穿着一套旧西装。我仔细一看，发现他就是伯母向我介绍过的'侄子'。一会儿，这个青年就被带走了。走以前，他在伯母的耳边悄悄地说了什么。"⑦

离开何寓，他们回到了汽车上，那个老特务把廖承志狠狠地揍了几拳，还打他的耳光。被另一个特务给制止了，却狠狠地直瞪着廖承志，知道他们上当了。廖承志回到拘留所，他立即大声地把他当晚"带路抓同党"的活剧告诉罗登贤和陈赓，大家都开心地哈哈大笑起来。片刻，陈赓为廖承志打气："你要顶住，还有孙夫人哩！"他连连点头称是。

何香凝得知爱子被捕的消息后，十分悲愤，旧疾（心脏病）复发。翌日，她通电全国，电文曰："全国军事政治长官公鉴：小儿承志在沪，昨晚被外国捕房拘捕，但未悉拘在何处，余愿与儿共留囹圄，要求解往华界，即死亦愿在华界，不在租界，请查示复。"通电发出后，震动了国民党最高当局。连蒋介石也装模作样地复电表示将"设法营救"，电文如下："急上海吴市长转何委员香凝，艳电诵悉。刻已设法营救矣！特复，中正艳印。"外交部部长罗文干电复云："法租界探投何香凝先生鉴：艳电悉。此事敝处尚未接洽，已电沪查询，先此奉复。文干艳。"此外，军政部部长何应钦、实业部部长陈公博、监察院院长于右任、华侨委员会陈树人、居若文、中委经亨颐均致电慰问，并允设法营救。上海多家报纸都以醒目的标题，披露了廖仲恺公子廖承志被捕的新闻。

宋庆龄得到消息后，立即打电话给何香凝表示慰问并查询具体情形。然后，她与蔡元培、何香凝、杨杏佛等人商量，拟聘请吴凯声、马常为廖承志的辩护律师。1933 年 3 月 29 日，杨杏佛受宋庆龄等人委托，叩开了离何寓弄堂对门辣斐德路（今复兴中路）612 号的一扇大门，步入一幢花园洋房——吴凯声律师的家。吴大律师戴着一副圆形近视眼镜，留着小胡子，身穿一身笔挺的西装，显得精明能干。他于 1926 年获法国里昂大学法学博士学位，此后曾任国民党政府驻日内瓦联办处处长。返国后，在上海南京东路 36 号开办"吴凯声法律事务所"，声名显赫，人称"吴凯声大律师"。当时吴凯声还是中国民权保障同盟的法律顾问。时任中国民权保障同盟会副会长兼总干事的杨杏佛当时以一口江西话十分郑重地对他说："我受何香老、受孙夫人、受蔡元培先生的委托，聘请你为廖公子的律师，出面营救廖公子。"吴凯声当即用浓重的江苏宜兴口音，爽快地答应愿为营救廖承志而竭尽全力。⑧

同日，何香凝在寓所接见记者，发表了如下谈话："谓其子被捕，初无证据，故殊愤慨。并谓其子只有 26 岁，于民国十七年（1928 年）出国至德国，研究政治军事，才于两星期前，辍学返国（引者注：廖承志实为 1932 年 5 月返国，至案发已有 8 个月，返国时间故意说成"两星期前"，以利于进行斗争）。本人曾询其何以归来，彼谓国难日亟，读书何用，故特回国参加抗日救国工作。本人殊嘉其志，而彼抵沪之后，对于抗日工作，确殊热烈。不料昨晚突遭逮捕，本人于此，本可保释，惟雅不愿为之，听天由命，由彼办理耳。"⑨言时老泪纵横，殊为愤慨。

当晚 9 时许，柳亚子急匆匆地来到何香凝家，他报告说："有消息说，反动当局即将要转解廖承志到南京，受特种刑讯。"

柳亚子有些口吃，加上心情急，讲得上气接不到下气。何香凝听了，极端悲愤。当时，她正因心脏病复发而卧病在床，寸步难行。听了柳亚子的报告后，她立即决定带病赶往市政府，自请入狱。她不能行动，便叫人用藤椅把她抬上汽车。车子迅速地开到了上海市政府。市长吴铁城慌了手脚，连忙出来扶她入客厅里，他赔着笑脸说："廖夫人，请坐！请坐！"何香凝不屑一顾，冷冷地说："我就不坐你们的沙发椅，我要坐牢。"

吴铁城深知何香凝是国民党的著名元老。她参加中国同盟会的时候，他自己还不知道在哪里呢！而且在1925年8月20日歹徒"刺廖"之时，国民党中央党部的大门口却撤了全部卫兵，当时身为广州市公安局局长的他，是难咎其职的。同时，他也了解何香凝的脾气，连蒋介石都要让她三分呢！所以，廖夫人的到来，他心里一直在打鼓。他喃喃地说："廖夫人！不要急，有话慢慢说么！"说着，又自个儿干笑了两声。何香凝责问道："你们为什么要迫害那些无辜的青年，要说骂蒋介石是我骂得最多，你有胆量就把我也抓起来吧！"吴铁城支吾道："承志事，迟早会解决的，请放心！"何香凝听到这里，气得候地站了起来，愤怒地斥责道："吾儿于民国18年留学德国，攻政治经济，尚未卒业，近因暴日侵凌，国难日急，认为此时应舍身报国，绝非枯坐求学时期，遂即愤而返国，计到沪为时仅两星期，余近多病，吾子海外归来，常侍左右，平时常告以其父仲恺先生谋国之忠，殉国之惨，勖其努力党国，勿忝父风，吾子亦能深体此意，刻苦求学。今奉余命去与友人接洽欲购茶叶，支援东北义勇军抗日，何罪之有，竟遭你们逮捕，理由何在？"说到痛苦处，声泪俱下。吴铁城生怕把事情闹大，不可收拾，便急忙回房间打电话给宋子文，报告其情况。其时，牛惠霖医生（宋子文的表兄）亦在宋子文家中。宋子文在接吴铁城的电话时，牛医生在旁插嘴道："我去看过廖夫人，确实心脏病严重，若受刺激太大，恐有性命危险。"宋子文考虑到事关重大，便急电蒋介石。蒋介石在听取宋子文的汇报后，慑于何香凝的崇高威望，怕她就死在上海市政府内，更受社会舆论谴责，难以向全国人民交代，只好同意释放。吴铁城接到宋子文的复电后，对何香凝说："过几天你来带他回去吧。"

廖承志一落入虎口，便编好了一套假口供：去山西路五福弄9号，为的是找茶商欧阳纯定购茶叶，打算运往东北，慰劳艰辛抗战的将士们。按此口供，他于 1933 年 3 月 28 日夜被巡捕带回家时，他趁机和母亲通了气，所以在何香凝的通电和对记者谈话时，均以此为口径。29 日晨，捕房把此案移交位于上海市四川北路的国民党江苏省上海高等法院第二分院（当时简称"高二分院"）。30 日上午 10 时，"高二分院"公开审理"罗、余、廖案件"。由刑庭长郁晔（郁华，郁达夫之长兄）任审判长，国民党上海市公安局由詹纪凤律师代表到庭；捕房由甘镜律师代表。廖承志的律师吴凯声、罗登贤，余文化的律师蔡晓白、陈炳煜均出庭。轮到廖承志申诉时，他说，他为先烈廖仲恺先生之子，母即现任中央委员何香凝女士，他于 1908 年生于东京，后在东京晓星小学读书，后来回国，考入广州岭南大学中学部，后又至日本入早稻田大学肄业，自"五卅"事件发生，奉母命回国，至 1928 年赴德入柏林亨德二大肄业，甫于本年初回国，今之至山西路，系母亲命令与一茶商欧阳纯接洽，将茶叶运赴东北慰劳抗日将士，他坚称不知共产为何物，亦从无政治派别。[⑩]接着，市公安局代表詹纪凤打出"王牌"，令叛徒王其良出庭作证，他供认他自己于"去年（1932 年——引者注）4 月间加入共产党，初任支部书记，现任全国总工会秘书长"，并指认"被告余文化即为我属下之秘书，罗登贤亦为全国总工会党团（青年团）书记，廖承志系共党海员工会书记"。法庭气氛顿时紧张起来，但罗、余、廖三人却胸有成竹，均否认曾加入共产党，担任工作。

廖承志"并称伊与王其良从未谋面,自有生以来,今日尚属第一次见面,彼之供言尽属莫须有之事实"。廖承志言毕,詹纪凤声称:"愿将廖移解公安局,若犯罪行为不能证明,则可早日释放,庶免无辜羁押一星期。"廖闻言之,立即声明:"伊毫无犯罪之证明,故不愿受捕房之羁押,只无条件将我释放。"吴凯声律师则"请在短期内,准许交保出外,听候传讯"。随后,捕房律师甘镜予以反对,声称:"本案为危害民国之案件,依法可判处死刑,若能准予交保,则无法侦查矣!"最后,郁晔庭长宣布:"三被告均予还押,改期31日下午再讯。"⑪

1933年3月29日上午,宋庆龄在中央研究院召开了"中国民权保障同盟会"执行委员会议,讨论此事。会后发表了宣言,严正指出:"3月28日罗登贤、余文化、廖承志三人由同寓者之报告被捕,依报章所载,其罪状为加入共产党及工会运动,罗余两人于寓所逮捕,廖于数小时后竟因偶尔投访,同遭拘禁。……即使被告为共产党员,尚非法律所不许,应即立刻释放,盖信仰自由屡载约法,为吾国民必争之权利。"宣言发表后,社会各界反映强烈,"罗、余、廖案件"于是成为上海舆论关注的热点。

1933年3月31日下午,"高二分院"刑一庭再次开庭审理"罗、余、廖案件"。到庭旁听之人纷至沓来,宽敞的法庭里一时突告人满为患,后至者皆无插足之地,柳亚子先生带女儿柳无非,坐在旁听席上。

廖承志的律师吴凯声,事先已看望了廖承志,详细地听取了廖承志的诉说,廖承志虽然身陷图圄,仍然镇定自若,很有条理地叙述着案情,并签署了委托书给吴凯声。

开庭后,法警带出廖承志、罗登贤、余文化三人,全场注目。廖承志环顾四周,毫无惧色。

郁晔庭长宣布开庭后,首先由捕房律师甘镜宣布他们三人的"罪状",他称三人都是共党,"危害民国",应解往南京,"依法制裁"。他特别在何香凝不知廖承志居于何室这一问题上做文章，指出"岂有母亲不知儿子在家住于何室之理？可见廖承志并不住在母亲处，而是在外从事秘密活动"。针对廖承志说他去山西路五福弄9号，拟与茶商欧阳纯购买茶叶一事，甘镜还说，据他向该房东调查，该房是由余文化向他租赁，从来没有住过"茶商欧阳纯"，可见，"购买茶叶支援东北义勇军抗日"，完全是编造出来的。甘镜自以为他的发言"颇有分量"，不时发出几声奸笑。

接着，国民党上海市公安局法律顾问詹纪凤就廖承志一案的严重性论述了一番，最后，他也不得不说："因廖君是先烈廖仲恺先生之子，在理论上想似不致有反动行为。"

叛徒王其良再次被拉出来出庭作证。他说："我亲自同他们开过许多会，密谋暴动。"郁庭长先问罗登贤，登贤回答说："我是东北义勇军，参加抗日，回上海是筹集经费。关于共产党，我是拥护的，别的没什么话再需要说。"当庭长问到廖承志时，他指着叛徒王其良痛斥道："他开口中央，闭口中央，谁知道是什么中央？是马桶公司的中央，还是叛徒公司的中央？替抗日义勇军筹款，究竟犯了什么罪？"令叛徒尴尬难堪，无地自容。旁听席上的听众暗自称好。

轮到吴凯声律师发言了。他辩护道："廖公子为先烈仲恺先生之嗣，且仅此一子，自被捕后其母何委员思念异常，致旧疾复发，昨已晕迷一次，今仍卧床，忍泣以对。党国有殊勋之人，而使其后嗣遭此牵累，能不痛心？"吴凯声并当场驳斥叛徒："王其良因在经济上与廖公子有私案，竟诬告廖公子是共党。王其良空口无凭，焉可作证？只有拿出十足证据，才令人信服。如今，王其良一人作证，又无实据，绝不可信。"富有经验的律师吴凯声博士对"廖案"早已胸有成竹，他预料捕房会在廖承志的住址问题上纠缠，因此事先他已叫何香凝写好亲笔信。这时，他拿出信，大声朗读起来：

敬启者：

小儿承志，被捕拘押，香凝本拟到钧院，关于住居、买茶及给伊根洋各点，有所陈述。惟因宿疾复发，不克离床，故作书面证明，钧鉴。

一、小儿承志，自欧归国，即住舍间。日前捕房人员到舍调查，香凝因刺激过甚，未能明白答复。

二、因我国东北军为国家求生存，血战日寇，饮食甚苦，故令承志往欧阳君处商如何运茶叶，以壮士气。

三、香凝曾给银洋与小儿，以资抗日。惟小儿生性慷慨，或借友人。

总之，予与廖先生为国备斗，其目的求民族国家之生存。香凝甚愿小儿一本此志，为国报效。此次被捕，盼钧院秉公办理。因病草此。谨呈。

何香凝
3 月 31 日

吴凯声念完何香凝的信后，逐条加以说明，指出关于廖承志的种种"共党嫌疑"并不存在。廖承志确实是"奉母命为东北军采购茶叶"。他还严正指出："犯罪者必有犯罪行为，始可是罪。即使被告为共产党或曾参加反帝或工人运动，亦法律允许，苟无特别行动，应立即释放。"吴凯声以流利的口才、雄辩的法理，滔滔不绝地讲了一个多小时，令听众为之倾倒，小声啧啧称赞。[12]

讵料一波未平，一浪又起。正当法庭气氛有利于廖承志时，捕房又指令另一个叛徒出庭作证，此人叫张汉卿，曾在中共党内担任一定职务，他除了指认"罗、余、廖"三人均为中共党员外，并作证道："廖承志是去年（1932 年——引者注）5 月回国的，任海员总工会中共党团书记。我去年就在上海见到他，他绝对不是'两星期前才回国的'。"庭长郁晔当即询问罗登贤、余文化，他们均予以否认。当问及廖承志时，他也同样矢口否认："我从不认识张某。我个人并不以父母之光荣，而希冀对我以优待。我做的事没有错。应无条件将我释放。"至此，庭审辩论结束。有心帮助廖承志的庭长郁晔随即宣布休庭片刻，与推事赵钲堂、周翰，检察官张隽青磋商，然后宣布："罗登贤、余文化、廖承志移交市公安局。"[13]

廖承志等人随即被押上上海市公安局的一辆红色汽车。吴凯声等人生怕市公安局秘密押往南京，那样营救便困难了。因此，吴凯声急忙跳上一辆黑色汽车，尾随红色汽车很快到了位于南市的市公安局。

市公安局局长是文鸿恩。吴凯声和他的哥哥是在法国留学时的同学，容易沟通。吴凯声要文局长立即请示市长吴铁城，对廖承志究竟是放，还是不放？文局长当即照办。七时左右，吴铁城明确答复"廖承志可以'责付'释放。罗登贤、余文化仍旧看押。"所谓"责付"，就是有条件的保释。"犯人"应随叫随到，一旦发生逃跑，律师和保释人应负一切责任。

到了上海市公安局，廖承志被带到一座楼房的楼上，四周有铁栏的一个小房间中。房子外面有挂着盒子炮的人在守卫，房里也坐着一个人在监视着他。不久，看守拿来晚饭，饭还没有吃完，就把他叫下楼去，到了另一座楼的二楼。他看见他的母亲、柳亚子先生都来了。吴铁城也来了，他摸出一张条子，上面写着："我脱离共党服从三民主义"，并满脸狞笑着说："你只要在上面签字，我就立刻释放你。"廖承志接过条子，气得把条子撕得粉碎，当面扔过去说："刀砍枪毙，任由尊便。"吴铁城气得脸色铁青，恶狠狠地瞪了廖承志一阵子，然后跑出去了，估计是和南京当局通话。过了许久，他又回来了，他强装出笑容，又拿出第二张条子，上面写着"我今后脱离一切政治活动"。廖承志把那条子攒成一团，扔在痰盂里，回答说："我怎能签字？援助东北义勇军不是政治？抗日不是政治？不能签！任何条子我都不签！"吴铁城气坏了，跑出去，许久许久才回来，他又拿出一张条子，上面写着："我住在上海，奉母家居。"又要他签字。廖承志拒不签字，并反问道："我现在不是住在上海我母亲家里，难道是住在天堂上？在家自然侍奉母亲，又何须签字？"后来，何香凝、柳亚子在那条子上具保签了字，吴铁城才宣布释放了他。当他随同母亲回到家里时，已经是深夜了。[14] 而罗登贤、陈广（陈赓）、余文化、陈淑英（陈赓之妹）等四人于 4 月 1 日仍被非法押解到南京，拘押在军事监狱。罗登贤则在 1933 年 8 月 29 日血洒南京雨花台，惨遭国民党反动派的杀害。

廖承志获释的消息一传出，第二天，何寓门庭若市，上门慰问的人络绎不绝，记者们也蜂拥而来。何香凝并不因自己的爱子获释而停止斗争，这天，她对国民党"中央社"记者发表谈话，发出要"拯救全国之政治犯"的强烈呼吁，她说："自小儿承志被捕以来，军政当局顾念先夫廖仲恺先生之情谊，奔走营救，得以保释，本人当然表示感谢。惟先夫廖仲恺先生素抱博爱之精神，本人深望军政当局顾念廖先生昔日之情谊，以拯救廖先生后裔之精神，拯救全国之政治犯。俾得共赴国难，挽救中国于危亡之际，则幸甚矣。"[15] 何香凝言行一致，在尔后漫漫的征途中，她与宋庆龄等人一道，同南京国民党反动当局进行了长期的艰苦卓绝的斗争。

注释：

①铁竹伟：《廖承志传》，人民出版社 1998 年版，第 101－102 页。

②廖承志于 1929 年 10 月 10 日致瞿秋白函，原件藏中央档案馆。

③廖承志：《我的缧绁生涯》，见《廖承志文集》下卷，人民出版社 1990 年版，第 438 页。

④廖承志 1932 年回上海后的任职系根据他自填的"履历表"，影印件藏廖仲恺何香凝纪念馆。

⑤上海专业作家叶永烈访问仍然健在的吴凯声律师后所撰写的《营救

廖承志》（见《共鸣》1990 年第 2 期）说，廖被捕后，密探从他身上搜出多张字样，有的是借据，有的是收据，其中有一张写着"反帝盟"即"上海反帝大同盟"的缩语。显然，小伙子有着鲜明的政治色彩。谨录于此，供读者参考。笔者认为，这种情况可能性不大，这是因为：第一，当时的上海报刊均未披露有"反帝盟"的单据。第二，案发前两小时廖承志已看到"全总"机关大门口"人山人海"，回寓所后绝不会留有政治色彩的物件在身上。

⑥关于廖承志带巡捕和探员回家的时间，他的回忆是被捕后的第二天，即 3 月 29 日晚，但据当时报刊所载，第一次开庭的时间是 3 月 30 日上午，这时已请了吴凯声为辩护律师，由此推断，让他母亲知道他被捕消息的时间，应为 3 月 28 日。廖承志的夫人经普椿在《承志和我》一文中（见《廖公在人间》）也认定是 3 月 28 日。

⑦经普椿：《承志和我》，见中国新闻社编：《廖公在人间》，生活·读书·新知三联书店 1983 年版，代序。

⑧叶永烈：《营救廖承志》，《共鸣》1990 年第 2 期。

⑨《时事新报》，1933 年 3 月 30 日。

⑩《新闻报》，1933 年 3 月 30 日。

⑪《新闻报》，1933 年 3 月 30 日。

⑫叶永烈：《营救廖承志》，《共鸣》1990 年第 2 期。

⑬关国煊：《廖承志其人其事》一文（见台北《传记文学》第 43 卷第 1 期）云，何香凝为酬谢郁晔（郁曼陀）主持正义为救廖承志之事，曾赠自己的画作《春兰秋菊》，以示谢意；并于 1954 年补题："1933 年承志入狱，其时得曼陀先生帮忙，特赠此画纪念。"

⑭廖承志：《我的缧绁生涯》，见《廖承志文集》下卷，人民出版社 1990 年版，第 444 页。吴凯声的回忆与廖承志的回忆，情节上有出入，据吴回忆，是他和柳亚子保领廖承志出狱，到了何香凝家，"他走在头里，见到何香凝正卧病在床。他大声地报告好消息：'何香老，承志回来啦！'何香凝翻身下床，病容顿消"。（据叶永烈：《营救廖承志》，《共鸣》1990 年第 2 期）谨此备录，以供读者参考。何香凝和柳亚子签名的保释书原件藏于廖仲恺何香凝纪念馆。由此看来，廖承志的回忆比较准确。

⑮《新闻报》，1933 年 4 月 3 日。

第十八章　长征路上

　　廖承志回到家中，侍候母亲，每天早晨都向母亲问好，尽力孝敬慈母，这是廖仲恺遇难以来少有的团聚。他们母子多年来总是"聚少散多"，他们都为国事而奔忙。承志常常为自己不能尽到孝子的责任而深感内疚。

　　住在隔离屋（光裕坊7号）的经亨颐之女经普椿小姐来廖家的次数比以前更多了。她在何香凝面前总是称"伯母"，声音特甜，惹人喜欢。她对"伯母"的"侄子"，虽然明白了他就是"伯母"的爱子，但总是有一种神秘莫测的感觉。她弄不明白，跟着"伯母"，虽说生活并不富裕，但也不愁吃，不愁穿，就像她自己一样，干吗要去"闯祸"哟！承志有时也跟她讲一些革命的道理，但她还弄不清楚"革命"究竟是啥东西！这也难怪，她出身于名门望族，而且才16岁呢。随着他们来往的频繁，她对承志愈加产生好感。在她的心目中，承志不仅长得风流倜傥，而且幽默、风趣。有时拍拍她的肩膀，嘴里"小姑娘"地叫个不停，而她全身就好像触电一样，她毕竟已是情窦初开的少女啊！有一次，承志叫她坐定，说是要为她画像。她坐下没多久，承志左看右看，东画西涂，才几分钟工夫，她活灵活现的画像便绘好了，她一看，倒有几分像呢！她把这张像珍藏着，一直伴随她终生。经普椿在《承志和我》一文中回忆当时的情景时写道："承志被释放以后，伯母就把他关在家里，有一个多月不让他出门。这样，我们俩就渐渐地熟悉起来，经常在一起谈天说地。我发现他多才多艺，会唱歌，会绘画，懂外文。他当时画的一幅我的肖像油画，一直珍藏至今，挂在我的卧室的墙上。"[①]而承志也喜欢这个"小姑娘"。在他看来，她不算特别美丽，但单纯、质朴。而且他从内心里十分感谢她对自己母亲的关照和尊敬。在他和姐姐远走异国他邦的岁月里，这位"小姑娘"经常来到自己母亲的面前，"伯母长伯母短"地叫，帮助她母亲排遣心中多少的忧愁啊！不料，他们的恋情被她的哥哥知道了，遭到她哥哥的强烈反对。可是经普椿毫不动摇，她认定，比她年长9岁的承志哥，就是她心中的白马王子。

承志并不满足他在母亲身旁的安逸生活，也不沉浸于他和"阿普"（承志对经普椿的昵称）的初恋之中。他焦急地等待着中共上级组织的通知，想奔向那如火如荼的斗争生活，接受血与火的洗礼。机会终于来了，那是他的姐姐廖梦醒和姐夫李少石从香港调回上海之后。姐姐廖梦醒在廖承志赴德国时，也到了法国。1930年夏，李少石一封"即归"的电报，她马上收拾简单的行李，飞快地回到恋人的身边，和李少石共结连理。次年，经李少石介绍，她加入了中国共产党。在党旗下，廖梦醒庄严宣誓："誓为实现共产主义而奋斗终生！"

那是1933年5月的一天，宋庆龄突然来到廖承志的家中。"夫人……"他又惊又喜，不知如何是好。"不，叫我叔婆。"宋庆龄亲切地说，美丽的脸上泛着笑容。"是，叔婆。"宋庆龄面色凝重，但十分明晰，说："我今天不能待久。""嗯。"廖承志顺口应道。"我今天是代表最高方面来的。"宋庆龄说这话时声音很轻。"最高方面？……"廖承志茫然了。"国际！"宋庆龄说了这两个字，随后补充说："共产国际。"廖承志心里绽开了花，脸上泛着微笑。"冷静点。"宋庆龄看他那激动的劲儿，劝道。随即简捷地说："我只问你两个问题。第一，上海的秘密工作还能否坚持下去？第二，你所知道的叛徒名单。"廖承志回答说："第一，恐怕困难。我自己打算进苏区。第二，这容易，我马上写给你。"他飞快地写好了，交给了她。宋庆龄打开皮包，取出一根纸烟，把上半截烟丝挑出来，把纸卷塞进去，匆匆而去。②

1933 年 8 月底的一天，廖承志的姐姐廖梦醒回到了家中。她把一支藏有党组织秘密通知的香烟交给了弟弟。[③]廖承志打开一看，是党中央通知他到中央苏区的密件。他欣喜若狂，立即着手做准备工作。行前，他告诉了母亲何香凝，那时她因心脏病复发，身体虚弱，极需儿子在身边照料，听说儿子即将离开，顿觉茫然若失，但她想到丈夫是被国民党右派所杀害的，为了拯救祖国的危亡，子承父志，她心里便觉得坦然了。她语重心长地对爱子说："你走吧！干革命就要干到底，宁愿牺牲，也不要做无耻之徒。"并给他一万元纸币做路费。行前，廖承志留下两封信，一封信给柳亚子，一封给未婚妻经普椿。在给柳亚子的信中，他写道："我觉得与其偷生来安慰爱护我的少数的人们，不如失掉爱护我的人们的安慰——因为大多数人的幸福是在前途（面）等着，这是历史的命运给予人类的重担；这重担也许是很重，但是我也只能这样做了。如果世间真有上帝其物的话，我只求能减少我母亲的苦痛。"[④]在给经普椿的信中，他满怀深情地写道："如果你真正爱我的话，请再等待我两年……"[⑤]

按照原来通知，是叫廖承志到中央苏区的，但由于中央苏区的交通已经断绝，后来党组织改叫他到川陕苏区。次日，旭日东升，汽笛高唱，黄浦江边人群熙攘，廖承志打扮成码头工人的模样，在交通员的陪同下，登上了从上海至重庆的轮船，奔向他十分神往的红色根据地。

廖承志到重庆后，转乘汽车抵成都。由于一时没接上去苏区的关系，加上他又不懂成都话，容易暴露。为避免遭到四川军阀和国民党反动派的残杀，根据四川省委的指示，他装成胃病住进了医院。因说是胃病，每天医生只准他喝点稀粥，饿得他肚子咕噜叫。三个星期后，根据四川省委的安排，他同罗世文一起，经绵阳、三台、盐城进阆中，由阆中县委安排他到红四方面军。

到川陕后，廖承志担任川陕苏区省委常委兼川陕总工会宣传部部长。后又调任红四方面军总政治部秘书长。

廖承志带来了中共中央给红四方面军的指示信和一本敌军密码破译法。在这以前，红四方面军侦察电台无法把空中截获到的敌军电报破译出来，对敌人的动态难以掌握。有了廖承志带来的"破译法"以后，红四方面军侦察电台就大显身手。1933 年 12 月至 1934 年 9 月，四川军阀刘湘纠集各地军阀部队 28 万人，先后向川陕革命根据地发动"六路围攻"。红四方面军侦察电台依靠"破译法"，不断破译敌军来往电报，对敌军的兵力部署和行动企图，都了如指掌，为红军取得反"六路围攻"战役的胜利起了重大的作用。遵义会议后，红四方面军侦察电台截获破译敌军的情报，按中央军委的指示，及时转发给红一方面军。红一方面军由于掌握敌军的动态，取得了"四渡赤水"战役的胜利，跳出了数十万敌人追击的圈子，从而在战略转移中从被动走向主动。⑥

廖承志来到川陕革命根据地的时候，正是根据地军民反"三路围攻"取得伟大胜利之时，根据地和红军迅速得到发展和壮大。他一来到根据地，很快就投入紧张的工作中。他亲眼看到根据地和红军发展壮大的形势，深受鼓舞，常常在会上和言谈中流露出他的喜悦之情。他曾几次在会上说，根据地和红军发展这样快，"是多么不容易啊"！他正是以这种兴奋之情，热爱这块红色根据地，同广大干部战士一道，满腔热忱地投身到创建根据地的事业中。

当时在川陕根据地有一定文化的同志很少，承志有较高的文化知识，又有较丰富的实际工作经验，他的才华很快便得到根据地领导人的重视，即使是张国焘也不得不佩服他那出众的才能。他当时用的化名叫何柳华，同志们都称他"何才子"。川陕省委常委开会时，常常是叫他做记录；根据地的钢笔和墨水都很少，他做记录用的是毛笔。川陕省委的不少文件，都是由他起草的。

他为了起草文件，常常废寝忘食，工作到深夜。他在参加川陕省委领导工作的一年里，呕心沥血，为根据地的建设和发展做出了不少贡献。

为了对干部进行马列主义教育，川陕省委机关办了一所马列主义夜校，廖承志是积极参加授课的领导同志之一。他在讲课中，深入浅出地阐明马列主义的一些基本原理，总是深深地吸引着所有听课的同志，他那风趣简明的比喻，常常在课堂里引起一阵阵的笑声。

廖承志多才多艺。当时根据地演"文明戏"（现在的话剧），他参加了演出，他常常是一些集会上的积极分子。川陕省委机关布置了一个"列宁室"，那里面的标语、绘画，大部分都出自他的手笔。当同志们来到布置一新的"列宁室"，看了他遒劲的毛笔字和惟妙惟肖的画作，无不佩服他出众的才华。⑦

张国焘对廖承志善于联系群众和团结同志的工作作风，以及超人的才华早就看不顺眼，加上廖承志对张国焘的一些"左"的做法提出不同的意见。有一次，廖承志在省委常委会议上提出"肃反的做法是否'左'了"的疑问，却被张国焘连批带骂地压了下去。有时，廖承志还学张国焘的油腔怪调说话以嘲笑之。这些，都使张国焘嫉恨，并起了陷害之心。1934 年秋天，张国焘便指示川陕省委保卫局局长余洪远审查廖承志的来历和历史，廖承志来根据地后的表现，早已使余洪远钦佩不已。张国焘却提出要审查他，顿时使余洪远茫然不解。余洪远派人做了些调查，丝毫没有发现任何问题，拖了两个多月，无法做出结论。1934 年11 月的一天深夜，张国焘、陈昌浩、周纯全、曾传六等在巴中县川陕省委住地后面的娘娘庙里，对廖承志和罗世文进行了突击审讯。

张国焘阴阳怪气地说："中央为什么要派你来？派你来干什么？"廖承志冷冷地答道："中央派我来是接受川陕苏区党组织

分配工作的。"张国焘又问:"你是否到边界设立特别据点?"廖承志心里很坦然,回答的声音铿锵有力:"我奉省委周纯全之命到阆中和苏区边界布置秘密交通站是事实,但那是奉命行事,回来后还向周纯全报告过。"这时,张国焘便叫出川陕省委副秘书长漆应元出来"指证",漆应元被张国焘屈打成招,两手血淋淋,便编造了一些谎言,但漏洞百出,均被廖承志一一加以驳斥。张国焘听了廖承志的申述,装出"公正"的脸孔说:"他们说的,我不能全信,但也不能完全不信。"从此,廖承志和罗世文便失去了自由。⑧

1934 年 12 月,川陕省委召开扩大会议。会上,省委负责人周纯全遵照张国焘的旨意,向大家问道:"何柳华的父亲是国民党中央常委,母亲是国民党中央执行委员,他的家庭出身是资本家,这样的人够不够格当共产党员?"众答:"不够格。"周又问:"不够格怎么办?"众答:"开除。"周再问:"开除后怎么办?"众答:"由工农革命法庭审判。"问毕,随即有四个警卫员,背着马刀,挎着驳壳枪,进了会场,把廖承志押走了,同时被押的还有罗世文。⑨

1935 年 5 月,红四方面军为接应中央红军,西进川西北,开始长征。廖承志被张国焘押解着,爬雪山,过草地,踏过万水千山,历尽磨难。张国焘之所以没有杀掉他,一是因为他的母亲何香凝是国民党左派,如果杀掉他,向党中央不好交代;二是因为他会绘画,当时川陕革命根据地印发钞票需要叫他刻蜡纸。廖承志虽然被押解,但他对共产主义的崇高信念始终没有动摇。长征开始后不久,"红色中华通讯社"("新华社"前身)成立。他负责翻译该台的外语新闻电讯。他懂英、日、法、德、俄、荷兰等国家的文字,每天负责把外电译成中文,编成《新闻简报》,供领导参考。他废寝忘食,夜以继日地工作,每天都译 6 000 字的电文。他勤恳的工作精神和待人以诚的态度,深得警卫员的同情。

廖承志在逆境中坚持革命原则，始终保持对革命事业、对党忠贞不渝的情操，时时处处以革命大局为重的高贵品质，为广大红军指战员所感动、钦佩。廖承志被押解长征途中，部队给他刻连环画的任务，他一丝不苟，精益求精，每天都完成任务。如果任务重，哪怕再晚，他也不休息。当别人都进入梦乡，他仍然在油灯下工作。他常对一起工作的同志说，部队当前急需精神食粮，刻图任务很重要，很紧急，即使不吃饭、不睡觉也要尽快刻出来。廖承志不仅严格要求自己，而且也严格要求其他同志。一次，他看到一张印得不清的样品很生气。他说，我们的工作一定要认真细致，不得有丝毫的马虎，更不能出现差错，这是对工作负责。随后，他认真而又温和地给工作人员讲解如何调墨、如何印刷的技术，使连环画的质量越来越好。同时，廖承志在长征途中，凡是部队开大会需要挂马克思、列宁的像，他就出来画好；需要大标语，他就出来写好，从未有过半句怨言。廖承志虽然被押解，但他对工作人员和押解他的战士都无微不至地关怀。一次，负责押解他的两个战士因病掉队牺牲，他知道后心里很难过，而当他见到其他战士情绪低落时，连忙安慰说："不要难过，眼下条件艰苦，路途远，困难多，你们一定要注意爱护自己的身体。"说着，把自己的干粮袋硬塞给年纪小的战士，帮助战士整理行装。这些战士看着廖承志憔悴虚弱的面孔和交给他们的干粮，无不感动得流下眼泪。为了鼓舞士气，廖承志常和战士们一起放开嗓子歌唱。他唱民歌、唱军歌，还教战士们唱《国际歌》。雄壮的歌声感染了饥饿、疲惫、默默无声的行军队伍，不少指战员都跟着唱起来，歌声激励了红军战士胜利前进的步伐。

1935年夏天，红四方面军西进至汶川、理番（今理县）一带时，吴瑞林见到了他。只见他和罗世文骑在马上，头上套着黑罩，由张国焘控制的警卫排押着行军。廖承志也见到了吴瑞林，他做了个鬼脸，笑了笑。吴瑞林见到此情此景，心里十分难过。他走过去问警卫排长叶声："他们是何柳华、罗世文同志吗？"叶声点头称是，吴瑞林便嘱叶声转问廖承志是否需要什么帮助，廖承志表示，希望给他弄点盐巴吃。吴瑞林遂解下身上的两个干粮袋叫叶声转交。这两个干粮袋，一条装了几斤盐巴、一块茶砖，另一条装了几斤米和三斤多牛肉干。有时，过草地时，没了吃的，勤务员的布袋里有盐巴、炒面，廖承志就向勤务员要，条件是给勤务员画像。没有纸，他就把庙里的巾子当纸，把肖像绘在巾子上。⑩

据罗青长回忆，廖承志在长征路上绘了一幅"红旗插遍全中国"的画，给他的印象最深。农民出身的他，看了廖承志的画，增长了地理知识，第一次知道中国还有个海南岛。1935年4月间，红军到达四川西北部北川县时，部队在一个石崖下休息。这时，罗青长看见一群人骑着马从崖下走过，后面跟着警卫员。他看见何柳华也在其中，他也骑着马，因距离较远，不敢讲话。何柳华也看见罗青长了，他做个鬼脸，笑了笑。这时，他才知道何柳华没被杀掉，仍然活着。⑪

对于廖承志的被扣押，中共中央一直很关心。1936年2月，毛泽东、周恩来在陕北特意请中共驻共产国际代表林育英（张浩）以共产国际代表团名义电示张国焘，批评"鄂豫皖肃反颇多'左'的错误和扩大化，致一营一连被捕"；同时明确指出"鉴于历史教训，盼兄负责检查，使扩大化、偏见与单凭逼供刑讯等错误早告肃清"；对廖承志"须保全其性命，并给以优待，此为代表团所切嘱"。⑫这使张国焘不敢轻易杀害廖承志，但仍然继续关押。

1936年7月，由贺龙、任弼时率领的红二方面军长征到四川甘孜，与红四方面军会师。在一块草地的小山坡上，廖承志远远看见张国焘和一个身材不高、脸孔瘦削、长着小胡子的人在谈话。

他猜到一定是任弼时同志。廖承志跟随队伍从他们身边通过，任弼时微笑着站起来，走到他的面前，伸出热情的手，笑着问："你是廖承志吗？我就是任弼时。"廖承志很窘，不知如何是好。张国焘十分狼狈，他装起笑脸，油腔怪调地问任弼时："怎么，你认识他么？"任弼时笑着说："老早认得。"廖承志心里明白，这是他和任弼时初次见面，听到任弼时这么说，一股暖流涌上他的心头。接着，任弼时严肃地对张国焘说："如果他有什么需要的话，我可以帮助他，请你告诉我。"张国焘十分尴尬，不知如何答好，只是"嗯"了一声。部队到达泸霍后，廖承志、罗世文、朱光、徐一新都恢复了局部自由。⑬

对于廖承志的情况，周恩来尤其关注。1936 年 11 月，红四方面军同红二方面军进入甘肃、宁夏后，周恩来便一路上打听廖承志的消息。在往宁夏豫旺堡的行军路上，周恩来碰到廖承志。10 年前，当廖承志和周恩来在广州分别时，他还是个中学生，这时，他已经是共产党员了，但是被张国焘"开除"了党籍的人。在这种情况下，廖承志左右为难，不知如何是好，他想，是躲开还是不躲开呢？！自己被人押着，如果和周恩来打招呼，会不会给他带来麻烦？正当廖承志踌躇不决的时候，周恩来走了过来，神情严肃，不说一句话，只是紧紧地同他握手。当天晚上，周恩来派通讯员把廖承志叫到司令部去，当他进屋后，看见一大屋人，张国焘也在。张国焘见廖承志来了，明知故问："你们早就认识吗？"周恩来没有回答，却厉声问廖承志："你认识错误了没有？""认识深刻不深刻？""改不改？"廖承志都一一作了回答。话毕，周恩来还故意留廖承志吃饭。自从这次以后，廖承志的待遇得到了很大的改善。⑭

1936 年 12 月，一、二、四方面军会合后，在豫旺堡召开的积极分子代表大会上，由张浩主持会议，张国焘在会上作了检讨，承认他"逮捕廖承志和罗世文是错误的，是使他们受了委屈、冤枉的"，并宣布恢复他们的党籍。

1936年冬，廖承志随长征部队到达陕北保安（今志丹县），在博古主持下，在红色中华通讯社负责编译外国通讯社的电讯稿，包括日文和英文的电报翻译工作。每天2 000字广播稿由他和向仲华共同编写。当时条件很艰苦，人员也很少。只有他和向仲华、李柱南三个人，在一个小小的破庙里搞这个事情。没有办公桌，他就把电报稿装在自己的口袋里，边走边译，有时走在路上还在翻译，他并把各国情况综合起来，供中共中央领导参阅。他负责写对外播出的消息或评论。每天写2 500个字，多一点儿也不行，因为电台只有那么大一点儿力量。每天晚上11点至12点钟的时候，毛泽东一定来看当天第一手消息。当时没有印刷厂，也没有铅字，就由廖承志刻蜡版。毛泽东看完消息后，就和他们谈一两个钟头，问这问那，然后才回去。翌年1月，他随中共中央迁往延安。红色中华通讯社改名为新华通讯社，博古任社长。廖承志负责全部外电。1937年3月，中央党报委员会成立，由张闻天、博古、周恩来等组成，廖承志任秘书。不久，他和徐冰、陈克寒等一起筹备、出版中共中央政治理论刊物《解放》周刊，向全国人民宣传中国共产党的抗日救国主张。他在工作中充分发挥自己的聪明才智，在每期的《解放》杂志中，几乎都有他撰写的评论文章。在《日本当局的政潮》和《林铣滚蛋近卫上台》这两篇短评中，他深刻地揭露了日本帝国主义的侵华阴谋。在《上海爱国领袖被起诉》和《所谓苏州"审判"的更新》等评论中，抨击了蒋介石政府迫害爱国人士沈钧儒等"七君子"的罪行。在其他的评论文章中，他还以辛辣的笔法，嘲讽了汉奸、特务的可恶；以真挚的感情，讴歌了19路军的英勇抗战，等等。他的文章，思路开阔，文笔犀利，语言生动，令人振奋。

　　廖承志到延安后，心里想，应该给母亲去封信报平安了，因为几年来音讯全无，母亲一定在日夜牵挂着自己的。他又想拍一张照片寄给母亲，以便使她老人家看到照片就好像看到他自己一样，以解除心中的忧愁。古人云："父母在，不远游。"父亲已被国民党右派所暗杀，自己却远走天涯，心中不免生发出"负债感"，觉得欠母亲的太多了。然而，"忠孝不能两全"的思想很快又浮现心头，驱散心中的愁云。陆定一知道廖承志要拍摄照片寄给他的母亲，但廖承志穿的不是军装，衣服又破旧，便借自己的军装给他，廖承志高兴地穿上陆定一的军装，笑眯眯地照了一张相片，连同他写的一封短信，交给王安娜（王炳南当时的妻子），托她带到上海，交给自己的母亲。

　　王安娜受廖承志之所托，把廖承志的信、照片交给何香凝后，廖承志曾收到母亲的一封信。1937 年 3 月，王安娜重返延安，何香凝托她带笔、表、衣物、手套、皮夹子之类东西给自己的儿子。承志收到母亲的信和物后，非常高兴。本想立刻复函，但当时他实在太忙，所以一直拖到同年 4 月 6 日，他才给母亲去信。信中除报告他"近来生活大有进步，一切悉如壮健"外，还希望母亲在促进第二次国共合作方面多做工作。他写道："现在国共合作的关键已不在我们方面，而是在国民党方面，因为日寇的挑拨离间，使许多胆小之徒东疑西忌，而致联合战线不能迅速形成。这是很可惜的，因为，我们早已诚恳地等待国民党当局的决断。所以，为促成国共合作大计，我想最大的工作就是给那些疑神疑鬼的人解释明白。"[15]信写好后，他又托王安娜带去上海面交何香凝。1937 年 5 月 10 日，廖承志收到母亲于 3 月 24 日所写的来信，因为王炳南（他是廖承志在德国留学时的同学）有公事要去上海，因此他在 5 月 12 日又急忙给母亲写信。在这封信中，他流露出孝子对于慈母的想念之情，希望母亲"在工作当中，同时大大注意调养身体，不要为种种刺激所兴奋，要热情，同时要冷静，这对于你的心脏是非常重要的"，预见我们"相见之期当在不远，你也不用挂念"。信中还转达了林伯渠、蔡畅、邓颖超等人对何香凝的亲切问候。

在这封信中，廖承志还告诉母亲：这里事情很多，普通一个人要兼做三四人的事，还不能抽身。⑯的确，廖承志实在太忙，《解放》杂志人手少，编务多，他一如既往、废寝忘食地工作，出色地完成了党组织交给的任务。从 4 月份起，廖承志在《解放》周刊上，共发表了 22 篇颇有分量的国际评论。在延安，他的多才多艺也得到充分的发挥。唱歌、打球、绘画样样都行，他还会演戏。他酷爱话剧，没有剧本，他便与朱光（中华人民共和国成立后曾担任广州市长多年——笔者注。）根据回忆重新编写《炭矿夫》。他演剧中的老矿工。他还和朱光合演过话剧《秘密》。该剧是描写西班牙工人革命斗争的独幕剧。廖承志在剧中扮演警长，朱光扮演工人。演出中，朱光在脱镣铐时，一下子急起来，怎么也解不开。廖承志一边小声劝他不要急，一边增加台词，拖延时间，终于没有露出马脚。在演出快结束时，演到工人骗得警长枪杀即将泄密的疯子后，警长恼羞成怒，举枪欲射，另两名警察上场告知罢工开始，结束全剧。可是负责拉幕的同志看入了神，忘了下幕。这一下可急了后台，眼看就要出洋相了，廖承志急中生智，即兴编出一连串的台词。朱光也随机应对，直到幕布落下，毛主席看了演出，称赞不已。谢幕时，观众报以雷鸣般的掌声。美国著名作家埃德加·斯诺的前妻海伦·斯诺，1937年 5 月 21 日，在延安曾访问过廖承志，她在 1952 年根据采访笔记所撰写的《红尘》一书，真实地勾勒出廖承志当时的精神面貌，谨录如次：

> 他刚患过痢疾，病得很厉害，正在恢复，仍躺在炕上，显得异常消瘦。红军官兵住的房间，通常都打扫得

一尘不染，可是他住的这个地方到处是尘土，挂有高尔基、毛泽东等人的画像。……他不大愿意让我们给他拍照。他脸庞消瘦，鼻子很尖，思维非常敏捷，说着一口漂亮的英语，操美国口音。我在延安红军剧社里，已不止一次看见过他。在一幕名叫《间谍》的剧中，他扮演西班牙军官，在舞台上严刑逼供不幸的共和党人，把傲气十足、惨无人道的弗朗哥军官表演得惟妙惟肖，以致使我担心观众会一哄而起，把他毒打一顿。后来，他在《阿Q》一剧中，还扮演过两个角色，他表演得非常成功。

他什么都会干。

我发现他的确多才多艺，他讲德语、日语、法语、俄语、英语和汉语。我们交谈时他不停地吸烟，手持蝇拍，在他的炕上跳过来、蹦过去地打苍蝇。他说，长征过草地时，吃的东西很差。他失去了他自己的那份儿炒面，因而，靠给同志画像"混饭吃"。有人告诉我，他也是一位优秀的新闻记者，曾经协助编辑过两份杂志，他的文采是众所公认的。他写过剧本，画过蚀刻画、木刻画、漫画、油画以及水彩画。他给徐特立等领导者画过像。他不仅是一位优秀的演员，还是有名的歌手和导演。他的乒乓球、篮球也打得不错，身体一直很好，每天工作14个小时。他还是个水手，会跳《水手号笛舞》，在延安荣获极高的赞赏。有人告诉我，他很谦逊，对人友好、无私，具有真正的同志精神；他是一位难得的组织活动家、杰出的演说家，是苏区最富于幽默感的人。在舞台上，他擅长扮演喜剧角色。为了说明狗肉好吃，还是驴肉好吃，他同我们进行了长时间的争论。他显得非常西方化、美国化，工作、讲话都很快。他还没有结婚。

廖承志十分繁忙，但在工作之余，他心爱的经普椿的形象常常浮现于他的脑际，他已经给阿普寄去几封信了，为啥她不回信呢，是工作忙吧？她待字闺中，没事可干，忙个啥呢！还是她生自己的气了呢？她虽然有小姐脾气，但也不至于不给回信的地步啊！廖承志百思不得其解。周恩来刚刚从上海回来，据他说，母亲的身体还好，母亲托他带笔、画集和《双清词草》转送给毛泽东，又给自己捎来墨水笔、毛衣、牛肉茶和100元，这使他感到宽慰。毛泽东收到何香凝的礼物后，亲笔致函，为此，1937年6月廖承志写信给母亲并附上毛泽东的亲笔信。在致母亲的信中，他写道："普（经普椿——引者注）事，已详致醒姐信中，请告诉她在政治上好好学习，要研究进步的思想，我们终有相会之一日的。她能等待我这么多年日，我是想不到的，因此前函中也没有问，请先告诉她我身心一如昔日，她可以放心，我没有负她。只希望您和醒姐多多从思想上帮助她前进，将她往日的小姐脾气洗掉，将来我们可以在共同目标下一同努力。"廖承志在这封信中，在谈"个人问题"的同时，仍然不忘谈"国事"，他说："据近来情形看，要重新实现民国十三年（1924年——引者注）时的局面，还须得好好努力。日本是不跟我们合作的，自然从中极力破坏，坏分子的捣乱阻挠也就必定更明目张胆。希望你能够好好地团结一些赞成合作的人士共同前进，这是中华民族极需要的。"⑰信中流露出希望能早日实现第二次国共合作的焦急心情。

廖承志是多么盼望能迅速出现全民族团结抗战的壮烈场面啊！1937年7月28日他在致母亲的信中说："抗战发动，我们相见之期自在不远。"同时，他也十分惦念着他心中的"小姑娘"阿普，在同一封信中，他满怀深情地写道："普妹等我四年，希您喜欢她，她的小孩脾气谅已除去了吧?"[13]思念之情溢于言表。

　　1933 年廖承志离开上海之时，他在给经普椿的信中，希望阿普等他两年。如今，四个春秋过去了，她不顾哥哥的反对，不改初衷，痴情地等着他，这使他深受感动。他绝不做负心郎，恨不得马上长起翅膀，飞到恋人的身旁，携手开创美好的未来，共同前进。

注释：

①经普椿：《承志和我》，见中国新闻社编：《廖公在人间》，生活·读书·新知三联书店 1983 年版，代序。

②廖承志：《我的回忆》，见《廖承志文集》下卷，人民出版社 1990 年版，第 650－651 页。

③据笔者 1983 年 9 月访问廖梦醒的记录。

④该信影印件藏廖仲恺何香凝纪念馆。

⑤经普椿：《承志和我》，见中国新闻社编：《廖公在人间》，生活·读书·新知三联书店 1983 年版，第 2 页。

⑥郭久麟：《罗世文传》，重庆出版社 1983 年版。

⑦余洪远：《热情满怀　坚贞不屈——深切怀念廖承志同志》，《四川日报》，1983 年 6 月 25 日。

⑧廖承志：《我的缧绁生涯》，见《廖承志文集》下卷，人民出版社 1990 年版，第 452 页。

⑨据罗青长于 1988 年 3 月在北京召开的"廖承志文集、传记座谈会"上的发言记录稿。

⑩吴瑞林：《和廖承志同志一起坐牢》。该文原件藏北京廖承志文集、传记编辑办公室。

⑪吴瑞林的回忆和夏衍的《我的良师益友》等文章，均说廖承志"戴着脚镣手铐参加长征"，似不确。笔者认为，罗青长回忆说，廖承志在长征途中有警卫押解，但不戴手铐，比较符合事实。

⑫杨世兰等：《廖承志》，见中共党史人物研究会编：《中共党史人物

传》第34卷，陕西人民出版社1987年版，第17页。

⑬郭久麟：《罗世文传》，重庆出版社1983年版。

⑭廖承志：《教诲铭心头 恩情重如山》，《人民日报》，1978年3月11日。

⑮廖承志致何香凝函（1937年4月6日），见《廖承志文集》下卷，人民出版社1990年版，第705页。

⑯廖承志致何香凝函（1937年5月12日），见《廖承志文集》下卷，人民出版社1990年版，第707页。

⑰廖承志致何香凝函（1937年6月20日），见《廖承志文集》下卷，人民出版社1990年版，第709-710页。

⑱廖承志致何香凝函（1937年7月28日），见《廖承志文集》下卷，人民出版社1990年版，第712页。

第十九章　苦斗不屈

廖承志离开上海奔赴川陕苏区后，何香凝的身体仍然很虚弱，心脏病有时复发，更增加了她对先夫的怀念和对爱子的思念。值得欣慰的是，女儿梦醒和女婿李少石这时已从香港调回上海，他们开始虽然不住在何的寓所，但时常抽空回来探望，这给她带来极大的快慰。

李少石（又名李振，当时名叫李默农），广东番禺县人，1907 年生，是廖梦醒在岭南大学时的同学。早在读书时期，他就是学生运动的积极分子。他个子魁梧，长得英俊，被柳亚子称为"美少年"（廖梦醒比他大 3 岁——笔者注）。他不仅长得很帅气，而且思想进步，是一名坚定的共产党员。1930 年，中共中央决定在香港建立地下交通站，担负中央苏区和党中央所在地上海之间的秘密联络任务，任命李少石（化名李觉真）为交通站站长。那时，廖梦醒正在法国留学，李少石一封"即归"的电报打去，廖梦醒火速飞到了他的身边，很快就结了婚。他们家就是交通站的据点，迎来送往数以千计的革命者。1931 年，廖梦醒（当时化名廖少芳）秘密参加中国共产党。次年，女儿李薇（李湄）出生，给他们的小家庭带来了莫大的乐趣和温馨。

1933 年，中共在上海建立"中国工人通讯社"（英文简称 CWC）。这是中共建立的最早的对外宣传机构。同年，李少石奉命调任中共江苏省委宣传部部长兼 CWC 的负责人。该通讯社的翻译工作由朱伯深主持，被誉为"红色翻译家"的廖梦醒（化名仙霏）也在此从事中译英的工作。该社建立后，成绩显著。每 7 天或 10 天发稿一次，中文稿只复写七八份，英译文则油印八十多份，寄往国内外，也寄给共产国际。1933 年，该社译发了江西苏维埃政府公布的宪法、土地法、劳动法。美国女作家史沫特莱曾经把 CWC 的英译稿编入她的著作，并注明是由 CWC 供稿的。由于廖梦醒从小就得到父亲严格的要求，因而英文功底深厚。虽然女儿李薇还小，需要她照顾，但她总是忘我地工作。有时晚上李少石回来，把稿子往桌子上一放，因时间紧迫，她就伏案埋头地翻译起来。第二天，又精神抖擞地接受新的任务。①

他们夫妻俩在上海的生活不仅紧张、危险，而且清贫。李薇才一岁半，需要加些牛奶之类的补品，但他们囊中羞涩。梦醒工作忙，加上要在夜里照顾女儿，一天天消瘦下去，李少石看在眼里，疼在心里。何香凝虽然多次要求辞掉国民党中央执行委员的职务，但蒋介石却一直不敢除去她的名，而且经常派人送薪水上门，但均被她以"不用人间造孽钱"为由而予以拒绝，仅靠卖画勉强度日，无法帮女儿的忙。但穷有穷的办法，为了给妻子增加些营养，有时李少石便去小摊贩买"大杂烩"来给妻子吃。所谓"大杂烩"，并不是美味佳肴，而是小摊贩从酒楼饭店收罗来的残羹剩菜，混在一块煮成一大锅合菜。那时穷，也顾不上卫生不卫生了。妻子爱吃水果，李少石便去水果摊贩专买烂香蕉、烂莱阳梨，拿回家后用小刀挖去腐烂部分，再用温开水洗干净，然后送给妻子吃。而梦醒深知丈夫的深情厚谊，也吃得有滋有味，连连称赞"好吃，好吃"。他们夫妻俩虽然生活贫困，但志趣相同，恩爱有加，其乐融融。半个世纪风云过去了，20 世纪80 年代初，当笔者前往北京西便门国务院宿舍采访我馆名誉馆长廖梦醒大姐时，她回忆起这段经历，从她的眼神看，似乎还沉浸在对往事的无限眷恋之中。

1934 年 2 月 27 日，国民党当局逮捕了李少石，如同一块石头落入水中，打破了这个小家庭的宁静。李少石被捕后，他佯称住在康脑脱路绿杨村何香凝家。特务们押着他到绿杨村进行了搜查后，又把他带走拘留起来。次日，廖梦醒带着年仅两岁多的女儿回娘家，急求母亲营救。何香凝立即邀请柳亚子商议营救对策，当天便发出呼吁营救的函电数十件，并托人疏通关系，终未成功。李少石被押解到南京。他在监狱中被关押三年，直到抗日战争爆发后，国共谈判释放政治犯时才获释。

女婿李少石的被捕，对何香凝来说，无异雪上加霜。她的身体更加虚弱，经常闭门谢客，与药罐为伴。

然而，何香凝毕竟是一位伟大的爱国者，她决不作"桃花源"中人，她的目光始终关注着政局，关注着祖国的兴衰存亡。

1934 年初，在中国共产党的领导和推动下，宋庆龄、何香凝、章乃器等人发起成立一个新的群众性的抗日救亡组织——中国民族武装自卫委员会。5 月 3 日，以中华全国总工会、中国反帝反法西斯同盟、上海工团联合会等团体为核心，在上海成立了中国民族武装自卫委员会筹备会（以下简称"武自会筹"），宋庆龄担任主席。

在"武自会"酝酿组织过程中，将中国共产党提出的"抗日救国六大纲领"，由宋庆龄、何香凝与马相伯、李杜等以"武自会筹"的名义公布"中华人民对日作战基本纲领"，在纲领上签名发起和赞成的共有 1 779 人，号召大家起来驱逐日本帝国主义，主张发动抗日救国的民族自卫战争。这一号召得到全国各界广大群众和海外侨胞及团体的热烈响应。不久，公开签名的达 10 万人。1934 年 6 月 20 日，"武自会"发表了"中国民族武装自卫委员会对日作战宣言"，宣言指出："现在已到了人人要问自己愿不愿做亡国奴的时候了！如果不愿做亡国奴，只有自动起来对日作战，完全抛弃依靠政府的幻想方能自救救国——中国人民已到不战不胜的时候了"，公开号召全国人民起来和蒋介石的不抵抗主义作斗争，来一个全民总动员，做到"有钱出钱，有枪出枪。有粮者出粮，有力者出力，各尽其所有，一切为着抗日的神圣战争"！

1935年8月1日，中共中央为建立全民族的抗日民族统一战线而发表《中国苏维埃中央政府、中国共产党中央为抗日救国告全体同胞书》（以下简称《八一宣言》）。《八一宣言》指出："九一八"事变后不到四年，我半壁河山已沦于敌手，而日本帝国主义对我国的侵略还在一天天加紧，我国家民族已处在"抗日则生，不抗日则死"的生死关头。抗日救国，已成为每个爱国同胞的天职！《八一宣言》号召全国人民团结起来，"停止内战，一致抗日"。《八一宣言》发表后，何香凝、宋庆龄联合柳亚子、经亨颐、陈树人、于右任、孙科、鲁迅、茅盾等人率先响应，并说服了许多人一致署名，要求国民党当局对《八一宣言》表态。

1935年9月，廖仲恺的国葬在南京举行。当何香凝在许崇清的陪同下，把廖仲恺的灵柩从广州运到南京时，很多黄埔军校出身的军人都来迎接灵车。何香凝在火车站对他们的盛意表示感谢之后，接着问："你们身穿戎装，而现在日祸猖獗，试问你们是卫人呢，还是卫国？"说得这些军人们个个"感极泪下"。②国葬结束后，不少黄埔军校的校友，都劝何香凝留在南京，还集资买了20亩地，准备建一所大房子请她居住。她说："为国牺牲的，不止廖先生一人，要造房子，不如在廖先生墓侧造平房一所，以便扫墓时避避风雨，个人要一幢大洋房做什么？我没有物质的要求，我所要求的是廖先生的精神，如果能够恢复总理十三年的主张，我当然留在南京，不然我仍旧守节。"③不久，她还是回到了上海。

何香凝不仅十分赞成《八一宣言》，而且积极宣传和贯彻宣言的精神。1935年10月10日，她发表《双十节的回忆与展望》一文，批评国民党"攘外必先安内"的国策，指出"无论其何党何派，只要彼等站在民族国家的立场，有抵抗帝国主义的决心者，一律予以共同奋斗的机会"，表示她"将誓以国民一分子之资格，以最后的生命之力、之血，与我革命民众与青年，为民族国家前途而牺牲"。④作为辛亥革命时期的革命老人，她回顾革命的历程，她的许多战友为推翻清王朝而血洒沙场，而如今国民党当局却压迫人民，大敌当前，却采取"媚外"政策，为此，她感到痛心。1935年10月10日，上海《申报》印发了敬求当代贤达的传略表格请她填写，她按要求填好姓名、籍贯和履历后，抚今追昔，思潮滚滚，作《毋忘国耻》的五言诗，以抒胸臆。诗云：

> 目睹破河山，旧事何须说！
> 今朝比昔年，愧对先烈血。
> 历史再重提，羞向人间列。
> 富者非吾愿，五斗岂腰折。
> 愿我后来者，毋忘国耻节。
> 民族将灭亡，速把雄心决。⑤

这首诗，是何香凝高尚品德的真实写照。她出身豪富，却远走他邦，异国求学。她多次拒绝国民党的高官俸禄，决"不为五斗米而折腰"，铮铮铁骨，感人肺腑。

1935年北平"一二·九"运动所掀起的爱国浪潮，迅速席卷全国，上海的学生也迅即响应。12月19日，复旦大学和暨南、大夏、光华、交大等15所大、中学校的学生八千余人，到国民党上海市政府请愿，要求停止内战，团结抗日。23日，复旦大学学生六百余人，组成"上海复旦大学学生赴京请愿讨逆团"，步行抵达北站，准备赴南京请愿。不料，却遭到国民党当局的阻拦，不准列车开出。次日，暨南大学等大、中学生一千余人赶来声援，这使国民党上海当局慌了手脚，急忙派大批军警包围火车站。吴铁城表面上同意让学生们赴南京请愿，暗地里却驱赶司机，拆路轨，阴谋镇压学生，情况十分危急！胡子婴想，必须及时把这情况通知学生，可是又进不去，这可怎么办哪！他急中生智，想到了何香凝，便火急火燎地赶到何香凝的寓所，这时，何香凝因心脏病正在卧床，当听胡子婴说"赴京请愿的学生正被军警包围在北站，一天没有吃东西了，想给他们送点吃的，但是进不去"的情况之后，她立即从病床上起来，拿出200元钱，叫胡子婴先去买些面包，然后由她亲自送到车站。

恰好这时，张发奎的夫人坐着汽车来看望何香凝。何香凝便约她同去，三人坐着她的小汽车在前，两辆装着面包的大卡车在后，向北站开去。下午5时20分便到了。下车后，胡子婴对军警说："这位是何香凝老太太，她是来慰问学生的。"军警一听便让出路来，放何香凝进去，但把胡子婴和张发奎的夫人拦在外面，这时，何香凝回转身来，一手一个，把她们二人拉了进去。然而，两卡车面包仍被军警用枪支拦在外面，不让进去。何香凝愤怒至极，她大义凛然地对军警们说："你们拿着枪杀人成性。你们杀了多少人，可不能再杀我们的后代！我老了，你们要杀人，就向我开枪好了，一百枪也行，一千枪也行，但不许向青年们开一枪，他们是中华民族的继承者，决不许伤害他们一个人。"听到何香凝这番慷慨激昂、义正词严的斥责，有的军警惭愧地低下了头，一个年轻的警察对何香凝说："老太太，我们不敢！"何香凝追问："要是你们长官命令开枪，你们敢不敢呢？"军警们自动让开一条路，装载面包的两辆卡车便开了进去。⑥

随着形势的发展，为发展壮大抗日爱国力量，1936年1月28日，上海各界代表八百余人，在上海市商会大礼堂举行纪念"一·二八"淞沪抗战4周年大会，会上正式成立了"上海各界救国联合会"。在大会上，何香凝与宋庆龄、马相伯、沈钧儒、章乃器等30人被推选为理事。会后，全体代表步行数十里，高唱《义勇军进行曲》，到庙行镇公祭无名英雄墓。事后，创办机关报《救亡情报》，何香凝欣然为该报题词："求生存及劳苦同胞的解放，必须打倒帝国主义。"

1936 年上半年，日本帝国主义在华北大量增兵，华北五省已名存实亡，民族危机进一步加深。与此同时，在上海抗日救亡运动的推动下，华北、华中、华南以及长江流域相继成立了救国会组织，为了把全国各地的救国力量团结起来，成立一个全国性的抗日救亡组织已成为形势发展的迫切需要。在宋庆龄等人的号召和组织下，从 1936 年 5 月 31 日至 6 月 1 日，全国 18 个省的六十多个救亡团体以及 19 路军的代表七十余人，在上海中华基督教青年会全国协会召开了全国各界救国联合会成立大会。通过了《全国各界救国联合会成立大会宣言》和《抗日救国初步政治纲领》，并选举何香凝、宋庆龄、马相伯、邹韬奋等四十余人为执行委员。

为促成第二次国共合作，1936 年 5 月，中共中央发表了《停战议和一致抗日通电》，把我党的"反蒋抗日"策略转变为"逼蒋抗日"。同月，何香凝抱病接见记者，针对国民党当局颁布的"紧急治安法令"和正在与日本谈判的"中日防共合作条约"，愤然谴责国民党当局"这种替帝国主义做'清道夫'的行为"，旗帜鲜明地表明她"坚决反对压迫救国运动、屠杀爱国青年及爱国分子，反对统制文化、压迫舆论"的坚定立场，呼吁国共合作。她指出："联俄联共是十三年国民党改组时先总理和廖先生的主张，……我们不能做帝国主义的傀儡。"[7]同年 9 月 18 日，上海各界人士召开"九一八"纪念 5 周年大会，竟遭国民党反动派袭击，当场死伤多人。何香凝闻讯，悲愤交加，立即与宋庆龄联名为"九一八"惨案发表通电，痛斥国民党反动派镇压爱国群众的暴行。同时在《救亡情报》上题词，指出："国破是中国人之中国，凡是国民应迅速起来共同救国，'九一八'是我们最可耻的纪念日，如对于这国耻纪念要摧残压迫，无异于鼓动国民无耻卖国。"[8]这大义凛然的斗争，打击了国民党的反动气焰，对"逼蒋抗日"起了积极的促进作用。1936年12月，"西安事变"发生，她热诚拥护中共中央的和平解决方针，其时，宋庆龄拟邀她同往西安，以促成事变的和平解决，她当时虽然正患心脏病，亦欣然同意。后来，由于交通工具不能解决而未成行。⑨

1937年2月，国民党召开五届三中全会，何香凝为促成第二次国共合作的实现，参加了这次大会。其时，中共中央致电国民党五届三中全会，提出停止内战，一致对外等5项要求；并提出在全国范围内停止用武力推翻国民党等4项保证。何香凝立即响应，她与宋庆龄、冯玉祥等联名向大会提出《恢复孙中山先生手订联俄、联共、拥护农工的三大政策案》，力促国民党转变立场，团结抗日。会上，亲日派汪精卫等提出坚持"剿共"案，与何香凝等的提案相对抗。何香凝、宋庆龄等据理驳斥，终于迫使国民党三中全会接受了中共中央的建议，通过了与共产党关系的"四项原则"，决定在统一军队编制和政权形式等条件下，可以与共产党合作。至此，国内和平局面初步打开，也为国共两党今后的谈判创造了良好的条件。尽管如此，这时的蒋介石仍然动摇不定，对内镇压爱国分子的活动并未收敛，因而仍须继续斗争。同年夏天，为沈钧儒等"七君子"被捕事件，她与宋庆龄等16人发起声势浩大的"救国入狱运动"，抗议国民党当局非法逮捕爱国人士。他们发表声明，严正指出："我们都是中国人，我们都要抢救这危亡的中国"，并号召全国人民，"都为救国而入狱，与七君子同服爱国罪"。7月初，她还亲笔致函宋子文和孙科，在逐条批驳国民党当局强加给"七君子"的所谓罪状后，表示："若爱国亦构成罪状，则香凝决不畏罪，敢将残废之躯贡献国家社会万死不辞。"⑩经过他们大义凛然的斗争，以及各方面人士的努力，终于迫使国民党当局宣布"七君子"无罪，予以释放。

国民党五届三中全会后一个月，何香凝在上海会晤了周恩来，就国共合作抗日等问题交换了意见。1937年3月下旬，周恩来专程从延安南下杭州，与蒋介石商谈国共两党共同抗战的条件。月底，周恩来从杭州到上海，由王安娜通知何香凝和廖梦醒在王炳南家中会晤，交谈抗日民族统一战线工作的意见和杭州谈判情况。这次会晤使何香凝感到非常高兴，更加增强了她对国共合作团结抗日的信心。廖梦醒回忆这次会晤的情况时写道：

"周恩来同志来到上海，亦与母亲和我（当时我也在母亲那里住）相约会面。我们和周恩来同志在大革命时代经常见面，这次能够会面，感到非常高兴。特别是周恩来同志讲的很多事情，更加增强了母亲斗争的信心，消除了对前途的疑虑"，"与周恩来同志的会面，使母亲非常感动，仿佛感到年轻了，心脏病也轻了"。[①]

何香凝对共产党人为实现第二次国共合作所做的巨大努力，十分佩服。她非常崇敬毛泽东，在与周恩来会晤时，她取出一套上好的狼毫湖笔、一本她的画集和一本廖仲恺的《双清词草》，交周恩来转赠毛泽东，以表示问候。毛泽东收到何香凝赠送的礼物后，非常高兴，立即于当年6月写了一封给何香凝的信，交廖承志转寄。其信全文如下：

香凝先生：

承赠笔，承赠画集，及《双清词草》，都收到了，十分感谢。没有什么奉答先生，惟有多做点工作，作为答谢厚意之物。先生的画，充满斗争之意，我虽不知画，也觉得好。今日之事，惟有斗争乃能胜利。先生一流人继承孙先生传统，苦斗不屈，为中华民族树立模范，景仰奋兴者有全国民众，不独泽东等少数人而已。
承志在此甚好，大家都觉得他好，望勿挂念。十年不见
先生，知比较老了些，然心则更年青，这是大家觉得
的。看了柳亚子先生题画，如见其人，便时乞为致意。
像这样骨气的旧文人，可惜太少，得一二个，拿句老话
叫做人中麟凤，只不知他现时的政治意见如何？时事渐
有转机，想先生亦为之慰，但光明之域，尚须作甚大努
力方能达到。

　　敬祝
健康！

毛泽东上

6 月 25 日⑫

何香凝读罢毛泽东的来信，喜不自禁，深受鼓舞。

在中国共产党的积极努力以及何香凝等各界人士的敦促下，
国民党中央通讯社于 1937 年 9 月 22 日公布了中共代表于 7 月间
提交的《中国共产党为公布国共合作宣言》。9 月 23 日，蒋介石
在庐山发表承认中国共产党合法地位的谈话，标志着第二次国共
合作的正式建立。何香凝闻讯，兴奋得热泪盈眶，立即驰电在陕
北的廖承志，勉励他奋勇杀敌。电文曰："国共团结抗战，对于
汝父十三年改组国民党，执行三大政策之主张实现，为之安慰。
汝须努力奋斗御敌，勉为政府抗战后援，以竟汝父遗志。"⑬其欢
愉之情，溢于言表。1937 年 9 月 27 日《救亡日报》在刊载这份
电报时，加了编者按，热情赞扬道："寥寥数语，爱国之情，溢
于言表，不特为中国民众之光，亦足为世界母性之楷模"，"廖
夫人献身神圣之救国事业，垂数十年，今已垂垂老矣。而革命之
志，老而弥坚，其热烈少壮之精神，犹如青春泼辣之少年。光辉
所播，令人感奋"！信哉斯言！

　　1937年9月28日，何香凝在接见《立报》记者时的谈话中，寄望国共两党及全国人民，一定要"一致团结起来去切实地干"，以求得民族的生存，并就国共两党如何更好地合作抗日，发表了有益的意见。

　　1937年"七七事变"发生，日本帝国主义大举武装进攻中国。不愿当亡国奴的人们，纷纷奋起抗战，全面抗战由是开始。

　　何香凝立即投入发动妇女参加救护、慰劳的组织工作。经过紧张的筹备，1937年7月22日，由她组织的中国妇女抗敌后援会在上海成立，她亲任常务理事会主席。她在成立大会上说："中国的男子，有许多都在前线流血受伤，为了要对得起我国光荣的历史、我们的祖宗，以及和男子们共同负起平等的责任来"，我们要"一心一德，为了中华民族的自由解放，奋斗到底。而且有钱的出钱，有力的出力，是时候了"。⑭为了培养救护人才，她在上海举办了妇女救护慰劳工作训练班，两个月内训练了两千余人，分派到前后方医院和部队服务。这时，她虽然身体不适，但为了抗战，仍"以抱病的身体，精神百倍地参加抗战工作。虽然病在床上，却每天拿着电话筒，指挥工作，忘记了疾病，忘记了疲劳，个人的一切都献给了抗战"。⑮不久，她还把上海妇女慰劳会改名为中国妇女慰劳自卫抗战将士会上海分会。在她的领导下，上海分会的骨干充分发挥了各自的作用。黄定慧是征募能手，抱着何香凝的画册出去就能募到几千元；李秋君是出名的女画家，她有钱必出，非常慷慨；罗叔章搞救济难民和宣传教育工作；许广平和廖梦醒不声不响地在何家挑重担子……大家同心协力，把上海的救护、慰劳工作搞得有声有色，使无数的家庭妇女都纷纷参加到抗敌救国的行列中来。

　　当时，白天送慰劳品到前线去，目标大，容易遭敌机袭击，何香凝就指示妇女们每天天黑出发，把慰劳品送到前线交给军队。她自己也冒着生命危险亲自带领外孙女李湄到前线劳军，更多的是派胡兰畦代表她到火线上去慰问。当她得知驻在湖南的第18军军纪差时，便派胡兰畦代表她带着药品、慰劳品赶去慰问，使18军的官兵受到很大鼓舞。一向崇敬何香凝的18军军长罗卓英代表全军写信给她表示感谢，并保证一定要密切与人民群众的关系，增强战斗力，不打败日寇决不下战场。⑯

还在金秋送爽的季节，何香凝就关心前方抗敌将士的御寒问题，发起了缝棉衣运动。短短一个月时间，便募捐得五十多万件，解决了战时冬衣之急需。对此，她曾热情赋诗，表彰人民群众的爱国精神。诗云：

前者牺牲后者师，
家家儿女送寒衣；
感君勇敢沙场去，
留得忠名万古垂。⑰

1937年9月，为了给抗日将士筹集更多的冬衣，何香凝还致函在外地的朱家骅夫人，嘱她"倘能在贵地组织妇女缝纫团为我将士缝制棉衣、棉被及鞋袜等项，组织烹饪队，为我将士制造干粮等，输送前方，实为目前必须之任务。望夫人登高一呼，则贵省妇女必能群起响应也"。⑱她为支援抗战，全力以赴，耗费了不少心血。

根据前线抗日部队的要求，何香凝准备组织上海劳动妇女战地服务团，到前线军队中去服务。消息传出，应征的人很多，几乎全是上海的进步女工，其中有一半是共青团员。战地服务团组成后，何香凝语重心长地对她们说："到前方去是为国尽忠，要克服个人感情，决不能在军队中谈恋爱。"战地服务团没有辜负她的期望，活跃在抗日烽火线上整整三年，冒着敌军的炮火，出生入死为抗战服务，深受抗日官兵的欢迎，是所有战地服务团中坚持最久，在抗日统一战线中成绩最显著的一个服务团。

抗战爆发后，为了应付巨大的军费开支，国民党政府从1937年9月起发行5亿元的公债。何香凝认为此举有利于抗战，便给予大力支持。9月5日，是上海妇女献金的日子。何香凝率先拿出了50块银洋，她的年仅5岁的小外孙女李湄也将自己唯一的金戒指拿了出来。在何香凝和各界爱国人士的推动下，献金运动蓬勃开展，有的新婚夫妇将自己的结婚戒指呈献，孩子们也纷纷拿出了零用钱。仅何香凝领导的妇慰上海分会的常委们就认购了两万三千多元。到1937年10月初，就完成了女界认购救国公债的既定目标。

何香凝虽然身居上海，但关注全局，对外地的妇女抗战活动也给予关注和支持。女作家谢冰莹在长沙发起组织"湖南妇女战地服务团"，1938年9月14日从长沙出发，19日抵达上海附近的安亭，随即奔赴嘉定前线，投入战地救护工作。10月2日，为了替前线伤员募集救护药品，谢冰莹抽身去上海，在辣斐坊拜访何香凝。她见到来自前线的谢冰莹，兴奋不已。尽管她当时正病着躺在椅子上，仍然布置身边的人赶紧准备救护药品和慰劳品。谈了一小会儿，何香凝深情地对谢冰莹说："今天见到你，我连病都忘了，我要写首诗送你。"说着，便提笔挥毫，写了一首七绝《赠冰莹》。诗云：

> 征衣穿上到军中，巾帼英雄武士风。
> 锦绣江山遭惨祸，深闺娘子去从戎。

何香凝写完之后还说："我太兴奋了，来不及思索，就这样乱涂起来，你带到前线去留个纪念吧。"她关心抗战，关心后辈之情，溢于言表。

为了筹款抗战，在何香凝等人的积极推动下，从1937年10

月 22 日起，在上海大新公司举行"慰劳将士书画展览会"，历时半个月，展出书画精品七百余件，总计售得七千余元，用于"购办前方应急物品，慰劳作战将士"[19]。

何香凝不仅支持上海抗战，而且热情支持华北战场的抗日将士们。卢沟桥事变发生后，29 军奋起抗击，何香凝对中国军队的英勇抗击，异常兴奋。立即订购了大批扇子、毛巾等物品，并在上面印了"收复失地，雪我国耻"八个字，以备送往前方，慰劳将士。[20]1937 年 7 月下旬，她又将一批药品、毛巾、背心等物品送交 29 军驻沪办事处。为勖勉将士，在背心上印上她撰写的诗："妇女手中线，征人身上衣。针针念敌忾，勉子杀敌夷。"[21]当 29 军驻沪办事处主任李广安去何的寓所介绍卢沟桥战况并表示谢意时，何香凝说："盗贼之来，犹犬狂吠，吾等堂堂国军，际此日寇为此侵凌压迫之时，苟不出抗战，其何以对国家民众。"[22]

为了争取国际妇女界对中国抗战的同情和支持，何香凝与宋庆龄想方设法通过各种关系同在沪的外国妇女取得联系，于 1937 年 10 月 28 日下午，以上海妇女界名义在国际饭店联合举办了一次在沪外国妇女招待会。各国驻沪领事夫人、美国妇女界领袖史密司女士、匈牙利妇女代表麦伦纳夫人等外国妇女 76 人出席了招待会。会上，首先由刘王立明致辞。接着，宋霭龄用英语做了演讲。何香凝因病未能出席，由廖梦醒代表发言。廖梦醒愤怒地揭露日本帝国主义残杀我同胞的滔天罪行，希望与会的妇女领袖"向你们的朋友和贵国人，申诉被侵略的中国的真相，使她们不再为日本所广播的一切虚伪而含恶意的宣传所蒙蔽"，并大声疾呼各国爱好正义、和平和人道的人联合起来，尽最大力量"制止这个疯人——日本军阀"，"把这个疯人关在公理牢笼中，使它不能再肆意暴虐"。[23]廖梦醒口齿伶俐，声音铿锵，富有号召力。会上，美国的史密司女士等人纷纷发言，表示愿意出力加紧对华援助。这次招待会在国内乃至国际妇女界都产生了轰动效应。

在上海抗战中，廖梦醒成了妈妈的好帮手。当时何香凝身体不好，旧疾经常复发。筹款筹物、联系开会等事何香凝都经常叫她具体落实。梦醒精通日文、英文、法文，所以联系外国妇女的事，也由她承担。每当外国记者来访，梦醒便成了妈妈的好翻译。她那时还不是宋庆龄的秘书，但经常代表她出席各种会议。廖梦醒清楚地记得，那是上海"八一三"抗战之后，她代表宋庆龄出席一次谴责日寇侵华的记者招待会。预定出席并发言的有宋庆龄和孔祥熙夫人宋霭龄等社会名流。那天宋庆龄因身体不适，签到之后就退席了，临走时把英文发言稿交给廖梦醒，请她代为宣读。宋庆龄的发言排在第一位，当廖梦醒第一个走上讲台时，宋霭龄气得嘴都歪了，站起来就离开了会场。20 世纪 80 年代初，当笔者采访这位阅历丰富的梦醒大姐时，她还生动逼真地模仿着宋霭龄当时的表情，令人忍俊不禁。

何香凝在上海抗战中，十分注意后援工作，更加密切注意前方的战况，她常常为将士们英勇抗敌的事迹而激动不已，彻夜难眠。国民党 88 师 262 旅 524 团团副谢晋元，奉命率一营 401 名官兵，扼守苏州河北岸的"四行仓库"。从 1937 年 10 月 27 日晚起，在外无援兵，内缺弹药、粮食的情况下，孤军奋战，屡挫敌寇数十次进攻，毙敌两百余人。何香凝闻讯，十分感动。她于 10 月 29 日曾亲赴四行仓库劳军，被阻于老垃圾桥边不能通过。她除肃穆地向对岸注视、遥致钦佩之情外，返寓后，立即写了一封热情洋溢的慰问信。信中说："你们每一个人，都已充满了孙总理和廖党代表的革命精神和牺牲精神，不论是成功或成仁，都可以俯仰无愧了。"[24]高度赞扬了谢晋元等官兵们浴血奋战的英雄气概。

上海沦陷后，何香凝考虑到慰劳救伤的物品还没发完，没有马上离开上海。杜月笙派亲信到她家中劝她停止救亡工作，被她严词拒绝。不久，上海法租界巡捕房派上海钱业公会会长秦润卿来，要驱逐她出法租界，何香凝把他臭骂了一顿："现在人人抗战，我一个妇人出来主持救伤慰劳的事，你也是一个中国人，应该同情赞助才是，为什么你反而迫害我呢？你说法国人来干涉，为什么昨天晚上还有法国人捐东西来给我们呢？我家的东西，你们可以检查，都是毛巾、香烟、棉衣、药品和纱布绷带等，并没有犯法。我可以有办法打一份电报给法国国民议会质询，我们在法租界做事，是否要受驱除？"⑤ 骂得秦润卿理屈词穷，不敢吱声。

1937 年 12 月，经中共安排，何香凝在女儿廖梦醒、女婿李少石、未来媳妇经普椿等人的陪同下，从上海乘船到香港，在特殊的政治环境中，继续开展抗日救亡运动。

注释：

①据笔者 1983 年 9 月访问廖梦醒的记录。

②尚明轩、余炎光编：《双清文集》下卷，人民出版社 1985 年版，第 210 页。

③曹国智：《何香凝先生与中国妇女运动》，妇女知识丛书出版社 1941 年版，第 14 页。

④尚明轩、余炎光编：《双清文集》下卷，人民出版社 1985 年版，第 162 页。

⑤尚明轩、余炎光编：《双清文集》下卷，人民出版社 1985 年版，第 168 页。

⑥胡子婴：《回忆"一二·九"到"七七"上海抗日救亡运动的发展》，见中共上海市委党史资料征集委员会编：《"一二·九"以后上海救国会史料选辑》，上海社会科学院出版社 1987 年版。此转引自李永、温乐群等：《何香凝传》，中国华侨出版社 1993 年版，第 124 页。

⑦《救国领袖何香凝访问记》，《救亡情报》1936 年 5 月 6 日。

⑧《救亡情报》，1936 年 9 月 22 日。

⑨胡子婴：《光耀日月　气贯长虹——回忆宋庆龄名誉主席在救国会时期二三事》,《宋庆龄纪念集》, 人民出版社 1982 年版, 第 113 页。

⑩原件藏中国革命博物馆。

⑪廖梦醒：《我的母亲何香凝》, 见《回忆与怀念——纪念革命老人何香凝逝世十周年》, 北京出版社 1982 年版, 第 109 页。

⑫《致何香凝（一九三七年六月二十五日）》,《毛泽东书信选集》, 人民出版社 1983 年版, 第 106 页。

⑬何香凝致廖承志电（1937 年 9 月 26 日）, 尚明轩、余炎光编：《双清文集》下卷, 人民出版社 1985 年版, 第 245 页。

⑭尚明轩、余炎光编：《双清文集》下卷, 人民出版社 1985 年版, 第 229 页。

⑮曹国智：《何香凝先生与中国妇女运动》, 妇女知识丛书出版社 1941 年版, 第 11 页。

⑯胡兰畦：《回忆何香凝先生》,《回忆与怀念——纪念革命老人何香凝逝世十周年》, 北京出版社 1982 年版, 第 198 页。

⑰廖仲恺、何香凝：《双清诗画集》, 人民美术出版社 1982 年版。

⑱尚明轩、余炎光编：《双清文集》下卷, 人民出版社 1985 年版, 第 243 页。

⑲傅绍昌：《何香凝与"八一三"淞沪抗战》, 见吴雁南等：《廖仲恺何香凝研究——廖仲恺何香凝学术研讨会论文集》, 广东高等教育出版社 1993 年版, 第 353 页。

⑳《申报》, 1937 年 7 月 14 日。

㉑《申报》, 1937 年 7 月 22 日。

㉒《申报》, 1937 年 7 月 24 日。

㉓《"八一三"抗战史料选编》, 上海人民出版社 1986 年版, 第 270 - 271 页。

㉔尚明轩、余炎光编：《双清文集》下卷, 人民出版社 1985 年版, 第 247 页。

㉕尚明轩：《何香凝传》, 北京出版社 1994 年版, 第 263 页。

第二十章　香江岁月

廖承志时刻关注着时局的发展，祈望全民族团结抗战的壮烈场面早日出现，以抗击日寇的野蛮侵略。童年时，那位日本教师骂他为"支那小猪"的愤懑情绪常常在他的心中浮起，他恨不得立刻飞向抗日最前线，与敌寇浴血奋战。

上海"八一三"战争爆发以后，廖承志经常从报纸上看到母亲的演说及后援事迹，非常振奋。1937 年 8 月 29 日，他在给母亲和姐姐的信中写道："上海战争爆发之后，时常在报上看到你在妇女抗敌后援会中的演说等，在目前战争业已深入的情况下，你们的工作更加紧张了吧？"[①]仅隔一天，他风闻闸北、虹口都已成为一片瓦砾场时，他按捺不住心中的怒火，又提笔写信给母亲和姐姐，鼓励她们坚决向前。信中说："全国抗战发动的今日每一个中华儿女，都负着光荣的保卫祖国的神圣职责。我虽然明知上海已成为炮火连天之地，但也坚信你们的唤醒民众，号召民众的工作，必定更加加紧。我虽然顾虑着你们的安全，但为祖国设想，更希望你们坚决往前，不屈不挠地奋斗！"最后，他满怀深情地写道："整个中华民族的生存，也惟有依靠于全国的母亲们、女儿们、儿子们，能够忍受当前的难过，能够抹下满眶的热泪，去为祖国的命运拼至最后一滴血。我们母子之间，今日还能通信，可是连通信的可能都丧失了的，不知多少。我们只好忍受它，我们只好勇敢地接受这一磨炼。也惟有让我们大家来担受这重担吧"，"让我们到了鸭绿江边再庆祝家庭的团圆好了。让我们在民族抗战胜利的旗帜底下，再庆祝我们的会面好了！"[②]

1937 年 9 月底，第二次国共合作实现后，廖承志收到母亲拍来勉励他奋勇杀敌的电报，心情格外激动。他多么想为抗战多做贡献，坚决往前啊！1937年10月初，他奉中共中央之命，到八路军驻南京办事处工作。他一到南京，便到位于中山陵侧的"廖仲恺先生之墓"瞻仰并摄影留念，决心继承先父之志，为中华民族的解放而进行艰苦的斗争。

1937年10月底，日军进攻南京。南京危在旦夕，中共中央决定，八路军驻南京办事处撤退。于是，廖承志和叶剑英、李克农、童小鹏等7人分乘两辆破旧的小汽车，沿着南京、芜湖、屯溪、南昌、萍乡、长沙的破旧公路，艰难跋涉到了长沙。到长沙后，两辆小车散了架，改乘小火轮抵汉口。廖承志是个"乐天派"，途中历时一个多月，备受风霜之苦，但他"一路走来一路歌"，用他那浑厚的男中音，唱起深情的苏联爱情歌曲，歌罢又讲起许多幽默的故事，使这支7人的"小分队"，总是充满欢声笑语。大伙给他挂上"俱乐部主任"的"官职"，叶剑英则戏称他为"人民的艺术家"。

1938年1月初，廖承志根据中共中央和周恩来的决定，离开武汉，前往香港，组织半公开的八路军驻香港办事处。行前，他给母亲和姐姐发去一封电报，告知他抵达香港的日期。随即乘火车到广州，然后再转乘轮船到达香港。

轮船徐徐靠岸，在码头迎接的人群中，他一眼就认出了他日夜思念的阿普。啊！四年多了，阿普的轮廓几乎没怎么变，但是变得瘦了些，越发显得俊秀了，眉宇间，显得几分成熟。他上岸时，经普椿也认出了他，两人紧握双手，阿普的眼睛里噙着喜悦的泪花。在从码头赴市内的汽车上，廖承志笑着问："为什么你没给我回信？"经普椿如堕五里雾中，不知所措，反问道："你给我写过信？"还未等他说完，廖承志立即答道："是的。写过好几封呢！"经普椿这才意识到承志的信可能是被她自己的哥哥没收了。她的哥哥是个花花公子，认为承志是个"共党"，随时有遭逮捕被杀头的可能，太危险了！因而极力反对这门亲事，只是由于父亲经亨颐的支持，她才有勇气等待到今天。承志听着普椿的解释，微笑着点头，原先心里的"怨气"早已烟消云散，他的心被阿普的真情深深地打动了。

廖承志刚到香港没几天，也来不及准备，便在1月11日和经普椿结婚了。婚礼在香港未里森三堡举行。婚礼很朴素，没有盛大的宴席，没有美酒，只是个简单的茶会。参加婚礼的，除了廖仲恺、何香凝在港澳的亲属外，被廖承志称为"叔婆"的孙夫人宋庆龄也来了。廖承志没有穿西装革履，而是穿着长袍，来往穿梭于客人中间点烟、敬茶。当有的客人看见他这一身打扮，俨然像个商人模样时，不禁暗自窃笑。廖承志摊开双手，笑笑说："母亲之命，有何办法哟！"在一旁的何香凝更是满面春风，笑得合不拢嘴。婚礼开始后，笑容可掬的宋庆龄送给新娘两块精美的绸缎衣料，并亲手把一条光闪闪的金项链挂在新娘的脖子上，然后分别与新郎、新娘握手，热情地祝贺这一对新人"幸福美满，白头偕老"，霎时，席间响起热烈的掌声。接着，由新郎给新娘戴上了一枚闪着晶莹光泽的钻戒。婚礼虽然简单朴素，但充满着欢乐、祥和的气氛。

廖承志结婚后，却顾不上新婚燕尔的妻子，马上投入紧张的工作。香港是世界上著名的海港城市，它位于我国广东东南海岸、珠江河口之东，背靠大陆，面临东南亚各国，为远东航运的中转站，素有"东方之珠"的美称。这是他的母亲何香凝的出生地。童年时，他就经常随母亲出入香港。14岁那年，他的父亲廖仲恺被新军阀陈炯明所囚禁，母亲害怕他们斩草除根，急忙托人把他和姐姐廖梦醒送到香港外婆家避难。所以，香港对廖承志来说，并不是陌生的地方。但是这一次他来香港，是奉中共中央和周恩来之命，组建八路军驻香港办事处，以便更好地向海外侨胞募集抗战物资的。廖承志深深懂得，压在他身上的担子不轻啊！

1937 年底，中共中央代表曾面晤英国驻华大使卡尔将军。周恩来对他说，"八路军在敌后英勇作战，得到国内外人士的赞扬，赢得广大华侨的钦佩，纷纷援助款项、医药和其他物资，可是没有机构办理接收。我想派人到香港去设立一个办事处。我们不公开挂牌，办事处是秘密的，将不妨碍英国的中立地位，并请卡尔将军关照香港英国当局"。这个要求得到应允了。这次廖承志来香港，其任务就是与已在香港的潘汉年一起，着手筹建八路军驻香港办事处（以下简称"办事处"）的工作。

在中共香港市委书记吴有恒等人的帮助下，办事处很快就建立起来了。其工作机构设在香港皇后大道 18 号 2 楼的一间大房子里。房门上方悬挂着"粤华公司"的横匾。室内用屏风隔开，成内外两室。外为铺面，摆放和出售各类品种的茶叶。内为会客室。廖承志、潘汉年经常在这里会见著名的爱国民主人士、爱国侨领和华侨青年学生代表以及港澳各界人士；也会见过外国友好人士。先后参加过办事处工作的有连贯、李默农（李少石）、张唯一（又称"老太爷"）、杨琳、林青、李静（女）、康一民、熊志华、谭乐华（女）、钟路（女）、高直（女，即李玉明）、梁上苑、杜埃、潘柱（潘静安）、冯劲持、张淑芳（女）、阿新（陈永生）等人。连贯是从香港中共南方工作委员会调过来的，他的公开身份是廖承志的秘书，负责处理办事处的日常事务性工作。[③]办事处除"粤华公司"这一联络机关外，还设有几个小联络点，如连贯、梁上苑、李少石分别使用的南华药房（负责人柯平）、印尼办庄义顺源（负责人廖健，即廖安祥）和湾仔帽店。

办事处不设处、科等机构。办事处下面分专人管理交通、机要、通信、财务、宣传、侨务（包括收转海外的捐赠）等工作。办事处给海外抗日团体或进步人士的信件，有些是不能邮寄的，都交由海员带去。

办事处是个半公开的机关，但因香港环境复杂，一切工作都必须按秘密工作的要求进行。办事处成立初期，潘汉年负责向新来办事处工作的同志宣布地下工作纪律，教给他们隐蔽斗争的方法，并规定不准照相和送照片给人，不得与亲戚、朋友、同学通信来往，出门时要注意是否有人跟踪，自己的住处要注意保密等。

　　办事处成立后，迫切的问题是需要解决华侨捐款往哪里寄的问题。廖承志想到了他的表妹夫邓文钊。他是广东五华县水寨乡人，1908 年生，1935 年毕业于英国剑桥大学，获经济学硕士学位。同年返香港，后任大英银行华人经理、华比银行副经理。此人也有一腔爱国热忱，廖承志和他做工作后，他欣然同意。从此华侨捐款可汇寄华比银行廖承志收。后来，他又以军长叶挺、副军长项英的名义在香港《大公报》上刊登启事，通告各界同胞捐赠的物资交由"敝军驻粤港代表廖承志收转"。这样，手续就方便多了。在当时要香港一家银行代收中国共产党方面的捐款，绝不是一件容易的事，只有廖承志的特殊身份和威望才能办得到。④

　　廖承志有着广泛的海外关系，他的父亲廖仲恺本人就是从美国归来的华侨；他的母亲何香凝在香港出生，在港澳有较深的社会基础。廖仲恺、何香凝早在辛亥革命时期就多次写信或致电海外侨胞募集款项，支持孙中山的革命事业。廖仲恺为国殉难的事尽人皆知，所以，很多华侨知道廖公子承志主持办事处的工作，都纷纷解囊赞助。这时，在香港的何香凝也多次写信到国外，发动侨胞捐款捐物支援八路军、新四军抗日。据当时旅居英国的陆晶清回忆，她就收到"何先生从香港寄来的信，信中指示两点：一是积极组织力量，宣传中国全面开展反侵略战争不仅为自救，也为保卫世界和平，争取外国人的同情支援。二是华侨的宣传，斟酌情况，可用何先生的名义，要求华侨发扬传统的爱国热忱，关心和拥护抗日战争，用实际行动支援抗日战争。希望每一个华侨做'炎黄子孙应该做到的事'"⑤。陆晶清遂以何香凝的名义募款，来捐献的人很多。因为何香凝在海外享有很高的声望，只要提起"廖夫人"，老一辈的华侨都表示高度的崇敬，旅英侨胞纷纷捐出现金和药品、医疗器械、通信设备、罐头食品等各种物资，有的甚至把自己身上穿的冬衣脱下来，把自己床上用的毛毯抽出来，送到全英援华总会，然后运到香港。各地的物资运到香港后，何香凝又亲自组织包装、运输，将其源源不断地运到中国共产党领导下的敌后抗日根据地。何香凝十分关心时局的发展，重视舆论的作用。1938 年上半年，她在香港不断著文，既对国民党政府的某些进步给予肯定，又对国民党当局实行片面抗战路线提出尖锐的批评。1 月，她发表《回复十三年精神》一文，指出："我们国民党员，应该要复'古'。……应该回复民国十三年武力与人民去结合的革命精神，将喜欢拿指挥刀，畏惧民众的恶习一笔勾销，还我爱护民众动员民众一切依靠民众的本来面目。"⑥如何发动群众呢？她提出了两条：一是政治上要民主，停止任何党派的斗争，全国人民精诚团结；二是要确实改善民生，如救济难民、抚慰流亡、取消苛捐杂税等。她的这些建议，切中时弊，找到了国民党的病症所在，可惜国民党政府不予采纳，致使大片国土沦入敌手。针对当时甚嚣尘上的"亡国论"，她在 3 月发表文章指出，妥协、投降是没有出路的，"使中华民族复兴的惟一途径是将抗战能够坚持到底，持续到最后胜利"。她还谆谆告诫人们："免得被汉奸们中途断送，被亲日派所出卖。"⑦

　　为了在战火纷飞的中国实现内部团结并扩大进步影响，何香凝始终不懈地努力。在香港的最初一两年中，她工作的中心是加强当时正在出现积极的、建设性的发展趋势。特别是她对国民党于 1938 年春在武汉召开临时代表大会所通过的统一战线导向的《抗战建国纲领》，表示坚决支持。她在 4 月间同宋庆龄联名发表致国民党领导的公开信，认为这个纲领须付诸实施，而不应只停留在纸面上。她们都是国民党中央执行委员会委员，并且始终如一地主张国共合作（虽然几乎长期处于孤立状态）。她们没有实权，但受到公众尊敬。在这封信中，她们就国民党对国家和人民的责任，提出七点建议："一、重振党纪，严厉制裁一切偷生怕死、贪污舞弊、欺民枉法之负责党员……二、尊重民意，实现民权，彻底取消一切有形或无形压制民意、妨碍民权之法令；三、……停止任何方式之党派斗争，务使全国人民一致精诚团结；四、时刻不忘当前民族国家之耻辱，胜固不骄，败亦不馁，贯彻抗战建国之目的，切勿中途易辙。凡稍得胜利，即妄冀和平、实为屈辱之主张，尤应坚决反对，勿使我民族国家，重蹈万劫不复之地；五、严防敌寇阴谋，勿中其一切挑拨利诱之伎俩，务使其不战亦能灭亡中国之毒计无从实现；六、严厉执行褫夺从事傀儡汉奸者之公民权，没收其全部财产，如身为党政负责人员，尤应加以严峻之刑律……七、勿忘全国同胞在被占区域及作战区域……种种惨痛……党政当局贵能牺牲少数人之安荣利禄，而以解除全国人民生活苦痛为前提……救济难民、抚慰流亡、抚恤阵亡将士家属及死难同胞、取消与禁止一切苛捐杂税及高利贷，斟酌情形豁免赋税，或减低租税等，当努力实行，务使全国同胞乐于追随吾党，抗战到底。"[⑧]

在何香凝革命精神的鼓舞下，廖梦醒、廖承志更加勤奋地工作。廖梦醒就经常指导办事处人员怎样给华侨写信。据高姑娘（高直，又名李玉明，当时办事处的人都叫她"高姑娘"——引者注）回忆："大廖先生（廖梦醒首长）和蔼可亲，对华侨捐款的答谢信，教我填写她认为最合适的字体。穿着丝绸轻快料子的旗袍，普通齐耳的头发，有才干有远见的革命风度，是一位特别易于亲近的领导。"[⑨]办事处与中共广东省委有协调关系。为了传达中共中央的指示精神，领导华南地区抗日救亡运动的开展，廖承志步履匆匆，经常来往于穗、港之间，在他的领导下，建立起八路军驻广州办事处，任命云广英为办事处主任。廖承志让出他在广州市东山百子路 10 号（今中山二路 8 号）的住宅"双清楼"，作为八路军驻广州办事处的办公地点。

1938 年初，国民党军队在日军进攻面前一蹶不振，大片国土沦丧敌手。亲日派的"抗战必亡""战不如和"的亡国论调一时甚嚣尘上。批判亡国论、失败论，树立抗战必胜的信念，便成为巩固国共合作的迫切任务。于是廖承志于 1 月 5 日为广州《救亡日报》撰写社论《收获和教训》一文。他壮怀激烈、充满信心地说：虽然大片国土沦丧，众多同胞牺牲，"可是这些血与泪砌成了中国一座新的血肉长城，显示了中华民族可以战胜日本帝国主义的新曙光，这是用血写成的收获"。鼓舞了中国人民抗日斗争的志气，大灭了日本帝国主义和降日派的凶焰。他还针对日本帝国主义和亲日派妄图利用中国军事上的暂时失利以瓦解抗日民族统一战线的阴谋，严正指出："以国共合作为基础的抗日民族统一战线，并没有因军事上的失利，而陷入危机或破裂，反而更趋密切，更加坚强，严重地打击了日本帝国主义企图利用中国军事上的失利来拆散统一战线的阴谋，顽强地回答了汉奸亲日派利用军事上失利引起的失败心理，企图和平投降以断送抗战出卖民族的迷梦。"同时，他在文章中还宣传了中国共产党和中国人民是坚持抗战，反对投降的中坚。他说，以上事实，"向全国父老兄弟证明了中国共产党人，忠于民族、忠于祖国的赤心烈胆"，"这是中华民族在生死关头中向日本帝国主义及其汉奸走狗亲日派的有力示威，这一示威正显示着中华民族里面蕴藏着无穷无尽的力量"。[⑩]

1938 年 1 月 30 日，廖承志到达广州，与云广英等广州抗日救亡工作者联系。2 月 3 日晚，他和卓炯、尚仲衣、邓明达、左恭、姜君辰、杨康华、特伟等三十多位救亡工作者召开座谈会，探讨广州抗日救亡工作如何开展的问题。会上，他发表讲话指出，他以一个中国共产党党员的立场，诚恳地希望救亡工作者克服过去关门主义、小派别倾向和其他一切互相猜忌、互相戒备的情况。说明中共正在以最大努力，强化和扩大抗日民族统一战线。在这统一战线里面，应该互相帮助，互相勉励，任何摩擦都应该竭力减免。

1938年2月4日，廖承志在广州市知用中学礼堂向各界群众作了《一切服从于抗战》的演说，从四个方面分析了抗战以来的收获及军事上失败的原因。目前抗战中所碰到的困难，以及由困难而引起的危机。指出要克服危机，必须提高民族的警觉性，一切服从于抗战，抗战高于一切，即必须树立必胜的信心，精诚团结，真诚合作，共同负责，共同发展，互相尊敬，互相扶助。在作风上要服从统一战线，互相帮助、保障；在工作方面要消除所有偏见，克服困难，为实现抗战到底而努力。廖承志的演讲精辟阐明了抗战的形势，受到各界群众的热烈欢迎，为广州抗日救亡运动的发展赢得了群众，打下了基础。[11]

1938年3月底，他再次来到广州，去瞻仰黄花岗的烈士墓，并在《救亡日报》上发表《敬礼！黄花岗》一文，强调坚持国共合作的重要性，指出："血债是必须要用同样代价偿还的。我们相信，在坚决继续烈士们的精神底下，在坚决坚持国共合作基础的抗日民族统一战线来贯彻抗战到底的国策底下，中华民族是一定能够争取最后胜利。中华民族是不可压服的，因为烈士们的血所写成的文字，已是全中国人民共同信奉的口号了。"[12]

通过廖承志以及办事处同仁们的努力，收到了可喜的成果。仅在1938年4月的一个月内，香港同胞就为八路军捐助了八千多元的医药。当时蒋介石国民党拨给新四军每人的军费是每月1.3元。这笔钱相当于新四军初期由国民党拨给全军的军费。同时，加拿大、英国、菲律宾、马来西亚等地华侨，也纷纷捐钱支援八路军、新四军。

新西兰作家和记者杰姆斯·贝特兰 1938 年 2 月在武汉时，周恩来曾和他谈到八路军伤员的医疗服务工作，并请他带一份报告给在香港的宋庆龄，内容是八路军在这方面的需要。贝特兰于 3 月间抵达香港，这时恰好廖承志和他的姐姐廖梦醒正打算在香港组成一个支援白求恩大夫的小组，同时成立一个规模更大一些的组织，以便向公众征集援助并同海外援外团体机构取得联系。贝特兰曾到过延安，认识廖承志。贝特兰转告周恩来的想法正和廖氏姐弟的打算完全一致。这个组织找谁来领导呢？廖承志想到的是请宋庆龄任主席和实际领导人。当廖氏姐弟向宋庆龄征求意见时，宋庆龄欣然同意，表现十分积极和主动。⑬廖承志与宋庆龄商议后，决定由她发起筹组"保卫中国同盟"（以下简称"保盟"）。

在宋庆龄筹组保盟的过程中，廖承志、潘汉年对保盟的任务、宗旨及组成人员等重要问题都进行了深入的研究。经过 3 个月的紧张准备，保盟于 1938 年 6 月 14 日在宋庆龄寓所正式宣告成立。这是一个以争取国际援助、支持祖国抗战为宗旨的抗日爱国组织，总部设在半山区西摩道 21 号。宋子文任会长，宋庆龄任主席，廖承志是中央委员兼秘书长，廖梦醒是宋庆龄的秘书、中央委员、办公室主任。宋庆龄还邀请香港医务总监司徒永觉的夫人海弥达·克拉克女士任保盟名誉秘书，香港大学教授诺曼·法朗士任名誉司库。当时任国民政府行政院院长的孙科，印度的贾·尼赫鲁，美国的保罗·罗伯逊，德国的托马斯曼，美国的克莱尔·布思·卢斯，以及国民党内有威望人士冯玉祥、颜惠庆等都是中央委员。原美国合众社记者爱泼斯坦和新西兰作家贝特兰，以及邓文钊、王安娜、邹韬奋、金仲华、陈君葆、许乃波等都参加保盟中央的工作。保盟的成立，为中国人民与各国人民之间架设了一座国际主义的友谊之桥。

在办事处的支持、协助下，保盟积极开展工作，广泛联络世界各国进步友好人士，宣传中国各地的抗日救亡情况，报道八路军、新四军英勇抗击敌寇的英雄事迹，争取他们的同情和支持，产生了巨大的影响。

抗日救亡运动的蓬勃发展，引起了国民党顽固派的仇视，他们不断制造摩擦，挑起事端。

1938 年夏天，广州的国民党顽固派叫嚣"一个主义、一个政党、一个领袖"的法西斯滥调，并封闭了广州新华日报分馆。为了揭露国民党顽固派反对国共合作的罪恶行径，廖承志在广州市召开进步文化界人士、爱国青年和群众组织代表座谈会。他在会上批判了国民党顽固派破坏抗日民族统一战线的罪行。会上，国民党广东省党部的一个科长跳了出来，气势汹汹地叫嚷什么"共产党破坏团结"，听众对他的狂言极为愤怒，高声喊打。这时，潜伏在楼梯旁边的特务打手，正想大打出手，捣乱会场。在这千钧一发之际，廖承志大义凛然地说："请大家安静，我们要枪口对外，团结抗日。有什么不同意见都可以讲。但是，无论是谁，都不能动拳头。这位先生讲的话不对，大家愤慨是可以理解的。但是开会完全是讲道理的。"接着，他坦然说道："我就是共产党员，我们是坚持抗日的，是坚持团结抗战的。倘若日寇有一天打到广东来，我们共产党员一定到前线浴血奋战。你这位先生大概是国民党员，希望你也同我们一块去战斗。到时你会在哪里呢？请你用事实来回答吧。你刚才讲的话是破坏团结抗战的，也是违背你们蒋委员长的讲话的。我们谁爱国，谁坚持团结抗战，人民和全世界都会看得清清楚楚的。"⑪他的这番话，重申了中国共产党维护国共合作、团结抗战的主张，深得与会者的支持和拥护，击破了国民党顽固派的挑衅。当散会时，大家高呼"拥护中国共产党！"等口号，连在场的便衣侦探及政府人员都一齐为廖承志精彩的演讲而鼓掌、喝彩。事后，中共广东省委通报表扬廖承志，号召全体共产党员要学习廖承志的革命性、高度的原则性和斗争的灵活性，以及他在统一战线工作中既团结又斗争的策略和艺术。

廖承志心胸似海，不计前嫌，尽可能团结更多的人，结成广泛的抗日民族统一战线。当时，廖承志曾在广州宴请20世纪20年代在日本士官学校时的同学。那些人都是当时国民党的中高级军官，其中少数人参加过反共反人民的活动。司徒慧敏很诧异，廖承志风趣地解释说，当年被人称为"士官牛"，既然牛可以为国民党反动派驱使，也可以使他们在反对日本侵略中发挥作用么！我们要争取他们。在解放战争中，第一批国民党军官起义将领的名单中，有一位名叫麦霞冲的，就是当年廖承志宴请的人。⑮廖承志还利用他独特的地位和身份，积极地开展对国民党当局的统战工作。1938年，他与八路军驻广州办事处主任云广英一起，遵照中共中央、中共广东省委的指示精神，与国民党广东当局余汉谋、国民党南雄县县长莫雄谈判，交涉释放我党在第二次国内革命战争时期被捕的共产党员和进步青年数百人。这批获释的党员和进步青年随后分配到各地参加了抗日斗争。

自从保盟成立以后，廖梦醒更是忙得不可开交。她既是宋庆龄的秘书，又是保盟的办公室主任，后来又兼保盟的财务主任。宋庆龄会见国内知名人士及外国友人时，接待工作都由她负责。作为保盟的办公室主任，她要处理许多日常事务性工作。廖梦醒还经常和柳亚子的女儿柳无垢一起经常为保盟的机关刊物《新闻通讯》整理材料并翻译成英文，然后由爱泼斯坦等国际友人编发。她兼任财务主任后，时常出入银行，设法经过当时在那里担任要职的美国朋友之手，提取现钞，有时一取就是几大麻袋。她还经常包装、托运药品和医疗器材，以便运往八路军、新四军的抗日根据地。廖梦醒也是一位心胸开阔的人，她常常和胡汉民的女儿胡木兰一起干得满头大汗。胡汉民是廖仲恺的政敌，胡的堂弟胡毅生是刺廖的谋士之一，这些廖梦醒都是知道的，可是为了抗战，她把胡汉民的女儿团结起来了。当年在保盟中央工作的爱泼斯坦目睹了这一历史镜头。后来，他饶有兴味地追忆道：

> 香港中国首富何东爵士的女儿伊娃医生（何娴姿），在保盟做基层工作，非常勤苦。国民党要人胡汉民的女儿胡木兰帮助发放和分发供应品，劳动也十分辛苦。在这样的劳作中，宋庆龄总是带头。看到高个子、脸色白皙的胡木兰同小个子、黑皮肤的廖梦醒和宋庆龄在一起干活，真是有意思，因为胡汉民和廖仲恺（她们两位的父亲）曾是水火不相容的政敌。为了抗战中的民族而实现这样广泛的团结，全赖宋庆龄创造了必要的气氛。[16]

廖梦醒就是这样夜以继日地为支援抗战而忙碌着。何香凝主要致力于香港的妇女救亡运动，虽然她不列名为保盟的中央委员，但她十分热心支持保盟的工作，多次参加保盟组织的筹款捐物活动，或发表演讲，或题词纪念。[17]

1938年八九月间，何香凝利用纪念“八一三”和“九一八”的机会，推动“献金运动”和“扩大征募寒衣运动”。她通过集会演讲和在报纸上发表文章来动员香港妇女募捐。她说：“中国妇女在抗战中的救国工作，在于节约、献金，将有用的钱用在最有意义的事情上面。”她多次批评香港妇女的奢侈浪费生活：“每餐非山珍海味不吃”，“仍然满身绮罗文绣，涂脂荡粉”，她认为：“在此抗战时期，……实不应为。”她在批评之后又不安地说：“今天相信开罪各位不鲜，惟是激于正义，不能不说几句。”[18]

1939年，中国驻英大使郭泰祺的夫人，在伦敦举办一个慈善卖物会，筹款赈济伤兵。何香凝立即推动香港5个妇女团体，在她主持下开会，讨论响应、支援伦敦卖物会，决定成立一个香港征募物品筹备会，立即开始征集花边手巾、缎制长衣、绣花短衫裤、绣花茶垫及长桌巾、福建漆器、山东玻璃器等物品，运往伦敦义卖。[19]

1939 年，香港兵灾会主办慈善卖物会，何香凝亲赴会场演讲，谈到"伤难苦况，声泪俱下"。她还以书画家身份，在卖物会上亲笔挥毫，其中一幅画即卖得 200 元，接着订购而未确定捐款数目者有十多位善长仁翁。大会估计筹得数千元之多。在她的带动之下，香港著名书画家赵少昂、鲍少游也陪同参加即席挥毫，所筹得之款亦相当可观。[20]

陈纳德将军的夫人、廖承志的堂外甥女陈香梅（她是廖恩焘的二女儿廖香词之女），少年时代在香港，那时她多次听过何香凝的演说，她回忆当时的情况时说："二叔婆很忙。香港也积极开展了抗日救国活动，为抗日捐衣捐粮捐药品，中华全国文艺界抗敌协会常有义演。在不少集会上，二叔婆号召港澳同胞为抗日出钱出力、挽救民族的危亡，同时，她还警告说，日寇决不会放过香港，战争在即！而且会是漫长的！拥挤的听众几乎屏声敛色听着她颇有感召力的演说，但说到战争与香港时，听众中却有人发出不以为然的嗤笑：危言耸听！二叔婆镇定自若，有穿透力的目光咄咄逼人：请你丢掉幻想！很少有女人能镇得住这种场面，况且是个老妇。"[21]陈香梅的回忆活灵活现地展示了何香凝当年为国操劳的精神风貌。

何香凝十分崇敬宋庆龄。对宋庆龄组织的"工业合作协会"国际促进委员会（以下简称"工合"）和保盟，她是鼎力相助的。爱泼斯坦在他所著的《宋庆龄》一书中写道：

至于香港的中国富人，一位前保盟会员曾幽默地回忆起他在为"工合"筹款的一次聚会上所见的一幕：

> "廖梦醒的母亲（直爽的何香凝）拉着何东爵士（香港的中国首富）女婿罗文锦的右手，硬是逼着他定下捐款的数额。其他名人排成队，挨个来，为工合筹到了一大笔钱，这可以作为当时流行的爱国口号有钱出钱、有力出力的体现——廖老太太'有力'而她所捕捉的对象'有钱'。但实际上他们所以觉得难以拒绝是因为宋庆龄在场。"㉒

其实，爱泼斯坦只说对了一半，廖夫人、何香凝的崇高威望何尝不是富贾们难以拒绝的原因呢！

宋庆龄发起的"一碗饭运动"，也得到了何香凝的大力支持。1941 年 7 月 1 日晚，位于香港湾仔庄士顿道 179 号的英京酒家门前，灯火辉煌，车水马龙，人海如潮。宋庆龄主持的"一碗饭运动成立典礼"将在这酒家五楼举行。何香凝因故未能参加，委派她的子女廖梦醒、廖承志代表她出席盛典。

当宋庆龄梳着中国的传统发髻，身着黑绸镶边旗袍，笑吟吟地走到主席台上时，全场响起热烈的掌声。宋庆龄首先发表演讲，当她讲到这次运动的目的是用募捐经费来帮助中国的难民进行生产自救，用工业合作的办法来帮助中国的斗争时，许多听众被她的话所打动，纷纷涌向台前慷慨解囊。这时，坐在主席台上的廖承志站了起来，大声说道："等孙夫人讲完，等一下还要进行义卖。"

当宋庆龄演讲完毕，宣布开始义卖时，廖承志激动得站起来说："我们尊敬的孙夫人对保卫中国同盟开展的一碗饭运动率先响应，这里摆着孙先生生前珍爱的，当然也是孙夫人珍爱的墨宝和纪念品，当场义卖作为捐献……"

廖承志的话音未落，就有许多人涌向主席台，献钞票，递存折，纷纷解囊。"一碗饭运动"得到英国香港当局的支持，得到港九地区的酒楼、茶室、茶居、西菜馆、饭店五行商会的赞助，各饭店纷纷认捐"救国饭"。1941 年 7 月 29 日，何香凝为《华商报》"一碗饭运动"专版亲笔写了"一碗饭运动特辑"的题词。

在何香凝等各界人士的支持推动下，宋庆龄发起的"一碗饭运动"取得了圆满成功，共筹得港币 2.5 万元，全部赠与中国"工合"。1941 年 9 月 1 日，宋庆龄主持了"一碗饭运动"结束典礼。何香凝兴致勃勃地出席了大会，并发表演讲。她首先对"一碗饭运动"所取得的成绩表示热烈的祝贺，并希望通过这一运动，"唤醒本港的同胞，全国的同胞，以及全世界的人士，彻底地认清法西斯侵略者的罪恶，共同为反对法西斯而奋斗到底！"㉓在典礼上，何香凝还向在这次运动中捐款较多的名流闺秀赠送了礼品。

廖承志既是办事处主任，同时又是保盟的秘书长，他充分发挥这两个组织的作用，工作开展得有声有色，卓有成效。他利用其特殊的社会关系，广交朋友。他为保盟做募捐工作，连宋子文都是他筹款的对象。有一次，廖承志还跟宋子文去扯皮，宋伯伯前，宋伯伯后，硬是为八路军磨出了 10 万元大洋。仅一年时间，保盟就为八路军、新四军和抗日根据地募集捐款约 25 万港币，还募集了一批急需的药品和医疗器械。1939 年 5 月，宋庆龄接到新四军卫生部长沈其震的一份紧急报告，发起了募捐"两万条毛毯运动"。许多外国机构和个人直接送来毛毯和寒衣。加拿大、美国、新西兰、澳大利亚等地国际友人和海外侨胞捐助了毛毯和资金。仅半年的时间，"2 万条毛毯"运动取得了圆满的成功。1939 年 4 月，保盟接到新四军来信，信中称："由于天气炎热，需要单人蚊帐和奎宁等药品。"宋庆龄很快又募集了一批紧急援助物资，包括 6 000 码蚊帐用料、20 万片奎宁、12 万剂预防霍乱的疫苗和 2 000 个消毒包。在皖南事变中，新四军的药品和医疗器械等受到很大损失。在宋庆龄的亲自关怀下，在很短的时间内，又募集了大批药品、物资支援了新四军。当时，解放区第一辆配备流动手术室的大型救护车，第一架大型 X 光机，都是通过宋庆龄领导下的保盟捐助的。保盟还动员许多外国医生到抗日根据地参加战时救护工作，如国际和平医院的马海德，印度加尔各答医疗队的柯棣华、巴苏华、爱德华、木克华、卓克华等大夫，奥地利的罗森塔尔大夫，德国的米勒大夫，美国的爱罗色大夫和加拿大的于文女士等。这些国际主义战士在各根据地救治了许多八路军、新四军伤病员，并且在极端困难的条件下开办了数十所国际和平医院、医学院和制药厂，为根据地培养了不少卫生工作者，在中国人民伟大的抗日战争中，立下了不朽的功勋。这些国际主义战士以鲜血和生命培育了中国人民和世界各国人民的友谊。[24]

廖承志在八路军驻香港办事处主任任上，不仅积极为八路军、新四军筹款筹物，而且十分重视华南地区人民抗日武装的建立和发展。1938 年 9 月，日寇为策应武汉的攻势和切断我国的对外联络和补给路线，便抽调兵力，组成南支派遣军，准备侵占广州。狡猾凶恶的日寇选择大亚湾为登陆点，然后沿惠博公路直逼广州。10 月 9 日，日寇主力船团从马公起航，于 11 日黄昏到达大亚湾口。国民党的守军不战而逃，日寇得以登陆，东江的形势十分危急。因此，组织东江人民的抗日武装一事，就提到议事日程上来了。10 月 13 日，廖承志到中共香港市委书记吴有恒家，同中共香港海员工会书记曾生等人，就组织人员去惠阳打游击事进行磋商。因为惠阳不属香港管，所以这事吴有恒和曾生都定不了，必须由廖承志拍板。当时，属香港市委管的党员 650人，海员工会党员 50 人，澳门的党员 50 人，共 750 个党员。经讨论，决定派两百多个党员以"惠宝临时工作委员会"的名义到惠阳去打游击。廖承志说，来不及请示中央了，就这么定吧！

当研究到由谁带队回去时，吴有恒和曾生都争着要去。吴有恒振振有词地说："理由很简单，我会打枪，曾生不会打枪。"廖承志问："你会讲客家话吗？"吴有恒摇摇头。接着，廖承志又问："你在那边有一个熟人没有？"吴有恒坦率答道："没有。"这时，廖承志一锤定音："曾生去！"结果，由曾生任"惠宝临时工作委员会"书记，率领两百多名党员，借了25支枪，便去惠阳搞起抗日游击队来，开始名叫"海员游击大队"。广州沦陷后，梁广、杨康华等人于10月24日从澳门抵达香港，这时，曾生、周伯明他们都已到惠阳去了。吴有恒向粤南省委书记梁广提议，曾生的"海员游击大队"，名称太窄了，仅限一个行业，建议改为"惠、宝人民抗日游击纵队"，梁广同意了。当时该纵队的伙食及其他费用，均由廖承志、吴有恒他们在香港筹措。后来，廖承志又推荐一位当过团长、懂军事的郑天宝去该纵队担任参谋长。就在该纵队成立不久，日寇扫荡，曾生他们步步撤退，敌寇穷追不舍，他们便退到沙头角，把枪支埋藏起来，游击队员则退到了香港。当天，廖承志一改平常和蔼的面孔，满脸严峻，狠狠地批评他们："惟武器论！恐日病！马上给我回去！"第二天，他们便回来了，继续投身于抗日战场。当1988年9月9日，笔者在广州梅花村吴有恒寓所，访问这位司令员兼作家时，他动情地说："如果不是廖承志，曾生是组织不起东江纵队的。"这支队伍从无到有，从小到大，后来发展成为威震南疆的抗日劲旅，渗透着廖承志的心血。

廖承志对广东南路地区的抗日斗争也十分关注，并给予了大力支持与帮助。他通过与张炎的统战关系，协助张炎建立起抗日武装，为我党在南路开展抗日游击战争打下了基础。

张炎是广东吴川县人，原是19路军爱国将领。1938年1月，张炎回到南路地区，任广东民众抗日自卫团第十一区统率委员会主任，同年10月，任广东省第十一游击区司令。他有心抗日救国，但国民党政府并不信任他，他没有自己真正的武装。于是，张炎便到香港寻找共产党的帮助。

1939 年 1 月的一天，一位海员向吴有恒报告说，有一位从茂名来的，自称是张炎代表的人要找曾振生（曾生）。当时曾生去惠阳打游击后，香港的海员工作由吴有恒兼管。吴有恒知道张炎是爱国将领，有进步的表现，便决定约见张炎的"代表"。吴有恒明确告诉张炎的"代表"："曾振生到惠阳打游击去了，找别的人和你谈行不行？"张炎的"代表"问："谁？"吴有恒答说："廖承志。"张炎的"代表"高兴得几乎跳了起来，连声说："那更好了，太好了！"

廖承志很快便接见了张炎的"代表"。廖承志接见时，才知道所谓张炎的"代表"，其实就是张炎本人。张炎向廖承志提出，要派人回南路帮助他搞抗日，廖承志当即愉快地接受了张炎的请求，决定派人去。但是，派什么人去呢？这使廖承志、吴有恒等人绞尽脑汁。在香港的"茂名、湛江同乡会"并没有什么势力，经再三考虑，决定组织由 26 人组成的华侨回乡服务团到南路发动民众抗日。服务团以香港学生赈济会名义发起并出经费，由共产党员刘谈锋、黄络思任正副团长，到南路各县乡村发放救济物资，给贫苦农民送医送药，积极开展各种形式的抗日救亡活动。不久，许多乡村的儿童团、大刀队、救护队等，在服务团的精心组织下，也纷纷建立起来。服务团还协助中共广东省委派到南路的工作队，在各县、乡村发展党员，建立了党组织。不久，南路各县委组织均恢复起来，中共广东省委派了周楠任南路特委书记。服务团同张炎的关系也相处得很好，张炎还聘请服务团的正、副团长担任政治教官，从而使南路地区的抗日救亡运动蓬蓬勃勃地开展起来。⑤

廖承志还十分关心珠江三角洲人民抗日武装的创建和发展。"珠江纵队"的建立，与廖承志的支持有很大的关系。广东省南海县有一位名叫吴勤的人，是大革命时期的中共党员，当过南海农团团长，后来逃往南洋，是个江湖人物。1938年初，他路过香港回到乡下。八路军驻广州办事处曾派人去跟他联系，请他组织抗日武装，结果，广州沦陷，联系中断。1939年初，吴勤到香港找到吴有恒，说他有2 000人的队伍，希望党组织派人到他的部队工作。这时，刚好张文彬到香港传达党的六中全会精神，吴有恒便向张文彬和廖承志汇报，他们两人均很赞成。吴勤在廖承志的关怀下，发动爱国青年在广州郊区成立了颇有实力的抗日义勇队。这支抗日武装在廖承志的支持下改编为广州市游击第二支队（以下简称"广游二支队"）。为了把这支抗日部队改造成为中国共产党领导的人民抗日武装力量，廖承志在一次广东省委会议上提出要派党员干部到广游二支队去。他还提出在改造这支抗日武装时，要坚持党的抗日民族统一战线的政策，既要提高警惕，又不要"过河拆桥"。11月下旬，廖承志派廖锦涛带队的澳门各界救灾会回乡服务团，到广游二支队工作。在党的领导下，在廖承志的关怀下，广游二支队与中山、顺德抗日的游击队在抗日的烽火中，得到发展壮大，成为活动在华南抗日战场的三大主力之一。与此同时，廖承志还贯彻中共中央指示精神，亲自指导冯白驹领导的琼崖工农红军改编为抗日游击独立总队的谈判工作。结果，该部改编为广东民众抗日自卫团第十四区独立队，取得了公开合法的地位。

在此期间，廖承志满腔热情地组织爱国青年奔赴抗日前线。由于廖承志向海内外大张旗鼓地宣传中国共产党的抗日主张，宣传八路军、新四军浴血奋战的英勇事迹，使中共和八路军、新四军的政治影响日益扩大。广大华侨、港澳爱国青年纷纷向八路军香港办事处和广州办事处提出去延安和其他敌后抗日根据地的要求。廖承志对这些爱国青年的抗日热忱总是满腔热情地给予鼓励，并介绍他们前往八路军驻武汉、重庆、西安办事处，然后转赴延安，参加八路军、新四军。据不完全统计，经廖承志领导的八路军驻香港办事处、广州办事处先后介绍到八路军、新四军去的爱国青年、爱国华侨、港澳同胞达一千多人。这些爱国青年在党的教育下，经过长期艰苦的锻炼，许多人成为党和军队的骨干。[26]

广州沦陷后，大批难民受饥挨饿，无家可归，这使一生以救国救民为己任的何香凝十分痛心。1938年10月底，大批难民从广州等地逃亡到深圳，她于11月亲自前往深圳慰问。在深圳一座里外聚集着成百上千难民的祠堂里，她向那些贫病交加、等候救济的骨肉同胞问候，给患病的老人喂水喂粥，把带来的干粮、水果分发给大家，感动得人们拉着她的手，扯着她的衣襟边哭边道谢，她自己也落了泪。为了尽快使流离失所的难民得到安置，她和几位主持救济会事务的人在路边开了个小会，研究紧急措施，决定：①从速解决难民住的问题。除了与附近的农家商量借出房子收容外，设法搭一些帐篷供难民遮风挡雨。②解决难民吃的问题。组织力量，多设临时炉灶，烧煮开水、米粥供应；并开展募集食物活动。③立即成立医务站，为难民治病防病。这三条措施，对解决当时逃亡到深圳的难民生活及其疾苦，起了一定的作用，避免了大量的伤亡。

廖家人对祖国有着真挚的感情，对投敌卖国的汉奸，他们奋笔疾书，怒不可遏。1938年12月中旬，国民党的"副总裁"汪精卫逃离重庆，经昆明潜入越南河内，并发出"艳电"（日本人称之为"第一次和平声明"），公开叛国投敌，何香凝和廖承志立即撰文，给予强烈的谴责。

何香凝在香港得知这一消息后，于1939年1月1日在《星岛日报》上发表了《斥汪精卫》一文，指出："汪氏通电"的要旨，是"将近卫声明响应一番，不特民族气味全无，连做人的良心都已丧尽"。汪精卫所谓的"共同防共，实际上请人灭华而已"。她要求"大家共同签名，即请我党立即开除他的党籍，免得他招摇上南京代表什么党与日本人讲话，大家再不要认为他是什么'副总裁'了"。

何香凝出于和汪精卫、陈璧君有 30 年的交情，她在文中劝告他们立即悬崖勒马，她说："然而为着三十余年曾共患难的友情，为忠实于先总理临终时对大家所说的话，我很希望这篇通电是他坐飞机时北风吹昏了头，或是肝里的瓜子虫扒进心坎里的糊里糊涂，而不是神志清楚确经'熟虑'后的老实话，因为太不像中国人讲的话了。……汪氏应该立即重发声明，取消一切前所胡说的不入耳之谈，重回四川，闭门思过，以谢国人，并求祖宗之宽谅。"[27]

1939 年 8 月 13 日，她又发表了《纪念"八一三"，再斥汪精卫》一文，痛斥汪精卫是变节与背弃三民主义事业的"遗臭万年的汉奸"，她指出："驳斥汪那些无耻事敌的胡说，直斥其污蔑与曲解孙总理三民主义的狗彘心肠，不特是我们分内之事，而且是每个爱护中国、爱护三民主义的人的责任。"她主张国民党应该"将历年来路人皆知的亲日主和、对抗战无信心的分子清除出去"，并警惕有人"曲解"或"修正"三民主义，"和帝国主义妥协"，"做汪精卫第二"。[28]

廖承志于 1939 年 1 月在香港《抗战大学》第 4 期发表《汪逆出走以后》一文，痛斥汪精卫。文章说："鲁迅先生就曾有过一句名言，认为落水狗是要打到底的；否则它以后将会偷偷地爬上岸来，抖擞一身狗毛而将你弄得满身泥水之后，就夹着尾巴逃走了。更何况它不是简单地逃走，而是直接跑到敌人阵营里呢！我们应该要理会到，汪精卫虽然露出原形，可是他所散布的和平毒素与汉奸理论，并未跟着他本人而通通离开了中国，他所处心积虑散布下来的恶毒影响并未全部消灭。于是他们将在敌人进一步加倍的掩护援助与指挥底下，会拼死活动，仍在图谋他们垂死时的挣扎。"文章指出要发扬鲁迅先生痛打落水狗的精神，把反对汉奸卖国贼的斗争进行到底。

1941年1月4日，震惊中外的皖南事变发生。14日，何香凝和宋庆龄等致函蒋介石及国民党中央，在痛斥其违背孙中山遗训，惨杀我同胞的罪行之后，要求："撤销剿共部署，解决联共方案，发展各种抗日实力，保障各种抗日党派。"18日，她又与宋庆龄等电斥蒋介石，指出："今后必须绝对停止以武力攻击共产党，必须停止镇压共产党的行动。"稍后，她为《华商报》题词："团结抗战，抗战必胜，真诚合作，建国必成。"表达了她渴望国共两党真诚合作、挽救民族危亡的诚挚愿望。

自从皖南事变以后，国民党不仅加强了新闻检查和"邮检"，还查封了各地的生活书店，这样，香港同胞和广大华侨，就看不到《新华日报》《救亡日报》和一切抗日刊物了。而重庆的国民党和南京的汪伪集团，配合德意日三国同盟，通过他们各自的新闻传播系统，正在大肆制造"汪蒋合流"、反苏反共的舆论。因此，利用香港这个地方，建立一个对外宣传据点，让香港居民和散居世界各地的千百万华侨和外国友好人士，能有机会知道中共的抗日方针政策，揭露西方列强玩弄的"东方慕尼黑"阴谋，就成了办事处当时最为迫切的任务。因此，廖承志决心要办一家报刊，作为办事处的喉舌，宣传中共的抗日政策。可是，当时在香港办报或出周刊，都得先向港英政府注册，一定要有一个在香港有声望的"法人"出面，同时还要先付港币2000元的"按金"，实在不容易啊！廖承志就找他的表妹夫邓文钊的哥哥邓文田作为办报的"法人"。邓文田是香港华比银行的买办，属于有声望的人，"按金"也由他垫付。报刊的具体事务则由邓文钊负责。报纸的名称也颇绞脑汁，因为香港是英、美、法、荷兰、德国、意大利、日本、蒋记国民党和汪记国民党的情报中心，要在这个地方办一张爱国性质的报纸，必然会遭遇到各种各样的阻挠。因为邓文田是商人，为了使报刊名称不带有政治色彩，容易在香港立足，廖承志定此报刊的名称为《华商报》。经过两个多月紧张的筹备，《华商报》终于在 1941 年 4 月 8 日创刊了。㉙

廖承志十分重视宣传工作，为了使香港同胞和海外广大侨胞了解祖国内地的抗战情况，同情和支持中国共产党的主张，廖承志除安排李少石、乔冠华、梁上苑等人把毛泽东的《矛盾论》《实践论》《论新阶段》等指导中国抗日战争的论著翻译成英文，把《新华日报社论集》和中共在重庆出版的《群众》（纸型）在香港印刷发行外，还根据周恩来的指示，创办了抗日宣传刊物《华侨通讯》。为了办好这一刊物，廖承志不仅亲自撰写文章，还经常召集编辑人员分析国内外形势，研究每一期内容，由谁撰写文章等。刊物印刷后，除在香港、菲律宾销售外，还邮寄给各地的华侨团体、侨领、华侨学校，每期发行量达两三千份。由于这一刊物刊载中国共产党的号召和来自抗日前线的报告，揭露日本侵略者的残暴和八路军、新四军对日作战的捷报，内容具体生动，很受欢迎。㉚

1941 年国民党顽固派掀起第二次反共高潮期间，有许多在重庆、桂林的民主人士和文化界著名人士因抨击国民党顽固派消极抗日、积极反共的方针，而遭到国民党当局的迫害。根据中共中央南方局和周恩来的安排，他们从 1941 年 3 月至 5 月间，陆续撤退到香港来，继续从事抗日救亡活动。廖承志热情地接待这些民族的精英，每来一小批人，廖承志都设宴招待他们，使他们感到心里暖烘烘的，并千方百计为他们开展工作创造有利的条件。

由于一大批著名民主人士和文化界著名人士的到来，香港的抗日文化宣传工作和爱国民主生活形成一时之盛。当时在香港出版的进步报刊，除宋庆龄主办的《保卫中国大同盟》英文半月刊外，还有以范长江为社长，胡仲持为总编辑的《华商报》；有邹韬奋、茅盾、夏衍、金仲华、沈志远、胡绳等为编委的《大众生活》；有茅盾主办的《笔谈》；有俞颂华为总编辑的《光明报》；有救国会主办的《救国月刊》；有郁风主办的《耕耘》；有张铁生主办的《青年知识》；有张明养主办的《世界知识》；有马国亮、丁聪等主办的《大地画报》；有范长江、黄药眠等主办的"国际新闻社；"乔冠华、胡一声、吴全衡、郑书群等主办的"香港中国通讯社"；还有夏衍、司徒慧敏、于伶、金山等组织的"旅港剧人协会"等进步文化团体，一时蔚为大观，对配合国内的抗战救亡运动，争取港澳同胞和海外侨胞，以及争取国际舆论的同情和支持，产生了重大的作用和影响。

廖承志年青潇洒，谈吐幽默，平易近人，知识渊博，深得大家拥戴。办事处的工作人员及文化界人士，有的叫他"廖胖子"，有的黄毛丫头还叫他"小廖先生"，从来没人叫他"廖主任"的官衔。他能因人而异，适合时宜的称呼、交往，刚刚接触，便能使人感觉到他那火一般的热情，很快就被他那非凡的魅力所吸引、所倾倒。著名文化人廖沫沙在《诙谐谈笑见纯真》一文中，回忆起他对廖承志的第一印象时写道：

> 那是 1941 年，我在香港《华商报》晚刊工作的时候。《华商报》是在廖承志同志领导下创立的一家统一战线报纸，也由他邀请华比银行总经理邓文田先生担任《华商报》的督印人。

> 就因为这样，我不但有机会见到廖承志同志，而且常能听到有关他的诙谐风趣的故事。我第一次见廖承志同志时，他听人介绍我的姓名后，立即伸出热情的双手，握住我的手道："我们是同宗兄弟，幸会、幸会……"

他这句"同宗兄弟",使我留下永久不忘的记忆,似乎至今还在我耳边叮咛作响。㉛

办事处的高姑娘(高直)的回忆,也有助于我们了解廖承志平易近人而诙谐风趣的性格,谨录如次:

小廖先生是很有风趣的有特异气魄的首长。例如:小廖先生把连先生(连贯——引者注)的头发拨乱,有时,顺着连先生桌子到我桌边,把我的头发弄乱。小廖先生好几次在要回家时问我:"细佬妹(粤语,意为小姑娘——引者注),借我一角钱(或两角)",我连忙取出送上。过一天或两三天,他就必定还给我,绝不会忘记的。小廖先生办着国家大事,却不会忘记这个小节,他是忙得会把车费经常忘记带了。㉜

廖承志十分关心办事处的同志,但他在与香港当局打交道的过程中,在原则性的问题上绝不让步。当时由于办事处的抗日活动搞得比较活跃,在香港的日本特务便向英国提出"抗议";国民党驻香港的代表吴铁城,也向英国政府提出"抗议"。继而1939年3月11日早晨,港英政府竟然派出八九名侦探,突然包围了皇后大道中18号二楼的"粤华公司",逮捕了连贯等办事处的工作人员5人。案发后,廖承志据理与港英政府交涉,港英政府只好诡称"不知道粤华公司就是八路军驻香港办事处",于3月15日释放了连贯等人。

香港沦陷前夕,廖承志曾应港英当局要求,就保卫香港的问题举行谈判。1939年10月24日,港英当局向廖承志提出,要冯白驹部炸毁日军在海口市的飞机场,要他们"派几个人来港学习如何使用此种炸药"。其条件是港英当局接济冯白驹部军火及无线电器材等。11 月 10 日之后，港英当局又两次派人会晤廖承志，表示现存港之 500 挺轻机枪以及大批炸药可以点交给我方。后又频频派人来找他。他们表示愿拨给琼崖部队驳壳枪 1 000 支外并可拨给 250 支轻机枪，另拨给东江游击队驳壳枪 500 支，轻机枪 50 支。这时，日军进攻矛头逼近香港，港英当局又提出要求我广东游击队协同保卫香港，答应广东游击队可在香港设立办事处和架设秘密电台。廖承志要求港英当局为我军提供武器、装备、医药等物资，并要求开放民主，成立民主党派参加的联合办事处，发动群众，武装群众。英方却提出派教官到我军监督使用武器等许多苛刻条件，被廖承志严词拒绝。正当谈判悬而未决之时，1941 年 12 月 8 日，日军偷袭珍珠港海军基地，太平洋战争爆发。当日凌晨，日军以陆、海、空军相配合，对港九发起进攻。

　　当天，当时担任中央军委副主席、南方局书记的周恩来立即从重庆给在香港的廖承志发去两份紧急电报。电文指示："在香港的文化界人士和爱国民主人士处境艰难。这批文化界人士中不少是我国文化界的精英，要想尽一切办法把他们抢救出来，转移到后方安全地区。"廖承志接到周恩来的电报后，当天就召集了紧急会议，工委、文化界、新闻界的人士都参加了。参加会议的夏衍回忆说："这次会议上讨论的已经不是日本会不会南进的问题，而是香港能不能守住和在港的大批民主人士如何应变的问题了。大家分析了形势，认为港英当局可能会抵抗一阵，但是要在这个小岛上长期作战，显然是不可能的。于是，讨论的重点就集中在如何疏散的问题。廖承志当机立断，决定派人和东江纵队联系，要曾生尽快派一支别动队到九龙来协助。"[33]这天，日军以"南支派遣军"第 36 师团为主力的 1.5 万人，分两路越过深圳河，向九龙半岛发动突袭。只见陆上枪声密集，日本空军也对九龙进行狂轰滥炸，连在香港都可听到隆隆的枪炮声。

1941 年 12 月 9 日，周恩来再次急电廖承志："港中文化界朋友如何处置？尤其九龙朋友已否退出？""能否一部分人隐蔽？""与东江游击队及海南岛能否联系？"并对撤离香港的路线作了明确的指示：除了去广州湾（今广东省湛江市——引者注）、东江外，马来西亚也可去一些；如去琼崖与东江游击队更好；不能留下隐蔽，也不能南去或到游击区的人员，即转入内地先到桂林。㉞

廖承志接到中共中央和周恩来的指示后，立即向有关领导同志传达了中央的指示精神。这时，适逢中共南方工作委员会正在香港开会。参加会议的有南委副书记张文彬、粤南省委书记梁广、广东抗日游击队政委尹林平、香港市委书记杨康华以及南方局派到香港工作的李少石、潘汉年等人。廖承志拿着周恩来的紧急电报来到会场向大家作了传达，并讨论具体的营救工作。经过讨论决定：营救工作分两路进行：一路从香港偷渡到九龙，然后再从九龙转移到东江游击区；另一路从香港长洲岛偷渡到澳门或广州湾，再分别从广东境内进入桂林。此外，还有少数有特殊情况的人，则从其他路线脱险。会议确定了每一个步骤都有具体同志负责。香港地区及有关各地的党组织、群众和东江游击队纷纷行动起来，一场伟大的秘密大营救就在敌人隆隆的炮声中紧张而又有条不紊地展开了。

1941 年 12 月 11 日，日军进攻九龙时，廖承志派乔冠华、叶以群到九龙把能找到的疏散对象护送至香港，为他们找好了住处，把他们隐蔽起来。暂时找不到的，立即通过交通站设法通知其转移。廖承志又把从九龙撤出的人，大部分集中到在皇后大道中办事处开办的商行里，落实住处，交代联络方法。㉟对于原住在香港的疏散人员，廖承志则要他们立即搬家，除了规定单线联系的人外，要他们与其他人断绝一切来往。廖承志还要求所有的人一律改穿唐装，以小商人、店员、职员的身份隐蔽起来。但是，要在香港找到他们，可不是一件容易的事。因为随着日军对香港的进攻，形势变得混乱起来，很多人的住址在香港和九龙之间来回搬迁了好几次，特别是在香港沦陷后，为躲避日军的搜捕，许多人更是不断地变换住址。廖承志拟定了撤离人员的名单，通过熟悉香港地形的人员千方百计分头去寻找。经过几番周折，他们找到了在"生活书店"工作的张友渔和徐伯昕，通过他们又找到何香凝、戈宝权、胡绳等人，最后在铜锣湾灯笼街的贫民窟里，又找到搬了5次家的茅盾夫妇和邹韬奋夫妇。与此同时，香港地方党组织也派人协助寻找营救对象。找到他们后，对其中居住困难的，则安排他们到大中华酒店居住。

1941年12月18日下午，敌机对香港进行了狂轰滥炸，就在硝烟未退之时，廖承志在告罗士打大酒店楼下大厅，分批分组地会见民主党派负责人和文化界人士。这时，东江游击队的短枪队已进入九龙，在香港地方党组织和当地人民群众的支持下，打通了东西海陆两条交通线，并在九龙设立了秘密接待站。廖承志就撤退方案和途径征求了大家的意见。廖健（廖安祥）被柳亚子先生称为"梅州大侠"，当时参加了营救工作，他的回忆颇为详细和生动，谨录如次：

　　当时廖公和尹林平所拟定的撤退路线有两条：一条是西线，这条是由九龙青山道经荃湾、元朗进入宝安游击区，这是抢救大批文化人脱险的主要路线，也是后来疏散香港难民回内地的路线。为了避免遇到敌军巡逻队和熟人，在荃湾与元朗之间绕道大帽山（大雾山），再由元朗经落马洲至东江游击队总部的白石龙村。沿途在荃湾、锦田、元朗和落马洲均设有秘密接待站，以解决食宿问题。茅盾、邹韬奋等几百位文化界人士都走这条路线。另一条是东线，由九龙到西贡，然后在大鹏湾渡海到沙鱼涌进入惠州城。这是秘密交通线，路线较短，是为了不宜走西线的人而安排的。廖、连、乔三人以及张友渔夫妇，邓文田、邓文钊兄弟，农工民主党负责人李伯球和国民党第七战区司令长官余汉谋的夫人，就是经由此线撤回内地的。此外，还有由香港至澳门的海路，只能乘走私船前往，然后再由澳门转往广州湾（湛江）或江门、中山、台山到达桂林和重庆。由于一些电影戏剧界人士容易被敌人认出，不能走上述两条陆路，所以安排了这条路线。夏衍、蔡楚生、司徒慧敏、范长江、金仲华、李少石、廖梦醒夫妇即走这条海路。[36]

廖承志在宣布撤退路线和人员名单后，还指定分队负责人，明确行前联系地点以及应注意的事项，同时分发了必备的经费。这时，平时爱开玩笑的廖承志神情严峻，他严肃地告诫大家："这是一个非常时期，可能会碰到预料之外的险情，那时如何处理，就只能请你们自己抉择了。"

1941 年 12 月 25 日，港督杨慕琦手持白旗向日本投降。日寇立即封锁了香港与九龙之间的海面交通，并扣留了船只，这给抢救工作带来了很大的困难。廖承志立即与九龙方面取得联系，利用刘水福的大驳船及其小艇，在夜深人静之时，悄悄地将文化界人士、民主人士偷渡到九龙，然后转入东江游击区。

廖承志在安排抢救文化界和民主人士的工作后，来不及和母亲、妻子及年仅两岁多的女儿廖蒹告别，1941 年 12 月 29 日，他和连贯、乔冠华三人，由"梅州大侠"廖安祥带到刘水福的大驳船上住了一夜，这时李健行也来了。次日凌晨，廖承志等人由李健行陪同，搭乘刘水福安排的小艇过海，见了尹林平，然后仍由李健行陪同，离开了他战斗了 4 年的香港，到西贡后，坐船过沙鱼涌，转给黄冠芳的短枪队护送至广东惠州市。

廖承志离开香港时给廖安祥交代一项特别任务：先把何香凝和柳亚子带到货船上暂住，然后再找谢一超护送他们前往海丰县汕尾港，然后转赴内地。

何香凝原来住在九龙，1941年12月8日凌晨，日军向九龙启德机场进攻，炸弹声、枪声响成一片，情势危急！10日黄昏时刻，廖承志匆匆赶到九龙何香凝寓所，告知已雇好一条船，要何香凝及经普椿母女立即随他一齐偷渡赴港。由于时间匆促，他们任何衣物都来不及携带，连熟睡的小女儿廖兼的鞋袜也顾不上穿，空手只身逃离九龙。到香港后，何香凝先在西摩道"保卫中国同盟"办事处暂住，由于该地不够安全，次日便移至中环鸭蛋街蔡廷锴的住宅居住。香港沦陷后，有一天，一群日军来到蔡家搜捕蔡廷锴。何香凝伪装成守门工人的亲戚，接受他们的盘问，当日军得知蔡廷锴一家已经逃走后仍有怀疑，便转问翻译"是真的吗？"何香凝立即用日语答话："是真的。"日军便问"你到过日本？"何香凝继续用日语答话："年青时在横滨做佣工。"日军们看了看何香凝两只粗糙的手，便相信了，于是他们才离开了蔡家。之后，何香凝考虑到蔡家也并非安全之地，便移居到对面的李济深家的木楼上，因为这时李济深家已经人去楼空了。[37]

廖安祥接受廖承志的重托后，便火急火燎来到李济深家的木楼带领何香凝、经普椿及其女儿廖兼，柳亚子及其女儿柳无垢到刘水福的驳船上居住。因需等待海面航行是否安全的情报，他们一直在船上住了十多天，那时候，香港粮食奇缺，每人每天限购6两4钱米，黑市米价则暴涨，而且不容易买到。幸亏刘水福事前买了二三十包米储藏在船上，才免受饥挨饿之虞。刘水福对何香凝照顾周到，如待亲娘一般，并且不收任何费用。1942年1月15日，谢一超护送何香凝、柳亚子等人至长洲岛，转乘大船前往广东汕尾港。[38]

这次"秘密大营救"，由于廖承志坚决贯彻中共中央和周恩来的指示，精心组织，指挥若定，在东江游击队的大力协助下，圆满地完成了党中央交给的任务，所有和中共有联系的民主人士和文化工作者（除诗人林庚白中流弹牺牲外），都陆续安全地撤离了香港。被营救的抗日爱国民主人士和文化界人士及其家属共八百多人。他们中有何香凝、柳亚子、陈汝棠、李伯球、邓文田、邓文钊、邹韬奋、茅盾、夏衍、胡绳、戈宝权、张友渔、黎澍、胡风、金仲华、刘清扬、宋之的、杨刚、梁漱溟、蔡楚生、赵树泰、胡蝶、王莹、沈志远、丁毅夫、韩幽桐、沈滋九、陈丽洲、吴全衡、张明养、千家驹、高士其、金山、章泯、于伶、凤子、盛家伦、郁风等人。这些人中，后来成为新政协委员的就有一百一十多人。同时，还营救了国民党第七战区司令长官余汉谋夫人上官德贤等十余人，以及英、美、荷、比、印等国际友人近百人。这次营救工作，受到中共中央的表扬。茅盾先生称赞这次营救工作是"难以想象的仔细周密，是抗战以来（简直可以说是有史以来）最伟大的抢救工作"。

廖家人在香港苦战 4 年，功绩卓著，彪炳史册。年仅 30 岁的廖承志，第一次负责独当一面的工作，初露锋芒，政绩突出，逐步展现他过人的组织才华，大智大勇的政治胆识，幽默风趣的人格魅力，待人以诚的高尚品德，受到人们普遍的赞扬。

注释：

①《廖承志文集》下卷，人民出版社 1990 年版，第 714 页。

②《廖承志文集》下卷，人民出版社 1990 年版，第 716 – 717 页。

③连贯：《回忆八路军驻香港办事处》，见中共广东省委党史研究室编：《广东党史资料》第 18 辑，广东人民出版社 1991 年版。

④有些书刊，如杨世兰等《廖承志》说，邓文田和邓文钊是廖承志的表兄弟，有误。邓文田是邓文钊之兄。1927 年邓文钊娶何香凝的侄女何捷书（廖承志的表妹）为妻，故邓文钊应是廖承志的表妹夫。

⑤陆晶清：《在何香凝先生身边》，见《回忆与怀念——纪念革命老人

何香凝逝世十周年》，北京出版社 1982 年版，第 215 页。

⑥尚明轩、余炎光编：《双清文集》上卷，人民出版社 1985 年版，第 253 页。

⑦何香凝：《纪念"三八"节》，尚明轩、余炎光编：《双清文集》下卷，人民出版社 1985 年版，第 258 页。

⑧宋庆龄、何香凝：《拥护抗战建国纲领　实行抗战到底》，尚明轩、余炎光编：《双清文集》下卷，人民出版社 1985 年版，第 262 - 263 页。

⑨李玉明同志回忆抗日战争初期八路军驻香港办事处的情况（1985 年 10 月 22 日），记录原件藏中共广东省委第八办公室。

⑩《廖承志文集》上卷，人民出版社 1990 年版，第 43 - 44 页。

⑪莫振山：《廖承志与抗战初期广州的抗日救亡运动》，《广东党史通讯》1988 年第 4 期。

⑫《廖承志文集》上卷，人民出版社 1990 年版，第 47 页。

⑬伊斯雷尔·爱泼斯坦著，沈苏儒译：《宋庆龄——二十世纪的伟大女性》，人民出版社 1992 年版，第 388 页。

⑭杨康华：《我的追念》，《南方日报》，1983 年 6 月 27 日；林林：《廖承志二三事》，《随笔》1992 年第 4 期。

⑮司徒慧敏：《我心中不灭的长明灯》，见中国新闻社编：《廖公在人间》，生活·读书·新知三联书店 1983 年版，第 27 页。

⑯伊斯雷尔·爱泼斯坦著，沈苏儒译：《宋庆龄——二十世纪的伟大女性》，人民出版社 1992 年版，第 396 页。

⑰尚明轩教授在他著的《何香凝传》中，说何香凝是保盟的中央委员（见该书第 272 页），有误。笔者在 20 世纪 80 年代初，曾多次采访保盟的发起人之一的廖梦醒，她坚称，最初的中央委员只有宋庆龄、邓文钊、廖梦醒、廖承志及三名外国人：爱泼斯坦、西尔温·克拉克夫人、诺曼·弗朗斯。后来增补了一些委员，但也没有何香凝的名字。

⑱《星岛日报》，1938 年 8 月 9 日，9 月 21 日；香港《工商日报》，1938 年 8 月 27 日。

⑲《星岛日报》，1939 年 6 月 17 日。

⑳《星岛日报》，1939 年 12 月 10 日，12 月 11 日，转引自吴伦霓霞、余炎光：《何香凝在香港》，见吴雁南等：《廖仲恺何香凝研究——廖仲恺

何香凝学术研讨会论文集》，广东高等教育出版社 1993 年版，第 365 页。

㉑胡辛：《陈香梅传》之一章：《廖承志舅舅》，《广州日报》，1995 年 10 月 30 日。

㉒伊斯雷尔·爱泼斯坦著，沈苏儒译：《宋庆龄——二十世纪的伟大女性》，人民出版社 1992 年版，第 395 – 396 页。

㉓《华商报》，1941 年 9 月 2 日。

㉔罗修湖：《八路军驻香港办事处》，见陈弘君主编：《香港与中国革命》，广东人民出版社 1997 年版，第 95 页。

㉕据笔者 1988 年 9 月 9 日访问吴有恒的记录。记录稿藏廖仲恺何香凝纪念馆资料室。

㉖杨世兰等：《廖承志》，见中共党史人物研究会编：《中共党史人物传》第 34 卷，陕西人民出版社 1987 年版，第 32 页。

㉗尚明轩、余炎光编：《双清文集》下卷，人民出版社 1985 年版，第 312 页。

㉘尚明轩、余炎光编：《双清文集》下卷，人民出版社 1985 年版，第 336 页。

㉙夏衍：《白头记者话当年——记香港华商报》，《新闻研究资料》总第 12 辑，展望出版社 1982 年版。

㉚罗修湖：《八路军驻香港办事处》，见陈弘君主编：《香港与中国革命》，广东人民出版社 1997 年版。

㉛廖沫沙：《诙谐谈笑见纯真——怀念廖承志同志》，《羊城晚报》，1983 年 7 月 5 日。

㉜李玉明同志回忆：《抗日战争初期八路军驻香港办事处情况》（1985 年 10 月 22 日），记录稿藏中共广东省委八办。

㉝夏衍：《白头记者话当年——记香港华商报》，《新闻研究资料》总第 12 辑，展望出版社 1982 年版。

㉞《周恩来书信选集》，中央文献出版社 1988 年版，第 210 页。

㉟罗修湖：《廖承志与香港的秘密大营救》，《华声报》，1991 年 2 月 19 日。

㊱梁上苑：《"秘密大营救"的艰险历程——与"梅州大侠"廖安祥的对话》（1987 年 7 月 14 日、20 日于北京钓鱼台国宾馆），记录稿藏中共广

东省委八办。

㊲尚明轩:《何香凝传》,北京出版社 1994 年版,第 282 – 283 页。

㊳梁上苑:《"秘密大营救"的艰险历程——与"梅州大侠"廖安祥的对话》。此据廖安祥的回忆。但据徐文烈说,何香凝由香港到长洲岛是由他和东江游击队的小张护送。他说:"当时小张引路,我扶柳老(亚子),柳无垢扶着何香老,相隔一定距离,防止被特务、汉奸全部发现。沿电车轨营盘底海边,路很长,二位老人步行相当疲劳。路上垃圾成堆,苍蝇乱飞,我们挤在人群中,很少引人注意。近午,抵海边。"(见徐文烈:《太平洋战争爆发后柳亚子香港脱险记》,《团结报》,1983 年 6 月 18 日)谨此备忘,以供读者参考。

第二十一章　缧绁生涯

廖承志从香港偷渡到九龙，同尹林平会合后，在东江游击队人员的保卫下，翻过英军密布地雷的钻石山，到达海边一个渔村。在东江游击队手枪队的接送下，乘小风帆渔船到葵涌，在那里同东江游击队的队伍会合后，即召集广东人民抗日游击队领导人曾生、王作尧等人开会，布置护送工作。随后，他到了惠州。1942 年 1 月 22 日，廖安祥雇船带他和连贯、乔冠华沿东江前往老隆，因水太浅，不长的路程，却在船上颠簸了 8 天才抵达。到老隆后，廖承志决定连贯留在老隆主持接送文化人的工作，乔冠华到韶关以"侨兴行"作为据点，建立联络站。①廖承志和乔冠华一起赴韶关，两人一起住在温康兰家里。经过一段时期，他觉得长住在温康兰家不妥，便将经由韶关北上的输送工作委托给乔冠华、张友渔，他自己于 4 月底到乐昌，化名"老陈"，住在武江之滨一幢半旧的两层楼上。他打算等候母亲由潮梅到达韶关后，一起到重庆去。他住在这个地方，除了温康兰、乔冠华知道外，粤北省委书记李大林也来了，廖承志嘱咐"大李"："以后不要来，有事叫温康兰转。"可是过了不久，"南委"的组织部部长郭潜也来了。

1942 年 5 月，中共南方工作委员会（以下简称"南委"）组织部部长郭潜被捕后叛变，为了"邀功请赏"，他供出大埔南委总机关。同月 30 日，又出卖了在广东乐昌的廖承志。

中统特务庄祖方记得，1933 年廖承志在上海被叛徒出卖被捕时，得到几位国民党元老的保释。因此这次逮捕他，就得绝对保密。根据郭潜提供的廖承志在乐昌住所，因为路窄，汽车开不进去，庄祖方决定采取"调虎离山计"，将廖承志诱骗到另外一个地方秘密逮捕。郭潜同意他的想法，并主动说由他写一纸条，说是南委决定，要廖即日去桂林疏散那里的一批进步文化人，乘廖走到火车站的时候，突然将他挟上汽车押解离开乐昌。庄祖方同意后，郭潜当即将纸条写好，并提出要1万元作为诱骗廖去桂林的差旅费。

1942年5月30日下午2时许，庄祖方率领行动队长李刚、队员陈文卿、王鹤林等4人，乘坐广东省民政厅的小轿车，直奔乐昌县城。车到乐昌火车站时，已将近下午4点钟。下车后，庄祖方先向车站问明去桂林的仅有下午6时的最后一班车了。庄祖方即命李刚去附近了解环境情况，并嘱他及时与陈文卿注意等候。他自己则带着王鹤林急忙进入市区。

庄祖方按照郭潜提供的地址，找到了廖承志居住的那条街，他嘱咐王鹤林随他之后，看清门牌号码，如果他一个小时后还没有出来，就得进去探听情况。

庄祖方到了廖承志的住处，看见大门敞开着，他一直走到堂屋里，看到一位老奶奶，便问她："老陈在吗？我是来看望他的。"

"老陈在冲凉（洗澡）呢！"老奶奶答完，随即高声喊道："老陈，有客。"这时侧间屋里有人应了一声。

不一会儿，廖承志开门走出浴室，庄祖方看见此人正是郭潜所讲的形象，心里暗喜。他走上前去，低声说："老陈，老郭要我带一张条子给你。"随即把条子递给廖承志。廖承志看了条子，便领着庄祖方到前面房间，请他坐下。刚坐定，庄祖方即在小提箱里取出法币1万元让廖承志点收。

廖承志点收后，给庄祖方倒了一杯茶。庄祖方看见廖承志很平静，便问道："老陈，今晚你要上火车吧，要不要我帮助你整理行李？"

"我要先去曲江（韶关）再去桂林，今晚不想动身。"廖承志回答。

　　庄祖方听了一惊，心里想："糟了！没希望了！"于是，他勉强说了一句："我听老郭说，要你今天就去桂林呢。"廖承志说："我知道。"庄祖方料必廖承志今天不走了，便没话找话闲聊。他说："广东这地方真不错，我还是第一次来，讲话就感到困难。"廖就问他："你过去在哪里?"庄答："我向来在江西，老郭在江西的时候，我常跟他在一块儿。"廖承志说："难怪我从来没有看到过你呢。"说着廖承志低头似是寻找什么，忽又抬头对庄祖方："你回去对老郭说，最近曲江有一个人在黄包车上被拉下来给抓走了，要他注意。"庄祖方"嗯"了一声。

　　"你说要去曲江，要不要老郭等候你。"庄祖方判断廖承志尚未怀疑他，又问了一句。

　　廖承志没有正面回答，却反问道："为什么?"庄祖方一惊，觉得自己提了不该问的话。不等庄祖方回答，廖承志又说了一句："我自己有事。"庄祖方壮着胆子再问："那你今天是不是动身去曲江?"廖承志回答说："今天晚了，不走了。"庄祖方认为没有什么希望了，只得告别离开。②

　　当庄祖方离开廖承志的住所时，心里想："会不会等我离开后，他会收拾行李，乘坐 6 时的最后一班车去桂林?"于是，他到了火车站后，立即布置李刚等人埋伏，俟廖承志坐火车时进行绑架。他们等到晚上 6 时许，往桂林的列车已经开走了，还没见到廖承志的影子，庄祖方招呼李刚等人在附近饭馆吃完晚饭后，他悄悄地对李刚说："我们不能空手回去，看来只有冒险硬干。"于是，这一伙特务便像鹰犬那样，向廖承志的住所扑去。

　　"笃！笃！"李刚轻轻敲门。

　　"谁呀?"是廖承志的声音。

　　庄祖方说："是下午来的老林，我的钱包掉了，请你借几块钱给我做路费回韶关。"

门应声开了。四个特务一拥而上，抓住了廖承志，嘴里喊着："委员长请你去！"接着，由李刚、陈文卿用力挟着他的手，半拖半推急步前行。

廖承志是刚洗完澡，听到了叫门声，便出来开门的。这时，他身穿裤衩，脚着木屐。他认定是郭潜叛变了，供出了自己。因为他搬到这里来之后，除了温康兰、乔冠华之外，只有两个人知道这个地址，一个是粤北省委书记李大林，另外就是郭潜。下午，看到郭潜写的条子已经够说明问题的了。他试图反抗，但特务人多势众，反抗也是没有用的。必要时只有以身殉国，决不辱党。他被挟持到火车站后，特务们叫他换上衣服，便被押上从韶关开来的专车，随后汽车风驰电掣般朝韶关方向开去。

夜，黑漆漆的，伸手不见五指。汽车在崎岖的山路上，颠簸前进。

"小廖先生，请你请不出来，只得采取此举，受惊了！"汽车开出不久，庄祖方扬扬得意地说。

廖承志没回答，只是"嘿"了一声。

片刻，庄祖方又开口了："小廖先生，你大号承志，你应继承先人遗志，转到国民党里来共同奋斗才是。"庄祖方想到劝降成功，可以"邀功"请赏飞黄腾达，便开始了诱降活动。

一团烈火在廖承志心中燃烧，他愤怒地反问道："你们知道我父亲是怎样死的？"

庄祖方嗫嚅了一下，但仍然振振有词："不管怎么说，他老人家总是一贯信仰三民主义的吧！"

廖承志哈哈大笑，笑声划破了寂静的夜空，震撼着山谷。

庄祖方打了个冷战。自从他当上行动队长以来，被他逮捕的人成百上千，但碰到这么棘手的囚犯，尚属第一个。

为了避免再碰钉子，庄祖方转换了话题，问饮食如何，健康怎样。廖承志闭目养神，不屑一顾。接着是一阵难堪的沉默。

车快到韶关时，庄祖方仍不放弃"立首功"的希望，他缓缓地说："小廖先生，你要考虑今后。你要知道，这次你被捕，跟9年前你在上海时被捕不一样了。那时，孙夫人在上海，你的老妈妈也在上海。这一次，她们都不知道你在哪里，怎么保释？"他欲言又止，装出一副悲天悯人的样子。

廖承志从鼻孔里挤出一声"嘿"！

庄祖方接着说道："你到国民党里来是会大有前途的。"

廖承志显出很不耐烦的样子："废话少说。我不稀罕你们的什么官。请你们把我的骨头拣几根给我娘。"听语气如此坚定，庄祖方感到一时难以奏效，就不再出声了。

半夜，车子到了韶关五里亭便停下来了。庄祖方、李刚下车，徒步进入市区，拟另雇一部车当夜载廖承志往江西泰和县。就在他俩下车后，司机也下了车。不到一支烟工夫，司机带了几个持枪的军统特务来，强行把廖承志从中统特务陈文卿、王鹤林手中劫去，转移到锦江的一艘小艇上。庄祖方回来后，才知道司机是军统分子，他们为了"争功"，才出此举。庄祖方连夜拟了一封向国民党中统局告急的电报，叙述逮捕廖承志及被劫的经过。结果，"官司"打到蒋介石那里。后来，由蒋介石裁夺：廖承志由中统局看管，送往江西处理。

1942年6月5日清晨，廖承志刚吃过早餐，便被拉出小艇，推上汽车，由几个武装特务监护着，开往江西。到了大庾，改乘小船到泰和县。当夜被押到马家洲集中营，囚禁在一间阴暗的牢房里。

这所集中营，处于四面群山的环抱之中，附近杳无人烟，山上的松林郁郁苍苍。廖承志思绪不宁。他想："从香港抢救出来的文化人是否已安全撤出广东？老妈妈呢，她还在兴宁，还是到了广东韶关？新生的孩子健康否？"深夜，常常传来特务们的吆喝声，战友们惨遭酷刑的呻吟声亦隐约可闻，这使他心如刀绞，夜不能寐。

过了几天，国民党"江西调统室"高干会主席、大特务冯琦来了。他一入屋，便装出"老友重逢"的样子，远远就伸出了右手。廖承志坐在铺上，纹丝不动，傲然而视，冯琦只好尴尬地把手放下，倚坐床边。

冯琦故作姿态，问寒问暖。廖承志缄默不语，坚不答话。

冯琦终于"言归正传"了，他说："廖先生，你既然被我们'请'进来了，总得想些办法，你只要写一封信给蒋委员长，承认错误，什么位置都可以给你。望你考虑今后！"讲到最后一句话时，他加重了语气。

"写信是绝对办不到的。我是光明正大的中国共产党党员，决不想做你们国民党的官。我等着的是你们的刀子什么时候砍在我的脖子上！"廖承志立即答道。

冯琦咄咄逼人："年轻人，希望你要再考虑考虑，不要因一时冲动，影响你的锦绣前程，那是怎么样的后果，我想，你是会明白的。"

廖承志"哈哈"大笑。接着，他斩钉截铁地说："没什么可考虑的。什么样的后果我都不怕。"冯琦见其态度坚决，再多讲也没用，只好悻悻地走了。

过了十多天后的一天上午，集中营的头子施锦带了几个特务突然冲到廖承志的房间里来。在武装特务的簇拥下，他被带到了刑讯室。廖承志想："这次肯定遭严刑酷打了，但宁可殉国，决不辱党。"出乎廖承志意料之外的是，敌人并不立即用刑，而是由施锦领着，廖承志随后，像参观展览一样。施锦扬扬得意，说："廖先生，请！见识见识！"

廖承志看见竹签、夹棍、老虎凳、皮鞭等各种各样的刑具，花样多，品种全，想到有多少同胞在这里受到他们摧残时，脸上出现了痛苦的表情。

施锦误以为廖承志被震慑了，奸笑着说："廖先生，谈谈感想吧？"

"你们这些东西，有封建的，还有洋人的。我坐过日本、德国、荷兰的洋牢，也没见有你们的这么齐全。你们是熔中西于一炉啊！可以到希特勒那里去领奖啦！"廖承志讽刺地说。

施锦的脸顿时变得煞白，但仍佯装镇静："令尊大人廖仲恺先生是国民党元老，可你却去参加共产党，中国有句古语：'集忠孝于一身'，你何以尽其忠，何以尽其孝？"

廖承志脸色严峻，措辞严厉："你知道我父亲是怎样死的？"

施锦被这一问，不知所措。片刻，答非所问："往事如烟。过去的事就别说了，说今后吧！只要你肯写封信给蒋委员长，什么事情都好解决啦！浪子回头金不换呵！"说着，"嘿嘿"地笑了。

廖承志态度坚决，声音铿锵："写信是绝对办不到的。我的脖子已经洗干净了，要杀，现在就请吧！"

施锦被震慑了。他装出一副"讨好"的嘴脸，赔笑道："令堂大人何香凝是我党中央执行委员，老实说你的问题咱们做不了主。但我想，既然你进来了，总得有所表示，才能出得去吧？"廖承志鄙夷地盯了施锦一眼，"哼"了一声。

前面，传来了一群刽子手的吆喝声："你招不招？"他们继续往前走。廖承志看见靠墙的十字形木柱上绑着一个人，背朝外，打手用力地抽打。顿时，血流如注，那人仍不肯开口。打手又抓来一把盐，往伤口上撒……廖承志目不忍睹，心如刀割。

施锦对他们自己的"杰作"表示赞赏，脸上露出得意的狞笑。

廖承志痛彻心扉，怒不可遏："施锦！国难当头，你们却配合日本鬼子来摧残自己的同胞，这就是你们'委座'所说的'精诚团结'吗？"

施锦狡黠地笑笑："但愿廖先生自爱，凡事都要三思而后行！"说完，他令特务们把廖承志带回原来的房间继续囚禁。

一连几天，没有特务来纠缠。有一天晚上，监狱看守姚宝山给他送来了晚饭，还给了他一张条子。他打开一看，原来是中共南方工作委员会宣传部长涂振农写的。涂振农在上面写了他不能叛变的八大理由。从姚宝山那里得知，中共南方工作委员会副书记张文彬也被捕了，就关在他斜对面的房间里。廖承志在条子上写了"准备流血"四个字，然后交给姚宝山传给张文彬。次日，纸条传回来了，张文彬写了"坚持到底"四个字，在逆境中，得到如此鼓励，对廖承志是极大的安慰。但他对涂振农写的"八大理由"，非常不满意。心里想：八条理由？假如有第九条呢？那他就有可能叛变。③同时自己的房子及张文彬的房子都是密不透风的，且日夜加锁，而涂振农却安排住在外面的小院里，还给予"优待"，可以"散步"。想着这一切，廖承志对涂振农的疑心加重了。

又过去数日。一天上午，廖承志正在房里作画。一幅《佳人望月》画的画面上，一位素装的古代妇女倚窗望月，脸上显出几分幽怨和哀愁。廖承志画罢；陷入了深沉的思念，不禁低声吟道："独自凭栏空凝盼，月白天空两茫茫。安得蝉翼冲霄汉，飞伴游子早日还。"

"想家了？"廖承志闻声回头，见是姚宝山已轻步走到自己身旁。他默默地点了点头。

"老太太盼你怕心都操碎了。该给她个讯。"

廖承志苦笑了一下。

"你写，我给你送去，也好让他们救你出去。"姚宝山的眼睛里闪烁着坦诚的目光。

廖承志心里涌起一股激动的暖流，但表面上仍然很平静："你怎么出去？"

“我可以秘密出走，不再回来。”

沉默片刻后，姚宝山问：“老太太在哪？”

“很可能已经去广西桂林了。”

“你去过延安吗？”

“去过。我在那工作过一段时间，怎么？”

“廖……”姚宝山往后面一看，没人走过，便轻声喊道：“廖同志。”

廖承志喜出望外：“小姚，你……”

“我想去延安！”姚宝山终于吐出心里的愿望。

廖承志紧紧地握着他的手：“宝山同志，欢迎你！”

“你有空就写吧！先做些准备工作。待时机成熟，我就离开这里。”说着，他落落大方地走出门口，站在自己的岗位上。④

1942年9月3日。夜阑人静，月色如水。一缕月光穿过窗户射了进来，廖承志伏在床上，作《拜别慈母》诗。诗云：

> 半生教养非徒劳，未辱双亲自足豪。
> 碧痕他夕留播众，不负今晨血溅刀。⑤

接着，他又写了一首，是给爱妻经普椿的。诗云：

> 往事付流水，今夕永诀卿；
> 卿出革命门，慎毋自相轻。
> 白发人犹在，莫殉儿女情；
> 应为女中杰，莫图空节名。
> 廖家多烈士，经门多隽英；
> 两代鬼雄魄，长久护双清。⑥

写毕，不觉已鸡鸣三遍，他才上床就寝，迷迷糊糊地睡着了。

过了几天，廖承志绘了几幅漫画，全是自画像。有一幅是自己坐在马桶上，一只硕大的蚊子叮在屁股上；一幅是他在吃饭，从饭中捡出很多沙粒；另一幅是自己睡在床上，老鼠同时在床上举行婚礼。一共6幅，都是控诉他在狱中所遭受的恶劣待遇的。

1942年9月28日，他还给周恩来写了一封信，全文如下：

> 渝：胡公（周恩来的代号——引者注）：我于5月30日被捕，现在泰和附近的所谓青年训练所中。其中一切纸上难述，希望你相信小廖至死没有辱没光荣的传统！其余倘有机会可面陈，无此机会也就算了，就此和你握手。中国共产党万岁！志9月28日。⑦

廖承志写好信后，把信、诗和漫画捆好藏在房间墙角的缝里。1942年10月初，姚宝山临走前来找他。他又急忙写了一封给母亲和妻子的信，并交代说："那几幅漫画和给周先生的信，你到广东后，找到连贯或乔冠华，托他们转交即可。"姚宝山一一点头称是，次日便离开了集中营。

不久，冯琦再次来到了马家洲集中营。他一进到廖承志的房间，劈头就问："你现在想怎样？"

"你们要把我怎样？"廖承志风度潇洒，神态自如，反问道。

冯琦深深地吸了一口烟，走到廖承志的面前，咬牙切齿地说："你想怎样就怎样，如何？"

"没什么可谈的，你们用刀子也罢，手枪也罢，白天黑夜，我都等着！"廖承志大骂起来。冯琦气得直咬牙，走了。

一两个月之后，廖承志听说涂振农"出去了"。

傍晚，突然对面房里响起了嘹亮的《国际歌》歌声。廖承志仔细一听："呵！是张文彬唱的。"他也跟着唱起来。紧接着，其他牢房也有人加入。"起来！饥寒交迫的奴隶！……"激昂的旋律响彻牢房，雄壮的歌声震撼着山谷……狱卒不耐烦地在走廊里大叫："别唱了！"但加入大合唱的人愈来愈多，歌声愈来愈响亮。

深夜，特务们来开锁踢门，把廖承志抓了出去。几个荷枪持刀的特务，个个凶神恶煞。他被拉到了附近的松林里。寒冬腊月，朔风呼啸，松涛阵阵，冷气刺骨。他被拉到松林深处后，特务们停下，气势汹汹地问他："你现在想怎样？"

"你们想怎样就怎样，我洗干净了脖子等着！"廖承志正气凛然。

特务们不敢下手，煞有介事似的，绕了一圈，便带了回来。到了房门口，廖承志愤怒地斥责道："你们演戏，我也会演戏。老子在延安时还上过舞台。你们不要给我来这一套，要杀就杀。"特务们无言以对，灰溜溜地走了。

斗转星移，光阴似箭。日历翻到了1943年。广西桂林市观音山麓何香凝寓所。深秋的一个晚上，夜色如漆，秋雨霏霏。何香凝戴着老花眼镜，在房间里伏案作画。还在广东韶关五里亭居住时，她就听连贯说，承志在乐昌县被国民党中统特务所逮捕，但不知关在何方。今年，她到桂林后便托人买飞机票拟飞往重庆，向蒋介石要回她的儿子，但到机场时被特务截住了，去不成。她心情苦闷，常以绘画来排遣思子之苦。她画棵梅花，含苞欲放，但很快又撕碎了。她无心作画，索性倚窗远眺，从黑漆漆的夜色中追寻儿子的踪影。

在另外一间屋子里，经普椿正哄孩子入睡，不时往孩子红红的小脸蛋上吻一吻，以寻找精神寄托。

"咚！咚咚……"似是雨声淅沥，又似是有人轻声敲门。经普椿侧耳倾听，"不错，是有人敲门！"她放下孩子，急步走到客厅里。

"谁呀?"经普椿神情有点紧张,声音颤抖。

"是我。请问这是何香凝老人家的家吗?"声音很轻,几乎使人听不见。

"你有啥事呀?"经普椿仍然半信半疑。

"给廖先生送信来的。"来人回答。

门"吱"的一声开了。经普椿见来人是约莫二十来岁的小伙子,裤子都给雨淋湿了。她带着惊恐的脸色问道:"你是……"

"我姓姚,叫姚宝山。"小伙子说着,一边跺去鞋子上的泥巴,又问:"你是经大姐?"

经普椿点了点头说:"快,屋里坐。"说着,动作敏捷地给来人泡了一杯浓浓的茶。

来人入屋坐定,即扯住油布伞一角有力一撕,然后从伞柄里取出一封信交给经普椿,说:"这是廖先生的信。"

"妈!承志有消息了!"经普椿接过一看信封上廖承志那熟悉的笔迹,快乐地叫了起来。

"什么?肥仔有消息了!"何香凝听见呼喊,急忙从里屋走出来,她从经普椿手里接过信,也来不及和客人打招呼,便把信拆开来。只见信上写道:

妈妈、椿:

　　我现在在江西泰和附近马家洲名叫青年训练所的集中营中。生活仍没有问题,只是他们逼迫我投降,是可忍孰不可忍? 倘必要时唯有宁死不辱而已。希告各友放心。

　　我的事倘能设法则设法,否则不必过于勉强。只希望你保重身体,不幸时勿再以我为念! 新生的孩子倘健在,可名为继英,取继续英勇事业的意思。你必须好好地抚养孩子们。椿:另外广东的现状已一团糟,以后任

何人冒我的名来找你都是假的，希注意——除了有我的
亲笔迹。狱中无事咏几首，以备临事转呈。

　　　　　　　　　　　　　　　　　　　　　　　　肥仔

　　何香凝看见信，又读《拜别慈母》《诀普椿》诗，泪水不觉
模糊了眼睛。她悲喜交集，她担心儿子的处境，生命难保；喜的
是儿子忠贞不渝，像他爸爸一样。对此，她感到十分宽慰。

　　"妈呀！……"经普椿倚靠在何香凝的身边看信读诗，这时
已哭成了一个泪人儿。

　　何香凝抚慰道："肥仔他好样的。阿普，不要太难过。"说
着，拿了一条毛巾交给经普椿。经普椿这才抹干了眼泪，振作了
起来。

　　这时，何香凝才转过脸来，对姚宝山说："谢谢你。你是在
哪里做事的？"

　　姚宝山面带愧色，点了点头，说："从廖先生身上，我学会
了怎样做人。他教给了我不少道理，使我看到了中国的希望之所
在。这次我出来就不准备回去了。我决定到延安去。"

　　"呵！到延安去！好！好！有志气！"何香凝赞不绝口。

　　雨停了。姚宝山起身告辞。何香凝、经普椿把他送到大门
口，这位可爱的青年走了，消失在茫茫的黑夜之中。

　　姚宝山走后，何香凝连夜起草一份谴责蒋介石的电报，并要
求交回她的儿子。次日，经普椿便把这封电报发到重庆去。

　　姚宝山在完成了送信的任务后，又离开桂林，辗转到了广
东。他在广东惠阳找到了连贯。向连贯汇报了廖承志在狱中的情
况，并交给他一封廖承志致周恩来的信和6幅漫画。连贯迅即托
人带到重庆，交给了周恩来。周恩来看罢信，对廖承志的坚贞不
屈赞叹不已。但当他看到漫画时双眉紧蹙，当即拨通蒋介石办公
室的电话。

"你告诉你们的委员长，我方廖承志被特务绑架，关在江西泰和马家洲集中营里，受着非人的待遇，我代表中共中央郑重地向你们提出抗议，立即释放抗日爱国志士，恢复廖承志、叶挺的自由！在此之前，你们要绝对保证他们的安全！"接电话的是蒋介石的副官居亦侨。他表示将意见向"委座"汇报。

不久，蒋介石回来了。他听取了居亦侨的汇报，便歇斯底里地大叫："不久前，廖夫人从桂林发电报来向我要人，今天周恩来又提出什么抗议。娘希匹！你叫朱家骅他们查查，是谁捅出娄子来的？同时，要抓紧对廖承志的诱降活动，硬的不行来软的，金钱、美女都可用上。只要他本人转过来了，愿意跟着我们干，那位何老太太再厉害又怎么样？"居亦侨诚惶诚恐，频频点头称是。

一连数月，特务们再也没有来纠缠，廖承志偶尔读些书，更多的是靠吟诗作画来打发日子。1944年夏的一天，施锦叫廖承志到办公室去，原来，是何香凝寄了3 000元钱和一些衣物给国民党中央秘书长兼中统局局长朱家骅，由朱家骅转来的。此后，特务们对廖承志的态度收敛了一点，不那么凶神恶煞的了。

一天夜里，施锦满脸堆笑地来到廖承志的房间，说是带他出去"散散心"。他被"请"上了泰和县城一家酒楼。

酒楼里，彩灯闪烁，乐曲阵阵。酒席已经摆好了，海参、鱼翅、排骨、鲜鱼、肥鸡……美味佳肴，品种多样。廖承志想："既然来了，不吃白不吃，管它三七二十一，美美地吃一顿，改善改善生活也不错。"想罢，便拿起筷子，大口大口地吃了起来。

酒正酣，施锦开腔了："廖先生，听说你在孩提时代曾在孙总理的怀里照过相，真是荣幸之至！相信你对总理的三民主义一定有所理解。能否谈谈，以使小弟聆听教诲，俾受教益！"

"不知施先生是否知道，孙总理曾经讲过，三民主义的朋友就是社会主义，就是共产主义！"廖承志呷了一口酒，冷冷地反问道。

施锦哈哈大笑起来，拖长了语调："噢！没听过，没听过！真是新鲜得很！"

"既然施先生一无所知，再谈，等于对牛弹琴！没什么可谈的了。"廖承志冷冷地说，随后又夹了一块鸡肉。

接着，是一阵沉默。

为了打破这种尴尬的局面，施锦又开腔了："令尊大人在世时，总是信仰孙总理的三民主义，不至于信仰李大钊、毛泽东的共产主义吧？"说完，他掏出手巾擦擦手，又擦擦嘴巴。

"施先生，容我说得不客气一点，我听孙总理讲演三民主义的时候，你恐怕还在襁褓之中吧！"廖承志愤然道。

施锦见状，好生尴尬，再也不敢多说什么。廖承志吃饱喝足，至深夜方归。

自从朱家骅转来何香凝寄的钱、物之后，特务们对廖承志表面上"客气"多了。他们说是以"老朋友"的"情分"来"闲聊"，"关心"他的生活、健康，以助其"自觉"。庄祖方每次入屋，总是笑眯眯地先说一句："小廖先生，我来看看你。"然后便是询问起居饮食。

有一次，庄祖方进来，看见廖承志坐在铺上，面容消瘦，他便以"关怀"的口吻说："小廖先生，你这样下去总不是办法，身体也会搞垮的。"

"你看怎么办？"廖承志厉声问道。

庄祖方嗫嚅着说："你总得有所表示，才可以离开这里。"

廖承志大声地"哼"了一下，庄祖方再也不敢多说什么了。

为了"感化"廖承志，特务还送纸、笔、颜料来给他吟诗作画。有一次，冯琦送了一盒颜料来。他厚颜无耻地说："廖先生国画造诣很深，可否赠我一幅？"

廖承志淡然一笑，说："好，我绘一幅给你。"当即拿起画笔作画。画好了，但见画面上画的是一只老鹰，枯树下蹲着一条黑犬，画风古拙，笔力遒劲。他绘完，便交给冯琦，说："就送这幅画给你做个纪念吧！"冯琦接过来一看，理解其中寓意，气得连画都不拿便走了。⑧

1944 年夏的一天，叛徒郭潜在特务们的"陪同"下，来到廖承志的房间，试图以"现身"说教，使其就范。廖承志一见郭潜，如见仇敌，大声喝道："叛徒！你给我滚出去！你不配和我谈！"连推带骂地把他轰了出去。⑨

不久，特务们"押"着一位年轻貌美的女子到廖承志的房间来。只见她蛾眉凤眼，苹果似的脸上还残留着斑斑血迹。特务们走后，她向廖承志微微点头，用那水汪汪的眼睛瞟了廖承志一眼，然后落落大方地在廖承志的前面坐下。她自称是因参加抗日活动而被抓进来的。她对廖承志大献殷勤，廖承志要写字，她便来磨墨；要绘漫画，她便来裁纸。她忸怩作态，娇滴滴地说："廖先生，你一个人在这，不感到寂寞么？"廖承志感到很厌恶。黄昏时，特务们把她"押"走了。

次日晚上，莺声呖呖，那女人又来了。她显得一见如故的样子，问寒问暖。廖承志不予理睬，便提笔作画。那女人在后面观赏着，故意用胸脯顶着廖承志的肩膀。廖承志愤然掷笔站起来，严肃地说："小姐，请你自爱些！"

"廖先生，人生在世几十年，今朝有酒今朝醉么！"她甜甜地说。

"小姐，你认错人了！"廖承志显得很不耐烦的样子。

"不！我没认错，你风度翩翩，富有男性的魅力。你看，今晚月色多好，我的一切都可以由你安排，可以不用附加任何条件，不负什么责任。"说着，她索性坐到了床上。

"你这个小姐对鄙人这么有兴趣吗？"廖承志轻蔑地说。

"你不应该做和尚，应该出山了。"那女人终于道出了她此来的目的。

廖承志若有所得，转怒为笑，嘲讽地说："我做和尚很不错么！天天有你这个尼姑来看一看，很好。"那女人自知无趣，走了。

1944年8月的一天，集中营的高级餐厅里。施锦在狂饮，以酒泄愤。那女人提心吊胆地在旁边作陪。施锦喝得酩酊大醉，喃喃自语："廖承志出身于名门望族，又到过日本、德国、荷兰、法国，生活一定很浪漫，为什么不爱女色？啊？我真想不通！"他垂涎地盯着那女人的脸："多迷人的脸蛋呀，谁能不爱？可是送上门去他动都不动！不，我不相信！"说着，又呷了一口酒。

"报告，廖承志绝食了！"一个青年狱卒匆匆进来报告。

"什么？你说什么？"施锦似乎不相信自己的耳朵。

"廖承志绝食了。"青年狱卒又重复了一遍。

"他为什么绝食？他有什么要求？"施锦又问。

"他要求去见张文彬。否则，将绝食到底。"青年狱卒像背书似的说。

施锦咆哮如雷："你去告诉他，他要去见张文彬，我则要他去见阎罗王！"

青年狱卒唯唯而退。

次日，廖承志对送来的饭菜一点也不沾，仍然坚持绝食。自从他得知张文彬病危后，对战友的诚挚感情，促使他提出要和张文彬见一面的要求。他已下定决心，不答应这个条件，一定坚持到底。

这时施锦已清醒过来。他意识到万一有什么后果，他一个人可承担不起。于是，他拨通了冯琦的电话：

"廖承志已经绝食两天了，他要求去见张文彬。我的意思是对这桀骜不驯的共党，死了就算，反正又不是我们弄的。"

"胡扯！委座当黄埔军校校长时，廖仲恺是党代表。那何香凝还是中国同盟会第一批入盟的女会员哩！万一廖承志有个三长两短，那个老太太闹起来，委座也要怕她三分。那时，委座会把你和我抛出去当替罪羊。懂吗？"施锦惶惑地放下电话，半躺在沙发上，像泄了气的皮球。

特务们被迫同意了廖承志的要求。那天，廖承志在特务们的簇拥下，踏进了张文彬的房间。他看见张文彬骨瘦如柴，无力地躺在木板上，已不大能说话了。廖承志大声地说："你安心去吧，我随后也会跟上你的。无论反动派怎样把我们灭尸销骨，党总会有一天知道我们的，最后胜利是我们的。"张文彬蜡黄的脸上露出了微笑，愉快地点了点头。他伸出颤抖的手紧紧地握着廖承志的手。这时，特务们便吆喝着要廖承志回去，他只好依依不舍地离开了战友。第二天，听说张文彬半夜死了，天亮就被扛出去了。廖承志不禁放声大哭。这是他在敌人牢狱中第一次，也是最后一次掉眼泪。⑩

1944 年深秋，廖承志由国民党中统转交军统看管。他被特务押解着由泰和到达赣州，再由赣州乘飞机抵达重庆，囚禁在歌乐山渣滓洞，不久又被转到"白公馆"。有一天，原在香港的军统头子王新衡来了，对廖承志威吓了一顿，廖承志照样"刀来枪来，悉听尊便"相答，王新衡要他"很好想一想"，廖承志斩钉截铁地说："没有什么好想的。"从此，王新衡就不再来了。

廖承志在"白公馆"度过了 1945 年的元旦和春节后，又被转到"黄家院子"囚禁。

暮春时候，军统特务忽然带了个裁缝来给他量身。过了几天，送来了一套簇新的中山装。廖承志不明白是怎么一回事，他心里想："反正拿来了就穿上，穿上新衣帽挨一刀也不俗。"

过了几天，军统特务要他"出去"一下，到了山脚，见有一辆汽车等着他，又看见特务头子戴笠在车旁等候。戴笠颇有礼貌地迎他上车。

车启动了，戴笠轻声地说："蒋委员长要看看你。"车子在歌乐山上兜了一圈后，停在一幢豪华的山庄别墅门前。蒋介石的侍从副官居亦侨毕恭毕敬地拉开车门，请他下车，引入宽敞的客厅，廖承志气宇轩昂，慨然坐下。居亦侨端来一杯茶水，说："廖先生，先喝茶，委员长等会就来。"

廖承志细细观看这客厅。厅内陈设古色古香，一式檀木家具，精雕细刻。中堂是任伯年的山水画，两侧挂着郑板桥书写的对联。正中放着一张大理石面的圆桌。桌子上放着文房四宝。半晌，蒋介石着一身军便装，缓步进入，轻轻地坐在廖承志的对面。

"承志兄，我和你有20年没见面了，今天见到你，我很高兴。"蒋介石说着，脸上掠过一丝僵涩的笑容。

廖承志一声没吭，傲然而视。

"这些年，你很繁忙，近几年，你又受了不少艰苦。你戴着镣铐，走过漫长的道路。今后只要你不再为共产党办事，我是一定要重用你的。你的父亲是我的知交，我们是深厚的世交。你的父母是国民党的元勋，你不要忘记你是元勋的后代，不要再做对不起父母的事，你要三思！"蒋介石缓和的语气，似乎在恳求。

须臾，廖承志说："我只有现在这样做，才对得起我的父母。我没有做过对不起父母的事呀！"

蒋介石"嗯"了一声，接着，以盛气凌人的口吻说："既然这样，你就不要后悔！"

廖承志霍地站起来，斩钉截铁地说道："我是决不会后悔的！我活着是中国共产党党员，死做中国共产党的鬼！"

蒋介石怔住了，缓和了语气："难道说，你这样做能对得起你的父亲吗？"

想起父亲被国民党右派暗杀时的悲惨情景，廖承志义愤填膺，慷慨陈词："我这样做才真正对得起我的父母，那些满口挂着我父亲的名字，双手沾满人民的鲜血，同杀害我父亲的人称兄道弟的人，对得起我父亲么？"

蒋介石的脸"刷"地红了，但他仍未放弃最后一线希望，用讨好的口吻说："我蛮想把你留在我身边，但是你有你的组织关系，就很不方便。"

"这是绝对办不到的事！这种想法还是趁早收回去好，两得其便。"廖承志深明其意，他用在狱中自制的烟斗吸了一口烟，十分坚决地答道。

蒋介石仍不死心，用"怜悯"的口气说："我如果放你回去，你又回到你们的人那边去了——这样，我就于心不忍。"

"那又要打仗了？你又要打内战了？"廖承志听出话中有话，厉声斥责道。

这话像一把锋利的匕首直刺蒋介石的痛处，他如坐针毡，不知所措。

廖承志说完转身便走。特务们慌了，蒋介石也站起来，慌忙中改用满口的宁波话说："还有话，勿忙。"

"没有什么可谈的，刀来也罢，枪来也罢，我洗干净脖子等着。"廖承志头也不回，径直走出门外。

戴笠赶紧跟出来说："你何必生这样大的气？再进去，谈谈。"

廖承志断然道："没有什么可谈的。"

戴笠又说："你最好再考虑考虑"。

廖承志凛然答道："没有什么可以考虑的。你要动手，现在就请！"

特务们无计可施，只好把他押上汽车，一溜烟开回歌乐山顶，照旧囚禁在"黄家院子"。

这之后，廖承志的生活可变了样，每顿饭大鱼大肉。他以为这是"送命菜"，便也大吃大喝。这样又度过了好几个月。

　　对于廖承志的被囚，中共中央一直积极设法营救。1945年底，国民党军队进攻邯郸解放区时，第十一战区副长官马法五、40军副军长刘世荣、参谋长李旭东等人被我军俘获。我党和国民党经过多次谈判后，达成我方释放马法五等人，国民党释放廖承志和叶挺的协议。

　　1946年1月22日，军统特务突然来叫廖承志，说："收拾东西。"廖承志以为又要转移地方。这时，同屋住的特务杨英杰小声对廖承志说："你要放了。"廖承志不相信，杨英杰接着说："出门时注意饮食，紧要。"说完立即出去了。

　　特务们把廖承志押上了歌乐山。到了餐厅时，只见已摆了一桌饭，还有很多烧饼。特务们劝他吃，又端来一碗水。廖承志渴得要命，拿起来呷了半口，突然发现水底有黑色沉淀物。想起要"注意饮食"的话，他吐了出来。特务们还是拼命地劝，但他仍然坚持不喝。他们没法子，一群特务只好围着他上了一辆吉普车。

　　车子开到了"政协"大楼门前停下，他下了车，步入"政协"的大门，看见了邵力子，特务们才走开了。邵力子把廖承志带到了楼上，刚刚开始谈话。突然，廖承志听到有人上楼梯，接着又听见一声咳嗽。他听出那是周恩来的声音，顿时一股暖流涌遍全身。周恩来走到楼上来了，廖承志快步跑上去，周恩来张开双臂，两人紧紧地拥抱着。

　　"周……"廖承志的热泪滚滚而下，哽咽着。

　　周恩来也很激动，眼睛湿润了，赞叹地说："小廖，你终于出来了！你在狱中表现不错，'七大'时，代表们已选你为中共中央候补委员了！"廖承志憨厚地笑笑。邵力子在一旁唏嘘不已。

　　接着，周恩来把他带回第十八集团军驻渝办事处。

　　办事处门口聚满了欢乐的人群，办事处全体工作人员都出来迎接，还有许许多多慕名而来观看的群众。人们笑逐颜开，像过节日似的。

汽车戛然在门口停下。当周恩来、廖承志走出汽车时，邓颖超走上前去，紧紧地握着廖承志的手。

"大姐!"

"小廖!"

双手紧握，久久不放。声音哽咽，热泪盈眶。

霎时，锣鼓声，鞭炮声，欢呼声，欢笑声响成一片。廖承志被欢迎的人们围得水泄不通，脸上洋溢着胜利的微笑。⑪

注释:

①"侨兴行"是梅县人温康兰、孙城曾等所开办，取得国民党左派人士的帮助，在粤、桂、湘各地都有联号，还有货车行驶于老隆、韶关、桂林之间，生意颇具规模。

②庄祖方:《中统秘捕廖承志》，《纵横》1992 年第 2 期。关于廖承志在广东韶关被捕的地点问题，中国新闻社编《廖公在人间》和新华通讯社编《廖承志的一生》，均说廖承志在广东省乐昌市的坪石镇被捕，有误。1988 年 6 月，笔者借调到国务院侨务办公室参加编辑《廖承志文集》时，曾在乐昌市党史研究室工作人员的陪同下，亲自到乐昌市武江之滨廖承志当时被捕的地点进行考证。但见江水依旧长流，当年廖承志住的房子已不复存在。

③《廖承志文集》下卷，人民出版社 1990 年版，第 447 页。

④关于马家洲集中营的看守姚宝山，据经普椿在《承志和我》一文（见《廖公在人间》）中说:"这个陌生人姓姚，是江西监狱中的工作人员，承志经常对他进行爱国主义教育，他很同情承志的遭遇，决计去延安找共产党。"但据江苏省文史馆馆员、革命老人杨锡类回忆，他当时也被逮捕，关进该集中营。他"和他的战友漆裕元曾花钱买通看守，通过漆的亲戚经常弄到《密勒氏评论报》来看"。"有一个看守叫姚宝山（山东人），也被杨、漆争取过来了。杨、漆二人在放风时，经常看到廖承志同志伏案作画，就暗中计议，想叫姚宝山取幅廖承志画的画拿出去送交其母何香凝同志，请她设法营救。这个计划经廖承志同志同意后，便根据《密勒氏评论报》

刊登的有关何香凝同志的行踪，由漆裕元给了一笔钱，让姚宝山秘密出走。"参见吴之光：《廖承志被关进马家洲集中营以后》，《团结报》，1985年1月5日。看来，杨锡类的回忆比较可靠，接近史实。

⑤《廖承志文集》下卷，人民出版社1990年版，第802页。

⑥《廖承志文集》下卷，人民出版社1990年版，第804页。

⑦影印件藏廖仲恺何香凝纪念馆资料室。

⑧龚屏：《想起了廖承志的一幅画》，《瞭望》1982年第11期。

⑨张文：《正气凛然　坚贞不屈——忆廖承志先生在中统狱中》，《南京日报》，1983年6月28日。

⑩《廖承志文集》下卷，人民出版社1990年版，第448页。

⑪童小鹏：《承志永在心中》，见中国新闻社编：《廖公在人间》，生活·读书·新知三联书店1983年版，第21页。

第二十二章 流亡广西

何香凝等人匆匆离开香港，到了大海边，但见海涛滚滚，白浪滔天。他们在长洲岛上住了一夜，第二天（1942 年 1 月 16 日），何香凝带了孙女廖兼和身怀六甲的媳妇经普椿，登上了一艘大货船，准备越过浩瀚的大海，驶向东江的海丰县。同船的有柳亚子及其女儿柳无垢等人。①

何香凝等人乘坐的货船是机帆船，当时日寇见了什么机器都没收，船主便将发动机卸下来，非常惋惜地将它沉到了海底。因此，只能靠两张帆借助风力航行。可是，从一出航就一点儿风也没有，就是来了风也是逆风。本来只要两天就可到达东江，可是几天过去了，船还是漂泊在香港的海面上。水和食物都没有了，船上的人都特别焦急。船主到岸上取水。见到了东江游击队的巡逻队。船主回来后问何香凝："游击队知道您的名字，就说您在这条船上，请他们给予帮助，可以吗？"何香凝说："可以。"游击队员听说廖夫人何香凝在船上，立即向领导作了汇报。游击队员再次返回时，他们带了一封给何香凝致意的信，还有煮熟的鸡和奶粉送给何香凝。另外，还用竹篓装了几百斤甘薯送给船上的人们。这时，食物有了，小艇也取了水，正好风也刮起来了，船顺利扬帆行驶，经过八天八夜的漂泊，终于到达海丰县属的马贡港口。②途中，何香凝感慨万千，作《日寇侵占香港后回粤东途中感怀》诗一首。诗云：

> 水尽粮空渡海丰，
> 敢将勇气抗时穷。
> 时穷见节吾侨责，

既死还留后世风。③

上岸后，何香凝一行人到了靠近海岸的南新村。柳亚子和女儿柳无垢住了两天，就到老根据地的九龙寨去了。住到第五天，何香凝深知中共地下党员生活困难，不愿意增加他们的负担，决意写信去银行取款。她对中共党员说："你们面临困难来接待我，我心里难过。"他们即向中共海丰县委请示，县委认为不应拒绝她的要求，但也要把她转移到"白皮红心"的乡公所去，以免暴露地下党的据点。海丰县银行行长接到该乡乡公所送来何的亲笔信后，即付给法币 500 元，并立即向国民党海丰县县党部报告。县党部知道何香凝是国民党中央执行委员，不敢怠慢。第二天，便派人把何香凝等人接到县城去了。④

国民党海丰县党部还在县立一中广场召开"庆祝何香凝委员脱险"大会，参加者达两千余人。何香凝在会上发表讲演，她愤怒控诉日本帝国主义侵占我国疆土、残杀我国同胞的罪行，谴责国民党的不抵抗主义和投降主义，宣传孙中山的爱国主义精神并赞扬八路军英勇抗战的事迹，号召群众不分党派，不分地域，团结起来，一致抗日。全场群众情绪激昂，掌声雷动。

何香凝在海丰县逗留十多天后，便转往兴宁县，在国民党元老罗翼群的故乡兴宁鸳塘村（今苑塘村）的"文静居"怡怡楼居住。罗翼群热情地接待这位老友。何香凝住在怡怡楼，生活俭朴，意志坚强。她在住所用球台作长桌绘画。她的画常托罗翼群推荐出售，赖以度日。有不少人慕她的名，也爱她的画，以求得一画为荣。何香凝那时常对人说："我谁也不靠，靠我自己过活。"兴宁一中有一位国画教师叫甘乃民，是广州人，工笔山水画在当地有点名气，慕何香凝的大名前来要求合作，何香凝欣然应允。他们搞了一次画展，书画家们前来观赏，赞叹不已。在兴宁的日子里，有一次，何香凝应邀到兴宁一中演讲，她在讲演中，揭露日寇侵华残杀人民，谴责国民党的贪官污吏大发国难财，置人民的生死于不顾，呼吁广大群众团结救亡，争取早日胜利。讲到激动时，慷慨陈词，义愤填膺，声泪俱下。不少师生被她壮烈的演讲感动得掉下了眼泪。⑤

何香凝在兴宁县住了一段日子后，便带了她的小孙女廖兼乘罗翼群押的车到韶关去。她的儿媳妇经普椿因临近产期，怕途中颠簸劳累，影响生育，故由何香凝嘱香翰屏介绍入兴宁县医院待产。

何香凝到达韶关后，住在廖仲恺的19妹婿区觉孟的家里。这地方取名"湘衍园"，建筑并不豪华，但倒也很清静。有一天，李章达邀请何香凝吃饭。何香凝到达所约的地方后，始知所请者只有她一人。在吃饭当中，李章达很惋惜地告诉何香凝说，本来廖承志今日要来此相会，不知何故来不了。何香凝当时就疑窦顿生，食不甘味。不久，李章达又专程到"湘衍园"告诉何香凝说，廖承志突然"失踪"了，估计是被国民党特务秘密抓去了，这使何香凝悲愤异常。⑥

不久，何香凝接到罗翼群从兴宁拍来的电报，说经普椿生了个男孩，母子平安。这使何香凝苦闷的心情豁然开朗起来。她心里想："仲恺有后了！"但又半信半疑："会不会他们讨我高兴，谎报'军情'？我母亲生了6个孩子，才有两个男的，难道阿普真是那么有本事，第二胎便生个仔？"但不管怎么说，确实使她格外开心。一个多月后，当阿普抱着小儿子到韶关一入屋时，何香凝第一个动作就是打开小孩的尿布看一看，当证实是个男孩时，她高兴得合不拢嘴。再仔细看，小孙子长得虎眉大眼，酷似父亲，这更使她宽心。她喃喃地说："仲恺有后了！"并且一锤定音："就叫廖恺孙吧！"⑦

1942年，何香凝到韶关之后一直见不到儿子，这使她犯愁。她千方百计打听承志的下落，可是没有结果。直到1942年秋天，连贯告诉邓文钊，廖承志于 5 月 30 日在广东乐昌被国民党中统特务秘密逮捕，并嘱他及时告诉何香凝。

何香凝得知爱子又遭逮捕后，十分气愤，立即只身赶到乐昌进行营救。她依照李章达的建议，住在乐昌蒋系的招待所——励志社，由该社打电话找广东省政府主席李汉魂，李汉魂借故拒见。何香凝便向当时坐镇韶关的第七战区司令长官余汉谋探询，余汉谋当即告知廖承志已押解江西。她又给在重庆的于右任、戴季陶、孙科、吴稚晖等国民党元老们发去电报，抗议政府把她的儿子抓去，并表示要到江西去探望廖承志。⑧此后，何香凝又向江西省主席曹浩森表示：她准备到泰和去看望儿子。遭到曹浩森一口拒绝。

何香凝为设法营救廖承志，她搬到了离韶关市 5 里地的五里亭居住。她住的小屋，紧临北江，江水上涨，水就淹入屋内，人们只得登上木船。待江水退后，屋内满地泥泞，需费九牛二虎之力才能打扫干净。倘遇敌机轰炸，就赶紧躲到防空壕里。当时在韶关的国民党军官中有许多是黄埔军校的学生，因为廖仲恺曾任黄埔军校党代表，因此这些军官们常来探望她，尊称她为"师母"。不过，其中也有国民党特务，有一个女军人就住在她家，名义上是照顾何香凝的生活，实际上是在监视她。

在这些黄埔军校学生中，有一位名叫张晓光的，时任第七战区教导团副团长。何香凝对他颇为赏识，亲自做媒把自己的侄女何棣华介绍给他。⑨

张治中到韶关时，何香凝会见了他，请张帮忙营救廖承志，并当着张治中的面怒斥蒋介石。何香凝在韶关住了近一年，感到在韶关再呆下去也无济于事，便于 1943 年 4 月下旬携儿媳经普椿、孙子廖恺孙、孙女廖兼前往广西桂林，以便寻机前往重庆，找国民党高层交涉。⑩

在赴桂林途中，何香凝感于国土沦丧，山河破碎，作《香港

沦陷后赴桂林有感》诗一首。诗云:

> 万里飘零意志坚,
> 怕为俘虏辱当年。
> 河山不复头可断,
> 逆水行舟勇向前。⑪

何香凝到达桂林后,起初隐居在芙蓉路八角塘5号邓世增家中,后来中共地下组织为了保障何香凝一家人的安全,帮助他们搬至桂林东郊观音山麓一所"竹织批荡"的房屋里居住。她在这里辟一块地种菜,还养了一些鸡,过着自食其力的生活。

新四军军长叶挺在皖南事变后,也被国民党扣押在这里,正好在何香凝家的对面。那里有个小山冈,叶挺闲时便在山冈上放羊,也时常来何香凝家座谈。国民党特务害怕遭到何香凝的呵斥,也无可奈何,只好装聋作哑,由他们算了。

何香凝那时生活清苦,养鸡、种菜的收入是很微薄的。因此,她靠卖些字画维持生活。她那时身体虚弱,深居简出,但碰到民主人士集会,却总要挣扎着去参加。据李任仁回忆:"有一次桂林的民主人士集会,会后聚餐,预备一张纸,大家写点纪念的话,香凝老人写的是:'坚持实行三大政策,每饭不忘。'"⑫日军占领衡阳后,桂林掀起群众性的献金捐款活动,慰劳前方将士。何香凝积极参加了书画义卖、街头献金、劝捐游行等活动。后来,她搬到桂林木龙洞旁居住。这个地方右边是山洞,后面是小河,她买了一条小艇放在河旁,碰到敌机轰炸时,便漂泊在漓江上,并有诗记其事:

> 战云弥漫遍神州,
> 国破家亡恨怎休?

但得军民同御敌，

烂船漂泊也风流。[13]

　　何香凝在桂林的时候，曾向蒋介石和国民党中央组织部部长兼中统局局长朱家骅等人寻求营救廖承志，但均遭到拒绝。朱家骅仅接受何香凝托交的衣物、钱等转给廖承志，并嘱江西调统室主任庄祖方："不要亏待廖承志。"[14]

　　何香凝打算到重庆去，但蒋介石害怕何香凝找他要回自己的儿子，因此便百般阻挠、刁难。1943年，何香凝曾经从桂林打电报给在重庆的廖梦醒，说已预订了某月某日飞往重庆的飞机票，廖梦醒立即向周恩来报告，告诉他母亲有来渝的计划。八路军驻渝办事处马上为她准备好一间竹织泥糊的竹板房，并买了家具。到了何香凝说要到的那一天，邓颖超、李德全、倪斐君、刘清扬、罗叔章，以及几十个重庆妇女联谊会的会员都到了珊瑚坝机场迎接。等了好久，飞机误点没有到，等到飞机到了，一个个都下来了，却不见何香凝的影子，廖梦醒急得团团转。最后胡汉民的女儿胡木兰下机直向廖梦醒跑过来，廖梦醒问她："见到我母亲没有？"胡木兰从手袋里取出一张卡片，是吴铁城写的，说何香凝没有买到飞机票，来不成了。后来查知，原来是蒋介石命令航空公司不卖飞机票给何香凝。[15]

　　后来，蒋介石出于某种需要，派人给她送来了100万元的支票，并亲笔写了一封信。何香凝接过信封，仿唐伯虎"闲来写幅丹青卖，不使人间造孽钱"的诗句，在信封上批了两句诗："闲来写画营生活，不用人间造孽钱"，便原封交来人退回去。[16]

　　一天，何香凝和一个年轻保姆带着孙女、孙子，到漓江东岸园背村去拜访蔡廷锴，并到他亲自种植的茉莉园参观。何香凝看到茉莉园里那整齐的畦列全种满了芳香扑鼻的茉莉花，很赞赏蔡廷锴的勤劳和技术，赞不绝口。蔡廷锴风趣地说："我现在一家人的生活，就是靠茉莉花焙干后售给茶叶公司来维持的。真是做到'种些鲜花来买米，不用人间造孽钱'了。"两位国民党人心情共鸣，感慨良深。

何香凝在桂林不断"写丹青"以维持一家几口人的生活，同时她一如既往，积极参加抗日救亡活动。1944年3月8日，桂林各界妇女集会隆重纪念"三八"节，何香凝在会上作了题为"纪念今年'三八'节，不要忘记大众的苦难"的演讲，她指出"现在大众的苦难，仍然是水深火热，除掉少数发国难财的奸商污吏以外，大家都在捱饥受寒"。她呼吁军民一心，共赴国难，驱逐日寇，恢复失地。她讲得慷慨激昂，全场响起如雷的掌声。⑰据当时在桂林的李任仁记述："日军围攻衡阳时，桂林人民自动起来献金捐款，慰劳前方将士。香凝老人虽然体弱多病，但这个时期特别活跃，和李济深同志、柳亚子老人、龙积之老人等积极参加这一群众性的运动。书画义卖、街头献金、劝捐游行等，她都参加。"

何香凝在桂林期间，经常与李济深、李章达、李任仁、陈劭先、陈此生等人接触，研讨时局，商讨对策。他们一致认为，要改变蒋介石的误国政策，恢复孙中山的革命三民主义，除了要广泛团结抗日力量外，还需要联合一切不满现状的国民党人，从内部进行斗争，才能使国民党当局改弦易辙，恢复孙中山的三大政策。因日寇的猖狂进攻，1944年夏，桂林告急，人们纷纷准备疏散。但由于蒋介石坚持反共反人民的政策，何香凝不打算到重庆去，宁愿四处漂泊，忍饥挨饿。同年6月27日，她在给廖梦醒的信中说："因时局如斯，我疏散到何方，现尚未定。重庆方面若十三年（1924年——引者注）国民党之政策实现，我当来渝，否则饿死亦听其自然而矣。"⑱这充分展现了她誓死捍卫孙中山三大革命政策的铮铮铁骨。1944年8月7日，衡阳沦陷。9月，日寇沿湘桂路进犯桂林。9月上旬，何香凝才带着廖兼、廖恺孙和一个保姆,上了一艘不蔽风雨的木船,沿漓江顺流而下。那时,小孙子廖恺孙才一岁半,刚刚学会走路,正是牙牙学语之时,何香凝怕他调皮,不慎滚到河里去,便在他背上绑了一条绳子,拴在木船的篷柱子上。她到阳朔,逗留了 10 天,到平乐县又停 3 天,于 9 月 20 日傍晚到达了广西昭平县码头。

昭平县县长韦瑞霖闻讯后,立即赶到小船上看望何香凝。何香凝告诉他,她打算乘船经梧州到苍梧县乡下李济深先生处,或者去百色。韦瑞霖对她说,日本侵略军已逼近怀集,梧州已经下令疏散,木船行驶缓慢,途中恐有危险。他劝何香凝留在昭平,并将陈劭先、梁漱溟、欧阳予倩、千家驹等人已经来到昭平住下的情况告诉她,她才同意留在昭平。韦瑞霖于是派人帮助何香凝把行李搬到国民中学新校舍居住。

何香凝在昭平,积极支持该县成立抗日武装组织——"昭平民众抗日自卫工作委员会",并应邀担任该会顾问。该县政府经费不足,她又大力支持县长向西江盐务局借法币 300 万元,以作为自卫大队的副食费和自卫工作委员会的事业费。由于有了钱,该县成立了"抗日青年军中队"和"战地救护委员会";办起了平民商店,并设立修械厂,还开办了《广西日报》昭平版。在何香凝的推动下,昭平县的抗日活动蓬勃地开展起来了。

1944 年 9 月底,韦瑞霖考虑许多知名人士到昭平来,生活上有困难,便向副总参谋长白崇禧要了一笔款,其中白崇禧指名给何香凝 5 万元。当韦瑞霖亲自将 5 万元送到何香凝的住处时,何香凝正色地问:"这钱是白副总长的吗?若真是白先生的,我可以收下;若是蒋介石的,我饿死也不要。"当她得知不是蒋介石的钱,才肯收下,并且说:"蒋介石背叛孙总理三大政策,发动内战,以致引起日本侵略我国;蒋介石又采取不抵抗政策,失掉东北三省,又失掉大片国土,无数同胞被日本杀害,无数同胞流离失所,蒋介石是孙总理的罪人。"[19]

　　自卫工作委员会每周开两次会,何香凝每会必参加,参加必发言。她常常说,要把群众充分发动起来,男的要起来,女的也要起来,有钱出钱,有力出力,保卫昭平,保卫中国。她还经常访问老百姓,并接待老百姓的来访,勉励大家积极抗日。

　　1944年11月3日,布防在百步梯的昭平自卫队第二中队,击溃由钟山方面窜来的敌军四十多名,打了个小胜仗,昭平百姓十分欢喜。后来,国民中学师生写出话剧《桂东之光》在昭平演出,反映昭平自卫队勇敢抗战和昭平抗日群众团结的情况,何香凝作为慰问团团长,亲自到街上劝捐慰问品,高度赞扬自卫队的功绩。老百姓都称赞这个剧演得成功,更称赞何香凝的讲演振奋人心。

　　为了感谢韦瑞霖的热情接待,何香凝画了一幅"梅菊图"赠给他。画面题诗:

> 先开早具冲天志,
> 后放犹存傲雪心;
> 走遍天涯留画本,
> 不知人世几升沉。[20]

　　这首诗充满激情,催人奋进。此外,又书写"尽忠报国"的条幅赠给他。从1944年9月至11月,从外地疏散来昭平的同胞,开了百货店、杂货店、金银首饰店、书店、药店,还开了茶楼酒馆,市面繁荣。同年11月30日,广西民团中将副总指挥蒋如荃率官兵约300人从蒙山来昭平设行营,横征暴敛,欺负老百姓,何香凝谴责了他。蒋怀恨在心,对何香凝百般刁难,何香凝更加愤慨。这时,日军从荔浦进犯蒙山边境,昭平告急!八步区专员李新俊是黄埔军校第五期毕业的学生,他写信请师母何香凝去八步住,何香凝也同意。行前,昭平各界于11月27日还召开了欢送大会。这天，阴云密布，人们的心情像铅一样沉重，与这位饱经风霜的革命老人依依惜别。欧阳予倩当时写了《祝福、盼望——敬送何香凝先生》新诗一首，感情真挚，反映了昭平县父老乡亲的心情和祝愿。诗云：

> 革命的慈母，
> 怎么，
> 你又要走了？
> 自己偌大的家园，
> 就劫余一寸，
> 也该有容足之地吧！
> 快七十岁的高龄，
> 带着两个有父有母的孤儿，——
> 她的孙子——一个两岁，一个五岁。
> 冷风凄雨里，
> 蚕丛鸟道，
> 崎岖无尽的山程啊！
> 豺狼在暗中窥伺，
> 狐狸要咬你的脚跟，
> 二十年奋斗的飘泊，
> 变不了铁一般的信念，
> 火一般的热情！
> 送你的一群，迎接你的一群，
> 尽管，各有各的愿望。
> 在遥远的地方，
> 不，在窒息的烟霾里，
> 还有一群群天真的孩子。
> 为你祝福，

盼望你播散福音！㉑

　　1944 年 12 月 4 日，韦瑞霖雇一乘轿和两名挑夫送何香凝一家人到了广西八步。李新俊对她优礼有加，先安排她在镇内西街居住。稍后，搬至八步步口村 168 号。

　　何香凝在八步，力所能及地参加政治活动。1945 年 3 月中旬，她出席第一区行政督察公署召集的各县教育科长及中等学校校长会议，对战时教育问题发表了讲话。她指出，文化教育工作者是人民的觉悟分子，应设法教育落后的民众进步，共同担负起抗日的责任，使大家起来一齐抗战，把敌人打倒，收复失地。㉒何香凝还参加八步"广东困难同乡救济会"的活动，并捐赠《墨梅》和《水墨苍松》两幅画义卖，以救济在八步有困难的广东老乡。

　　1945 年初，广西发生反动军官王、罗之乱，叛匪两千多人袭击了八步镇，何香凝仓促避乱，搭车疏散到贺街，又夜走信都，约一个月后才重返八步镇。家中衣物大部分散失，仅剩下一个空衣柜，真是祸不单行、雪上加霜了。

　　1945 年农历五月初五，八步举行诗人节集会，她在会上朗诵了"诗人流放楚江皋，丹心如火□□□。中华儿女多英杰，收复河山返故都"四句诗，勉励大家要学习屈原的伟大爱国精神，在各自的岗位上积极参加抗日救亡工作，争取早日恢复失地。那天，她还将她的两幅画捐出来义卖，资助抗日。㉓

　　何香凝在八步一直住到抗日战争胜利。1945 年 11 月，她才乘船经梧州到了广州。㉔她在抗战期间，颠沛流离，穷困潦倒，备尝艰辛，饱经风霜，但依然冰清玉洁，傲雪凌霜，斗志昂扬，保持革命气节。所到之地，她都播散抗日之火种，积极投身抗日救亡活动。

注释:

①有个别作者说,何香凝离开香港时带着廖恺孙(廖晖),这显然是无稽之谈。如余德富《双清传略》第187页写道:"1942年1月15日,在廖承志的具体安排下,广东东江水上游击队经过周密策划,租了一艘大型货船,营救何香凝出港。同行的有廖承志夫人经普椿、廖承志的儿女廖兼、廖恺孙(廖晖)以及柳亚子父女。"(广东人民出版社1998年版)有误。因为1942年1月廖恺孙尚未出生,他是1942年5月在广东省兴宁县医院出生的。

②廖梦醒:《我的母亲何香凝》,见《回忆与怀念——纪念革命老人何香凝逝世十周年》,北京出版社1982年版,第111页。

③廖仲恺、何香凝:《双清诗画集》,人民美术出版社1982年版。

④谢创:《柳亚子何香凝在广东海丰》,见《广州文史资料》第30辑,广东人民出版社1983年版。

⑤罗冠群:《抗战时期何香凝在兴宁》,《广州日报》,1983年7月28日。

⑥尚明轩:《何香凝传》,北京出版社1994年版,第288页。

⑦据笔者1992年12月访问经普椿的记录。在这次采访中,笔者曾问经普椿:"什么时候何人帮他改名的?"她答说:"是'文革'中他自己把廖恺孙改为廖晖的。"此说可信矣!

⑧廖梦醒编:《何香凝大事年表》,转引自尚明轩:《何香凝传》,北京出版社1994年版,第288页。

⑨黄德晟:《何香凝颠沛流离在两广》,《团结报》,1998年12月1日。

⑩关于何香凝由韶关赴桂林的时间,李永、温乐群等撰写的《何香凝传》说是1942年"8月抵达桂林"(见该书第177页),有误。1942年7月15日,何香凝写信给早已由香港脱险抵桂林的民主人士陈此生说:"租屋事费神,感甚。但凝之来桂之期现尚未定:因小儿被留于江西省党部,曾去电询问,但尚无复音。如晤柳先生及荫朝先生面,请代转达为祷。"柳亚子是于1942年6月7日抵达桂林的,1943年4月下旬柳亚子有题为"廖夫人偕其儿媳及孙女廖兼、孙男廖恺孙自曲江来桂林",赋呈一首"七律诗",其中一二句云:"同舟亡命涉春秋,失笑温馨握手辰。"可见,他们

亡命分手已经历一个春秋了。参见李坚：《何香凝由香港到桂东的流亡生涯》，见吴雁南等：《廖仲恺何香凝研究——廖仲恺何香凝学术研讨会论文集》，广东高等教育出版社 1993 年版，第 376 页。

⑪廖仲恺、何香凝：《双清诗画集》，人民美术出版社 1982 年版。

⑫李任仁：《香凝老人在桂二三事》，《广西日报》，1962 年 11 月 8 日。

⑬何香凝：《日祸移居广西舟中》，见廖仲恺、何香凝：《双清诗画集》，人民美术出版社 1982 年版。

⑭庄祖方：《中统秘捕廖承志》，《纵横》1992 年第 2 期。

⑮廖梦醒：《母亲未果的重庆之行》（未刊稿），转引自尚明轩：《何香凝传》，北京出版社 1994 年版，第 293 页。

⑯李任仁：《香凝老人在桂二三事》，《广西日报》，1962 年 11 月 8 日。

⑰尚明轩、余炎光编：《双清文集》下卷，人民出版社 1985 年版，第 398 页。

⑱尚明轩、余炎光编：《双清文集》下卷，人民出版社 1985 年版，第 400 页。

⑲韦瑞霖：《何香凝先生在昭平》，《团结报》，1990 年 4 月 18 日。

⑳韦瑞霖：《何香凝先生在昭平》，《团结报》，1990 年 4 月 18 日。

㉑《广西日报》（昭平版），1944 年 12 月 21 日。

㉒《广西日报》（昭平版），1945 年 3 月 18 日。

㉓刘嘉伟：《抗战时期何香凝在广西》，见《广州文史资料》第 17 辑，广东人民出版社 1979 年版。

㉔廖梦醒在《我的母亲何香凝》一文中回忆说："母亲于 1945 年 12 月初到达广州。"（见《回忆与怀念——纪念革命老人何香凝逝世十周年》，北京出版社 1982 年版，第 116 页。）有误。据 1946 年 1 月 13 日《华商报》报道："何香凝从八步返粤住两个月，于 1 月 12 日抵港。"据此判断，何香凝从八步抵达广州的时间，应为 1945 年 11 月。

第二十三章　红色交通

1942 年春节前夕，廖梦醒和李少石在一个风雨交加的夜晚，从香港乘船偷渡到澳门。他们在澳门住了几个月之后，同年 5 月，廖梦醒接到周恩来从重庆拍来的电报，嘱她和女儿陪同叶挺夫人李秀文和她的女儿到重庆去；李少石则留在港澳工作。

廖梦醒匆匆准备行装，依依不舍地告别了她心爱的丈夫，带着她的女儿李湄以及叶挺夫人李秀文和她的女儿扬眉，立即踏上艰难的跋涉途程：她们经由肇庆、桂林、贵阳、独山，于同年 8 月 3 日清晨才抵达重庆。到重庆后，他们在山城郊区一个小旅馆里稍事休息。随行的叶挺的梅副官和周公馆取得了联系后，周恩来派车把他们接到了曾家岩 50 号。

这时，在香港的保卫中国同盟已迁来重庆。办公地点就在宋庆龄的住宅。宋庆龄是在 1941 年 12 月日本侵略军到达启德机场前 6 小时，乘最后一架飞机离开香港到重庆来的。到重庆以后，她继续开展保卫中国同盟的工作，为八路军、新四军筹款筹物。廖梦醒到重庆来之后，并不暴露其中共党员的身份，她的公开职务是宋庆龄的秘书及"保卫中国同盟"的办公室主任，稍后，又兼任财务主任。

那时候的雾都重庆，国民党的特务密如蜘蛛网一样，到处都是。他们扮成补鞋的、卖豆浆的、售报纸的……对共产党员进行秘密跟踪、盯梢，特别是曾家岩 50 号和宋庆龄的住地，更是在特务的"控制线"之内。因此，廖梦醒除了要完成保卫中国同盟的任务之外，还担任了宋庆龄和周恩来之间的联络员，为他们之间传递信件、消息，被大伙誉为"红色交通员"。事实上，廖梦醒担当这项任务，可以说是最佳人选——一方面，她是宋庆龄的秘书，是中共地下党员；另一方面，她又是国民党著名元老廖仲恺烈士之女，连蒋介石对廖家也不敢那么放肆！何况，性情刚烈的何香凝多次要来重庆向他要回她的儿子呢！

廖梦醒初来重庆之时，住在曾家岩50号周公馆，即十八集团军驻渝办事处。这地方那时只有楼下和二楼的一部分。这座楼受到特别的严密监视，由那里到马路上还要通过两边挤着特务的茶馆小巷。特务们在那里看见有人从"周公馆"出来就盯梢。宋庆龄不希望特务尾随廖梦醒到她的家。不几天就搬了两次家，后来住进了张家花园中华全国文艺界抗敌协会对过的一座楼房中。

周恩来要大家叫廖梦醒为"李太太"，并嘱她刻意把自己打扮成太太的样子。宋庆龄也把她自己的衣服改了让廖梦醒穿，还给她高跟鞋。那时，廖梦醒身体微胖，身着旗袍，头上梳着发髻，脚着高跟鞋，俨然像个高贵少妇的模样，大伙见她一身打扮都说："像个贵妇人，简直像极了！"周恩来还谆谆嘱咐她："发现有人盯梢的话，不要紧张，不要看他。若无其事，可去商店买点东西。店里如果有另一个门，就由另一个门出去。不要仓皇失措，否则他更加注意你。反正你的门口是公开的，就是跟到你家门口也不要紧。"廖梦醒微笑着点点头。

廖梦醒从小在日本长大，所以日文很好；对英文学习，由于父亲要求严格，又亲自授课，所以功底深厚；由于在法国留过学，所以法文也很好，被大家誉为"红色翻译家"。她虽然是个女的，但在雾都重庆，却机灵得很，在为宋庆龄与周恩来传递信件过程中，甩掉一个个"尾巴"；演绎了她那富有传奇色彩的经历；演出了一幕幕惊心动魄的场面，令人扼腕叹服，不愧为"红色交通员"的光荣称号。为飨读者，谨录一节如次：

　　1943年的一个夏天，有一封密件，（孙夫人）要我亲手交给周总理，不可丢失。我很快到了曾家岩，上二楼推开房门，我看见总理伏案书写。我说："阿哥，我带来一个密件，等回信。"总理说："拿来我看。你在藤椅上休息休息吧，看你满脸的汗。"他一说，我才觉得是很热了，拿出手绢擦汗。然后我从手袋里取出一卷麻绳，我早就想给总理修理他的藤椅，椅子上的藤皮都松了卷，一条一条地垂下来了。我刚修好了这藤椅的前面部分，总理已写好了回信。他站到我的后面，我一抬头，就看见他双眼在看我修好的地方。我说："阿哥，用剩的麻绳别扔了，下回我还要修理后面坏掉的地方。"

总理慈祥地点点头，把信交给我并说："收藏得好一些。"我说："我走了，保证送到。"

那天天气很热。我来时很急，去时就毫不匆忙了。悠悠闲闲地通过那条小巷，到了马路边的汽车站，我上公共汽车时就感到有人跟我上来了。我很快下了这辆车，上了后面的车子，他又跟了上来，而且占着下车的门口那个位子。那特务是有名的长脚高个子儿，诨号"火车头"（50号同志给他取的诨名）。我盘算了一下，故意坐在车前面的第一个位子上。车过了孙夫人家的重庆新村，我不下车。过了观音岩一站就是七星岗了。我瞄了瞄那个特务，他似乎肯定我已逃不出他的手掌了，因此东张西望，不再注意我。那时重庆的公共汽车行左侧，从前门上，后门下。他守在后门出口处，我下车非经过他不可。我的高跟鞋有三寸高。重庆的公共汽车没有门，只有门框，我趁车子快进《新华日报》门市部这一站时，没站起身来已放下了左脚。瞧他不注意，一刹那跳了下去，正好停稳在月营茶室门口。车子倏然飞过我身边。我钻进月营茶室，坐进了有门帘的座位间隔里。这家咖啡店，进店要从马路边上，走下几步石阶，它是靠路边的天窗取光的。特务"火车头"飞跑的长脚从天窗上闪过。我要了一杯咖啡，喝了一大口就从店侧的一个小斜坡向下跑去。转了一个大弯到了临江门，又换乘一辆公共汽车。这次平安无恙，我把总理的密件妥善送到了。①

作为保卫中国同盟的财务主任，廖梦醒干得相当出色。她神通广大，可以从反共大财阀孔祥熙眼皮底下取走大批现金。当时保盟收到海外华侨捐献的款项，大都是交给延安的。取款时八路军驻渝办事处的汽车在约定时间开到重庆中国银行门前等着。廖梦醒下车后，就旁若无人似的直接进去找孔祥熙的顾问艾德勒，向他要现金。有时一取就是两三麻袋，钞票装得满满的。她让车子载走了麻袋，才独自走回家去。

廖梦醒急陕甘宁边区之所急，积极协助宋庆龄把所筹集的物资运到边区去。当时胡宗南的部队包围着陕甘宁边区，边区缺医少药的情况相当严重。有一次，从国外捐来了一架大型 X 光机，运到飞机场。当时能飞到延安去的只有美国军用机，但舱门只容一个人通过，大型 X 光机竟不得其门而入。周恩来和宋庆龄商量。宋庆龄叫廖梦醒去找美国四星上将、中印缅战区美军司令、中国驻印军总指挥、中国战区参谋长史迪威将军的副官杨上校。杨副官是美国夏威夷出生的华侨，深得史迪威的信任。廖梦醒找到了他，用很熟练的英语向他把情况谈明，问他可否想想办法。他立即转告史迪威将军。史迪威听了杨副官的汇报，很同情他们，下令把一架军用飞机的舱门拆开放大。大型 X 光机装进飞机后，史迪威担心夜长梦多，恐怕发生变故，专门嘱咐杨上校让飞机飞出。过了一天，廖梦醒去见周恩来。周恩来满面笑容，高兴地对廖梦醒说："X 光机已运抵延安，这里有你出的力。"说得廖梦醒心里暖烘烘的。她回去向宋庆龄报告，宋庆龄听了也十分欢喜。

廖梦醒和李少石这对革命伴侣感情笃深，早在岭南大学读书时，他们就相恋相爱。1930年他们在香港结婚后，更是恩爱有加，如胶似漆。1942年春节前夕，他们在澳门分别后两年来，因为港澳与重庆不能通信，廖梦醒未曾收到过他片纸只字，虽然李少石经常有电报拍发到重庆，但从不提及私事，这使廖梦醒牵肠挂肚。连周恩来也感到诧异，说："老李这个人太古板了。他经常有报告经电台发来，但怎会一字家书都未附来呢？"李少石喜欢诗词，嗜诗如命，尤爱柳亚子的诗。柳亚子则戏称他为"诗翁"，他才思敏捷，诗情浪漫。但对于革命事业他是个"工作狂"；对待家庭私事，他是个严谨的人，"古板"得很。其实，他何尝不挂念远在千里之外的妻子、女儿呢！他只是觉得既然是公家的电台，就只能办公家的事，而不能"以公夹私"啊！他就是这么一个"古板"而又可爱的人。

不久之后，善解人意的周恩来，一声令下就把李少石调来重庆任十八集团军驻渝办事处外事组工作。周恩来征求廖梦醒的意见："老李还得住办事处，你有没有意见？"廖梦醒深知，周恩来把李少石调来重庆已经是照顾了，而要住在办事处则完全是出于工作的需要，随即爽朗地回答："一切服从组织决定。"周恩来满意地点点头。

1945年10月8日这一天，是廖梦醒在中年时最悲伤的日子。那天中午，李少石和廖梦醒、龚澎、章文晋在曾家岩三楼走廊上吃完饭后，廖梦醒对他说今晚有客人来，约他回家吃晚饭，李少石答应了。他们走到门口，通过一个地道，李少石挥手向廖梦醒告别，谁能料到这一别竟成了永诀！

当天晚上，柳亚子到办事处来找周恩来。因周恩来当时正在参加张治中宴请毛泽东的酒会，便让徐冰接见。徐冰请李少石作陪。他们谈完正事后，嗜诗如命的"美少年"李少石便和柳亚子谈诗，正当他们谈兴正浓时，办事处要用周恩来的车子送柳亚子回沙坪坝。柳亚子热情地邀请李少石也上车，说这样可以多谈一会儿。结果车子返回到了下土湾时，颠簸了一下，路旁发出了"哎哟！哎哟"的惨叫声。坐在车上的李少石当机立断，叫道："不好了，车子可能撞倒人了，赶快停车！"可是，司机熊国华似乎没听见竟然加大油门，继续奔跑。

于是，悲惨的一幕发生了！

"砰！砰！砰！"几声枪响，李少石应声倒下。司机紧急刹车，呼喊道："李秘书，你怎么啦？"李少石这时已不能回答，殷红的血从胸部涌出来，沾满了衣裳，滴在车厢里。司机急急忙忙把他送往重庆市市民医院。

李少石被送到医院后，因伤中要害，流血过多，尚来不及输血，便于7时45分溘然长逝。8时许，其夫人廖梦醒带着女儿李湄赶来，看到丈夫已经逝世，痛苦万分，她们守护在遗体旁失声痛哭，泣不成声。其时，周恩来正在军委会参加张治中欢宴毛泽东的晚会，闻讯立即赶到医院，见此惨状，顿时泪如雨下。他悲切地说："20年前，廖仲恺先生遭反革命暗害，其情景犹历历在目，不料20年后，他的爱婿又遭凶杀。"在场的人也无不为之落泪。②

1945年10月9日上午，孙夫人、邵力子夫妇、沈钧儒、陈铭枢、郭沫若夫妇、茅盾夫妇、张西曼、刘清场等陆续到市民医院吊唁。渝市各报记者及在渝外籍记者十余人也先后去医院探视。下午4时40分，重庆市法院检察官于凤坡、市民医院外科主任冯约医师，会同宪兵司令部、警察总局、卫戍司令部等各机关代表进行验尸，该项工作于5时40分完毕。验尸报告上说：李少石外部左侧肩胛间部，在第七胸椎左2厘米处，有外伤一处，直径约1厘米，呈焦色。内部沿肩胛第七第八两肋骨折断，入口大小，内部直径3厘米。在左侧中腋线又有一伤口，第五第六两肋骨折断，胸椎有淤血块入直径约有10厘米。由淤血块中取出弹片大小共4块。横膈膜部有三个创口。左肺上叶后部外侧有伤口一处，直径约1厘米。左肺下叶有伤口3处，在后部外侧，直径各约1厘米。取出的弹片最大的也不过米粒一样大小。验尸后勘验该车中弹处，发现车后工具箱部分，子弹穿过座后的钢质弹簧，致使破裂成数碎片，故穿出靠垫处有数小孔，经判定，确是步枪弹所射击。③

案发后，重庆市宪兵司令张镇于1945年10月8日深夜便急电该部警卫处处长卫持平、卫兵第三团团长张醴泉立即开展侦查，十八集团军驻渝办事处也派员到出事现场勘察。很快案情真相大白：1945年10月6日国民党陆军重迫击炮第一团第三营七连中尉排长胡关台率武装班长6名，新兵30名，携带中正式步枪6支，每支配子弹4发，来重庆领取棉军服240套后，8日下午经朝天门民生路上清寺向壁山前进，下午5时许，行抵红岩嘴6号门前附近，即在马路左侧休息。其时弹药一等兵吴应堂蹲伏路旁小便，适有熊国华（又名熊维屏）驾驶的国字10357号汽车疾驶而过，由于车速太快，偏离公路，将正在公路左侧小便的吴应堂撞倒，左臂部压伤甚重，并撞伤上方。肇祸后，该车继续向城内疾驶。下士班长田开福当即鸣枪制止，不料这一枪竟击中该车，并穿过后垫击中李少石，致使李重伤至死。案情查明后，宪兵司令部连夜将伤兵吴应堂送市民医院医治，并立即派第三团少校团附刘燃赶赴小龙坎松鹤楼将肇事者田开福拘捕。同时，又派员去逮捕肇事司机，但熊国华已逃跑，于是，迅即发出了追捕令。④

1945年10月9日晚，李少石入殓以后，灵柩即移到市民医院的太平间。门外台阶左右两边，摆满了中共中央、毛泽东、周恩来、王若飞等单位和个人送的花圈。新华日报和营业部同人送

的花圈，写着"哀我同志"四个字，也摆在阶下。1945 年 10 月
10 日，从清早起，郭沫若和夫人于立群、马寅初、阳翰笙、张
友渔、韩幽桐、林维中等社会名流不断前来吊唁。11 时，宋庆
龄在伍智梅的陪同下到来了，她面色悲戚，亲至灵前三鞠躬，然
后将带来的鲜花一束摆在棺上。临走时，她殷殷垂问廖梦醒，劝
其节哀，保重身体。这时，廖梦醒强忍哀痛，频频点头，对孙夫
人的殷切关怀表示谢意。

　　1945 年 10 月 11 日下午 1 时，在市民医院举行公祭仪式后，
即移灵，由市民医院出发。前往执绋的有孙夫人、周恩来、陈树
人、柳亚子、郭沫若、茅盾夫妇、曹靖华、鹿地亘、张友渔、韩
幽桐、霍金斯、张明、徐冰、潘梓年等约四十人。下午 3 时 15
分，灵柩到达小龙坎墓园，即举行安葬典礼。廖梦醒及女儿李湄
悲痛欲绝，泣不成声。周恩来在墓前发表了讲话，他说，十多年
来，李少石同志为革命做了大量卓有成效的工作，他的逝世，对
革命事业是重大的损失。他期望生者要化悲痛为力量，做好工
作，以实际行动寄托哀思。话毕，他沉重地和廖梦醒握了手，表
示诚挚的慰问。葬礼后，死者的亲友们及同志们，怀着沉痛的心
情，踏上了归途。⑤

　　李少石逝世后，柳亚子老泪纵横，痛不欲生。他含泪写下
《诗翁行——哭番禺李少石》一诗，抒发了他的心境。其中有句
云："呜呼！我虽不杀伯仁，伯仁由我而死，余何不幸而蹈王茂
弘之覆辙也！"又云："假令少石不嗜余诗，余必不挟少石登车，
即少石必不死；少石之死，死于余亦死于余之诗，诗翁诗翁，遂
成语谶，作诗翁行以哭之。"悲痛之情，跃然纸上。⑥毛泽东在离
渝返延安前，也亲笔题词，"李少石同志是个好共产党员，不幸
遇难，永志哀思"，高度评价了他革命的、战斗的一生。⑦

　　李少石的遇难，给廖梦醒带来了巨大的悲痛。她在红岩山上
住了十来天后，周恩来告诉她，孙夫人快要回上海去了，孙夫人

希望她回去办公，并准备搬往上海。廖梦醒听从周的安排，拖着衰弱的身体，处理保盟的各种事务。1945年12月，宋庆龄离开重庆回到上海。临行前，她嘱廖梦醒尽快找船赴沪。不久，龚澎为廖梦醒找了一条船，她带着李湄到上海去，根据周恩来的安排，住在鲁迅夫人许广平的家里。宋庆龄到上海后，"保卫中国同盟"随之迁到上海，改名为中国福利基金会。廖梦醒继续担任宋庆龄的秘书，并致力于福利基金会的日常工作。

廖梦醒在上海期间，除了协助宋庆龄继续募捐款项与医疗器材给解放区外，还帮助宋庆龄办了儿童剧团（为了收容战争中失去父母的儿童）、儿童图书馆和识字班（后来发展成为少年宫）、妇幼保健站（后来发展成为福利会儿童医院）等。这些工作，由宋庆龄悉心筹划，但很多具体工作都由廖梦醒去落实。她忘不了丧夫的哀痛，但对她来说，只有拼命工作，才是对少石同志最好的怀念。据当年的中共地下党上海局负责人张执一生前回忆，他有一次就收到宋庆龄让廖梦醒亲手转交的3万美元。

廖梦醒豁达、开朗、待人诚恳，被民主人士和知识分子视为可以信任的知己。她的双亲都是国民党的著名元老，但她从不摆任何架子。她的人格魅力像磁石一样吸引着几乎所有认识她的人。正由于此，在解放战争时期的上海，她再次担任"红色交通员"的角色。一些革命的同情者有了重要消息要告诉共产党，而又无法和地下党组织取得联系的时候，每每就找廖梦醒。有一次，国民党军事头脑机关一位名叫阿垅的高级英文翻译弄到了一份绝密的蒋军全盘作战计划，却苦于找不到地下党，最后通过著名作家胡风把这份最高军事情报交给了素未谋面，却是最信得过的人廖梦醒。梦醒迅速地把它送到地下党领导人手中。事关重大，中共地下党上海局当即密报中共中央军委，为我军胜利歼敌做出了重大贡献。后来，廖梦醒还从胡风手里转过另外一份重要情报，上海局把这份情报密电给中央军委。由于这份情报很有价值，上海局因此受到中央军委的嘉奖。1947年，蒋介石政权已摇摇欲坠，更加疯狂地镇压革命人民。当时有一位同情中共的朋友倪裴君（国民党重庆市长贺耀组的夫人）知道国民党要抓一批地下党员，她把黑名单透露给廖梦醒，她立即把情报送到党的一个联络点。⑧不料她自己也很快上了黑名单。有一天，宋庆龄告诉她："你也上黑名单了，赶快走吧。"廖梦醒立即通过地下电台请示周恩来。周恩来明确指示说："上了黑名单就赶快走吧，还请示什么呢。"⑨

由宋庆龄请一位外国朋友出面为廖梦醒购好了从上海至香港的船票。在一个月色朦胧、夜深人静的时刻，廖梦醒悄悄地带了女儿李湄，手里只提了一个小皮箱，急匆匆地登上了赴香港的轮船，重返她在6年前曾经生活、战斗过的地方。

1942年，廖承志在一首诗中有句云："廖家多烈士""长久护双清"。廖梦醒正是以她非凡的人格魅力，无私的奉献精神，桩桩传奇般的经历，谱写了廖家人可歌可泣的灿烂篇章。

注释：

①廖梦醒：《恩情》，《人民文学》1980年第1期。

②《十八集团军驻渝办事处秘书李少石同志突遭暗杀》，《新华日报》，1945年10月9日。

③《李少石同志昨晚入殓》，《新华日报》，1945年10月10日。

④据中央社讯，《新华日报》，1945年10月10日。

⑤《李少石同志昨安葬》，《新华日报》1945年10月13日。

⑥柳亚子：《诗翁行——哭番禺李少石》，1945年10月9日作诗，发表于《新华日报》，1945年10月13日。

⑦毛泽东的题词长期挂在廖梦醒住宅的客厅，复印件在廖仲恺何香凝纪念馆展出。关于李少石遇难案是根据当时国民党重庆宪兵司令部对案件调查的结果和《新华日报》刊载的资料所撰写。但是当时在重庆案件的"知情人"大多为国民党官兵，在这样特定的历史背景下，很难说这个案件

已经彻底查清。1955 年，廖梦醒到重庆视察时，去公安局调看了李少石案的材料。发现解放初期肃反的时候，重庆市纺织工业局挖出了一个潜伏特务钱忠，据他交代，李少石一案是有预谋的，国民党的侍从室、稽查处、侦缉队都参与了，开枪的是新兵连的人。又据当时任职于伪教育部的林祖德于 1981 年 7 月 18 日写信给廖承志，说杀害李少石的是他的湖北老乡兰白旗。信中说："1945 年秋，国民党反动派指使军统分子、重庆市卫戍总司令部稽查处第十组织长兰白旗在重庆李子坝到小龙坎之间开枪杀害了李少石，蒋帮阴谋得逞后，以狡诈卑劣的手段伪称追逃新兵开枪误杀造成，用以掩盖其残酷罪行。凶手兰白旗因所谓'功劳'，被提升为队长。"（以上两条材料分别见于李湄：《梦醒——母亲廖梦醒百年祭》，中国工人出版社 2004 年版，第 273、215 页）以上疑点，由于某种原因，迄今没有组织力量进行复查，谨录于此，以供读者参考。

⑧廖梦醒：《我所认识的宋庆龄同志（二）》，《人民日报》，1981 年 6 月 4 日。

⑨廖梦醒：《恩情》，《人民文学》1980 年第 1 期。

第二十四章　驰骋疆场

廖承志从国民党监狱里被释放出来以后，组织上安排他住在红岩休息一段时间，但他总是坐不住。自从他在广东乐昌县被中统特务逮捕以后，已经有将近四年的时间不能为党工作了，他是多么向往那如火如荼的斗争生活啊！

一天，周恩来又来看望他。对他说："你已是'七大'的候补中央委员了，你有了些粗线条的表现，骂过蒋介石，敢顶他，同志们选举你，但你还有不少缺点。你要对自己提出严格的要求，处处要注意政治影响。"①廖承志频频点头称是，党中央的关怀和爱护，像一股暖流，温暖着他的心。

1946 年 1 月中旬，停战令下达之后，军调部第八小组，和国民党广州行营主任张发奎就东江纵队撤退到山东的问题举行谈判。但张发奎毫无诚意，发表了一个极端荒谬的声明，说广东无共军，污蔑对抗战有功的广东人民抗日游击队东江纵队是"土匪"，谈判陷于僵局。中共中央为了加强我方的谈判力量，指派廖承志以军调部重庆三人小组中共代表身份，于 4 月 2 日飞抵广州，和军调部第八小组中共代表方方、尹林平一起，根据中共中央的指示和《双十协定》的原则，与国民党代表张发奎进行谈判。在谈判中，廖承志以"东纵"在抗战中的伟大战绩和在香港沦陷后营救国际友人、盟军飞行员的事实，严正驳斥了张发奎的谬论。与此同时，他在不损害人民根本利益的原则下作了必要的让步，终于达成了东江纵队北撤山东的具体协议，即规定了北撤的登船地点、人数和期限。从而保证东江纵队主力胜利北撤到山东烟台，配合了中共中央关于"向北发展，向南防御"战略任务的实现。廖承志这次来广州，组织上专门派人到香港把他的母亲接来，母子久别重逢，分外激动。廖承志一见到母亲便立刻扑了过去。在一旁的他的女儿廖兼、儿子廖恺孙见到一个风尘仆仆、满脸黑胡须的人扑向祖母，都给吓呆了。何香凝回过头来，连忙叫他们："傻孩子，快过来，这就是你们的爸爸啊！"还没等他们醒悟过来，廖承志的大手已把两个孩子紧紧地抱在怀里了。他看见恺孙的脸形、鼻子都酷似自己，更是高兴得不得了。他用劲地亲吻着他们。脸上的胡子把廖恺孙刺得哇哇直叫。何香凝看见这动人的情景开心地笑了。这是四年多来他们在香港分别后，第一次尝到了亲情的温暖。

1946 年 5 月初，廖承志奉命随周恩来、董必武、邓颖超等飞到南京。在梅园新村，任南京中共代表团发言人、中共南方局外事委员会副书记（书记由周恩来兼任——笔者注）。廖承志一到南京，周恩来就派人到上海把廖梦醒接到南京来，与廖承志会面。这是他们姐弟从香港分别后的第一次重逢。四年多来，廖承志在狱中熬过了悠悠的牢狱生涯；而他所尊敬的姐夫李少石也在半年多前不幸殉难。"劫后"重逢，姐弟感慨良多。姐姐问起他在狱中的情况，他一一作了回答，并尽力安慰姐姐，节哀保重，彼此又互相勉励了一番。廖承志在梅园新村期间，除了完成作为十八集团军办事处发言人的工作外，还积极为《群众周刊》撰写和审查文稿。他工作认真、负责，常常坚持工作到深夜。肚子饿了，就到巷口买几个茶叶蛋充饥，吃完又继续工作。当时，负责最后审稿的李维汉，曾对廖承志有过这样一句评语："小廖的文稿怎么改他也乐意接受。"[②]由于 4 月 8 日，博古（秦邦宪）等人由重庆飞往延安时因飞机失事遇难，这年 7 月，中共中央任命廖承志为新华通讯社第二任社长（首任社长是博古——笔者注），因南京的事没有忙完，廖承志暂时未能马上就任新华社社长之职。

1946 年 8 月 20 日，是廖仲恺忌辰 21 周年。一向关心人的周恩来没有忘记这件事，8月中旬就派人把廖梦醒及其女儿李湄第二次接到南京来。在忌辰那一天，周恩来、董必武、邓颖超和廖梦醒、廖承志、经普椿等人到了位于南京中山陵侧的廖仲恺墓祭扫。他们向廖仲恺墓行礼，敬献了花篮，并照相留念。[③]第二天，廖承志看见廖梦醒的女儿囡囡（李湄）闷闷不乐的样子，他摸摸囡囡的脑袋，又抓抓她的小辫子，这位14岁小姑娘仍然乐不起来。廖承志深知，这是外甥女丧父的缘故。一向乐观的廖承志一下把李湄拉到自己的面前，叫着李湄的小名："囡囡，来，舅舅送一幅画给你好不好？""什么画？"囡囡瞪大了眼睛问道。廖承志拿起笔，左画右画，不到几分钟，画便绘好了。囡囡接过画一看，只见一个胖子笑眯眯地坐在椅子上，顽皮地在夹着眼睛，两只手撑在大腿上，挺胸收腹，神采飞扬，那可笑的面庞颇似舅舅的样子。李湄忍不住"扑哧"一笑，乐坏了，连声说："舅舅，这胖子真像您！"廖承志看见外甥女脸上露出了笑容，也乐了。他连忙把画拿过来，说："舅舅再给你题词。"他大笔一挥，只见画面上写了如下题词："革命者的神经，不要像纤维一样，应该如钢丝一样！因此，经常笑；经常头向着天，永远不要消沉！"[④]李湄细细领会题词中的人生哲理，驱除丧父的哀伤，振作起来，勇敢面对严峻的现实。

全面内战爆发后，廖承志于1946年9月从南京回到延安，任中共中央宣传部副部长、新华通讯社社长之职。当时新华社是党报、通讯社和广播电台三大中央宣传机构的统一组织，责任重大。廖承志从这时起至1949年3月，担任新华社社长将近三年。这三年正是解放战争全面开始，蒋介石向解放区发动战略进攻，到北平和平解放的一段时间，是解放战争最艰苦的年代。廖承志不辜负党和人民的重托，出色地完成了党中央交给的任务，在新华通讯社发展的历史上，留下了难忘的一页。

首先是任务艰巨。1947年3月延安撤退前，中央决定，中央党报——延安《解放日报》宣告结束，党报的任务由新华社暂时承担，新华社代表党报发表言论，发表对解放区各项工作有指导意义的文章。全国解放前，口语广播部一直是新华社的一个编辑部，广播电台由新华社统一领导。这段时期，我党对内对外进行全面宣传的任务，统一交给新华社担任。不仅如此，在此期间，中央还经常以中央宣传部和新华总社两家名义向全党全国发表有关宣传方面的指示。在延安撤退时，中央指示：不管敌情如何紧张，行军如何匆促，陕北电台文字广播和口语广播一天都不能中断。在戎马倥偬的战场，这任务的艰巨性是可想而知的。

其次是新华社的干部来自四面八方，五湖四海，要把这些人团结在一起，也需要领导有好的作风和高超的领导艺术。那时新华社的干部，有清凉山的"老新华社"、老《解放日报》，有来自重庆《新华日报》和从南京、上海撤回来的新闻工作者，还有从别的单位和地方分社调来总社的同志。廖承志率领这样一支来自五湖四海刚刚汇集到一起的队伍，从延安迁移到华北，从平时转到战时，而又能使这些同志从来没有发生过任何"山头"歧见，大家团结得像一个人一样地完成了"陕北电台一天也不中断广播"的光荣任务，这是与他善于团结人，实行用人唯贤的领导作风分不开的。

在廖承志到任之前，有些新华社未见过他的干部，听说他是廖仲恺的公子，曾留学日本，多次坐过敌人的牢，又是经过二万五千里长征的干部，还是中共中央候补委员，不禁肃然起敬。想象中的他，"官气"也不会小。可是，当他们见到新社长廖承志时，他们原先的想象立刻就烟消云散。廖承志待人随和，在别人面前，他从来没有流露过任何地位比你高或年纪比你大的样子，真正是同志的关系。据朱穆之回忆："他同我第一次见面，就捅我的肚子，同我开玩笑，一见如故。可是大家并没有因为他非常随和，而不敬重他，正相反，不但真心地敬重他，而且还同他有一种同志间的爱，喜欢他，愿意同他亲近。"⑤高扬文那时是新华社的一名中层干部。那时，他因患开放性肺结核而放下笔杆子，不能工作了。延安当时没有药品能治疗肺结核，他成天躺在窑洞里，心情十分懊丧。他向廖承志请求安排他工作，廖承志很理解他的心情，经常到窑洞里和他聊天。他告诉高扬文，他已经从医生那里了解到高的病情严重，必须安心养病。他补充说："其实，我不用问医生，就是从你背后看你像个'衣服架子'（意思是说他很瘦），就知道你的病很重。因此，你必须完全停止工作，安心静养，不要着急。"然后，他拍着高扬文的肩膀，既亲热又认真地说："只要安下心来，病就会转化，要用战斗的那股劲战胜焦急烦躁的情绪，你能做到吗？"他看见高扬文默不作声，停了一会儿，又像逗小孩似的指着高扬文说："来日方长，不在乎一年半载，我相信你能做到，你说是不是？回答我！"高扬文笑了，只能回答："能做到，你放心吧！"这像一服良药，对高扬文很起作用，晚上能睡觉了，胃口也很好。廖承志知道他的胃口好，又把总务科长叫来，当面交代："对扬文，没有供给标准限制，他能吃多少就给他买多少，让他放开肚皮吃！"从此，高扬文有时吃一个肘子，有时一天吃一只鸡，身体明显好转，吐血很快就停止了。有一天，廖承志不知从哪里弄来几瓶在延安从没见过的葡萄酒，亲自送到窑洞里，叫他每天晚上喝上一杯，帮助睡眠。1946年冬，当胡宗南部队进攻延安时，廖承志安排总务科长陪同高扬文撤退，还配了一个医生和一个勤务员。他那时不过是一位年轻的中级干部，根本没资格享受这种待遇。可是，廖承志这种"破格"的安排，却救了高扬文的命。在行军途中，他几次休克，幸好医生在旁，才及时把他抢救了过来。

　　20世纪80年代初，已是中央煤炭工业部部长的高扬文，在一篇题为《救人于危难之中》的文章中，满怀深情地写道："廖公登上清凉山，担任新华社社长职务。这样，我与久仰大名而未得相见的'小廖'握手相见了。他像一团火,一下子使我身子增加了许多热量;他像一块磁石,把我吸在他的身边。"⑥高扬文用"一团火""磁石"这种类似诗歌式的语言来比喻廖承志,绝非溢美之词,笔者采访过许多当年与廖承志共事过的老同志,他们都感同身受。回忆起当年廖承志对他们的关怀,不少人感动得老泪纵横。

廖承志被任命为新华社社长时,又是解放日报社社长。当时新华社的总编辑是余光生,副总编辑是艾思奇、陈克寒。1947年1月,余光生调往哈尔滨后,又先后增加了从南京、上海、北平撤退到延安的范长江、石西民、梅益、徐迈进、钱俊瑞任副总编辑。社里分5个编辑部:解放区新闻编辑部,主任高扬文,副主任林朗;国民党区新闻编辑部,主任高戈,副主任廖盖隆;国际新闻编辑部,主任吴冷西,副主任黄操良;口头广播部,主任温济泽;英文广播部,主任沈建图,副主任陈龙。这时的延安清凉山,真是人才荟萃,群星璀璨。这支文化大军在廖承志的领导下,放手让他们干,充分发挥他们的积极性和创造性,挖掘他们的聪明才智。廖承志当时经常讲的两句话,就是"八仙过海,各显神通"。

新华社的干部们心悦诚服地欢迎新社长廖承志的到来。当时担任国际新闻部主任的吴冷西在回忆对廖承志的"第一印象"时写道:

> 我是在7月的一个下午,第一次见到承志同志。他刚搬到清凉山来,沿着半山腰的一排排窑洞,看望新华社和解放日报社的同志们。他满脸笑容,同大家握手,一会儿摸摸这个同志的头,一会儿又拍拍那个同志的肩,热情亲切,平易随和,活泼而又带点诙谐。这同我在见面前想象的经历二万五千里长征,又在国民党监狱

中度过 4 个年头的老革命的形象大不一样。初次见面的
印象，长久地留在我的记忆中，其实这正是承志同志特
有的风度。[7]

廖承志任社长的时候，正是蒋介石发动全面内战的时候。打
了 3 个月，蒋介石的"全面进攻"失败了，被迫改变为"重点
进攻"，就是集中兵力进犯山东和陕甘宁两个解放区。延安成了
他狗急跳墙、准备进攻的目标。在这种形势下，1946 年 11 月，
周恩来主持召开了战备会议，研究新华社文字广播和口头广播保
证不中断的问题。会上决定，立即在延安东北 180 里的瓦窑堡
（今子长县）建立第一线战备电台。同时，中央指示晋绥、晋察
冀、晋冀鲁豫解放区，为新华社广播电台选择适当地点，建立第
二线战备电台。当时廖承志把这个办法叫做"狡兔三窟"，就是
延安一摊，瓦窑堡一摊，河东一摊。延安不能广播时，由瓦窑堡
接替，瓦窑堡不能广播时，由河东接替。廖承志文武双全。他是
一个出色的社长，在部署战备工作时又是一个卓越的总指挥。从
11 月起，大部分人员疏散到瓦窑堡，只留下小部分人在延安坚
持工作。廖承志两地奔忙。在战备中，他更加关心每一个同志。
敌机轰炸延安，清凉山上落了炸弹。敌机刚飞走，他就从防空洞
里出来，从西边山头到东边山头，一个挨着一个窑洞察看，看看
有人受伤没有，有窑洞震垮没有。1947 年 3 月 13 日上午，廖承
志通知范长江和温济泽要他们准备去瓦窑堡安排接替工作。范长
江等人整装待发。后来听说胡宗南军队还没有完全准备好干粮，
还没有出发，他们等了三四个钟头。傍晚，廖承志下达了命令，
说明胡军已经出动，要大家赶快走。范长江和温济泽乘一辆吉普
车，在 14 日黎明时赶到了瓦窑堡，当天就接替了延安的文字广
播和口头广播。14 日，廖承志率领大部分同志撤离延安，留下
几个同志做坚壁清野工作。他到了瓦窑堡后，安排好瓦窑堡一摊

子的工作，又率领其余大队人马，于20日渡过黄河，向东进发。范长江等人是留在瓦窑堡坚持工作的。临别时，廖承志紧紧握着大家的手说："保证广播不要中断！"大家连连点头称是。⑧

廖承志率领大队东去。为了保密，开始对外称号是"昆仑大队××支队"，后来改为"文化供应社"。队伍在离开陕北时，为防空袭，夜间行军，白天宿营。陕北老乡出动了许多人和牲口，护送病号和妇孺安全渡过黄河，在转移途中，还油印出版《今日新闻》和《参考消息》。廖承志当时的保密代号是"302"。大家都叫他"302"或"小廖"，甚至许多年纪比他小得多的也叫他"小廖"。这次往太行山涉县的撤退，行程一千数百里，相当紧张和艰苦。当他们由延安撤退时，国民党胡宗南的大军已经压境，白天有敌机狂轰滥炸，因而不得不在夜间行军，经过晋绥到晋察冀时还要穿过一道封锁线。当时总社机关虽然不大，也是几百人的一支队伍。在延安长期和平环境里生活惯了，战争一旦来临，长期行军，困难之大是可想而知的。当时随军行动的有不少病号、家属和儿童，有的坐大车，有的乘担架，有的骑毛驴，还有的骑骆驼，凡是当时能找到的交通工具都用上了。但大部队是徒步行军，有些还身背行李，廖承志亲自率领这一臃肿庞杂的队伍，经过长途跋涉，于7月初到达太行山涉县西戍村。

1947年3月20日，留在瓦窑堡的新华社工作人员，除在史家畔留下几位同志坚守岗位（直到新的战备台接替广播）外，组织了一个精悍的小分队，由范长江带领，跟随毛主席转战陕北。

1947年3月21日，新华社用"陕北"电头代替"延安"电头，从瓦窑堡播发电讯和口语广播。

1947年3月28日，第二战备台最后定点在晋冀鲁豫，在总社未到达前，由那里的总分社和华北人民日报社部分同志筹建临时总社。在筹建过程中，新华社从晋绥临时落脚点向晋冀鲁豫总分社供稿，由那里用"陕北"电头向外播发，直到 3 月 30 日。

从 1947 年 4 月 1 日起，太行临时总社正式接替了总社的所有广播，直到 7 月初总社大队到达太行山。

从延安到瓦窑堡，从瓦窑堡到晋绥，从晋绥到晋冀鲁豫，在长达 4 个月的时间里，新华社完成了在解放战争中的第一、第二两次大转移。在转移中，按照党中央的指示，新华社的文字广播，一天也没有中断，只是由于技术原因，口语广播停了三天。在这两次大转移中，红色电波永不消逝，凝聚了这支文化大军总指挥廖承志的一分心血。⑨

廖承志在率领这大批人马向太行山挺进的千里行军中，任务相当繁重。在途中，预计有 3 天的停留，电台就要抄报，翻译的同志就要译电，油印的新闻和参考消息就要出版。编辑同志有时工作上有缺点还会受到批评，但没有一个闹情绪的人。在"302"（廖承志行军时的代号）的带领下，转战陕北的同志家属受到照顾，过河前生病的同志康复了。二三十个家属小孩在快乐活泼地成长着。在东潭、西潭停留的时间较长，新华社的同志还自编、自演话剧与当地农民联欢，与群众同乐。队伍的纪律一直很好。这就是人人钦佩的"小廖"带出的好作风。

廖承志到达太行山后，又兼任晋冀鲁豫中央局宣传部部长，工作相当繁忙。但是，凡是社委会决定由他撰写的稿子，他总是亲自动手，绝不找人捉刀代笔。在太行山区，远离党中央，重要的问题要请示，重要稿件的审查，都只能通过无线电来联系。尽管如此，廖承志的纪律性很强，重要稿件要发表，必定请示党中央。据钱俊瑞回忆，一次审议关于大后方反饥饿、反内战的社论稿，廖承志和他至少改了 8 遍，但他仍不放心，嘱咐请示毛泽东后才能发稿。

廖承志工作深入、细致，一丝不苟，精益求精。有一段时间，广播部送稿给他审阅。他不光是看稿子，而且要审听。廖承志把自己的警卫员也叫来，有时他自己念，有时叫广播部的同志念，不顺口和不易懂的地方，他就和广播部的同志一起研究怎样修改。他不仅要求内容要正确，而且宣传效果要好。他的这些教诲，使广播部的同志深受启发。[⑩]

廖承志虚怀若谷，从善如流，能听取不同意见，注意改进工作。有一次，陆定一问廖承志："美国之音波长多少？每天有几次播音？"这一下可把廖承志问住了，因为他没听过美国之音。后来，李涛对廖承志说，我们要很好学习毛主席的作风。不仅要了解我们自己的情况，而且对国民党的情况也要了解。毛主席对国民党有几个军，几个团，团长是谁，都了解得很详细。廖承志把以上情况告诉新华社的全体同志，对大家教育很大。从那时候起，廖承志要大家都要听美国之音和国民党广播电台的广播，他自己也收听。由于知己知彼，做到心中有数，大大地提高了宣传效果。

新华社在太行山时期，对蒋管区的广播明显加强了。从1947年9月11日起，增加了英语对外广播。整个文字广播、口语广播的字数、时间也都增加了。从1947年8月开始，为前方作战部队增设了文字小广播（参考消息），9月1日起又增设了口语"简明新闻"，工作很有起色。

在新华社驻地，文体活动也开展得很活跃，演戏、唱歌、打球等活动频繁。廖承志和群众打成一片，没有一点官架子，没有任何特殊的地方。他时常喜欢同大家开开玩笑。干部在工作上出了差错，他总是亲切诚恳地进行批评教育，从没有申斥训诫过人。

廖承志坚决贯彻上级的指示，注意培养新华社干部的良好作风。到太行山之后，1947年7月18日，陆定一从毛主席、周副主席身边给廖承志来信，要求总社在转移到太行山之后，要把新闻工作的好作风建立起来："在新闻工作方面，为人民服务的极其负责的态度，就是不马虎，不苟且，拿出精制品来"，"不是以成语来堆砌起来，作空洞无物的所谓宣传"。在沈建图（新华社英播部主任）从陕北调回总社的时候，9 月 11 日，陆定一又带信给廖承志，提出"在言论方面，务望（一）谨慎，宁可多想想，多看点材料，然后才下笔。（二）文字力求简洁、易懂"，并改进电务工作。同一天，范长江也给廖承志和社委会捎来一信，叙述了他在陕北所亲自感受到的党中央领导同志的工作精神。他写道："在写文章的过程中，（中央同志）这种认真与求精的精神，完全推翻了我过去 18 年所认为的最高的'认真'的标准。一篇社论，一个谈话，一条新闻，往往要改好几遍，甚至重写几遍。其中绝大部分都在任（弼时）、周（恩来）、陆（定一）等详细传阅之外，主席又加以一字不苟的修改。我回想过去写文章那种大笔一挥的作风，不觉满身大汗，实在可怕。"

廖承志向新华社全体同志传达了这些信的精神，为在新华社新闻工作中建立这样认真与精益求精的作风，做出了巨大的努力。[11]

为教育大家充分认识建立这种作风的意义，1947 年 8 月 28 日，新华社总社编辑部发表文章《锻炼我们的立场和作风》，要求各解放区的新闻单位和个人，学习晋绥日报"反客里空"运动，公开地群众性地检查工作，从中"彻底检查自己的立场与作风"。不久，廖承志又根据中央指示，在总社并通知各总分社和分社、支社，在全体工作人员中开展"三查三整"运动，特别着重"反客里空"运动，重点是解决编辑记者的立场问题和严格遵守"新闻必须真实"的原则问题。他为此曾多次作报告，把土改运动的方针、政策，同新闻工作中出现的问题结合起来，循循善诱，讲清道理，提高大家的政治觉悟，帮助大家解决思想问题。

1947 年 9 月 1 日记者节，新华社又发表社论《纪念九·一，贯彻为人民服务的精神》，指出我们的新闻事业与资产阶级新闻事业的根本区别，就在于"明确的人民的立场，为人民服务的极负责的态度与实事求是的作风"。在注意提高大家思想觉悟的同时，总社建立了每周稿件总结制度；随后又对电务工作不错一个字一个标点（特别是播发党中央文件时）做了规定与检查制度。

新华社在太行山时期，正是我人民解放军从战略防御转入战略反攻的阶段。各野战军先后组成了前线记者团到前线进行采访、报道。为了适应形势发展的需要，廖承志决定建立前线通信体制。新华总社根据华东前线和中原前线的经验，草拟了在各前线部队成立野战分社的工作条例草案，通知各地试行。后来，根据战局的发展和野战军的扩大，逐渐发展成为野战总分社（野战军一级）、野战分社（兵团一级）、野战支柱（纵队一级）的体制，造就了大批英勇、果敢、刻苦、勤奋的军事记者，涌现了一批才华出众的记者和分社负责人，如刘白羽、杨朔、华山、冯牧、穆青、穆欣、朱穆之、王匡、李普、杨赓、海棱等，这支不拿枪的新闻大军，驰骋于硝烟弥漫的战场，配合人民解放军的大反攻，起了教育人民和打击敌人的重要作用。

新华社迁到太行山以后，国民党统治区的消息仅是抄收中央社的，渠道太少，比不上在延安时可以经常从重庆、西安、南京、上海、北平等地收集到国民党统治区的报刊。为了扩大消息来源，廖承志派出一个记者组到冀中，把从平津两地收集到的国民党统治区的材料或消息，经冀中分社电台发回总社，同时把收集到的报刊送回总社。与此同时，他派人到山东，同华东总分社商量如何收集蒋管区报刊的问题。从此，国民党统治区的消息来源大为改善。

廖承志也十分重视抄收各国通讯社的电讯。由于电务处同志们的努力，外国电讯的抄收，很快就恢复到延安时期的水平。这不但为编辑工作提供了丰富的素材，而且为转战陕北的党中央及时提供了解国际动向的讯息，作为决策时的参考。他还十分注意对外宣传，在他的直接关注下，1948年春，新华社在布拉格建立了第一个国外分社；稍后，又在伦敦建立了分社。当时这两个分社的主要任务就是抄收和出版新华社的英文电讯稿，扩大解放区在国外的影响。

廖承志在新华社社长任上，任务艰巨，各方面的条件都比较困难，虽然他十分重视对干部的教育，但也出现了某些纰漏和失误，经党中央严肃的批评和耐心的帮助才得到改正。而每一次出现错误，不管是与廖承志直接有关的，间接的，或者与他间接都说不上的，他总是首先带头检查，勇于承担责任，并提出改正的办法。他态度诚恳，坦率自然，毫不勉强敷衍，绝不推卸责任，诿过于人。

1947年9月底，新华总社转发同月24日晋绥日报发表的《晋绥边区农会临时委员会告农民书》。这份文件宣传"左倾"观点，主张在土地改革中，"农民要怎样办就怎样办""贫雇农打江山坐江山"，在干部问题上，宣扬"惟成分论"。它一播出，就受到党中央的严厉批评。这件事本来同廖承志没有多少关系，稿子是由解放区部处理的。转发前请示过当时的副总编辑石西民同志。要说责任，直接责任是解放区部，领导责任是石西民。但漏子出了以后，廖承志从没有任何一句责怪下面的话，他自己承担了全部责任。据廖盖隆回忆：

> 《晋绥达区农会临时委员会告农民书》的责任应由中央工委来负，稿件是解放区部发的，他（廖承志）受了批评，承担了责任。中央1947年12月会议后，陈毅向廖公传达了会议精神和毛主席对土改中左倾错误的批评，当时规定不向下传达，但是廖公为了提高新华社领导干部思想政治水平还是在部主任中间传达了。毛主

席说，地主富农有几千万人，是社会生产力，要给出路，对地主扫地出门，是逼人家无路可走，是很笨的，应当实行在劳动中把他们改造成新人的正确政策。毛主席指出，"群众要怎么办就怎么办"的做法，是忘记党的性质，革命的性质，是不要党的领导。这次传达，对大家的思想、政策水平有很大的提高。⑫

陕北抄收太行总社广播的毛泽东1947年12月《关于目前形势和我们的任务》文稿，发现有二十多处电码错漏，中央来电提出严肃批评。这件事本来同廖承志没有多少关系，而且这些错漏同译电、发报、收报等环节有关。但廖承志首先带头做自我批评，检讨他自己事先没有提出严格要求，平常也很少检查督促。后来在播发中共中央关于老区半老区土地改革与整党工作的指示时，廖承志预先提出"不错一个字"的要求，切实防止了错误。⑬

廖承志这种严于解剖自己、勇于承担责任的精神，使新华社的干部们深受感动，并引为榜样。

廖承志是实行民主集中制的典范。在使用干部上。他交代了工作原则之后，就让干部放手干，发挥干部的聪明才智。干部的正确意见他都能认真听取。1948年在平山时，廖承志和其他社领导商定，要在新华社设立采访部。朱穆之当时只是一个部主任，他提出设立采访部的条件尚未具备，廖承志采纳了他的意见，撤销了原议。他平常喜欢开玩笑，但工作起来十分严肃认真。在太行时期，社委会秘书吴冷西代拟给中央的报告时，漏掉一项重要内容，就受到他严肃的批评。

1948年除夕，廖承志骑马跑了80里路，到播音部向大家祝贺新年。他带来毛泽东为新华社所撰写的新年献词《将革命进行到底》要广播，他特别讲了这篇献词的内容和重要意义，勉励播音员一定要播好，这给大家带来了莫大的鼓舞和温暖。

1948 年 5 月底，新华总社由太行山到平山同中央汇合后，中央决定胡乔木任新华社总编辑，协助廖承志主持新华社的编辑业务。廖是社长，但他对胡乔木十分尊重，许多重大宣传报道，都由胡乔木独立负责，他从不进行干预。

1948 年 7 月，中央军委发出指示，在全国各战场发起秋季攻势，把革命战争继续扩大和深入到国民党统治区去。9 月，发动了济南战役，从 9 月至 1949 年 1 月，又连续进行了辽沈、淮海和平津三大战役。这是人民解放军同国民党军主力进行战略决战的阶段。随着军事和政治形势的发展与变化，新华社陕北台播出了大量的消息和评论。毛泽东亲笔为新华社文字广播和陕北台口头广播写了《我军解放郑州》《中原我军占领南阳》以及《评战犯求和》等十多篇文稿；周恩来也为新华社和陕北台写过《豫东大捷》等消息和《致七十二师文告》等广播稿。这些稿件的播出，使听众大为振奋，也像重型炸弹击中敌人营垒一样，在瓦解敌军和摧毁蒋家王朝方面起了重大的作用。[14]

1949 年 3 月，廖承志参加了中共七届二中全会。在这次大会上，他被递补为中共中央委员，时年仅 41 岁。大会结束后，他向新华总社的干部传达了会议精神，他还特别传达了毛主席说的不要用人名作地名，不要祝寿，听报告不要鼓掌这三条。他说，我们很快就要在全国胜利了，很快就要进城了，我们一定要继续保持谦虚、谨慎、不骄、不躁的作风，一定要继续保持艰苦奋斗的作风，不要被花花世界弄得眼花缭乱，一定要能防御和抵制糖衣炮弹的袭击。一向关心人的廖承志，这时想起新华社有些干部在延安整风审干中，尚有遗留问题还没有解决。他对新华社管理干部的同志们说，这些有遗留问题的同志，跟我们党南征北战，出生入死地干了这么多年，绝不能让他们把问题挂着，带着"尾巴"进城，一定要尽快解决。在他的大力督促下，当时凡能解决的问题都较快地解决了，这使许多干部十分感动，深受鼓舞。

1949 年 3 月 25 日，新华社随着党中央和人民解放军总部迁进北平。同年 4 月，廖承志被选为新民主主义青年团中央副书记，兼任中国青年艺术剧院院长。他走马上任后，亲自请金山、张正宇、张瑞芳这些享有盛名的艺术家到剧院工作，同时，又请夏衍写信给上海的石羽、路曦、王班、江水等一批艺术家，请他们参加剧院工作。当两支文艺队伍会师后，廖承志号召"用两个拳头建设剧院"，奠定了剧院艺术发展的组织基础。4 月 12 日，廖承志提出了中国青年艺术剧院建设的总体构想，这就是"要努力使青年艺术剧院成为全国最好的剧院，要不断有示范性的戏剧演出"；"要有模范的青年工作作风，培养少年儿童的艺术干部"；"要通过有效的方法，示范和影响全国各地的青年文艺团体和艺术工作者"。他主张剧院演出《保尔·柯察金》，用以教育青年。他同《保尔·柯察金》剧组一起讨论了剧中人物思想感情的发展，他曾请求导演让他扮演冬妮亚的丈夫。他说过，在我国长期艰苦的斗争环境中，一定有像保尔·柯察金这样的人，我们应该把他们写出来，让中国的舞台上出现中国的保尔·柯察金。同时，他还主张剧院领导人即使他们能力很高，在原则上要低于艺术专家的薪金。要经营得法，尽量少用国家拨款；对艺术、技术、行政各类人员实行奖励，提出许多富有创见的构想。

1949 年 5 月，廖承志被选为中华全国民主青年联合会主席；8 月，作为中国民主青年代表团团长，带团出席在布达佩斯举行的第二次世界民主青年代表大会和世界青年与学生联欢会。9 月，出席中国人民政治协商会议。

廖承志从 1928 年参加中国共产党开始，历尽坎坷，艰苦奋战，终于迎来了红旗招展、艳阳高照的共和国的春天。

注释：

①廖承志：《教诲铭心头　恩情重如山》，见《廖承志文集》下卷，人民出版社 1990 年版，第 510 页。

②杨世兰等：《廖承志》，见中共党史人物研究会编：《中共党史人物传》第 34 卷，陕西人民出版社 1987 年版，第 42 页。

③《廖仲恺殉难 21 周年　周恩来、廖承志等赴烈士墓前致祭》，《新华日报》，1946 年 8 月 22 日；廖仲恺何香凝纪念馆馆藏照片。

④李湄：《他的笑声长在》，见中国新闻社：《廖公在人间》，生活·读书·新知三联书店 1983 年版，第 167 页。

⑤蒋齐生、夏宁：《深切怀念我们的老社长廖承志同志——访朱穆之、廖盖隆、温济泽同志》，《新闻业务》1983 年第 7 期。

⑥高扬文：《救人于危难之中》，见中国新闻社编：《廖公在人间》，生活·读书·新知三联书店 1983 年版，第 39 页。

⑦吴冷西：《从延安、太行到西柏坡——回忆廖承志同志领导新华社工作》（未刊稿），原稿藏国务院侨务办公室。

⑧温济泽：《永远的思念——纪念廖承志同志诞辰 80 周年》，《中华英烈》1988 年第 5 期。

⑨蒋齐生：《他培育出了新闻工作的好作风》，《新闻业务》1983 年第 8 期。

⑩温济泽：《哭廖公》，《北京晚报》，1983 年 6 月 24 日。

⑪蒋齐生：《他培育出了新闻工作的好作风》，《新闻业务》1983 年第 8 期。

⑫蒋齐生、夏宁：《深切怀念我们的老社长廖承志同志——访朱穆之、廖盖隆、温济泽同志》，《新闻业务》1983 年第 7 期。

⑬吴冷西：《从延安、太行到西柏坡——回忆廖承志同志领导新华社工作》（未刊稿），原稿藏国务院侨务办公室。

⑭温济泽：《难忘的十个月》，《人民政协报》，1988 年 5 月 24 日。

第二十五章　创立"民革"

抗日战争胜利的喜讯，使何香凝感到由衷的高兴。她渴望着和平、民主、独立的新中国在东方出现，并为之进行了不懈的努力。

还在 1945 年 8 月，当何香凝得知毛泽东亲赴重庆与蒋介石谈判时，便立即致电毛泽东和蒋介石，"务恳依照总理北上宣言及临终遗训，即行召集各党派代表、各界贤达共商国是，并明令许可人民集会、结社、言论、出版自由，释放一切爱国政治犯"[①]，表达了她渴望和平、实现民主建国的愿望。为了反对独裁，施行民主的政治纲领，1945 年她在八步时，便和陈此生拟定了中国国民党民主促进会章程草案，并第一个签了名，交陈此生带到梧州征求李济深意见，李完全同意，也签了名。1945 年12 月陈此生到广州，把章程草案交给李章达、蔡廷锴，并由李、蔡在广州着手筹备。当何香凝抵达广州时，蔡廷锴问她："'民促'怎么搞法？"她说："要搞就是要与共产党合作，如再搞分裂，我就不干了。"[②]按照她主持起草的章程草案，中国国民党民主促进会于1946 年 4 月在广州正式成立。此前，何香凝为方便开展民主运动，于 1946 年 1 月移居香港。1946 年秋，"中国国民党民主促进会"中央机关亦迁往香港。

1946 年上半年，何香凝为制止内战，实现国内和平，做了大量工作。2 月 4 日，她在政协会议将要闭幕时，呼吁各界人士督促政府实行政协决议，以加速民主政治的实现。同月底，孙科到了香港。何香凝找孙科商谈国是，苦苦相劝，使孙科不得不在口头上表示"大家互让互忍，态度放得和平一点非常必要"。这年 3 月，《华商报》记者赵元浩采访了她，记录了她当年的精神风貌和政治态度。谨录如次：

> 记者跑到坚尼地道一座黄色的洋房里，按着楼下的电铃，一霎间，有一位年近七十的老太太出来开门，延客入座。
>
> 这位老太太戴着化学框子的老花眼镜，满面堆着笑容。穿着一件宝蓝色的长衫，一双布鞋子，虽然头发已夹杂着黄的和许多白的，但精神倒很健康，从她的神态看，你就晓得这位老者经过不少风霜，不少忧患，不少斗争。
>
> ——不错，这就是中国人民大众所时刻关心的革命前辈，同时又是革命者的母亲——廖承志先生的母亲，廖仲恺先生的夫人何香凝先生……
>
> 她坚决地说："我几十年来，一贯地是民国十三年那时代的国民党员，一向主张各党派和平，合作，政治走民主的路。"但是，怎样才能和平合作呢？她几次强调："当前的中国是必要和平的，要完成和平这一任务，大家以善意的态度相对待，各方面都自己做到和平，顾虑对方难受，是非常重要的。"③

1946 年 3 月，在纪念孙中山忌辰 21 周年之际，何香凝发表《中山先生的三大政策》一文，缅怀孙中山的临终嘱咐，号召国民党人要把"三大政策"发扬光大，对内团结各党派，对外团结各友邦，改善工农的生活，使中国走上富强康庄的大道。这月的 26 日下午，港九文化界在香港大酒店召开招待爱国将领蔡廷锴将军的盛会。何香凝应邀出席了这次集会并发表演说。她说："蔡先生有许多委屈的，为了中国的民主，他捱受下去了。谁会比他更能照顾工农士兵的苦痛呢。听说，蒋主席快到广东来了，我们要求他还回广东人的生机，制止内战，拯救快要饿毙的一群。要求将借外债公开来发展农工业，反对用在内战上，我主张外国借来的债要有百分之九十用在老百姓身上，希望大家起来监督，若用在不正当的反民主事情上，老百姓们要起来反对，务使那些老爷们觉悟，还我民生。"④

鉴于时局的恶化，全面内战迫在眉睫，她于5月4日又发表文章，谴责国民党当局，号召"大家应该起来监督政府，停止内战，替饿死的同胞向政府算账！"⑤她还利用接见记者的机会，痛斥美国政府帮助蒋介石打内战的行径，严正指出："中国只需要复兴工业的机器和工具，只需要救济灾荒的物资，绝不需要帮助中国内战的运兵船舰飞机和武器。"⑥她为此还致电美国总统杜鲁门，要求停止对中国内战的一切援助，恢复中国和平。在战云密布的时刻，她为争取和平尽了最大的努力。

1946年6月26日，蒋介石悍然撕毁停战协定和政协决议，大举围攻中原解放区，由此开始发动了向解放区的全面进攻。何香凝立即接见《华商报》记者，发表了以"反对内战"为题的谈话，愤怒谴责蒋介石发动内战、生灵涂炭的罪行。6月30日，她与彭泽民等百余人致电蒋介石，要求他"立颁永久停战之令""化干戈为玉帛"，切不可"萁豆相煎"。⑦7月，她又与彭泽民等44人致电全国同胞，号召大家"一致督促政府，本中山先生之遗教，遵政治协商之决议，立化干戈，与民休息"。⑧她的文章和通电，对解放区军民是有力的声援，进一步促进了全国反内战运动的高涨。

对于蒋介石残酷镇压民主运动的罪行，何香凝旗帜鲜明地予以抨击。1946年2月，国民党反动派指使暴徒在重庆打伤李公朴、郭沫若及新闻记者六十多人，制造了较场口事件。何香凝立即与彭泽民等21人联名发表对李、郭等人的慰问电。同年7月，国民党特务暗杀了中国民主同盟的领导人李公朴、闻一多。何香凝无限悲愤，与彭泽民等先后致电李公朴夫人和闻一多家属，致以亲切的慰问。电文指出："同人等一息尚存，誓与民主逆流特务暴力，奋斗到底，以竟公朴、一多二先生之遗志。"[9]1947年元旦，她与彭泽民等9人发表通电，坚决反对蒋介石一手包办的伪国大。电文称："此次国民大会，其召集既出非法，而代表中国第二大党之中国共产党与第三方面之民主同盟，又未参加，其所通过之宪法，根本已失合法之根据，况其内容非驴非马，既非'政协宪章'，距民主原则远甚，尤以所谓'行宪办法'10条，乃预为中国之内战独裁作张本。"[10]同年6月17日，她又和李济深联名发表《致海外同胞同志书》，历数国民党独裁政府的八大罪状，然后指出："今日之独裁派统治区，已成人间地狱"；"今日内战之责任，应由国民党独裁派负之"。[11]稍后，她还发表了《告全国军政人员书》，为揭露蒋介石的独裁、内战政策不遗余力。

蒋介石推行独裁和内战政策所造成的残酷现实，使何香凝进一步认识到只有中国共产党才能救中国，只有中国共产党才是中国人民的希望所在。她在1947年所撰写的一首诗中写道：

> 忽听歌弹国破音，
> 卅年回忆倚栏吟。
> 兴邦追念前人训，
> 卖国求荣霸业崩。
> 丧了同盟诸烈士，
> 凭谁博爱众苍生？
> 香江遥向中原望，
> 力可回天尚有人。[12]

同年，她和李济深发起成立中国民主和平运动联盟。他们在发起函中写道："不久之前，反内战和反饥饿运动，遍及全国各大城市,这事实说明了内战已使民生濒于绝望,民主和平确是全国人民迫切的要求。但另一方面,独裁政府已颁布其所谓总动员令了;吾人过去希望独裁派回心转意,与各党派合作,至此已悉成泡影。因此,吾人今后惟有倚赖人民自己的力量,以求民主和平之实现。"[13]

何香凝在香港积极联系拥共反蒋人士,她的寓所成了反蒋人士聚会的场所。那时候,经常有国民党军政人员来拜访她,她总是劝其弃暗投明,与蒋介石决裂,站到人民方面来。1947年6月,中共为了使民主人士有更多机会商讨国事,为何香凝举行祝寿大会。他们给何香凝送来一幅大红寿帐,挂在何香凝寓所的客厅正中。又在一个酒家摆了十几桌的宴席。席间各民主党派代表讲了话,大家纷纷表示拥护共产党,庆祝解放军的胜利。[14]

1947年秋,何香凝和李济深联名写密信给谭平山、柳亚子、郭春涛和陈铭枢,要他们速从内地来香港,策划成立组织,与蒋介石所把持的国民党反动派划清界限。这时,朱学范自美国旧金山抵达香港,向李济深、何香凝递交了一封冯玉祥的亲笔信,转达了冯玉祥的建议:"应该成立一个国民党的革命组织,争取更多的国民党内进步同志及早参加到人民民主革命方面来。"这一建议正合何香凝等正在酝酿要把在香港的国民党民主促进会、三民主义同志会和其他反蒋力量重新结合起来的愿望。于是,他们抓紧行动,多次在香港坚尼地道召开国民党在港的革命同志碰头会,商量成立新的革命组织。

在筹建国民党民主派组织的过程中,在讨论组织的名称时,分歧较大。蔡廷锴提议该组织的名称为"民主和平运动大同盟",有人主张定名为"中国民主党",大多数人嫌弃"国民党"三个字。经过商讨,初步以"中国民主和平联盟"作为过渡组织。何香凝此前已接到宋庆龄从上海捎来的口信:"这个革命组织可以称中国国民党革命委员会。"她极力赞同宋庆龄的倡议,认为蒋介石等少数叛徒、独裁派,不能代表国民党,只有国民党左派、革命派才有资格真正代表国民党。所以,在讨论组织的名称时,她坚决主张新建立的组织应命名为"中国国民党革命委员会",保留"国民党"三个字。何香凝在筹备谈话会上,一再强调"国民党是孙中山先生亲手缔造的,我们作为孙先生的信徒,成立革命组织,必须保持孙先生的传统,才足以取信于民,为利于广泛号召,就不能不保留国民党三个字"。"当前形势下,只有善于团结可以团结的力量,我们这个组织才会兴旺发达,才能在与共产党真诚合作中发挥分化敌人的作用。"⑮在何香凝的说服下,国民党民主派人士终于一致同意接受"中国国民党革命委员会"(以下简称"民革")这一名称。

从1947年10月底至1948年元旦的两个多月中,曾经连续举行了三次筹备委员会议、两次国民党民主派联合代表大会(一次开幕式、一次代表大会)、两次国民党民主派联合代表大会主席团会议和两次秘书处会议、一次文件起草委员会会议,另外又举行了宣言纲领及告同志书审查委员会会议、提案审查委员会和组织法审查委员会。以上多次会议,除某些小型会议外,何香凝都参加,并一一发言阐述自己的意见。

1947年11月12日上午,在香港坚尼地道52号,举行了中国国民党民主派联合代表大会的开幕式。何香凝任大会主席团主席。大会由李济深致开幕词后,由何香凝发表讲演,她讲了四个方面的问题,其要点是:

(1)(孙)总理遗嘱中有致苏联者,谓中苏两国应永久合作,抵抗帝国主义的侵略。尚有一遗嘱与孙夫人,惜此两者均为本党法西斯分子所抹杀。

(2)孙夫人为本会最适当之领袖人物。

(3)宁汉分裂后,本人虽辞去党内各项职务,但对总理遗教之奉,始终不懈。

（4）现在复兴本党的时候到了。我们要真的三民主义，我们要实行三大政策。各位同志应当奋起努力。⑯

1947年12月25日上午，国民党民主派联合大会再次在坚尼地道52号举行。出席会议的有李济深、何香凝、蔡廷锴、谭平山等93人。何香凝在会上发表演讲，她着重谈了三个方面的问题，其要点如下：

（1）蒋介石违反（孙）总理遗教三大政策，与美帝国主义勾结，出卖中国主权。昨日之事譬如昨日死，今日之事有如今日生，大家要承继革命传统，发挥革命力量，来救国、救党、救民，恢复总理的革命路线。

（2）三大政策中，"容共"应改为"联共"，"扶助农工"应改为"耕者有其田"。中国为一农业国家，几千年来如是，我们要尊重农民。

（3）我们要本着总理的临终嘱托，才能打倒独裁。⑰

1948年1月1日，中国国民党革命委员会在香港正式成立，宋庆龄任名誉主席，李济深任主席，何香凝等16人任中央常委。国民党革命委员会，是在国民党内民主派和反动派进行你死我活的斗争中分化出来的。它一出现，就以革命派的崭新面貌和战斗姿态站在人民一边，为团结进步力量，推翻蒋介石反动统治，建立新中国做出了贡献。

1948年2月16日，何香凝等42人联名发表了《声援上海抗暴运动宣言》，使处在风雨飘摇中的蒋介石反动政权，更陷入四面楚歌之中。5月，她和香港各民主党派、无党派的民主人士一起发表声明，响应中国共产党中央委员会召开新政协会议的号召，表示接受中国共产党的领导。八九月间，在一次"民革"中央常委会上，有人拿出了一篇主张在国共两党之外走第三条道路的文章征求意见。何香凝非常明确地表示：这篇文章的主旨悖于孙中山先生的三大政策，所指的路不是革命的道路。在她的坚决抵制下，这篇文章终于未能发表。

1948 年 11 月间，人民解放战争的战略决战取得重大胜利，蒋家王朝的溃灭已成定局。"民革"中央的谭平山、蔡廷锴和其他民主党派已有不少人先一步到解放区去了，何香凝建议李济深以早走为好。在李济深走后十几天，有一位国民党官员带有白崇禧给李济深的亲笔信到香港，"请任公"（李济深字任潮）到武汉"主持大计"。何香凝把那位官员训斥了一顿，并责问道："你们想把李济深弄到武汉去反共吗？"后来，这位官员在革命形势胜利发展和何香凝的教育下，也改变了自己的立场，参加了国共和谈，领衔 55 位国民党立法委员在港宣布起义，为人民做了好事。⑱

1949 年 4 月，应中共中央之邀，何香凝在廖梦醒的陪同下，带着孙女廖兼、孙子廖恺孙（廖晖），乘坐希腊轮船离港抵津，廖承志专程往天津迎接。他们在天津住了两天，全家乘火车前往北平。当火车徐徐开进北平站时，朱德、周恩来和邓颖超等人热情地向她招手，来车站迎接的还有许多从黄埔军校毕业的著名将领以及民主人士等，几乎把车站都挤满了。当晚，毛泽东在怀仁堂宴请何香凝。周恩来、邓颖超等许多中共领导人都参加了。廖梦醒也奉陪在末座。她看见怀仁堂里灯火辉煌，画栋雕梁，心情十分激动。自从 1946 年在重庆一别，她又见到了她昵称为"阿哥"的周恩来。周恩来笑着问她："多少年未来北京了？"廖梦醒回答说："这还是第一次。"周恩来听见她讲话带有很浓的广东口音，笑她讲话"南腔北调"，嘱咐她要好好学习北京话。

在第一届全国政协会议召开前夕，党中央给了廖梦醒一项特殊的任务——派她陪同邓颖超去上海接宋庆龄到北京来。到上海后，邓颖超叫廖梦醒先去宋庆龄家。当廖梦醒身穿灰布制服，头戴灰布军帽，出现在宋庆龄跟前时，她一下子竟认不出来，还以为是从哪里来了一个女兵呢！当廖梦醒用英语大声叫她一声

"Auntie！（姑姑）"时，宋庆龄才认得出是她，非常高兴。经过邓颖超和廖梦醒与宋庆龄几次交谈之后，宋庆龄终于同意北上，在邓颖超与廖梦醒陪同下，宋庆龄于1949年8月底乘车北上，9月1日抵达北平火车站。毛泽东、朱德、周恩来、何香凝等人都到火车站迎接。当晚，毛泽东宴请宋庆龄。何香凝出席作陪，廖梦醒、廖承志也在末席奉陪。

那天，廖梦醒穿了一件旗袍，回家后，廖承志对姐姐说："现在民主人士是穿长裤短上衣的。"杨之华也叫廖梦醒到中央统战部去领件棉衣。他们都不知道廖梦醒是1931年入党的老共产党员，还以为她是"民主人士"呢。廖梦醒听了觉得好笑，但只是笑而不答。一直到1953年，她才公开她的中共党员身份，廖承志自是一番惊喜，这是后话了。

1949年9月21日至30日，第一届全国政治协商会议在北平召开。21日上午，怀仁堂里灯火辉煌，欢声笑语，喜气洋洋，一片节日气氛。这是中华民族精英们的盛会，中共领导人在这里与社会贤达、各界名流商讨国家大事。同时这也是廖家人的盛会。何香凝作为中国国民党革命委员会的代表来了；廖梦醒作为中国妇女界的代表来了；廖承志作为青年的代表也来了。年逾古稀的何香凝扶着拐杖，满面春风地和她所熟悉的人们握手、致意。一家三人参加首届全国政协会议，商讨建国大计，这在中国历史上是绝无仅有的。他们用其丰功伟绩书写了一份出色的答卷，他们不愧为继承孙中山、廖仲恺遗志，苦斗不屈的光辉典范，廖仲恺英灵有知，当含笑九泉了。

在这次大会上，何香凝代表中国国民党革命委员会发表讲话，祝贺全国政治协商会议的开幕和预祝中央人民政府的成立。她说："我庆祝这新的人民民主共和国千秋万岁！"指出孙中山致力革命40年，所谋求的"中国的自由平等，节制资本，耕者有其田，联合世界上以平等待我之民族，所有这些中国革命的目的，在毛主席的领导下得到实现，我们可以告慰在九泉下的孙先生了！"并坚信"只要我们能实现'共同纲领'，保持和加强我们的团结，共同向帝国主义作斗争，遵守孙中山先生的亲苏政策与毛主席的建国方针，在毛主席领导下团结奋斗，那么，我们的国家前途是无限光明的，我们人民的前途是无限幸福的"。[19] 她的讲话，不时被热烈的掌声所打断。廖承志在这次大会上，以中华全国民主青年联合总会首席代表的身份也作了发言。

会议通过了《中国人民政治协商会议第一届全体会议宣言》，庄严宣告："中国人民已经战胜了自己的敌人，改变了中国的面貌，建立了中华人民共和国。""中国的历史，从此开辟了一个新的时代。"这次会议代行全国人民代表大会职权，通过了起临时宪法作用的《共同纲领》，通过了国旗、国歌及国都所在地的决议。会议选出中央人民政府委员56人，何香凝名列其中。还选出中国人民政治协商会议全国委员会委员180人，何香凝和廖承志都当选为委员。

1949年10月1日下午3时，北京30万群众齐集天安门广场举行开国大典。何香凝、廖梦醒、廖承志都参加了。天安门前，彩旗飘扬，人海如潮，人们载歌载舞，欢庆这中华民族的盛大节日。何香凝同毛泽东、朱德、刘少奇、周恩来等党和国家领导人一起，登上了天安门城楼。当毛泽东在天安门广场升起第一面五星红旗，并宣读中华人民共和国中央人民政府公告，向全世界庄严宣告中华人民共和国的成立和中央人民政府成立时，礼炮齐鸣，雄壮的国际歌响彻云霄，白鸽展翅飞翔，全场欢声雷动。

何香凝、廖梦醒、廖承志看着如此壮观的历史场面，他们的眼睛湿润了，他们为之奋斗多年的愿望终于实现了！但是，他们的心里也明白，这只是万里长征走完第一步，今后的路还会很长很长，他们决心携手共创更加美好的未来！

注释：

①何香凝：《致蒋介石毛泽东电》，见尚明轩、余炎光编：《双清文集》下卷，人民出版社 1985 年版，第 412 页。

②陈此生于 1982 年 8 月 1 日在中国社会科学院近代史研究所召开的"何香凝革命活动情况座谈会"上的发言记录。记录稿藏该所资料室。

③赵元浩：《革命者，革命者的母亲》，广州《国民》杂志，1946 年 3 月 5 日。

④《华商报》，1946 年 3 月 27 日。

⑤何香凝：《纪念"五四"，救国救民》，见尚明轩、余炎光编：《双清文集》下卷，人民出版社 1985 年版，第 429 页。

⑥《接见〈华商报〉记者的谈话》，见尚明轩、余炎光编：《双清文集》下卷，人民出版社 1985 年版，第 430 页。

⑦《致蒋介石电》，见尚明轩、余炎光编：《双清文集》下卷，人民出版社 1985 年版，第 436 页。

⑧《致全国同胞电》，见尚明轩、余炎光编：《双清文集》下卷，人民出版社 1985 年版，第 445 页。

⑨《致闻一多家属电》，见尚明轩、余炎光编：《双清文集》下卷，人民出版社 1985 年版，第 441 页。

⑩《致宋庆龄等电》，见尚明轩、余炎光编：《双清文集》下卷，人民出版社 1985 年版，第 453 页。

⑪《致海外同胞同志书》，见尚明轩、余炎光编：《双清文集》下卷，人民出版社 1985 年版，第 481 页。

⑫何香凝：《闻邻人歌声有感》，见尚明轩、余炎光编：《双清文集》下卷，人民出版社 1985 年版，第 491 页。

⑬《与李济深等发起中国民主和平运动联盟函》，见尚明轩、余炎光编：《双清文集》下卷，人民出版社 1985 年版，第 492 页。

⑭廖梦醒：《恩情》，《人民文学》1980 年第 1 期。

⑮朱学范：《我与民革四十年》，团结出版社 1990 年版，第 53 - 54 页。

⑯尚文：《何香凝与民革创立》，《团结报》，1997 年 11 月 22 日。

⑰尚明轩：《何香凝传》，北京出版社 1994 年版，第 329 页。

⑱笔者访问梅龚彬的材料，以及参见吴茂荪：《深切怀念敬爱的廖夫人》，《回忆与怀念——纪念革命老人何香凝逝世十周年》，北京出版社1982年版，第154页。

⑲何香凝：《在中国人民政治协商会议第一届会议的讲话》，见尚明轩、余炎光编：《双清文集》下卷，人民出版社1985年版，第513－515页。

第二十六章 和平使者

中华人民共和国的成立，如旭日东升，朝阳满天，屹立在世界的东方。可是，帝国主义者不会主动放下屠刀，停止他们对弱小国家的侵略和压迫。因此，在世界范围内的反帝斗争此起彼伏，反帝的怒火在亚洲、非洲和拉丁美洲熊熊燃烧，反帝的风暴席卷全球。

廖家人并没有忘记自己的历史责任，在他们的心中时刻惦记着全世界受苦受难的同胞。因此，他们利用自己的地位和身份，发表讲话或声明，支持被压迫国家和人民的反帝斗争；或者穿梭于各国之间，散播和平的福音，谴责帝国主义者、霸权主义者的谎言和罪恶行径。作为和平的使者，代表中国政府和人民给各友好国家送去致意和问候，把温煦的春风吹进各国人民的心坎里。

日本著名作家、国际活动家中岛健藏曾说过这样的话："当天空乌云滚滚时，总是廖先生（指廖承志——引者注）吹来一阵东风，带来一线光亮，增加我的信心和勇气。我衷心敬佩廖先生的品德和远见！"给各国友好人士和人民送去东风，送去光亮，这就是廖家人的风采！

中华人民共和国成立之时，何香凝已经 71 岁。这位年逾古稀的革命老人，经历了很多的磨难，目睹日本帝国主义对我国的侵略，备尝战火中颠沛流离之苦，因此，她把目光始终投向处于帝国主义铁蹄下，在水深火热中挣扎的人民。

早在 1949 年 12 月 10 日，亚洲妇代会在北京开幕时，何香凝作为主席团成员之一出席了大会。翌日，何香凝在欢迎亚洲妇代会各国代表会上发表演说，她在讲话中感谢各国人民对中国革命的支援，提出"我们任务的中心，就是保卫和平，巩固持久的和平"；并号召"全世界民主妇女团结起来"！她透彻的话语，赢得与会各国妇女代表热烈的掌声。①

1950年7月7日，为庆祝抗战13周年，何香凝发表《保卫世界和平，反对美帝国主义的新侵略》一文，号召"海外侨胞团结起来！争和平！争生存！保卫自己的正当权益，为了免除儿孙的痛苦，反对侵略战争，保卫世界和平"②！1950年12月11日，她又发表《致中国人民抗美援朝志愿军函》和《致朝鲜人民军和敌后游击队函》，鼓励他们奋勇杀敌，彻底挫败美帝国主义侵略集团，表示我国妇女坚守岗位、誓作他们后盾的坚强决心。

这时的何香凝，十分关心抗美援朝的战况，每当捷报传来，她都感到十分欣慰，有时高兴得夜不能寐，1951年4月初，当廖承志作为中国人民赴朝慰问团团长准备赴朝鲜慰问时，何香凝画了一幅《猛虎图》，交给廖承志带到朝鲜前线，送给中国人民志愿军司令员彭德怀。4月30日，廖承志到了志愿军总部，把这幅画送到彭德怀手里时，说："这是我母亲托我特意给您带来的一件礼物。"当彭总把画打开来时，志愿军总部的同志都围过来观看。但见画面上壮观的图景：一只威风凛凛的猛虎，正从山冈上冲下来。人们仿佛听到了猛虎的一声声咆哮，仿佛觉得画面上的松树都在发抖。彭德怀看着画，连声赞道："好画！太夫人的画好极了！"周围的人也赞不绝口。廖承志指着画，对彭德怀说："老总，您看这猛虎不正是您和我们中国人民志愿军的英雄形象吗？"在场的人都盛赞画面美，寓意也深刻。③抗美援朝胜利的消息传来，何香凝喜不自禁，她又绘了一幅画，画的是一群喜鹊在绿树花簇中叽叽喳喳地唱歌。她请周恩来题词，周恩来欣然提笔写下"鹊报援朝胜利，花贻抗美英雄"的题词。④

1954年7月24日，何香凝发表《庆祝印度支那恢复和平问题达成协议》，希望国外华侨和当地人民和平共处，团结友好，平等互惠，互助互济。她趁 1955 年"三八"节之机，发表《希望妇女们做好两件事》一文，号召全国妇女积极参加反对使用原子武器的签名运动和注意儿童们的健康。⑤

1960 年 5 月，美日反动派互相勾结，积极复活日本军国主义，准备发动新的侵略战争。5 月 9 日，首都各界人民召开"支援日本人民反对日美军事同盟条约大会"，何香凝在会上发表题为《最后胜利一定属于伟大的日本人民》的讲话，强调指出："我们中国人民曾经长期遭受日本军国主义的侵略，亚洲许多国家都受过日本侵略战争的蹂躏，我们绝对不能容许美日反动派再次在我国的领土、东南亚任何地方进行侵略战争，实现美帝国主义以亚洲人打亚洲人的罪恶计划。并希望日本一切爱国的力量更加紧密地团结起来，坚决斗争到底，最后胜利一定属于伟大的日本人民!"⑥6 月 25 日，她又在首都各界人民反对美国侵略朝鲜，支持朝鲜人民统一祖国大会上发表《粉碎美帝国主义的任何挑衅》的讲话。

20 世纪 60 年代以后，何香凝已逾耄耋之年，年老体衰，但她依然眼观世界风云，关注各国人民的反帝斗争。1962 年 1 月 19 日，她发表《坚决支持美共的英勇斗争》一文，号召全世界人民结成广泛的统一战线，同美帝国主义进行针锋相对的斗争。⑦1962 年 9 月 12 日，以及 1963 年 11 月 8 日，我空军部队两次击落蒋军美制 U－2 飞机，她都接见记者发表讲话或撰文表示祝贺。⑧从 1959 年 4 月起，何香凝任全国人大常委会副委员长，是德高望重的国家领导人，她的一系列呼吁和平的文章和讲话，在海内外具有很大的影响力，对推进保卫世界和平的事业发挥了一定的作用。

廖承志是周恩来、陈毅在外交方面的得力助手。他懂日、英、俄、德、荷、法、葡等几个国家的语言，又有几年在国外从事海员工人运动的经历，是不可多得的外交人才。周恩来知人善任，先后任命他为中国人民保卫世界和平委员会副主席（1949年）；中苏友好协会理事（1949年）；中共中央对外联络部副部长（1949年）；中国人民外交协会理事（1949年）；政务院华侨事务委员会副主任委员（1949年）；中共中央统战部副部长（1949年）；世界人民保卫和平委员会常务委员（1950年）；中国人民保卫儿童委员会副主席（1951年）；中国人民抗美援朝总会常务委员（1953年）；中苏友好协会副会长（1954年）；中国亚洲团结委员会副主席（1956年）；中国人民支援埃及反抗侵略委员会副主席（1956年）；国务院外事办公室副主任（1958年，主任为陈毅）；中国亚非团结委员会主席（1960年）；中日友好协会会长（1963年）；外交部顾问（1972年）。笔者不惜篇幅，抄录廖承志在外事工作方面的任职，其意在于在这一连串的职务中，从一个侧面可以反映出他在保卫世界和平的事业中所处的地位，以及所担负的十分繁重的工作量。这么一连串的职务，如果仅仅参加中央有关的会议，就会使他忙得不可开交，何况廖承志是个拼命工作的人，有时忙起来，连饭都顾不上吃。

新中国刚刚诞生，美帝国主义便发动侵略朝鲜的战争，企图以朝鲜作为跳板，进而侵略我国，把新生的共和国扼杀在摇篮里。党中央和毛泽东高瞻远瞩，识破美帝的阴谋。为了保卫世界和平，派出中国人民志愿军到朝鲜，与朝鲜人民军并肩作战。

1951年4月初，廖承志受中国人民保卫世界和平大会的委托，任中国人民赴朝慰问团团长，到朝鲜慰问。这个团的成员大部分是爱国民主人士、文化人、工商界的头头，还有一个包括许多著名艺人的文工团。廖承志以他非凡的领导艺术，胜利地完成了任务。他每天和大家在一起，投炸弹时在一起；在被炸毁的公路上走泥泞的夜路，和大家走在一起；在朝鲜老乡的地炕上，也和大家睡在一起，他用最简洁的语句跟大家作报告，发"命令"。他有时边走边和团员们讲述他在长征路上的"趣事"。他老是乐呵呵的，从来没有皱过眉头。他率领慰问团在炮火连天的朝鲜大地上，慰问了朝鲜人民军和中国人民志愿军，访问了朝鲜农村，会见了金日成主席。在中国人民志愿军司令部，他和志愿军的同志交谈，了解到我军还没有打破美军的空中优势，急需飞机大炮。他和代表团的同志们，特别是工商界的代表一起商量，准备回国后开展一个捐献飞机、大炮的运动，并指定慰问团的一位上海工商界的代表，在志愿军司令员彭德怀为代表团举行的宴会上提出，彭德怀深表感谢。代表团回国经过天津时，廖承志接见了新华社记者，请记者向全国人民转达开展捐献飞机、大炮运动的建议。这个建议很快得到党中央和周恩来的肯定和赞许。为完成这个任务，廖承志又同慰问团的同志们一起，分头到各大区、各大城市宣传，收到了很好的效果，有力地支援了志愿军的将士们。⑨

廖承志在从事外事活动中，善于学习和继承周恩来的突出长处，坚持原则，正确而灵活地处理问题。1950 年，廖承志率领我国代表团参加在波兰举行的第二届世界和平大会。我方代表团决心和以法捷耶夫为团长的苏联代表团亲密合作。但是，会议开始后，他敏锐地发现苏联代表团成员中有人（如爱伦堡）想操纵大会，把世界和平大会主席、著名物理学家约里沃·居里放在一边，控制主席团的活动，特别严重的是对美帝国主义继续挑起侵略战争的阴谋，斗争非常不力；对亚洲、拉美，特别是非洲代表团有控制一方，反对另一方的分裂企图。廖承志因此对他们进行揭露和斗争，赢得了绝大多数代表团的赞赏和支持，终于使大会取得了比较圆满的成功。⑩

1952 年 3 月，宋庆龄、郭沫若等人为了推动世界和平运动，发起在北京召开亚洲及太平洋区域和平会议。周恩来指示廖承志和刘宁一两人负责筹备这一会议。当时参加这一会议的有亚洲、澳洲、南北美洲等太平洋沿岸各国的政治、经济、军事、文教、艺术、科学、宗教各方面人士，其中包括共产主义者、民族主义者、和平主义者。这样大规模的国际会议，新中国成立后还是第一次。当时条件较差，筹备工作相当困难。首先是代表的住宿成了一大难题。在周恩来的亲自关怀下，只用了两个月时间便突击建造了和平宾馆，又扩建了怀仁堂。在繁杂的筹备工作期间，廖承志日日夜夜，废寝忘食，操劳在现场。他始终精神焕发，毫无倦意，谈笑风生。他多次忙得过了吃饭时间，晚上才和大家到街上吃点冷食。据刘宁一回忆，廖承志经常和他们在北京东四拐角处一个饭馆里，"以一个倒扣的大酒缸为桌子，围'桌'而餐，虽然条件'寒酸'，但是同志们为廖公的平易近人而感到亲切，为筹备工作的顺利进展而欢欣喜悦。'席'间不时响起廖公的笑声。多少个不眠之夜，多少个这样的'聚餐'，以致后来周总理不得不给廖公和我们下命令：'睡两小时再来'"⑪。

为了开好这次会议，揭露美帝残害朝鲜人民大搞细菌战的罪行，会前，廖承志负责组织世界一些著名科学家前往朝鲜调查。这一艰巨的工作，费了他不少心血。当时朝鲜战场依然硝烟弥漫，他出生入死深入前线进行调查取证，终于取得了确凿证据，把美帝的滔天罪行揭露于世。

从 20 世纪 50 年代初期到 60 年代初，廖承志作为中国人民的友好使者，频频出访或参加保卫世界和平的会议，为加强我国与世界各国人民的友谊做出了杰出的贡献。

1951 年，廖承志率领中国代表团到斯里兰卡参加世界和平理事会。1952 年 12 月，作为中国代表团成员出席在维也纳举行的世界和平大会。1954 年，作为中国代表团成员出席在柏林举行的世界和平理事会特别会议。1955 年 4 月，作为中国代表团顾问（团长是周恩来——笔者注）出席在印度尼西亚举行的万隆会议，这次会议通过了我国倡导的亚非会议十项原则。1955 年 6 月，任中国代表团副团长出席在赫尔辛基举行的世界和平大会。年底，随同宋庆龄访问印度。1956 年 11 月，随同宋庆龄访问缅甸。1957 年 3 月，出席在东京举行的世界和平理事会。6 月，出席在科伦坡举行的世界和平理事会全体会议。12 月，作为中国代表团秘书长出席在开罗举行的亚非团结大会。1958 年 7 月，作为中国代表团成员出席在瑞典举行的国际裁军会议。10 月，任中国人民欢迎志愿军归国代表团团长到丹东迎接最后一批志愿军从朝鲜回国。1959 年 2 月，出席在莫斯科举行的世界和平理事会。1960 年 4 月，率中国代表团出席在几内亚首都科纳克里举行的第二届亚非团结大会。1960 年 11 月，作为中国代表团成员赴莫斯科参加庆祝苏联十月革命 43 周年纪念大会，并出席 81 个共产党及工人党第二次大会。1961 年 12 月，率领代表团参加在巴勒斯坦加沙举行的亚非人民团结组织执行委员会会议，等等。他行色匆匆，足迹遍全球，去散播和平的福音。至于在国内，他接见来自世界各地的和平友好人士，更是难以统计，每月至少有几次以上，在这些国际会议中，廖承志根据党中央确定的方针、政策，充分发挥他的聪明才智，使我国的国际地位不断得到提高，赢得了各国友好人士热烈的赞扬。

廖承志在国际会议上发言、对话、辩论时，思维灵敏，反应迅速，观点明确，语言活泼。他还经常自己讲话，自己翻译。对日本人、美国人、德国人、法国人和苏联人等，他都能用他们国家的语言，有时还结合他们的国情，引用他们的历史、文学和名人的格言来阐发自己的主张。这些，都使对方感到惊讶、赞美、钦佩。他往往成为会议的中心人物，文件的主要起草者。他有很强的思辨能力、雄辩的口才。他常常引经据典，以他渊博的知识说服持各种不同观点和信仰的人。当被他说服的人们围在他的身边，或见他用几个国家的语言，分别与不同国家的代表热烈对话、交锋时，无不对他的能力、知识和才华深表赞佩和折服。这时，往往会有人伸出大拇指，大为赞叹："奇妙的廖！"

廖承志在外交活动中，刚柔相济，善于巧妙地把原则性与灵活性，坚定性与必要的妥协性完善地结合起来。加上他态度的诚恳，性格的开朗，讲话的幽默，凝聚成很强的"廖公魅力"，形成他独特的外交风格。他待人以诚的态度也被广泛地运用到国际交往之中。从总统、总理、议长等大人物，到一般翻译、工作人员、服务员等小人物，从无神论者到各种有神论者，从王太后、男爵，到艺术家、军人和各行各业的代表人士，包括观点、立场不同，甚至对立的人，他都有能力与他们进行接触、交往，争取团结，以调动一切可能被调动的积极性来为世界和平和人类进步事业服务。⑫廖承志在复杂多变的国际风云中，既能够做到随机应变，又能始终保持清醒、冷静，在原则性的问题上，决不含糊。1956 年，廖承志率团前往几内亚首都科纳克里参加亚非拉团结大会。行前，陈毅指示说："中国人民坚决支持非洲各国人民的独立解放斗争。过去各国人民同情和支持我国人民的解放，我们胜利了，我们要支持各国被压迫的人民。"廖承志坚持不渝地贯彻这一指示，在会上和亚非拉各国争取独立的人们结成了友好关系。当时有些人提出笼统的裁军口号，廖承志反应很灵敏，他在会上精辟地阐述了我国的主张，指出我们历来主张坚持和平共处五项原则，并且义正词严地说："如果提到普遍裁军问题，我们应看看现实，该裁谁的军？裁帝国主义、殖民主义者的军。而对于被压迫民族、被压迫人民来说，他们为了捍卫民族独立，维护人身自由，拿起大刀、弓箭和石头进行斗争，他们有什么可裁？"⑬这时，会议大厅里立刻爆发出长时间的热烈掌声。他的论述赢得了亚非拉人民的热烈拥护，也把帝国主义者、殖民主义者的代言人驳得哑口无言。

廖承志善于广泛结交国际友人，许多外国朋友把他引为知己，视为可以信赖的朋友。20 世纪 50 年代初，廖承志在和平运动中认识了比利时的阿拉男爵。当时，帝国主义者正在对我国实行封锁政策，阿拉男爵冲破种种阻挠，把比利时有威望的王太后动员来访问我国，毛泽东会见了她。何香凝在家里也接待了她，还送画给她。当她回到布鲁塞尔时，不顾美国政府的威胁恐吓，在家里举行记者招待会。这位王太后捧住毛泽东的相片，对满屋的各国记者说："我从东方中国回来，那里的人民勤劳，通情达理。毛先生是个明智的人，这是我亲眼看见的，你们要放弃偏见。"这一新闻轰动了西方舆论界，认为这是中国外交的一大胜利。二十多年过去了，1979 年冬，廖承志托朱子奇捎一封信给阿拉男爵，当朱子奇见到已是满头银发的阿拉男爵时，他含着泪说："欢迎你，朋友！我爱中国，我爱廖！他成了大人物还没有忘记老朋友呵，20 年来我有许多问题等着廖回答，由于他的才华和品格，我始终信赖他……"[14]

廖承志在与外国友好人士的交往中，他的热情和诙谐常常带来和谐的友好气氛，形成了他特有的"廖公魅力"。1981 年，廖承志和他的姐姐及外甥女参加一次便宴，在座的有几个国家的友好人士。席间，有人请他作画，他随手拿起一张菜单便画了起来。一分钟后，画已作成。众人一看，便认出这是在座的中国籍外国专家马海德的速写像。画面上最突出的是马海德的大鼻子。围观的朋友，无不哈哈大笑起来。[15]霎时，他和外国朋友的距离一下子便拉近了。这也是许许多多国外友人喜欢和他交心的原因之一。

日本国际活动家中岛健藏，也是廖承志的好朋友。每当我国保卫世界和平委员会派人去东京出席反原子弹世界大会，廖承志几乎都托人捎信给他。他病危时知道廖承志即将来东京，便叫家人用特效药为他延长生命，以等待与廖承志最后见一面。果然，他俩相见并流泪了。不久，这位中国人民的老朋友就去世了。

1960 年，美国著名作家、《西行漫记》的作者斯诺到北京来。开始，他受到我国有关部门的冷遇。廖承志知道后便严肃地批评了有关部门。他又将情况呈报给周恩来。在周恩来批示后，改变了方针。一天夜里，廖承志打电话给朱子奇，要他以"和大"代表名义，出面陪斯诺。朱子奇向斯诺传达了廖承志的意见，斯诺紧紧地握着朱子奇的手，兴奋地说："能见到廖，我就放心了！事情就好办了！我们都信任他。"这次斯诺来华，周恩来还亲自与他会见进行长谈。斯诺这次来访，在我国与美国政府之间沟通了新的信息，为后来打开中美关系，起了穿针引线的重要作用。

我国长期从事和平运动的资深外交家、廖承志的部属朱子奇用诗一般的语言评价他："我爱廖公。他就是一位气度恢弘、心胸似海的人！在他的心海里，不仅装着伟大祖国和十亿人民，装着祖国的宝岛台湾、港澳，装着千百万海外侨胞，而且装着亚洲、欧洲、美洲和整个世界！他的心海能容纳各种各样的朋友和人物，能倾听各种不同的意见和声音，能争取各种力量来为祖国服务，为世界和平和人类进步事业服务。他出色地做到了毛主席、周总理所希望的：尽可能团结更多的朋友，调动更广泛的积极性。他的坚强、乐观、勇敢、机智、才华、幽默，他对人的诚挚宽厚、坦率、关心、了解、帮助，产生了一种不平凡的吸引力和说服力。他在国内外的影响，愈来愈大。人们对他所起的特殊作用和杰出功绩，给予高度评价。"⑯

这是恰如其分的评价，廖承志确实是一位这样的人。

注释：

①蒙光励、陈流章：《何香凝年谱简编》（下），《暨南学报》（哲学社会科学版）1987 年第 3 期。

②尚明轩、余炎光编：《双清文集》下卷，人民出版社 1985 年版，第 538 页。

③马宏骄：《老虎皮与〈猛虎图〉——何香凝和彭德怀的一次礼尚往来》，《团结报》，1996 年 5 月 15 日。

④廖承志:《教诲铭心头 恩情重如山》,见《廖承志文集》下卷,人民出版社 1990 年版,第 514 页。

⑤蒙光励、陈流章:《何香凝年谱简编》(下),《暨南学报》(哲学社会科学版)1987 年第 3 期。

⑥尚明轩、余炎光编:《双清文集》下卷,人民出版社 1985 年版,第 879 页。

⑦尚明轩、余炎光编:《双清文集》下卷,人民出版社 1985 年版,第 964 页。

⑧蒙光励、陈流章:《何香凝年谱简编》(下),《暨南学报》(哲学社会科学版)1987 年第 3 期。

⑨杨世兰等:《廖承志》,见中共党史人物研究会编:《中共党史人物传》第 34 卷,陕西人民出版社 1987 年版,第 46 页。

⑩钱俊瑞:《胸怀世界 永留人间》,见中国新闻社编:《廖公在人间》,生活·读书·新知三联书店 1983 年版,第 38 页。

⑪刘宁一:《痛悼廖公》,《工人日报》,1983 年 6 月 23 日。

⑫朱子奇:《永恒的怀念》,《华声报》,1988 年 6 月 10 日。

⑬刘宁一:《痛悼廖公》,《工人日报》,1983 年 6 月 23 日。

⑭朱子奇:《一位心胸似海的人》,见中国新闻社编:《廖公在人间》,生活·读书·新知三联书店 1983 年版,第 60 页。

⑮李湄:《他的笑声长在》,见中国新闻社编:《廖公在人间》,生活·读书·新知三联书店 1983 年版,第 170 页。

⑯朱子奇:《一位心胸似海的人》,见中国新闻社编:《廖公在人间》,生活·读书·新知三联书店 1983 年版,第 60 页。

第二十七章　致力侨务

1949 年 10 月，中央任命何香凝为政务院（后改名为国务院）华侨事务委员会主任；廖承志任政务院华侨事务委员会副主任、党组书记，兼管港澳工作。

何香凝在香港出生。早在 20 世纪初，她在日本留学期间，她和廖仲恺就与海外华侨有着广泛的联系。在抗日战争期间，她多次致函海外侨胞，动员海外侨胞捐款捐物，支援祖国抗战，廖承志在 20 世纪 30 年代主持八路军驻香港办事处工作期间，与很多爱国华侨也有密切的联系。因此，他们母子俩主持"中侨委"的工作，许多侨胞都认为这是党和人民政府对侨务工作的高度重视，他们奔走相告，深受鼓舞。

新中国成立之初，满目疮痍，百废待举，侨务工作究竟怎么搞，没有现成的东西，只能在实践中不断进行探索。廖家是华侨世家，他们知侨、爱侨，对海外华侨在国外寄人篱下的生活有着深切的了解。

廖承志运用马克思主义的观点，对我国的华侨状况进行了科学的分析，他认为，华侨问题，主要就是东南亚国家的华侨问题。华侨多数聚居在这些国家的城乡中。而这些城乡的开发，华侨是积极参与的。华侨几百年来从文化较高、经济较发达的旧中国，移居到文化较低、经济落后、曾是殖民地半殖民地的东南亚。他们身居异乡，但与祖国家乡保持着千丝万缕的血肉联系。他们保持着祖国的风俗习惯和语言文字，有自己的学校、报纸和其他的文化团体，还有社团、帮派、党派等组织，形成当地一种特殊的华侨社会。在历史上进步华侨还参加当地的革命斗争和民族独立战争。在经济方面，存在着华侨商业经济与当地民族经济的矛盾。华侨经济力量，尤其是商业经济方面，较之当地民族商业具有较大的力量，但操纵和垄断当地国民经济的，乃是帝国主义者而不是华侨。华侨经济主要形成商业经济，乃是帝国主义侵略侨居国后殖民地经济的畸形产物之一。华侨资本本身，和当地民族资本一样，都受帝国主义的压迫。当地经济中的主要矛盾，乃是帝国主义的垄断资本和当地民族资本的矛盾。这种矛盾是不可能调和的。当地民族经济的发展，照理应当是向帝国主义的垄断资本进行斗争。但由于当地统治阶级的软弱性，在经济上对帝国主义仍有相当大的依赖关系，不敢大力排斥帝国主义的经济势力。因而当地民族经济要求迅速发展，就只得设法排斥和夺取其他非帝国主义外商的经济阵地，首先是夺取商业阵地，华侨商业经济也就遭受限制和排斥。[①]

　　根据以上的科学分析，廖承志呈报中共中央，经审定这个阶段的国外侨务政策是："教育华侨不参加当地的政治斗争，华侨不参与当地的革命运动，划清楚这个界线，同时针对敌人对新中国的破坏宣传，对华侨坚持进行爱国主义教育，加强华侨爱国团结，打击敌人在广大华侨中所进行的种种阴谋活动。"[②]对国内归侨、侨眷的情况，廖承志也做了精辟的分析，他们指出，华侨在出国前后绝大多数是无以为生的劳动人民，主要是农民。他们虽然在历尽艰辛之后，现在大部分经济生活有些上升，但绝大多数华侨仍然是从事体力劳动和脑力劳动的劳动者。国内侨眷绝大多数就是这些劳动者的眷属，这些侨眷也大多数居住在农村中，与农民和睦相处，他们之间是没有对抗性的矛盾的。这是基本的方面。但从一般社会生活来说，这些侨眷、归侨和国内一般人民相比，又存在着一些特殊情况，这种特殊情况的存在，就是由于他们家庭中的一部分成员或主要劳动力旅居国外，而且绝大部分是在资本主义国家。国内侨眷和国外华侨在伦理关系上和经济关系上历来就有着密切的联系，而且大部分或一部分侨眷在经济上对国外亲属有着依赖或半依赖关系。一般说来，国内侨眷大多数缺乏劳动力，其中小部分又缺乏劳动习惯；加以因有侨汇收入，生活较为富裕，对物质生活的追求比一般农民高。[③]廖承志的分析，成为20世纪50年代制定各项侨务工作具体政策和处理海外侨胞及国内侨眷问题的主要依据。

1951年，广东、福建等省份的土地改革运动，出现了"左"的偏差，在周恩来、邓小平等人的支持下，廖承志和他在"中侨委"同事们的共同努力下，深入侨乡了解情况，并提出具体对策，较好地解决了土地改革中"左"的偏差，保护了侨胞的利益，得到了华侨普遍的欢迎和拥护。当时侨乡的土地改革运动，其焦点是对华侨地主的房产是否没收，对此华侨看得很重，而对土地分配则意见不大。对此，周恩来曾经指出，华侨总的来说是好的，是爱国的。而我们的土地改革也是必须进行的，这必然会触动华侨的利益。如果我们在房子问题上能够解决得好，就能使华侨波而不动。[④]廖承志经过调查研究后也认为在土地改革运动中，华侨地主的房屋不能动，否则牵涉面太大。总的原则应该是缩小打击面，有利于团结国外更多的华侨。为此，他主持起草了《土地改革中对华侨土地财产的处理办法》，呈报周恩来、毛泽东批准。这个文件公布后，得到华侨普遍的拥护。但是，下面执行的情况并不那么好。有不少地方，说是"为了满足贫下中农的要求"，还是分了华侨的房产。消息传到国外，华侨通过社团组织，上告到了联合国。

周恩来知道这些情况后，对下面这些"左"的偏差很有意见。于是，廖承志便主持召开了几次讨论会，最后集中大家的意见，写成《中侨委党组对广东目前土改问题的九条意见》，报政务院批准，并颁发下去。然而，中央"九条"的下达，还是制止不了下面没收华侨地主房屋的趋势。

这时邓小平调到了党中央工作，廖承志便向邓小平汇报。邓小平听取汇报后指出，在过去的土改中，就是贫下中农说了算，结果出了不少问题，现在决不能这样做。根据周恩来和邓小平的指示，中侨委派两个工作组分别到广东和福建省了解执行情况。到广东的工作组由廖承志带领。他到广东后，深入了解情况，广泛听取各方面意见，于1951年9月6日以书面报告周恩来。同年12月20日又将广东台山、开平等县逼死侨眷等种种"左"的偏差向廖鲁言和周恩来报告，并在报告中提出九条建议。⑤后来，党中央、政务院采纳了他的建议，较好地纠正了侨区土改中"左"的错误倾向。

　　加强调查研究，协助党中央、国务院制定一系列适合我国华侨情况的具体政策，是何香凝、廖承志从事侨务工作的着眼点。20世纪50年代，经中侨委主持起草或参与讨论，呈报中央批准颁布执行的就有1955年2月13日国务院发布的《关于贯彻保护侨汇政策的命令》；1956年8月18日国务院转发中侨委、内务部《关于选举中改变华侨户地主成分的意见》；1956年9月21日中共中央组织部拟定了《关于华侨学生入党入团问题的意见》；1957年3月6日国务院转发中侨委《关于加强对归国华侨职工、干部的团结教育工作和适当照顾其生活的请示报告》；1957年6月7日中共中央统战部《关于国内侨务工作的方针任务及若干问题的意见》，等等。⑥后来，关于妥善处理侨眷、归国华侨的就业和精简问题，对华侨出租房屋进行社会主义改造问题，在农村社会主义教育运动中对待侨户问题，华侨和港澳同胞捐资兴办公益事业问题以及归国华侨青年参军问题等，中侨委都根据"一视同仁，适当照顾"的政策，会同有关部门拟定了具体的处理办法，报请党中央和国务院批准。

　　有了"适当照顾"的政策，华侨、侨眷的利益便有了一定的保障，但要坚决捍卫侨胞的利益，还必须使党的路线、方针和政策落到实处，何香凝和廖承志为此做出了巨大的努力。1950

年，何香凝提出举办原币汇款、发行原币存单等措施，保障了侨汇的币值，使侨眷的利益不受损失，得到了侨眷的欢迎。侨汇稳定后，为保障侨眷的利益，原币和本币同时并用，侨眷们都表示满意。此外，又采取了各种措施，简化了侨汇手续，加强了侨区的物资供应，并举办侨眷的福利贷款，增设兑付侨汇机构，又规定侨汇的手续费全部由人民政府来承担，一律不准在侨汇中扣除等规定，从而减轻了侨胞的负担。其时，一些干部由于受"左"的倾向影响，错误地认为侨眷接受侨汇是"不劳而获"，是"剥削"。廖承志便不断地把华侨反映的真实情况向中央写报告，一有机会，他便请周恩来接见华侨代表，让他亲自听到真实的情况。当听到接受侨汇是"剥削"的议论时，周恩来气愤地说："假如你们认为这是剥削，不允许侨眷收侨汇，那就让你们发钱给他们好了，发钱给他们吃饭，发钱给他们穿衣，行不行？两百多万侨眷，你们将从哪里出这份钱?! 反正我周恩来这里是拿不出这个钱的! 你们这些人真是幼稚得很!"⑦

对于被迫害而归国的难侨，何香凝和廖承志寄予深切的同情和关怀。何香凝曾多次发表严正声明，抗议所在国政府对华侨的迫害，并号召各国侨胞，为捍卫自己的正当权益而斗争。同时，她认真组织侨务工作者做好难侨的接待和安置工作，使他们一踏上祖国的土地，便感到乡情的温暖。据统计，仅从 1949 年 10 月至 1952 年 9 月为止，广州、汕头、海南岛等地的华侨接待站，便接待了难侨五万多人，并且根据他们之所长，做了妥善的安置，有的还参加了人民政府机关工作，或到工矿企业部门工作。1959 年，何香凝还亲笔致函毛泽东，要求对归侨的生活要给予适当照顾。对于某些地方侵犯华侨权益的行为，她非常气愤，给予了严厉的批评。她于 1954 年 9 月 26 日，在一届"人大"第一次会议的发言中指出，有个别地区的干部甚至负责人不愿正视华侨问题的特殊性，怕麻烦，图省事，不愿把复杂的特殊问题同一般问题区别开来，这种缺点和错误，必须坚决纠正。

鼓励归侨、侨眷大力发展农副业生产，是何香凝和廖承志对侨务工作的又一突出贡献。早在 1951 年 6 月召开的中侨委扩大会议上，何香凝便指出各地要根据实际情况，组织侨眷、归侨参加农业和各种适宜于经营、可能经营的工商业生产，以及各种各样的副业生产。她还提出了鼓励华侨开垦祖国荒山的主张，并由廖承志起草，国务院批准用毛泽东的名义发布了《华侨申请使用国有荒山荒地条例》。1952 年，国家拨出巨款，在广东、福建和云南等地创办了一大批华侨农场。这不仅解决了安置归侨的问题，而且促进了我国橡胶工业和其他经济作物的发展。1951 年 1 月 25 日，何香凝在二届"人大"一次全体会议上，提出了发动归侨、侨眷研究种植经济作物和进行副业生产的建议，她在发言中指出，华侨有爱国爱乡的光荣传统，假如把他们发动起来，他们良好的经验和技术对祖国的经济建设是有帮助的。她还鼓励印尼归侨尤扬祖，在其家乡福建永春县七百多米的猛虎山上，开办垦殖场，种植了良种柑橘和其他经济作物，为发展高山柑橘的种植和节约平原耕地，创造了成功的范例。1960 年 7 月，她喜闻福建省永春县北硿华侨茶果场生产发展，新近又安排了两千多印尼归侨，便作画一幅并热情赋诗："一张拙画慰劳君，勉励归侨爱国心；万劫千辛归故里，勤劳建设勇于人。"她托人把这幅画和诗送给了该场，对他们的辛勤劳动表示赞赏。⑧

为了加速祖国社会主义建设的步伐，同时也考虑到有些华侨在国外的艰难处境，何香凝和廖承志积极鼓励华侨回国投资创办企业、工厂。新中国成立初期，有些国家尚未与我国建交，当地政府对华侨的政策不怎么友好，要在当地办实业风险大，因此，何香凝、廖承志等中侨委的领导们，十分欢迎那些在国外站不住脚的华侨，把国外资金转移到国内来，其着眼点就是照顾华侨在国外的处境。

　　早在 1952 年 5 月之前，有关华侨投资的一套机构已经建立起来。中央方面，中侨委设有生产救济司。另外，还成立"华侨信托投资企业有限公司"。地方方面，广东设立了两个公司：一个是"华南企业公司"，其业务为输出农产品，加强物资交流；另一个是"华侨工业建设公司"，主要是在工业方面发展，经过努力，迅速建立麻袋厂等企业。福建省也成立了一个投资公司，资本总额为 500 亿元，共分为 20 万股。此外，中央财委下面设有华侨投资辅导委员会，其任务是全面地分析和研究有关华侨的投资问题，指出侨胞在各个时期，各个地区投资于何项事业最有利。比如，当时中央交通部就建议侨胞投资发展淮河的驳运业，印尼侨胞就为此项事业投资 400 亿元。⑨这些公司成立后，经济效益也颇为可观。如广东的"华南企业公司"，业务开展以后，仅从 1951 年 2 月 14 日至 8 月 15 日的短短半年时间里，就获利65.3 亿元。为了更好地吸引侨资，在何香凝主持下，1956 年召开的中侨委扩大会议，通过了《关于辅导华侨建设家乡的意见（草案）》。

　　何香凝、廖承志十分重视华侨学生回国升学问题。一部分归国华侨学生，由于受帝国主义的压迫以及其他特殊原因，在数学、物理、化学等基础课方面，还赶不上国内学生的水平，因而在投考学校时发生困难。何香凝便嘱咐廖承志以中侨委名义与中央教育部磋商，决定对这类程度差的侨生给予照顾，从宽录取。这项政策实行了一段时期之后，被照顾的侨生，对于这种照顾的办法，并不满意。他们反映。他们的文化程度本来就赶不上，从宽录取之后，只好拼命赶，开夜车，结果还是赶不上，因而感到很苦恼。为了解决这个难题，中侨委决定在北京、广州、福建三地创办三所归国华侨学生中等补习学校。这些补习学校，对于归国侨生，都是不分程度（大学或中学），不分年限（一年或半年），随到随收。这三所补习学校可容纳 2 500 名学生。在 20 世纪 50 年代，每年归国的侨生约 1 万人，其中文化程度较差需要补习的约占 1/4，这三所补习学校基本上能满足需要。从创办至"文革"前，三所补习学校先后招收四万多名侨生，经过短期补习以后，其中有 20% 考进了高等学校。对于侨生的费用，政府也给予优惠。经中侨委报国务院批准，有专科以上程度的侨生，都给予公费待遇。对有钱侨生，也毫不例外地给予公费，如果他们自愿捐助国家建设事业，那也并不反对。政府还规定，中学助学金中 20% 的款项则指定作为救济归国侨生之用。

1958 年，为适应侨生回国升学的需要，何香凝、廖承志积极支持在广州复办暨南大学。廖承志多次到暨南大学视察，强调要注意提高教学质量。

在 20 世纪 50 年代，由于归国侨生逐年增多，仅有暨南大学还不能满足他们投考大学的需要，1960 年，廖承志积极支持在福建泉州市创办华侨大学。他亲自兼任首任校长，为这所大学的创办和发展倾注了很大的精力。他不仅关注华侨大学的领导班子建设、师资队伍的配备，而且对建校舍，以及购买图书、仪器等，都亲自规划和指导，当年就接收了两千多名归侨学生。廖承志考虑到从东南亚来的侨生，特别是女同学，习惯洗澡和在室内打赤脚，因此要求建女生宿舍时，特意在两间卧室中间增加一个能洗澡的卫生间，还嘱咐地板要磨光，以免刺破脚板。他总是要求学校扎扎实实地把教学工作做好，保证教育质量，培养出合格的学生。他说，办学首要的是重质不重量，学校办得小一点，精干一点。国内外不少名牌大学，初办时人数并不很多，有了质量，有了基础，以后发展也就不难了。他希望华侨大学和香港中文大学在学术交流上建立密切的联系。他亲自邀请香港中文大学校长马临博士到华侨大学访问。为了适应国家各方面事业的发展，他还提议在华侨大学开设国际法专业和旅游专业，培养国家急需的人才。[①]1962 年 10 月 8 日，他和方方联名致函周恩来，呈文中称："1961 年 11 月 1 日国务院批准华侨大学基建总面积为 10 万平方米,我们预计每年建 2 万平方米,1963 年计划 2.005 万平方米,请总理考虑批准,以便列入国家基建计划,方方才能出发到福建去作具体布置。"在同一封信中,他还为暨南大学申请钢筋等基建三大材料的指标,信中说:"另,暨南大学经中南局垫支的基建经费 90 万元,借给钢筋 100 吨,水泥 200 吨,需要木材 800 立方米,也望总理能批准,以便计委下达指标。"⑪由此足见,何香凝、廖承志对华侨教育事业的高度重视。

何香凝、廖承志对侨生十分关怀。"三反"(反贪污、反浪费、反官僚主义)运动中揭发出一起侵吞归国华侨学生汇款的案件,何香凝对有关的贪污分子几乎怒不可遏,主张一定要严办。1959 年 4 月,她升任全国人大常委会副委员长后,由廖承志任中侨委主任,但她对侨生一如既往地关心。她曾对中侨委的一位负责干部说:"侨胞把子弟托给我们,我们一定要把他们培养好,这才对得起侨胞,万万不要误人子弟!"⑫廖承志当时身兼数职,工作很忙。但是他总是尽力抽空参加在北京举行的侨生春节联欢会。1957 年春节,他出席归侨学生的联欢会,并发表《喜事重重,努力前进!》的讲话,向他们报告祖国社会主义建设的伟大成就。在谈到正题以前,他先问大家:"诸位收到家信后,每个星期都回信的有多少人?12 月份你们给家里写过信的有多少人?(部分同学举手)没有写的更多,没有举手的就是没写的,这样不好。"寥寥数语的问话,"这样不好"四个字的"批评",似缕缕春风吹进侨生的心,他们深深地感到党和人民政府的关怀。⑬1961 年春节,他再次出席北京市的侨生春节联欢会,代表中侨委向归侨学生们祝贺新春佳节,并通过他们,向广大的海外华侨祝贺春节。同时号召归侨、侨眷、归侨学生,和全国人民一道,共同克服前进中的困难。⑭

廖承志的长女廖兼回忆起她多了一个"妹妹"的故事,相当感人，谨录如次：

那是 1957 年，我正在中学读高中，这年春节，像往常一样，我们全家在父亲率领下去参加华侨欢度春节的联欢会。我们边走边看，看了一会儿，大家都走累了。妈妈指着身边的椅子说："休息一会儿吧！"爸爸第一个表示赞成。他肥胖的身体，经过上上下下地走动，头上已经有汗水了。他一屁股坐在椅子上，声明说："你们大家爱去哪儿去哪儿，我是在这坐等了。"我刚刚坐下，爸爸把我叫到他身边，小声对我说："你看那边凳子上那个女孩子，年龄可能同你差不多。她好像心事重重的样子，你把她叫过来，我和她谈谈。"我问爸爸："人家不知道你是谁，叫过来合适吗！"爸爸说："你不用管，她不认识我，我不会自我介绍吗！"我拗不过他，只好把那个女孩子叫过来。她见到我父亲，恭恭敬敬地鞠了一个躬，并说了声："廖主任，春节好。"我父亲指了指身边空着的座位，说："你坐在这里吧，我们像聊家常一样地谈谈好吗！"女孩"嗯"了一声，我父亲便像连珠炮似的提出一大堆问题："你叫什么名字？""在哪里上学？""是哪国的华侨？"当我父亲知道她叫刘咏裳，是越南华侨，在华侨补校读高中二年级后，他便单刀直入地提出新的问题："你今天好像很不高兴，有什么心事愿意和我说说吗？"

这一问不要紧，似乎勾起她的伤心事。她眼泪哗哗地流下来。"心里不痛快，就要哭出来，不然，憋在心里会生病的。"我父亲一边安慰她，一边拿出自己的手帕替她擦眼泪，不知内情的外人，一定会认为这是父亲在哄心爱的女儿。

　　小刘告诉我父亲，她在国内举目无亲，已经很长时间没有收到父母的书信了，今天她见大家欢欢乐乐地欢度春节，不免想起父母来。我父亲询问了她的家庭情况和学习情况后，指着我对她说："这是我的大女儿，她也正在上高中二年级，你们俩今后互相帮助，交个朋友好吗？"父亲转过头来对我说："你是大姐，今后不仅要与她成好朋友，你还应该像大姐姐一样地关心她，能做到吗？"

　　就这样，我又多了一个妹妹，父亲和母亲又多了一个女儿。每逢节假日，小刘来到我们家，我父亲、母亲对她像自己的亲生女儿一样，吃饭时我父亲、母亲还亲自给她夹菜。后来，我考上天津南开大学，她考上了天津大学，一次，我俩在公共汽车上见面了，十分亲热。我把此事告诉父亲后，父亲要我替他转告问候，并希望她来北京时，一定再到家里来。⑮

　　何香凝、廖承志对生活在海外的侨胞关怀备至，每年国庆节和春节都发表广播词向他们问好。何香凝在多次向华侨的广播讲话中指出，强大的、欣欣向荣的社会主义祖国是华侨的靠山，只有祖国的强大，华侨在侨居国才能安居乐业。她向华侨介绍祖国在工业、农业等经济建设各方面的成就，勉励华侨要热爱自己的祖国。她还鼓励华侨社团之间要消除隔阂，增强团结，指出爱国不分先后，"先爱国的人固然受到人民的尊敬，后爱国的人，同样会得到人民的欢迎"⑯。何香凝在多种场合的讲话中都谈到，侨务工作方面所取得的成绩，社会主义建设的巨大成就，都是在中国共产党的领导下取得的。还在1952年，她就满怀激情地说："亲爱的侨胞们！三年来我们祖国的一切这些伟大成就，应当归功于我国人民伟大领袖毛主席和中央人民政府的英明领导！归功于我们祖国内各民族，各民主阶级，各民主党派，各人民团体，以及一切爱国民主人士，在工人阶级和中国共产党领导下的巩固团结！"⑰

廖承志多次在接见华侨代表团的讲话中，总是循循善诱，教育他们同侨居国的人民友好相处，不要介入和干涉当地内政，只办自己的福利事业，促进和侨居国的友好。他还指出，在侨务工作中要警惕民族主义思想，这是因为侨居国历来遭受帝国主义压迫，创痛犹新，看到强大的新中国，他们就担心起来。廖承志强调华侨要遵守当地政府的法律、法令。早在1957年，他就批评说，现在华侨报纸都学《人民日报》，头条新闻是中国新闻社的消息，当地消息都放在第四版。他主张应当转过来，多登当地通讯社的消息，有义务把当地通讯社的消息放在第一版。⑱

廖承志想侨胞的长远利益之所想，鼓励华侨加入当地国籍，在当地生根，与当地人民合作。加入当地国籍之后，就应效忠当地，把当地作为第一故乡，中国作为第二故乡。鼓励他们成为当地人民中的一部分，然后成为推动当地与中国友好的力量。这样对当地有所贡献，而且对亚非国家的团结也有所贡献。

何香凝和廖承志对党中央、国务院所确定的侨务政策，坚定不移地贯彻执行。对那些"左"的干扰侨务政策的错误倾向进行毫不留情的斗争。廖承志于1957年4月召开的中共八届三中全会的发言中指出，现在有些人"对归国华侨还有一种错误的看法，认为归国华侨曾长期侨居国外，和国外有许多联系，情况特别复杂。因而在分配工作、学习中，有的机关、企业、学校不敢录用他们，不信任他们。录用的也把他们看成政治包袱。选派留学生不敢选华侨。旅大、青岛等国防要地，不给归侨学生就学。对归侨中的先进分子、模范工作者，只因为他们是归侨而排斥他们入党入团。甚至归侨、侨生和国外亲友通信联系，接收侨汇，还受盘问、密查、干涉，作为敌我问题对待。这种歧视不仅限制了归侨参加社会主义建设的积极性，而且也造成不少归侨不安心工作，在国外产生了极为不良的影响"。接着，他明确指出："所谓'华侨复杂论'是没有根据的，至少他们不比国内人民复杂。"这是因为国民党在国内统治22年，普遍发展特务组织，而蒋介石集团的特务组织在国外发展较晚，加上他们在国外又没有政治和经济基础，所以廖承志认为，以新中国成立前的上海、广州与新加坡、曼谷相比，复杂的是前者，而不是后者。⑲廖承志对"华侨复杂论"的有力批判，赢得了不少中共中央委员的赞同，他的发言不时被热烈的掌声所打断。

3个月之后，一届人大四次会议在北京召开，何香凝出席了这次会议。1957年7月11日，她在发言中，肯定了侨务工作在党的领导下所取得的成绩，同时针对正在泛滥的"海外关系论"，指出："绝大多数华侨是热爱祖国的。祖国走向富强繁荣，是华侨世世代代的期望。我国的建设成就，使华侨梦寐以求的愿望成为现实。"接着她严肃地指出："有人责怪'国外侨胞因这些运动和改革，而对祖国深怀不满'。这些说法都是不符合事实的。"⑳

广东是著名的侨乡，也是"左"的思想比较严重的地方。1962年3月9日下午，春寒料峭，天气晴朗，宽敞的广州中山纪念堂报告大厅里，座无虚席。纪念堂外面绿草如茵的草坪上，也密密麻麻地坐满了人，他们都是广东省和广州市直属机关科以上的党员干部。他们今天是来这里聆听中共中央委员、中侨委主任廖承志做报告的。

廖承志在报告中，首先指出："华侨在国外都是爱国的。12年来的经验证明了国外华侨基本上是爱国的。他们的爱国有好几种不同：有的是爱他的家乡；有些是不管你什么菩萨，他都爱这个庙，只要是中国他就爱。总而言之，他们爱国就好。"接着，他说新中国成立后最高的一年侨汇收入是1.8亿美金，许多外国朋友羡慕得不得了："哎呀，你们真厉害，1.8 亿美金的收入不是小事。"进而说明政策与侨汇的关系："华侨工作标志着什么东西呢？真是吃猪血拉黑屎，真真见效的东西。国内政策端正的时候侨汇就增加；如果国内的政策有某些偏向，侨汇马上就下降。从来没有像这个东西这么见效。这个东西像风雨表一样，侨汇下降，我们就值得深刻思索一下，那一方面的工作是不是出了毛病？"偌大的纪念堂里，数千人在聆听他列举的数字，和那富有启发性的报告。

廖承志话锋一转，单刀直入地指出妨碍党的侨务政策落实的最大障碍就是"海外关系论"。他说："我们已经与中央组织部、国务院的人事局、公安部一齐研究过，就是要消灭这样一种说法，这种说法只有四个大字，叫做'海外关系'。这个说法是没有分析的，是有害的，是主观主义的东西。"他指出这种提法在方法论上的错误。然后，他联系自己，说他的海外关系很严重，但中央仍然信任他。他语重心长地说："谈到海外关系，最严重的是我。大家知道美帝国主义过去有一个叫陈纳德的航空队长，参加蒋介石集团运输队进攻我们解放区的，他看见我要叫我做舅父，因为他的老婆，就是我的外甥女儿。你们看我还不严重呀?!与美帝国主义有血缘关系。我向你们交代，我在香港有多少亲戚呢？如果在香港我要计算我的表妹、表弟、表姑丈、表姨父什么乌七八糟的通通算在一起有 400 个。这就是我的海外关系。"廖承志讲到这里，会场爆发出阵阵笑声。他接着说："如果真正要根据这个海外关系的话，那么，我廖承志这个人是华侨事务委员会的主任，还要审查、审查啰。但是据我知道中央并没有这么看。我这个人水平也很低，我过去工作犯了许多错误，有许多缺点，过去由于资产阶级出身的关系，学会了两三句这个英文，那个英文，因此，中央感到还可以用，有些时候也派给我出国的任务，那么，我就去，我就抱着这么一个海外关系大摇大摆地进行国际活动。所以，现在根据中央扩大会议的精神，既然我也可以有这么个海外关系，那么别人有海外关系这个矛盾就不能解决了?!"廖承志进而列举"海外关系论"对华侨所造成的种种危害："第一，只要他有'海外关系'，参加党就难了，参加团也困难了，甚至结婚都困难。如果他不是寄托马克思、列宁在天之灵保佑，在机关工作，一旦发现了海外关系，马上就考虑这个人下放劳动，这是第二。第三，如果这个'海外关系'收到信、收到侨汇，那问题就大了。尽管这个'海外关系'已经怕了，说'我不要啦，我不要啦'，但不行，到了晚上还有一个穿黑衣服的很神秘很严肃的人来问：你这个钱是从哪里来的？我看这个情况不能再继续下去。"廖承志运用阶级分析的方法，剖析"海外关系"的提法，认为这种提法不科学。他说："'海外关系'这个说法是错误的。如果他在海外有国民党关系的话，那么，这个关系就不是什么'海外关系'，而是国民党关系，还要区别清楚是历史的问题，还是现行特务？就是现行特务与他本人并不相同。"针对"海外关系论"肆虐的情况，廖承志恳切地拜托参加会议的同志们，"大家对'海外关系'这条，应该把它干净、彻底、全部消灭掉"。同时"也向大家呼吁，对于华侨收到侨汇，不要给他加一个帽子：'资产阶级思想'"。[21]报告结束时，在中山纪念堂内外响起长时间的热烈掌声。这是廖承志自1938年在广州哥伦布酒店做报告以来，在广州所做的报告中最为精彩的一次。二十多年过去了，当笔者1988年采访杨康华、杜埃等老同志时，他们对廖承志的这次报告印象还很清晰，认为在那"以阶级斗争为纲"的年代里，廖承志的认识水平、政治胆量都令人钦佩不已。

在廖承志做报告过后几年，"左"的思想继续恶性膨胀，"文革"的黑色风暴卷来，廖承志及中侨委的副主任方方等人被揪斗，中侨委被撤销。党中央、国务院所确定的正确的侨务政

策，被诬为"修正主义的路线"，中侨委名实皆亡，侨务的业务
归外交部领事司，名管实不管。

粉碎"四人帮"后，1977年，廖承志冲破重重阻力，以他
的名义向党中央写报告，要求恢复专门的侨务机构。中央很快便
批准成立国务院侨务办公室，并于1978年任命廖承志为主任。
当时没有办公的地方，廖承志便借华侨大厦几间房子，作为临时
办公之用。恢复侨务机构，开展侨务工作，首要的任务，就是要
把"四人帮"颠倒了的政策纠正过来，实现侨务工作中拨乱反
正的任务。

"文革"前，党的侨务政策总的指导思想是："一视同仁，
不得歧视；根据特点，适当照顾。"但在外交部1974年召开的一
次侨务工作会议上，由于"四人帮"的干扰和"左"的思想影
响，这次会议主要是反对"华侨特殊论"，并把对华侨的政策、
方针改为："一视同仁，不得歧视，反对特殊。"如果不推倒这
个错误的指导思想，侨务工作就寸步难行。对于这个问题的讨
论，主要是侨务干部和外交部领事司的干部参加，争论是相当激
烈的。

1978年1月4日，廖承志在《人民日报》发表《批判所谓
"海外关系"问题的反动谬论》的文章，拉开了侨务领域拨乱反
正的序幕。文章高屋建瓴，以马克思主义的阶级分析方法，批判
"四人帮"的唯心主义和形而上学，指出："林彪、'四人帮'从
唯心论、形而上学的反动观点出发，既否认矛盾的普遍性，又不
承认矛盾的特殊性，即不承认华侨、侨眷的特点，反对针对特点
进行工作。谁要是提出要注意侨务工作的特点。谁要是主张保持
'海外关系'、接受赠家汇款、给予归侨适当照顾，他们就给谁
加上'里通外国'、'搞资产阶级生活'、'搞特殊化'等罪名。"
在手法上，"四人帮"就是"把事物客观存在的特殊性同搞特殊
化混同起来"。

廖承志在文章中，回顾华侨的历史："旧中国，贫苦农民无以为生，一部分人不得不背井离乡，远涉重洋，到国外去出卖劳动力。有的被贩卖到美国西部和东南亚各地当苦工。正像被贩卖的黑人被殖民主义者称为'黑奴'一样，这些华工被称作'猪仔'。他们当中不少人死于残酷的劳动重压之下，活下来的则世代相传，在世界各地形成了早期华侨的一部分。另一方面，由于国内反动统治者的政治迫害，一部分人被迫流亡海外。最显著的是太平天国失败后，它的支持者不愿在清朝统治者的屠刀下生活，大量流亡到东南亚各地。1927年第一次国内革命战争失败后，又有一批人被迫流亡出国。到了现在，华侨大部分还是劳动人民，包括工人、农民、知识分子、小商小贩等。其中的小商小贩本人及其家属很多也参加劳动。"他在对华侨进行历史的阶级分析的基础上，痛斥林彪、"四人帮"一伙把"海外关系"说成是"反动的政治关系"的荒唐论调，明确指出"这是故意混淆敌我关系，把华侨当做敌人"。文章还引用周恩来的话，用以对华侨作出正确的评价："华侨的绝大多数是爱国的。华侨远离祖国，备受帝国主义和殖民主义的压迫，华侨有支持、参加我国革命的光荣传统。"

这篇文章理论联系实际，富有说服力。发表后，在海内外引起强烈的反响。

廖承志对在国外被迫害回国的难侨，非常关心。同年秋天，越南当局疯狂排华，数十万难民家破人亡，流离失所。他根据中共中央的指示发表严正谈话，谴责越南当局的反华罪恶行径，并亲临广东等地部署难民安置工作，使25万名难民在我国安居乐业。按中央当时规定，每个难侨补助2 000元，包括吃、住、穿等，这显然不够用。国务院侨办副主任林修德向廖承志反映，要求增加拨款。廖承志考虑到当时中央财政困难，便亲自给有关省的省委书记、省长打电话，要求地方资助，从而使难侨吃、住、

穿的问题得到了解决。㉒

党的十一届三中全会之后，廖承志在抓紧思想战线上拨乱反正的同时，狠抓各项侨务政策的落实。他亲自过问许多大案要案，推动各地平反冤、假、错案，使很多受到迫害、打击的归侨、侨眷在政治上得到平反，在工作上得到安排，在生活上得到照顾。

"文革"中，有些单位或个人趁内乱之机，侵占侨房，使很多旧侨、侨眷无家可归。廖承志很注意抓这项华侨最为关心的热点问题。粉碎"四人帮"之后，中央三令五申，要退还侵占华侨的房子，可是有的单位和个人就是顶着不办，廖承志气愤地说："这是不能容忍的，是违背宪法的。"为推动这项工作的进展，廖承志提出5条处理办法：

1. 重申保护华侨、归侨、侨眷和外籍亲属的中国公民房屋的所有权。任何单位和个人，不得以任何借口占住他们的房屋；已占住的均应退还。

2. 凡是党政军干部、公安干警利用职权，强占华侨房屋的，应立即退还；情节严重、态度恶劣的，应给予严肃处理。请有关省、市、自治区革委会责成有关部门负责查处，军队干部请军委处理，公安干警请公安部协同处理。对其中典型案件，在严肃处理后予以通报，并请报纸选择发表。

3. 一般群众强占华侨房屋的，也应坚决搬出。尤其是现已另有房可住或已给安排住房的，应立即搬出。对拒不搬迁的，应当严肃处理。

4. 对原由房管部门和机关、企业安排占住华侨房屋，现确无其他住房的，应把他们视为无房户，由地方纳入1979年安排无房户住房的计划，优先分配新建住房，将占住的华侨房屋退出来归还房主。

　　5. 不论单位或个人，在退还华侨房屋时，对房屋修缮及清理租金等问题，应合理解决，不得刁难。㉓

　　廖承志把这些处理意见，以国务院侨办名义呈报中央，1979年，中共中央7号文批转了这个文件，要求全国各地贯彻执行。中央文件下达之后，退还侨房的形势大有好转。为了进一步总结经验，把这项工作引向深入，国务院侨务办公室于1982年在北京召开广东、福建等省的20个城市落实华侨私房政策座谈会，廖承志在会上对清退被挤占侨房的工作做了部署，并大声疾呼，要求对那些严重侵犯归侨、侨眷合法权益的人要绳之以法。㉔

　　随着改革开放政策的实行，不少华侨要求回国投资办企业。为了适应形势发展的需要，廖承志早在1978年就提出了很有创见的原则性意见，这就是：

　　1. 投资方式。根据华侨的资金多少、经营范围和对外销售产品的能力，投资方式要多样化。（1）建立"中国投资公司"，华侨将资金投入公司。国家利用其资金建厂，由国家经营。国家每年支付利息，分5年、10年、15年分期还本或一次还本。（2）兴办合营企业。华侨投资在国内建工厂、旅馆、畜牧、养殖、果园等企业。国家占51％股权，可由投资人派出经理或副经理及其他管理人员和技术人员，其产品由投资人包销、经销为主，或由国家外贸部门推销。（3）补偿贸易。由华侨投资人进口原料、原件、设备等，由我加工、装配，产品由投资人包销，其设备投资，用出口产品分年偿还本息。

　　2. 华侨投资要贯彻自愿互利原则。偿还华侨投资的股本、利息，一律以外汇计算，为了照顾华侨投资不受外汇贬值的损失，可用人民币外汇计算，或每年按外汇率变动情况，适当调整利率。利息应比国外银行存款利息略高。合营企业的每年纯利润扣除所得税后，按股权比例分配。所得税按累进税率计算。分利润的年限，按企业得利的不同情况，分别定为5年、10年，最多不超过15年。

以上办法适用于港澳同胞和中国血统外籍华人。㉕

粉碎"四人帮"之后，廖承志在落实华侨政策方面进行了坚决的大量的拨乱反正工作，其重要的决策之一就是复办暨南大学和华侨大学。暨南大学于1970年被迫停办，校舍被第一军医大学所占用。廖承志以国务院侨办名义打报告给国务院，要求复办暨南大学和华侨大学。获国务院批准后，他便找叶剑英和中央军委其他领导同志，取得他们的支持，并就第一军医大学退还暨南大学校舍问题达成了共识，解决了复办中这个"老大难"问题。为了办好暨南大学，他决定成立暨南大学董事会，并亲自兼任复办后的第一届董事会董事长，还聘请霍英东、马万祺、邵逸夫等一批港澳知名人士担任该校副董事长或董事。

1978年6月9日，廖承志在暨南大学董事会成立大会上发表讲话，指出："我们要很好地领会党中央关于复办暨南大学的精神，不仅要把暨南大学办成具有先进科学文化水平的高等学校，而且看做是扩大爱国统一战线的一项重要工作。""暨南大学复办，就是适应实现新时期的总任务的需要。因此，恢复和办好暨南大学，不仅是适应广大华侨、港澳青年回国升学的需要，而且是广大华侨、港澳青年为实现新时期的总任务贡献力量的一个大好机会。广大华侨富有爱国主义精神，具有支持祖国革命、参加祖国建设的传统。我们希望广大华侨能在恢复和办好暨南大学这

所社会主义大学中，做出积极的贡献。"㉖

廖承志狠抓暨南大学复办工作中的校舍和规划问题。他还亲笔书写"暨南大学"四个字，给学校制作校章。他非常重视学校的质量，指出暨南大学招收的学生，今后来去自由，因此一定要努力提高外语水平，把外语教学搞好。除了中文和历史两个系之外，其他各系和专业都应该逐步做到用英语来讲课，而且英语水平要努力达到以至超过香港的高等学校，这样，学生毕业后，回到原居住地工作就比较好。为了提高教学质量，学校的专业设置、课程安排、教学计划、教学内容和教学方法都做了相应的改进。有些课程一时不能开的，他还指示可向港澳邀请一些专家回来讲学，还要加强国际间学校的交往，加强学术交流，有用的东西都可以拿来，以扩大知识面和增强将来工作的适应性，这对于提高学校的教学水平，是有重要意义的。在廖承志的倡议下，暨南大学创办医学院和华侨医院，以适应华侨、港澳同胞回国学医和就医的愿望。在廖承志的大力支持下，来自全国各地近三百名讲师或主治医生以上技术职务的医疗、教学、科研骨干支援了暨南大学医学院。医学院创办起来之后，廖承志对医学院和医院从办院方针、指导思想到师资力量、设备等问题，都做了明确的指示。他指出不要把华侨医院办成旅馆加设备的医院，要努力提高医疗技术，赶超世界先进水平。㉗

"文革"期间，华侨大学也被迫停办。其校址被福建医科大学所占用。在廖承志等人的努力下，华侨大学也于1978年复办。由于福建医科大学未能及时全部迁出，当年华侨大学才招收100名新生，直到1981年才全部复原。此外，在廖承志等人的努力下，广州华侨补习学校、福建华侨补习学校、集美华侨学校、北京华侨补习学校也先后复办，华侨教育事业不断从"四人帮"的摧残中被拯救出来，恢复昔日的勃勃生机。

廖承志对侨胞、归侨无微不至的关怀，使他们感到祖国的温暖。每当他们回忆起廖承志对他们刻骨铭心的爱护，他们往往不能自抑，感动得热泪盈眶。1977 年，国务院侨办刚刚恢复，廖承志便召见缅甸知名归侨徐四民。一见面，笑容满面的廖承志就握着他的手说："'文革'期间，我们没有能够很好地照顾你，感到过意不去……"一句话，说得徐四民心中热浪翻滚，声音哽咽。他心里想："廖公啊，廖公，在那腥风血雨的日子里，你自顾不暇，还想到我，这又怎能不使我由衷感动呢?"^㉘1978 年初，当英国皇家放射医学院要授予中国医学科学院肿瘤医院院长、著名归侨医学家吴桓兴以荣誉院士的荣衔时，有人说："那是资产阶级的荣誉，我们不要。"他想不通，去请教廖承志。廖承志听了，大手一挥，斩钉截铁地说："什么资产阶级的，简直是胡说八道! 宋庆龄主席过去就接受过国外授予的荣誉，我们为什么不要? 那不是资产阶级的，它代表我们国家的科学水平。能获得这种荣衔的人，全世界有几个?"他这番话，使吴桓兴深受感动。^㉙泰国归侨、广东省侨联主席蚁美厚 1983 年 3 月到泰国访问时，泰国著名侨领、泰国京华银行董事长郑午楼先生请他转达对廖承志的问候，并且说："廖公非常了不起，他待人亲切，随和，谈笑风生，坦诚相见，是一位卓越的国家领导人和外交家。"^㉚

从 20 世纪 50 年代开始，除了"文革"期间，一直到 80 年代初，廖承志对回国访问的著名侨领或重要的华侨代表团总是尽量接见他们，和他们促膝谈心，或给他们做报告，使他们了解祖国的情况。事前，他往往先派侨委（或侨办）的干部，到华侨代表团中了解情况，然后才做报告。他的报告联系实际，深入浅出，妙语连珠，淳朴幽默，很受侨胞们的欢迎。早在 20 世纪 50 年代，在归国华侨中流行一句话："回北京，大事三件——毛主席接见、天安门观礼、听廖公作报告。"^㉛在个别情况下，廖承志无暇作报告时，侨胞们就反复要求。意见反映后，他总是给予满足，作一次精彩的报告，为华侨代表们一壮行色。

1983 年 5 月 19 日，廖承志因病住院后，还在医院接见一个华侨代表团。同年 6 月 8 日，即在他病逝前两天，在生命垂危的时刻，他还在医院向有关单位详细、具体地布置了对一个归国华侨的接待，甚至住什么宾馆、谁出面谈话都提出了具体意见。⑫

廖承志确实是为侨胞们操碎了心！

注释：

①廖承志主持撰写和由他亲自修改的《在中共八届三次全体中央委员会会议上的发言》，国务院侨办档案室藏档永久卷 245 号。

②《廖承志文集》上卷，人民出版社 1990 年版，第 339 页。

③廖承志主持撰写和由他亲自修改的《在中共八届三次全体中央委员会会议上的发言》，国务院侨办档案室藏档永久卷 245 号。

④参阅高云于 1988 年 4 月 22 日采访国务院原侨办副主任彭光涵的记录，该件藏国务院侨办廖承志文集传记编辑办公室。

⑤《廖承志文集》上卷，人民出版社 1990 年版，第 188 页。

⑥洪丝丝：《华侨慈祥的贴心人——回忆何香凝老人在侨务战线上》，见《回忆与怀念——纪念革命老人何香凝逝世十周年》，北京出版社 1982 年版，第 163 页。

⑦蒙光励：《周恩来与廖承志》，见《百年恩来——广东省纪念周恩来诞辰一百周年学术研讨会论文集》，广东经济出版社 1998 年版。

⑧蒙光励、陈流章：《何香凝年谱简编》（下），《暨南学报》（哲学社会科学版）1987 年第 3 期。

⑨廖承志于 1952 年 5 月 12 日在缅甸华侨回国观光团座谈会上所作的报告，国务院侨办档案室长久卷 84 号。

⑩陈文：《廖公关怀华侨教育》，见中国新闻社编：《廖公在人间》，生活·读书·新知三联书店 1983 年版，第 92－93 页。

⑪廖承志、方方致周恩来函（1962 年 10 月 8 日），国务院侨办档案室长久卷 855 号。

⑫洪丝丝：《华侨慈祥的贴心人——回忆何香凝老人在侨务战线上》，见《回忆与怀念——纪念革命老人何香凝逝世十周年》，北京出版社 1982

年版，第 163 页。

⑬廖承志：《喜事重重　努力前进——春节联欢会上对归国华侨学生的讲话》，《侨务报》1957 年第 3 期。

⑭廖承志：《在归侨学生春节联欢晚会上的讲话》（摘要），《侨务报》1961 年第 1 期。

⑮廖兼：《爸爸的周年祭——怀念我的父亲廖承志》，《团结报》，1984 年 6 月 16 日。

⑯何香凝：《1956 年国庆对国外侨胞的广播词》，见尚明轩、余炎光编：《双清文集》下卷，人民出版社 1985 年版，第 763 页。

⑰何香凝：《1952 年国庆对华侨的广播词》，见尚明轩、余炎光编：《双清文集》下卷，人民出版社 1985 年版，第 629 页。

⑱《廖承志文集》上卷，人民出版社 1990 年版，第 342 页。

⑲廖承志：《在中国共产党八届三中全会上的发言》，《廖承志文集》上卷，人民出版社 1990 年版，第 326 - 327 页。

⑳何香凝：《对侨务工作中几个问题的看法》，见尚明轩、余炎光编：《双清文集》下卷，人民出版社 1985 年版，第 801 - 802 页。

㉑据廖承志 1962 年 3 月 9 日在广东省、广州市直属机关科以上党员干部大会的报告记录。记录原件藏广东省档案馆。笔者 1988 年在编辑《廖承志文集》时，曾将讲话的一部分整理，加上《"海外关系"的提法不符合马克思主义》的标题，编入《廖承志文集》下卷，本书在引用时，系引用讲话原始记录。

㉒1988 年 4 月 13 日，廖承志文集办公室工作人员采访国务院原侨办副主任林修德的记录。

㉓廖承志：《全国侨务会议、第二次全国归侨代表大会闭幕词》（1978 年 12 月 28 日），《廖承志文集》下卷，人民出版社 1990 年版，第 559 - 560 页。

㉔庄希泉：《爱国侨胞的忠实代言人》，见中国新闻社编：《廖公在人间》，生活·读书·新知三联书店 1983 年版，第 80 页。

㉕廖承志：《认真落实党的侨务政策，为建设现代化的社会主义强国而奋斗》，《廖承志文集》下卷，人民出版社 1990 年版，第 555 - 556 页。

㉖廖承志：《办好暨南大学》，《廖承志文集》下卷，人民出版社 1990

年版，第528页。

㉗陈文：《廖公关怀华侨教育》，见中国新闻社编：《廖公在人间》，生活·读书·新知三联书店1983年版，第92－93页。

㉘徐四民：《侨胞的知音》，见中国新闻社编：《廖公在人间》，生活·读书·新知三联书店1983年版，第119页。

㉙吴桓兴：《一位气宇不凡的人》，见中国新闻社编：《廖公在人间》，生活·读书·新知三联书店1983年版，第91页。

㉚蚁美厚：《侨胞的贴心人》，见中国新闻社编：《廖公在人间》，生活·读书·新知三联书店1983年版，第86页。

㉛徐四民：《侨胞的知音》，见中国新闻社编：《廖公在人间》，生活·读书·新知三联书店1983年版，第117页。

㉜廖兼、廖晖等：《爸爸啊，爸爸……》，见中国新闻社编：《廖公在人间》，生活·读书·新知三联书店1983年版，第152页。

第二十八章 "文革"劫难

廖承志万万没想到，他这个刚强不屈的硬汉子，在腥风血雨的白色恐怖的年代里，参加了中国共产党，坐过洋牢、坐过国民党的牢和张国焘的牢，在中华人民共和国成立后，他还要坐"四人帮"的"半次牢"。1966年，当"文革"的黑色风暴席卷神州大地之时，他还误以为这不过是借用人民群众的力量，抖掉沾在共产党身上的官僚主义的尘埃而已。其实，林彪、"四人帮"早就认定他为"周恩来的人"，这就决定了他在劫掉沾。

1966年夏，中央对外文委、中侨委等外事口单位的"造反派"贴出了许多大字报。作为国务院外事办公室副主任的廖承志，坚决执行中央领导刘少奇、邓小平等人的指示，向外事口各单位派出了工作组。作为中国亚非团结委员会的主席，廖承志根据周恩来的指示，全力投入筹备召开亚非作家紧急大会的工作。

1966年7月14日，在对外文委的批判大会上，中央文革领导小组组长陈伯达、顾问康生厉声斥责中央对外文委党组书记李昌是"三反分子"，并宣布停职反省。台下，"打倒李昌"的口号声此起彼伏。坐在主席台上的廖承志脸上毫无表情，也不举手。廖承志敏锐地感觉到陈伯达、康生等人的目的在于以对外文委作为突破口，再攻外办，直到周恩来。

散会了，参加会议的人们吵吵嚷嚷地陆续离开会场。廖承志的黑色吉普车就停在路旁。他没有避开人们的视线，无所畏惧地请李昌和对外文委另一位领导人宋一平坐上他的车。这时，一向爱开玩笑的廖承志心情沉重，脸色严峻。良久，他对李昌、宋一平只说了一句意味深长的话："你们要多保重！"①他这简洁而又感人肺腑的话，说得李昌、宋一平的心里热浪滚滚，感激涕零。

在中侨委这边，中侨委党组书记、副主任方方也受到"造反派"的猛烈冲击。1966 年 6 月底，在中侨委机关、北京华侨补校等单位贴满了大量的揭发方方及其夫人苏惠"罪行"的大字报。廖承志急忙对外事办政治部主任王屏指示说，对方方同志"能保就保"，同时又尽力安慰方方，并示意他写检查。方方写了检查后，廖承志便到处宣传："方方的检查是深刻的，态度是诚恳的。"7 月份，廖承志将方方的情况向陈毅汇报。不久，陈毅在一次会上宣布说："方方不是走资本主义道路的当权派。"②廖承志为保护方方可谓不遗余力。

1966 年的国庆节眼看就要到了，按照惯例，邀请许多外宾来北京参加庆祝国庆活动，因此接待外宾的任务很重。但是各大饭店分成两派，闹得乱糟糟的，怎能接待外宾呢？周恩来决定成立一个领导小组，由廖承志任组长，整理饭店秩序，决定八大饭店在国庆节前后一律停止"文化大革命"，全力接待外宾。廖承志像一头雄狮那样，毫无畏惧地站在北京饭店的大厅中，后又站在另一个饭店的大礼堂里，宣布周恩来的决定，说明在饭店暂停"文化大革命"的必要，申明如有违反一定要严肃处理。他一向温文尔雅，说话总是面带笑容，采取商量的语气。而这次面孔却十分严肃，语言斩钉截铁，这种严峻的神态，许多熟识他的人还是第一次看到。由于他的坚定，硬是把各大饭店的形势暂时稳定下来了。③

在林彪、"四人帮"的纵容下，归侨职工和归侨学生中的"造反派"也蠢蠢欲动。1966 年 9 月，他们来到中侨委串联，准备召开北京市的归侨大会，还提出了"炮轰中侨委"的错误口号，对此，廖承志坚决反对，他大义凛然地说："北京市有几千归侨，来闹的仅有两百多人，让他们来闹打破玻璃吧！""让他们跳出来吧！"同时他通过中侨委的革委会，广泛发动中侨委的机关干部，尽力阻止北京市归侨大会的召开。为此，归侨中的

"造反派"咬牙切齿地咒骂:"廖承志妄图秋后算账!连年老的、有病的干部,都动员他们参加机关红卫兵,来镇压造反派,这是挑动群众斗群众!"廖承志听了,怒不可遏。他早已下定决心,不计较个人安危,去迎接更大的暴风雨的来临。

由于廖承志坚决执行周恩来的指示,北京各大饭店的局势基本上得到了稳定。但外面的"造反派"有时也窜到饭店来争论得脸红耳赤。1966 年 9 月下旬的一天晚上,北京中学生的"西城区纠察队"和大学生的"三司"两个红卫兵组织在北京民族饭店闹得不可开交。廖承志奉周恩来之命,急匆匆地跑去调解。

他耐心地听取双方的意见并当即表态:

这完全属于人民内部矛盾,应该互相谅解,各自多作自我批评。

一场风波眼看就将被廖承志的劝解而平息。两位自称是江青派来的《解放军报》记者急得直跺脚。其中一位"破门而出"站起来嚷道:

"廖承志你不要抹稀泥!两条路线斗争是你死我活的斗争,决不能调和折中!革命小将要擦亮眼睛,千万不要受骗上当!"

军报记者的这一挑动,两个红卫兵组织又吵嚷开了,他们互相指责,闹个不停。

廖承志面色严峻,连喊几声"请大家安静!"但吵闹的人群像炸开了的油锅似的,喋喋不休,不听劝阻。他的目光转而盯向那两位记者,一向面带笑容的他,这时表情严肃,他尽力抑住心中的怒火,嘲讽似的说:

"记者阁下你们的身份是观察员,是来旁听会的,不要随意发表意见好不好?"

那两人自以为是"第一夫人"派来的"特使",哪会听你廖承志的?他们以"钦差大臣"的口气,高声嚷道:

"我们是江青同志派来的,我们就是要态度鲜明地支持左派!"接着,又举手高呼口号:"谁镇压革命群众,谁就没有好下场!"会场更为混乱了。

廖承志被激怒了,他用力把右手往桌子上一拍,厉声喝道:"年轻人,你们不要太猖狂!我当新华社社长的时候,这个世上还没有你们哪!你们既然无视纪律,我请你们立刻出去!"

"廖承志,我们是江青同志派来的,你竟敢轰我们出去,行,我们这就去向江青同志汇报!"

"你们想上哪儿汇报,就上哪儿汇报好了,这里是我负责!"廖承志余怒未消,高声回答。

两位记者怒气冲冲地冲出会场,廖承志毫不理会,又苦口婆心地做两派组织的工作。

廖承志这天晚上回到家时,夜已经很深了。在他回到家不久,电话铃响了,他接过话筒,电话里响起江青歇斯底里的声音:"廖承志!你说,你还像一个共产党员吗?!你的立场站到哪里去了?!"还没等廖承志解释,江青便挂断了电话。

经普椿凑过来,无不担心地问:"承志,出什么事了?"这些天来,红卫兵闹得很凶,她整天提心吊胆,生怕她心爱的丈夫惹来麻烦。

廖承志放下听筒,答非所问,气愤地说:"好人死了,我们都戴孝;那个戴眼镜的(指江青——引者注)死了,我们戴红花!"④

第二天,廖承志乘车出门,当他走出王大人胡同时,只见墙壁上贴满了"火烧廖承志!""油炸廖承志!"的大字报。处于逆境中,他仍然很乐观,爱开玩笑。他笑呵呵地说道:"哇,要想油炸我这个大胖子,恐怕要为我特造一口大锅,要想炸透我,恐怕起码要花百十斤油吧?!"说得同坐在车上的卫士和秘书也忍不住笑出声来。这笑声,在萧瑟的秋风中飘得很远、很远……

国庆节前后,攻击方方的大字报愈来愈多,他的压力愈来愈大。廖承志为此很担心。自从 1955 年以来，方方就是他在侨务工作方面的好帮手。尤其是自从 1958 年以来，根据周恩来的指示，他白天不在中侨委上班，主要精力放在国务院外事办的工作，仅是利用晚上时间批阅侨务方面的文件，日常性的工作则由方方处理，任务是很重的呵！廖承志要保方方，不是因为方方与他同是广东老乡，而是他与方方共事 11 年，深知其人，他无法相信大字报所说的"方方是反党反社会主义分子"，因此，他要竭力保护。待人以诚是廖承志做人的一贯原则，落井下石的事，就是要砍他的脑袋，他也是绝不会干的。

国庆前夕，印尼当局猖狂反华，大批印尼难侨纷纷回国。中侨委成立接待难侨委员会，廖承志安排方方任副主任兼办公室主任，又安排他出席国庆招待会，并指示一定要让方方的名字见报。这些，都使一些企图打倒方方的"造反派"既恨又怕，他们哀叫："廖承志给我们革命群众施加了很大压力！"但是，方方却从中得到了很大的安慰。

1966 年 10 月中旬，廖承志到广州参加广州交易会，接着又到广东湛江市接待难侨。月底，他风尘仆仆地飞回了北京。

由于中央"文革"到处煽风点火，形势进一步恶化。1966 年 11 月上旬，一部分归侨学生冲击中侨委机关抢"黑材料"，并公布于众，廖承志在左派的名单中，方方排列榜首，中侨委机关的一些干部"造反派"也跟着起哄。在这严峻的局势面前，廖承志严正警告那些"造反"的人们："你们不要要小动作，不要挑动副主任斗副主任，挑动司长斗司长，要加强团结。"并且说："排队本身不能算错误，先进落后什么时候都有。"他再次称赞方方为"老同志""老朋友"。

1966 年 11 月 17 日，廖承志被迫在中侨委群众大会上做检查。他说："我在上海读到姚文元的文章，当时的思想：认为'三家村''燕山夜话'我没有看过，《北京日报》从来不看。那时很吃惊。怎么有这样反动思想？我没有认识到这就是两条道路的斗争，文章发表的开始，我想这些人为什么那么大胆，究竟后台是谁？看来我的政治嗅觉不灵，我不敢想下去。"又说："6月下旬到7月初，也就是十一中全会开会的时候，到会议末期，我才知道毛主席从来就反对派工作组。这个问题，一方面被隐瞒了，我也是受害者之一；另一方面，派工作组，我也毫不怀疑地执行了。派工作组，虽然没有参与，但指派人选我是参与了的。"最后，他把"错误"通通承担起来："中侨委资产阶级反动路线，虽然我不是党委委员，但我管中侨委，责任应由我负。"⑤从这份检查可以看出廖承志高超的斗争艺术，他既检查了自己受蒙蔽、不自觉地执行了"资产阶级反动路线"的"错误"；又讲述了他自己作为受害者之一的经历，最后，自己把责任承担起来，减轻中侨委其他领导人的压力。

到了1966年12月下旬，由于中央"文革"的插手，中侨委党组于25日被迫作出通过方方停职反省的决定。28日，廖承志仍称方方为同志，他斩钉截铁地说："方方未开除党籍之前还是同志！"⑥是夜，北京华侨补校、外专、华大艺术系、北京农业大学的"造反派"，以搜查"黑材料"为名，冲击中侨委机关。事后，廖承志迅即派人到北京农大、三校去调查这些"造反派"头目的底细，准备给予反击。

1967年上海的"一月风暴"袭来，已是岌岌可危的形势，更加陷于一片混乱之中，廖承志的处境更加困难，各部门都处在一片吵吵嚷嚷的"夺印"旋涡之中，派性斗争更为尖锐、激烈。

在动乱中，周恩来为保护著名的爱国民主人士，上报13人为不准冲击的对象，何香凝名列其中，经毛泽东批准，给予保护。随着红卫兵的狂热，廖家也并非"世外桃源"，自从1966年底开始，造反派便闯进王大人胡同3号，抄他们的家。稍后，红卫兵到廖家去抄家的次数也越来越多。身处逆境中的廖承志，这时讲话仍然很幽默，每当红卫兵来敲门，他便大声叫经普椿：
"阿普，来，赶快把这些文件搬到'国民党'那边（指何香凝的
住宅——引者注）去！"⑦不久，他和童小鹏联系，派人把绝密档
案妥善转移到了中南海。所以，红卫兵多次来抄家，并没有从廖
家捞到什么材料。

1967年春，中侨委"造反派"冲击廖承志越来越厉害，来
自全国各地的归侨"造反派"也越来越多，外事口造反派和一
些归国留学生、归侨相继成立了揪斗廖承志的组织，他处在内外
夹攻之中，处境愈加恶劣，周恩来救人于危难之中，以叫廖承志
写检查为名，叫他住进中南海，保护起来。周恩来给外事口造反
派定了个规矩：要批承志同志，只能在中南海进行，为了承志同
志的安全，他不能外出。

这时，何香凝已年近90岁，耳朵有点聋，外面红卫兵的高
音喇叭大喊大叫，她听得不大清楚。有时红卫兵来抄家，外面有
些声音，她问那是什么声音？廖仲恺的侄女、她的秘书廖承慧便
佯称："是中侨委的干部来帮忙打扫卫生。"⑧她听后点头笑笑。
她的住宅受到特别保护，门口有解放军站岗，不准外面任何人进
去，所以，"外面世界"究竟发生了什么，她是不太清楚的。但
也不是一无所知，有一次，她问外甥女李湄："现在刘少奇怎么
样了？"当她的儿子来向她问好，并告诉她这段时间他将暂时住
在中南海，不能经常回家时，她开始听不大清楚，瞪着惊奇的眼
睛，廖承志便俯身贴近她的耳朵，大声地说："现在搞'文革'，
总理很忙，我去住在总理那儿，帮助他方便些。"这下子何老太
太听清楚了，脸上堆满了笑容，嘴里喃喃地说："帮总理，好！"
她在漫长的革命历程中，深知新中国来之不易，所以，她十分敬
重党和国家领导人，对周恩来尤其敬佩。听说儿子要住在周恩来
那儿，她一百个放心！

廖承志来到中南海外事办公室，被安排和王震等人住在一

起，过起了"半囚禁"的生活。就在他住进中南海不久，有一天，电话铃响了。

"承志，贺老总（指贺龙——引者注）的三个孩子到我们家里来了……"还不等经普椿说完，廖承志就明白这是贺龙、薛明夫妇挨揪斗，孩子们无家可归而投靠廖家来了，他毫不犹豫地说："全部收留！"当贺龙的子女看见廖家的门口上贴着"火烧廖承志"的大字报，又听廖家的孩子说廖公在"家里呆不住了，住在中南海，不常回家"时，他们认为三个人住在廖家目标太大，会给廖家招来横祸，因而决定让贺鹏飞、贺晓明到天津另想办法，留下幺女贺黎明住在廖家。当经普椿把贺家子女的打算打电话告诉廖承志时，他感到再留也留不住了，便嘱咐经普椿："不要让孩子们生活上发生困难。"阿普便拿出了钱和粮票，要贺鹏飞、贺晓明带上。每逢"造反派"闯进廖家来时，经普椿就把贺龙最小的女儿贺黎明藏在何香凝的屋里，因为她的住宅，有"最高指示"作为护身符，是任何人都不准冲的。一天，廖承志从中南海请假回来探望慈母，时间匆促，看完母亲便急匆匆地要赶回去，他在极其宝贵的时间里，把贺黎明叫到身边，像对待自己的亲女儿一样，亲切地对她说："好，好好，你就住在这里吧！"经普椿也像对待亲闺女似的疼爱和照顾贺龙的幺女。⑨

有一次，经普椿去探望廖承志，王震又骂起江青来。经普椿提醒他："王胡子，（王震的外号——引者注），你们别骂了，还想活不？"王震怒目圆睁，说道："我怕她干什么！"

同年秋。一天，风萧萧，雨淅沥，廖承志倚栏望着窗外景色，思念慈母妻儿，吟诗一首。诗云：

> 檐头雨潇潇，泪湿冰绡。
>
> 凭栏望断北城遥。
>
> 白发慈亲如在目，妻婉儿娇。

往事如烟消，乍觉无聊。

倒书姓字听魂招。

梦见御沟花瓣出，流到荒郊。⑩

廖承志是个闲不住的人，平时干起工作来，像个"拼命三郎"，现在却要他在这里吃闲饭，便觉得很无聊。他忧国忧民，担心这种局势发展下去，如何收拾这个残局？尤其是他一生所敬重的叶帅、聂帅、徐帅，以及谭震林等一批老同志被打成"二月逆流"的"黑干将"之后，更是忧心如焚。

他来到中南海没几个月，白头发一下子添了许多。当时，只准经普椿和小外孙可以来探望他，其他的子女则一律不可以来。小外孙于砚文是廖承志的长女廖兼所生，他聪明活泼，他的到来，对寂寞中的廖承志，是莫大的慰藉。小外孙后来撰文记录了他在孩提时候的回忆，谨录如次：

"文革"开始了，外公和我们分别了5年。记得我四五岁时的一个冬天，外婆带着我给外公送东西，那时，家里人除了我和外婆，谁也不能见外公。允许我见外公，可能因为我是个不懂事的孩子吧。我们来到外公的房间时，外公正躺在床上看书，一头花白的头发，清瘦的脸颊上密密麻麻地长满胡子。外公见到我，高兴地丢下书，叫一声我小名，伸出手来拉我。我惧怕地躲在外婆怀里。外婆让我叫"公公"（广东人对外公的称呼），我闭着嘴，用眼睛瞪着外公不说话。后来，是外公给我讲故事，画小人，捉迷藏玩，我才让他亲了一下。以后，每次外婆带我去看外公，我总是让外公给我画画。外公就用铅笔在烟盒上、报纸边上给我画肖像，画小猫、小狗，教我写一、二、三、……等我离开外公时，我手里有四五张外公的画。⑪

1967 年夏，廖承志被"造反派"诬陷，揪出中南海，关至养蜂夹道，继续过着被囚禁的生活。在那里，他见到了国务院原外事办政治部主任王屏。王屏因被迫害，患了精神分裂症，住院数月，病情稍有好转，便回养蜂夹道继续受"监护"。他们不能公开在一起说话，只有乘吃饭、散步或上厕所之机偷偷说上几句。他第一次见到王屏，便关切地说："身体恢复得怎么样？千万要把身体养好，不然审查你时连自己也说不清楚那就不好办了。"又有一次，他见到王屏，便小声说："调你来政治部之前，我看过你的档案，没有问题，并报告过陈总，调你来是他定的，难道你还不了解自己吗！要相信党，问题总会搞个水落石出。不要着急，该吃的药一定要吃，好好养病。"接着，他以自身崎岖坎坷的经历，开导王屏："历史上敌人不知给我扣了多少'帽子'，这次我的帽子也比你的多，我就不管那一套，你怕什么！你还年轻，为党工作的时间长着哩！"⑫廖承志身陷逆境，却无微不至地关怀同志，这番推心置腹的话，说得王屏心里热乎乎的。他不仅在政治上关心同志，而且在生活上对王屏也体贴入微。有一次，经普椿从家里送来香蕉和糖，他把两根香蕉和一包糖送给王屏。又有一次，他煮了一锅挂面，端了一大碗热腾腾的挂面给王屏，并且说："我饿得不行，煮了点挂面，你刚从医院出来，身体虚弱，一定要吃饱，睡好。"王屏接过挂面，激动得热泪盈眶。

廖承志在患难之中，有着坚强的信念。他深信，极少数人的倒行逆施，不过是暂时出现在天空中的一片乌云，始终挡不住灿烂的阳光。1968 年 9 月，他写的《无题》诗，就表达了他坚信正义必将战胜邪恶的信念。诗云：

独对孤灯守寂寥,
秋凉似水透绵腰。
檐头冷冷一弯月,
心底焰焰万念消。
自悟残生随日促,
尚拼余力渡江潮。
梦中忘却"靠边站",
还向旌旗笑手招。[13]

廖承志对于林彪、"四人帮"的横行作恶,十分震怒。1968年10月底,当他从广播里听到党的八届十二中全会把刘少奇作为"叛徒、内奸、工贼"永远开除出党时,气愤地说:"这可能吗?刘少奇是我党白区工作正确路线的代表,早在关于若干历史问题的决议中就写清楚了的,怎么现在一下子就成了叛徒、内奸、工贼?!简直不可思议。"[14]他身在"牛棚",心却在滴泪,深深地为党和国家的前途而忧虑。

1969年春节前夕,廖承志和王屏一同转移到西皇城根原民政部大院后院平房继续关押。他们两人各住一间房。王屏住的房间没有床,只能睡地铺。寒冬腊月,房子里又没有暖气,没几天,王屏的两个胳膊就被冻得不能动了。廖承志住在他隔壁,经常过来帮他穿衣服。有一次,他正在帮王屏穿衣,忽然管事的人来了,他一下子把王屏抱起来,冲着那管事人气愤地说:"看你们把人搞成了什么样子!他已骨瘦如柴,这怎么行呢!你们要赶快给他医治。"那人走后,他又安慰王屏说:"你得的是肩周炎,不要紧。我五十多岁就得过这种病,人到五十多岁多半出现这个情况,只要及时治疗,慢慢会好的。"不久,王屏的夫人郭寒冰给他买来了狗皮膏药、热水袋和暖水瓶。由于王屏胳膊动不了,贴不了膏药,廖承志便叫王屏到他的屋里,他点燃蜡烛,烤化膏药，亲自贴在王屏的臂膀上，并再次叮嘱："你必须找医生医治，不能再拖下去了。"

一天深夜，廖承志正在酣睡，王屏把他叫醒了。当他知道王屏的热水袋的卡子开了，弄得被褥上全是水时，他焦急地说："这还得了！我给你想个办法。"说着，廖承志便把他自己床上的厚垫子拽了出来，费了很大的劲把它拖到王屏的屋里，解了他的燃眉之急。

廖承志身处逆境，但他的目光始终关注政坛风云，关心党和国家的前途和命运。1969 年 4 月下旬的一天，广播里传来党的第九次全国代表大会的消息，在公布的中共中央政治局的名单中，他发现陈云、陈毅等一些老一辈无产阶级革命家被排除在中央政治局之外，他心情沉重地对王屏说："在我们国家，历来的外交部部长都是政治局委员，这次陈老总未进政治局，外交大权还不知落在什么人手里呢！"[15]忧国忧民之情溢于言表。

由于长期的"监护"生活，廖承志的居住条件和伙食都很差，加上心情郁闷，身体状况每况愈下，经常失眠，有时吃安眠药也不管用，1970 年冬，他心脏病发作，经普椿打电话给专案组，在周恩来的关怀下，廖承志到北京医院住院治疗。当周恩来知道他病情恶化时，又亲自到医院看望。周恩来到医院，没有径直到病房去，而是嘱秘书先把经普椿叫出来，问她："我可不可以进去看他？我去看他会不会使他心情激动？会不会加重他的病情？"当经普椿感动得含着热泪请他进病房时，周恩来进了廖承志的病房。廖承志看见总理那么忙，还抽空来探望他，一股暖流涌遍全身。[16]以后，周恩来又给经普椿打电话："给他喝豆浆吧！牛奶有胆固醇。"

在周恩来的关怀及医护人员的护理下，廖承志病愈出院。但这时他仍未获得"解放"，所以又必须重回原民政部大院。周恩来的关怀，犹如一支强心剂，给廖承志注入了生命活力。他虽然

仍处在"监护"之中,但心情比以前开朗得多了。一天,他铺
开纸,欣然作诗,抒发他"十年缧绁气益强"的心境。诗云:

> 七十将临鬓满霜,
> 余霞散绮对斜阳;
> 沧桑变幻观通鉴,
> 哀乐沉浮有杜康。
> 驱寇犹能趋万里,
> 十年缧绁气益强;
> 如今老迈人不顾,
> 枥下埋头读词章。
> 抱孙漫忆从军事,
> 每怀亡友心惨伤。[17]

1972年8月底,何香凝病危,廖承志被通知去看望母亲。
当他急匆匆地赶到医院时,周恩来已经比他先到了。见到他一生
所崇敬的周恩来,他的眼睛湿润了。他们一起来到何香凝的病床
前。何香凝那昏睡的双眼,竟一下子睁开了。她眼神清亮,连声
唤着:"周公!周公!"周恩来说道:"老人家有什么要求,请告
诉我。我代表党中央和毛主席,来看望你。"何香凝听懂了,不
住地点点头。然后,她拼着全身的气力,一字一喘地说:"我,
不要火葬,要去,去南京!"周恩来执着她的手,俯向她的耳边,
说道:"你放心吧,我代表党中央和毛主席,答应你的请求!"
她目不转睛地望着周恩来,用力点点头,又鼓起最后的生命之
力,指指站在床尾的廖承志,又指指周恩来,嘴唇抖着,却不能
出声了。周恩来听懂了无声的语言,立即回答道:"承志是好同
志,他是没有问题的。你放心吧!"此言一出,廖承志夫妇热泪
齐流。廖承志紧握着白色的床栏,胸膛剧烈地一起一落,成行的

泪，唰唰而下，湿了大片的衣襟。⑱

1972 年 9 月 1 日凌晨 3 时，一代女杰何香凝在北京病逝，终年 94 岁。

接到经普椿的电话，宋庆龄第一个赶到医院，向这位与她经历几十年风雨征程的挚友致哀。

9 月 3 日，何香凝的遗体入殓，灵柩停在中山公园中山堂。

9 月 5 日下午，首都各界为何香凝副委员长在人民大会堂举行了隆重的追悼大会，中共中央及毛泽东、周恩来、朱德、宋庆龄等党和国家领导人送了花圈，天安门广场、新华门、外交部等处下半旗致哀。追悼会由全国人大常务委员会委员长朱德主持，国家副主席宋庆龄致悼词，周恩来、董必武、陈云、叶剑英、郭沫若、邓颖超等党和国家领导人及各界代表五百多人出席了追悼会。宋庆龄含泪致悼词，她说："何香凝女士是中山先生的革命战友，是廖仲恺先生的革命伴侣，是中国共产党的亲密朋友，是国民党革命派杰出的代表。她热爱祖国，热爱社会主义制度，热爱中国共产党，热爱伟大领袖毛主席。何香凝女士的一生是革命的一生，战斗的一生。"⑲

何香凝的灵柩由邓颖超、刘友法、谢扶民、李金德、刘斐、朱蕴山、陈此生、甘祠森及何香凝的家属廖承志、廖梦醒、经普椿等人护送，于 6 日抵达南京。南京军区司令员许世友等人到火车站迎接。当天下午，在廖仲恺墓地举行了庄严肃穆的安葬仪式，成全了她在中山陵侧与廖仲恺"死则同穴"的夙愿。

自从何香凝仙逝后，廖承志便被解除"监护"。不久，被任命为外交部顾问。1972 年 9 月 27 日，陪同毛泽东会见日本首相田中角荣等日本贵宾。9 月 25 日至 30 日，参加周恩来与日本首相田中角荣关于中日建交的谈判，并出席签署联合声明仪式。1973 年 5 月，廖承志兼任北京外国语学院院长；1973 年 8 月，廖承志被党的第十次代表大会选为中共中央委员。

廖承志获得"解放"之时，虽然林彪已经摔死在蒙古的温都尔汗，但是"四人帮"仍在台上，"四害"仍在横行，他们为非作歹，横行霸道，许多冤假错案尚未得到平反，廖承志有一颗水晶般透明的心，他十分关心那些被迫害的战友及其家属，给他们安慰，帮他们出点子，如何使自己的冤案得到平反。

朱子奇是跟随廖承志从事保卫世界和平运动多年的老部属，"文革"中惨遭迫害，搞得妻离子散。1972 年他回到北京时，不知他的妻子陆璀在何方，是死是活，因为他已经五六年不知陆璀的下落了。深秋时节，他去看望刚有点自由的廖承志，当廖承志听取他的情况后，就毫无顾忌地立即为他出主意，鼓励他写信给周恩来，并告诉他如何措辞，还特别指点投信的具体地址——一个机关的秘密窗口。果然，在他投信后没几天，开来一辆小汽车，把他接去秦城监狱，见到了无辜被监禁的妻子。后来，朱子奇又按廖承志画的详细路线图，从另一个窗口递交了给周恩来的信，要求释放陆璀。不久，她终于恢复了自由，回到了家，从而结束了朱子奇一家人多年来妻离子散的家庭生活。[20]

王稼祥是在我党历史上作出过重大贡献的老一辈无产阶级革命家。"文革"中受林彪、康生一伙迫害，下放到河南信阳劳动，后来因病经毛泽东批准回北京住院治疗。1972 年冬，廖承志和夫人到医院探望王稼祥。刚坐下来，他的脸上就漾起喜悦的微笑。他对王稼祥说："周总理昨日在扩大的三中全会上（指1972 年中共九届三中全会）传达了毛主席对你一生的高度评价，王胡子（王震亲昵称呼）听了，托我马上告诉你，一则向你报喜，二则让你早一点知道这个好消息。"随后，他把周恩来传达的内容一句一字地背诵给王稼祥听，使病中的王稼祥得到莫大的安慰。廖承志夫妇临走时，王稼祥的夫人朱仲丽送他们到门口，两眼泪水汪汪，心里说着："谢谢你，报喜的人，谢谢你！廖公！"

1974 年，王稼祥病逝后，他的夫人朱仲丽孤独寂苦，心情苦闷。廖承志便和夫人及其家属子女给她送去温暖。坐在钢琴边的青年弹起悠扬动听的乐曲，廖承志的儿媳、中央芭蕾舞团的主要演员赵汝蘅翩翩起舞，优美的芭蕾舞姿，博得了一阵阵的掌声。廖承志看见朱仲丽破涕为笑，十分高兴，便走到钢琴边低头和弹琴的年轻人说了几句。马上，琴声出现《国际歌》的前奏。廖承志站在钢琴的左端，清了清嗓子，挺着胸，全神贯注地用法文唱起歌来。他那浑厚的男中音带着一股温暖的气流，激荡人的胸怀，消融人的凄冷，使朱仲丽驱散寂寞，增强了斗志。[21]

国务院原外事办政治部主任王屏，1969 年 10 月，被送往位于宁夏平罗县的国务院直属口"五七"干校，边审查边劳改。1972 年回到北京，可以自由行动，但仍未获得"解放"。他去向廖承志求教，廖承志说："王屏，要造反派解放你，休想!"王屏问："那怎么办呢?"廖承志答道："你不会通天呐!"从 1974 年起至 1975 年，王屏先后给周恩来、叶剑英和李先念写信，在他们的直接关怀下，王屏终于在 1975 年 8 月获得解放，并分配到中国科学院工作。[22]

廖承志自己刚刚获得解放，在那乍暖还寒的日子里，仍然不避风险，像过去那样关心人、体贴人，助人于困难之际，救人于危难之中，这就是廖承志的美德，他的人格魅力。

1976 年 10 月，粉碎"四人帮"的消息传来，廖承志十分高兴。他患有心脏病，医生嘱咐不能喝酒。但那天他实在太高兴了，和家人一起，破例喝了一杯美酒，庆祝这一人民的伟大胜利。

注释:

①孟广森:《他给人以信心和力量——李昌同志深切怀念廖承志同志》,《中国青年报》, 1983 年 6 月 30 日。

②据中侨委东方红革命造反团于 1967 年 1 月 13 日编印的材料——

"廖承志在中侨委贯彻执行资产阶级反动路线的错误",原件藏国务院侨办廖承志文集传记编辑办公室。

③高扬文:《救人于危难之中》,见中国新闻社编:《廖公在人间》,生活·读书·新知三联书店1983年版,第41页。

④郭瑞主编:《廖承志年谱》(待出版,笔者参加撰写),以及铁竹伟:《廖承志传》,人民出版社1998年版,第396页。

⑤据"文革"中记录整理的《廖承志同志在1966年11月17日在侨委群众大会上的检查》(油印稿)。

⑥蒙光励:《略论方方与廖承志》,《广东社会科学》1994年第6期。

⑦据1988年薛明来廖仲恺何香凝纪念馆参观时,向笔者口述。

⑧据笔者访问廖承慧的记录。

⑨薛明:《廖公的品德》,见中国新闻社编:《廖公在人间》,生活·读书·新知三联书店1983年版,第172页。

⑩参见《廖承志文集》下卷,人民出版社1990年版,第812页。

⑪于砚文:《回忆外公的几件事》,见中国新闻社编:《廖公在人间》,生活·读书·新知三联书店1983年版,第162页。

⑫王屏:《承志同志永远活在我们心中》(未刊稿),原件藏国务院侨办廖承志文集传记编辑办公室。

⑬参见《廖承志文集》下卷,人民出版社1990年版,第815页。

⑭王屏:《承志同志永远活在我们心中》(未刊稿),原件藏国务院侨办廖承志文集传记编辑办公室。

⑮王屏:《承志同志永远活在我们心中》(未刊稿),原件藏国务院侨办廖承志文集传记编辑办公室。

⑯廖承志:《教诲铭心头 恩情重如山》,《廖承志文集》下卷,人民出版社1990年版,第514页。

⑰参见《廖承志文集》下卷,人民出版社1990年版,第820页。

⑱廖茗:《永远的周伯伯》,《家庭》1991年第12期。

⑲《首都隆重举行追悼何香凝副委员长大会》,《人民日报》,1972年9月7日。

⑳朱子奇:《永恒的怀念》,《华声报》,1988年6月10日。

㉑珠珊:《廖公在人间》,见中国新闻社编:《廖公在人间》,生活·读

书·新知三联书店 1983 年版，第 58 页。

　　㉒王屏：《承志同志永远活在我们心中》（未刊稿），原件藏国务院侨办廖承志文集传记编辑办公室。

第二十九章　友谊桥梁

1973 年，在富士山上樱花盛开的时节，应十几个日本民间团体的邀请，廖承志率领中日友协访日代表团东渡扶桑，受到日本朝野空前热烈的欢迎。在日本田中首相接见全体团员的茶话会上，廖承志把在北京萌芽的日本山樱花的三片叶子，送到田中首相手里，激动地说："象征中日友好的山樱花树，已经在中国的土地上茁壮成长了！"这时在首相官邸的大厅里，响起了一阵热烈的掌声。①这三片小小的山樱嫩叶，象征着中日友谊的发展，使在座的日本朋友们感到格外亲切。

廖承志的父母亲廖仲恺、何香凝是留日学生，早年在日本从事革命活动；他的姐姐廖梦醒童年时代在日本读书，长大后又到过日本，她在日本有许多知心朋友。廖承志本人则在日本东京出生，从小吃日本女子叶姨的乳汁长大，操着满口流利的江户口音的日语。童年时，他在日本东京晓星小学读书，青年时代，又在早稻田大学第一高等学院留学，他自称是"半个日本人"，在中日关系发展史上，是他架起了一座友谊的桥梁。从 1952 年开始至 1983 年他逝世，在长达 31 年的历史长河中，中日关系从民间交往发展到民间形式而实际上是官方接触，从半官半民发展到中日两国正式建交，在中日友好关系的关键时刻和关键问题上，无不倾注了他的心血。中日友好关系能得到发展，与廖承志的努力和奋斗是决然分不开的。日本政界人士称他为"最大的知日派"，日本朋友说："谈论中日友好关系的发展，离开廖承志这三个字是无法谈的。"这个评价是公允的。

1952 年 5 月，出席莫斯科国际经济会议的日本代表、日本参议员高良富等，应我国国际贸易促进会的邀请来我国访问。这是中华人民共和国成立后的第一批日本友人。廖承志当时正担负亚洲太平洋地区和平会议的筹备工作，非常繁忙，仍亲自领导了接待工作，并参加会谈。在中日双方代表的努力下，于1952年6月2日签订了第一个中日民间贸易协定。随后，高良富一行还积极参加了亚洲及太平洋区域和平会议的筹备会。1952年10月，亚洲及太平洋区域和平会议在北京胜利开幕，以中村翫右卫门、南博为首的日本代表团前来与会。廖承志为了协商大会日程中规定的要通过的关于日本问题的决议，同日本代表团领导不知会谈了多少个不眠之夜，从而使大会顺利通过了关于日本问题的决议。

1953年1月中旬，廖承志作为中国红十字会代表团团长，领导代表团同日本红十字会会长岛津忠承、日中友好协会理事长内山完造、日本和平联络会代表畑中政春为首的日本三团体代表团，就协助日侨回国问题进行谈判。在谈判中，廖承志阐明了我国政府关于在中国的日侨的立场和政策，他说："在全中国大陆解放后留在中国的守法的日本侨民得到了我国人民政府的保护，他们过着和平的生活，他们也可以和日本国内自由通讯……凡是愿意回国的日本侨民，我国政府都努力协助他们返回日本。"在他的努力下，完满地达成了由日本方面派船分期分批接回归国的日侨，根据协议几万侨民分批乘船回到了日本。同时，也达成了把愿意回中国参加建设的爱国华侨分期分批用船送回中国的协议。当日本运送归国华侨和接收回国日侨的"兴安丸"等三艘船先后到达天津港时，廖承志都亲自前往欢迎和欢送。[②]

在每次遣送日侨时，廖承志都指示国际广播电台派记者进行现场采访和录音，请那些曾在战争中失去亲人、受伤、生病，难以生存，而被中国人民治好、救活、得到帮助的人发表感想。这些重要稿件，廖承志不仅审看，还听录音，工作非常细心。

在审判和释放日本战犯时，廖承志亲自主持这一宣传报道工作。他要求在报道中，一定要体现出我国实行的宽严结合的政策。国际广播电台在他的支持下，几次派记者到抚顺战犯管理所进行采访，把日本战犯的供词、认罪的谈话全部录了下来。许多战犯听到减免他们的刑期和在适当时候释放他们时，都兴奋或感激得放声大哭。节目播出后，影响很好，在日本各阶层反应强烈。③

在对日关系中，廖承志既参与制定政策，也亲身执行政策。1954 年初冬，以李德全为团长、廖承志为副团长的中国红十字会代表团应日本赤十字社、日中友好协会和日本和平联络委员会三团体的邀请，去日本访问。这是中华人民共和国成立后的第一个访日代表团，中央极为重视。出发前夕，周恩来在中南海接见了代表团的全体成员。鉴于当时中日关系极不正常，美、蒋和日本右派都阻挠我代表团访日，他说："李德全、廖承志率领的中国红十字会代表团，只要到达东京就是胜利。"他还特别吩咐说："小廖要很好地辅佐李大姐完成这次友好的使命。"

代表团到达东京羽田机场时，受到日本三团体负责人岛津忠承、松本治一郎、畑中政春和挥舞着中国国旗的一千多日本人民的热烈欢迎，也受到摇动着白旗的一小撮日本右翼和蒋帮分子的反对。情况确实是复杂的。廖承志在访日过程中参加了几十次大会、小会和座谈会，介绍新中国的国内情况和对外政策。他多次说："中日友好是中国的国策"；"中国红十字会代表团来日本访问，第一是为了中日友好，第二是为了中日友好，第三还是为了中日友好！"每当他讲到这里时，总是激起雷鸣般的掌声和欢呼声。日本人民用各种方式表达了他们对中国人民的情感。在无数个动人心弦的场面中人们看到了廖承志在推动中日友好方面所特有的作用，也理解了周恩来所说的代表团到达东京就是胜利的真正含义。

在这次访问中，当时任日本自民党干事长的松村谦三先生到帝国饭店会见廖承志。他们二人虽然初次见面，却一见如故。廖承志和松村先生谈了很多，说明为什么中国要把中日友好作为国策，这引起了松村先生的共鸣。他说："与中国友好相处，本来也应当成为日本的国策。但廖先生这次来访，未能成为政府的客人，令人惭愧。我愿为日中两国的修好而努力。"这次推心置腹的交谈，构成了松村谦三1959年访华的动机，形成了1964年在东京和北京互设"廖承志、高碕达之助办事处"的起点，也为推动日本更广泛的阶层促进日中邦交正常化埋下了种子。④

历史的车轮跨进20世纪60年代以后，在周恩来、廖承志等人的努力下，中日友好关系又向前迈出了新的步伐。

1962年9月，日本自由民主党著名政治家松村谦三先生作为周恩来、陈毅的客人来中国访问，就如何打开中日关系的困难局面深入地交换了意见。由于当时没有条件马上实现中日邦交正常化，松村谦三先生建议，先从发展贸易做起，采取"积累方式"发展日中关系。周恩来赞成松村谦三先生的想法，说日文叫"积累"，中文叫"渐进"，一个意思，将来水到渠成。双方随即谈定进一步发展中日贸易的几项原则：以货易货、综合贸易、延期付款、长期合同。

松村谦三先生回国后，1962年10月，曾经在万隆会议同周恩来、陈毅有过交往的高碕达之助率日本经济界、政界知名人士前来北京，商谈如何具体落实周恩来同松村谦三之间谈定的原则。11月9日，廖承志同高碕达之助作为中日双方代表，签署了"中日综合贸易备忘录"，建立了一条新的贸易渠道，被称为"廖承志——高碕备忘录贸易"，日本报刊取廖、高碕英文字头，称为"LT贸易"，这就是当时引起国际上瞩目的、在中日关系中十分有名的"LT贸易"的由来。

"LT贸易"开始后，头一件大事就是中国从日本进口一套维尼龙成套设备。因为是延期付款，需要取得日本政府批准，使用日本输出入银行的资金。不知有多少热心于中日友好的日本政界、经济界友好团体的朋友们为实现这个合同而奔走。中方有关人士到日本访问时，同日本通产省负责官员也进行私下接触，疏通意见。费时一年有余，终于得以实现。从而开创了一条中国从日本引进先进技术成套的路子，博得了中日两国人民的称赞。但这条路子不久就被日方人为的障碍给堵死了。日本前首相吉田茂出面，给蒋介石写了一封信，竟说使用输出入银行资金向中国大陆出口成套设备下不为例。由于这个"吉田书简"，接着签订的两项合同——从日本进口第二套维尼龙成套设备和两艘万吨货轮，虽然经过多方努力，但还是都夭折了。

1963 年，"LT 贸易"初具规模，进出口额达到了 1 亿美元左右。双方当事人开始议论，贸易额已经这么大了，为加强和便于联系，应该在东京、北京互设办事处，建立一条固定的联系渠道。同时提出以办事处为窗口，双方互派 9 名常驻新闻记者。说实在的，仅仅为了 1 亿美元的贸易，不一定要这样小题大做。但双方心里都明白，"LT 贸易"本身的目的并不完全在于贸易，而是为了发展中日关系必须采取"渐进"阶段的一种方式，如能实现，对发展当时的中日关系也是一个不小的突破。

1963 年 10 月，中日友好协会在北京成立，廖承志任会长（名誉会长为郭沫若）。在中日双方的共同努力下，1964 年 8 月 13 日，中国方面在东京设置了"廖承志办事处驻东京联络处"，随后日本方面在北京设置了"高碕达之助事务所"驻北京联络事务所，另在北京成立了"廖承志办事处"，在东京成立"高碕达之助事务所"。[⑤] "LT 贸易"廖承志办事处在中日关系发展的过程中起了重要作用，它把中日关系推进到互设半官半民常设机构、互派常驻新闻记者的新阶段，在中日关系史上写下了重要的一页。

到了 1967 年底，由于廖承志被打倒，"四人帮"不容许用

"廖承志办事处"这个名称了，把用个人姓名命名的双方常设机构改为中日（或日中）备忘录贸易办事处，以后这条渠道在坎坷的道路上一直持续到1972年9月中日两国建交时才告结束。

1972年9月，日本田中角荣首相应邀来我国进行中日建交的谈判。那时，廖承志度过了五年多的"监护"生活，刚刚获得了解放，中央立即任命他为外交部顾问，参加了建交谈判和陪同毛泽东会见田中首相、太平外相、二阶堂进官房长官等建交的全部过程。周恩来有时夜间召开会议，廖承志即使是吃了安眠药已经入睡，但只要接到电话通知必定及时前往参加。周恩来知道他身体不怎么好，有时劝他不必参加，但他总是坚持到底。当廖承志看着为确定中日建交而发表的中日联合声明时，就像在端详着他自己呕心沥血所作的一幅画那样快慰、那样骄傲。64岁的他额头上的皱纹舒展了，笑声更爽朗了。

1973年4月，正是樱花盛开的季节。以廖承志会长为团长的中日友好协会代表团，应日本各界22个友好团体的盛情邀请访问日本。这是中日建交后我国派出的第一个大规模的访日代表团，也是廖承志会长第一次率领中日友好协会代表团出访日本。代表团成员共55人，其中不少人是"文化大革命"后期刚刚恢复工作不久的老同志。代表团4月16日从北京经上海乘直航包机抵达东京，5月18日满载日本人民的情谊回国，在日本逗留35天，代表团共分4路，北至北海道，南到冲绳，访问了日本全国数十个地方。访问东京期间，代表团参加了日本政府组织的一年一度的观樱会，广泛接触了政界、财界、舆论界、友好团体的老朋友、新朋友，受到了日本朝野各界热烈而盛大的欢迎。田中首相在官邸会见了代表团全体成员，双方在实现了中日邦交正常化的无比喜悦的气氛中进行了十分亲切友好的谈话。代表团这次访问把中日"友好热"和"亲近感"推向一个新的高潮。⑥

在这热情而盛大的欢迎场合中，廖承志如同回到故乡一样，表现自然而活跃，他遇见早稻田大学的同学，就拥抱起来，唱着大学的校歌。他在日本读小学时的同学，全是头发斑白的老人，也从日本各地赶来宾馆，和"廖桑"（日本话，即廖君）叙旧，一起唱歌，一起为中日两国人民世世代代友好而促膝畅谈，被称为别具一格的"同学会"。⑦

在这次访问日本期间，廖承志一行到中国人民的老朋友静冈县知事竹山祐太郎的故乡做客。竹山担任众议院议员时，跟随松村谦三，为日中关系的改善和推动邦交正常化，曾多次访问中国。在开创廖承志——高碕备忘录贸易（"LT贸易"）事业、互设备忘录贸易联络处和交换常驻记者等方面由协议的谈判到落实，他都是积极的推动者和日方主要负责人之一。后来，他离开国会，回到自己家乡静冈县，当选为县知事。廖承志的来访，使他欣喜万分。大家叙旧话新，无尽无休，直到要分手时还像有一肚子话要说似的。竹山不仅陪同廖承志等人游览了著名的风景区——浜名湖，还乘车一直把他们送到箱根的小涌园饭店的大门口，才难舍难分地道别。

廖承志一行在去关西途中访问名古屋时，日本佛教界最早和中国进行友好交往的大谷莹润长老，在其家属伴随下，从京都专程赶到名古屋各界举行的欢迎酒会会场。他年事已高，身体不好，又做喉癌手术后不久，本来廖承志到京都是一定会与他见面的，但他为了早一天见到廖承志，还是专程从京都赶到名古屋。他手术后说话已很困难，只能发出微弱的声音，虽不能多交谈，但也一直坐到酒会结束才返回京都。感情之真挚，实在是感人肺腑。廖承志到京都后，亲自到东本愿寺内大谷长老家里去看望他，他十分高兴。

中日友好协会代表团在东京期间，还到为改善中日关系作出杰出贡献的松村谦三先生的墓地进行了凭吊。在廖承志等人到达之前，松村谦三的家属很早就在那里等候了。大家一起在墓前垂首默哀，气氛庄严肃穆。还是每次都陪同父亲访华的小堀治子首先打破沉默，说出了大家的心里话，她说："安眠在黄泉之下的父亲，要是知道日中邦交已经正常化，两国友好关系发展到今天这种地步，该是多么高兴啊！"在访日期间，廖承志还特地去祭扫为发展中日关系立下不朽功绩的高碕达之助和浅沼稻次郎先生之墓。⑧

廖承志这次率团访日，会见朝野及各界友好人士，把中日建立邦交后的中日友好进一步推进新的阶段，增进了理解、沟通，加深了两国人民的友谊。中日两国的城市结成友好城市，也是增进两国人民友好往来的渠道之一。应日本朋友要求，周恩来同意，廖承志等具体制定方案，这次访日，在日本各地宣布天津与神户、西安与京都、奈良，上海与横滨、大阪，分别结成友好城市。1978 年 10 月，廖承志陪同邓小平访问日本，交换中日和平友好条约议定书。在廖承志的积极推动下，友好城市像雨后春笋般发展起来了。到 1984 年底，中日之间已结成 74 对，占我国和世界各国结成的友好城市总数（共 143 对）的一半以上，它成为中日两国人民进行友好交往与合作的一条重要渠道，使两国之间在经济、文化、科技等各个领域的友好合作呈现出一派欣欣向荣、万紫千红的喜人景象。

为了迎接中日和平友好条约签订后出现的新形势，廖承志大力推动两国之间的友好城市关系。1979 年 5 月 7 日，我国 1.5 万吨级客轮"明华"号载着以廖承志为团长、粟裕为最高顾问的大型代表团 600 人（包括船员共 800 人），在上海市党政领导人及各界群众"祝一路顺风"的热情欢送之下，在锣鼓喧天、掌声四起的气氛中，由黄浦江上一个码头徐徐起航，驶向长江口，进入茫茫东海。

代表团来自党中央、国务院各部门和全国 15 个省、市、自治区，加上船员成为一个共有 800 人组成的大家庭。这是新中国成立以来最大规模的友好使团，创造了历史上海路交往的纪录。它满载着中国人民对日本人民的深情厚谊，在将近一个月的时间里先后停靠了下关、大阪、名古屋、东京、北海道（室兰）、新潟、富山、鸟取、福冈和长崎 10 个港口，绕日本列岛一周，访问了 47 个都、道、府、县中的 33 个，航程达 6 356 公里。5 月 17 日，他们在名古屋港参加了当地"盂兰盆节"式的群众性跳舞活动。廖承志和代表团的成员们身穿外褂，扎上头巾，翩翩起舞。一时鼓乐齐鸣，声震九天，欢声笑语，好不热闹。他们还拜访了不少为促进中日友好而作出重大贡献的日本朋友。他们一共访问了日本 174 个城市，播下了大量友好的种子。⑨

　　在"中日友好之船"访问日本前夕，许多日本朋友都纷纷来信希望廖梦醒能随船去日本，旧地重游，看看她幼年时生活过的地方，但是在廖承志提出的访日人员名单中却没有她。所以，日中友好协会只好在 1980 年单独邀请廖梦醒和她的女儿李湄访日。中华人民共和国成立后，廖梦醒曾担任全国政协委员、全国人大代表、全国妇联国际部副部长等职。20 世纪 50 年代，何香凝会见松村谦三、宫崎世民、西园寺公一等日本朋友时，廖梦醒都在场作陪。她为发展中日友好关系，加强中国妇女与外国妇女之间的友好交流做了不少工作。廖梦醒和廖承志有不少共同的日本朋友，西村一家就是其中之一。他们姐弟俩和西村一家的友谊很深，西村的几个兄弟姐妹，是廖梦醒、廖承志 20 世纪 20 年代在东京时的挚友。廖承志 1979 年率"中日友好之船"赴日时，曾专程去拜望半个世纪前的友人。廖梦醒偕女儿于 1980 年访日时也去看望这位旧友。她惊喜地发现经历了中日战争这样巨大的浩劫和巨变，西村一家依然保留着当年廖承志、廖梦醒和他们兄妹的合影，感慨良深。⑩

　　廖梦醒对日本人民怀有深情。1979 年，她用日文撰写了一篇题为《木屐的带子》的文章，发表在《人民中国》杂志上。

文中记叙了她在少女时代的一桩桩往事：1916年，12岁的她，住在东京九段坂，天天步行上学。一天雪后，她放学回家，路过一座木桥时，木屐带子断了，焦急之下，她哭了起来。这时，一位头戴方帽的日本大学生走过来，亲切地问："小姑娘，哭什么？"他问明了原因，这位日本大哥哥解下自己的大衣带子，帮小梦醒把木屐系牢，还用手试了试，说："可以走路了，快回家去吧，别让妈妈等急了。"

这篇文章发表后不久，廖梦醒突然收到一个硬邦邦的包裹，打开来竟是一双日本木屐、一封信和一张照片。写信人署名"柾健"，与廖梦醒素昧平生；柾健先生自述他读了"木屐的带子"，深受感动，于是沿文中所述路线走了一趟，拍了十几张照片，随木屐一块寄来，表达了一位普通日本人对她的爱戴。柾健先生在信中说，时隔六十余年，旧貌依稀，那座木桥已为钢筋混凝土桥所取代，人世沧桑，大变了。1980年，廖梦醒访问日本时，重返母校，来到那木屐踏过的路，寻找少女时代的回忆，中日人民之间的友谊充溢在她的心中。

廖承志的学问渊博、多才多艺和待人以诚在对日关系中也发挥了重要作用。他熟悉日本的政治、经济和军事情况，能用日本人的思维方式思考和处理问题，因而他提出的建议往往能使日本人容易理解和接受。日本知名人士冈崎嘉平太想利用到北京的机会尽量多了解我国的政治和外交政策，拟为此刨根问底，问这问那，到处看看，但又怕人怀疑是间谍。于是有一天，他对廖承志说，希望能理解他的意图，不要把他看成是间谍。廖承志听了他的担忧，和颜悦色，微笑着对他说："明白了，请不要客气，随便你问，到处看看，就是不要戴有色眼镜。"听了廖承志的这番话，他立即感到"中国没有问题"。先前的疑虑便烟消云散了。⑪毕生致力于中日友好的日本知名人士西园寺公一盛赞说："廖先生决不是骄傲自满、自我吹嘘之辈。只要我们不问，他决不这呀那呀地自吹。他决不故作姿态，佯做谦虚，一贯是举止坦荡、自然，这正是他的魅力所在。"⑫在 20 世纪 70 年代末 80 年代初，日本掀起一股"熊猫热"。廖承志常常应日本朋友之所邀，画了许多熊猫，作为送礼佳品。1980 年，在日中友好协会会长宇都宫德马先生家，为廖梦醒访日而举行的赏樱会上，有一位日本朋友拿出廖承志给他画的一幅熊猫。众人一看，只见它双脚直立，挺胸凸肚，笑容可掬，双手交叉着放在腹部。而题词是——"自画像"。看到这幅画，宾主都友好地笑了，廖承志的魅力正是寓于他的才学与幽默之中。⑬

廖承志对日本华侨也十分关心。1954 年 11 月 8 日上午，以李德全为团长、廖承志为副团长的中国红十字会代表团到达大阪访问。代表团在大阪的日程已经排得满满的。但神户的华侨早就集会等待欢迎祖国的亲人。就在这时，据说蒋帮和日本右翼势力计划在代表团去神户的中途进行暗算，甚至说"子弹可能从左侧射来"。有些好心人也劝中国朋友不要去神户了。但是廖承志说，不能叫侨胞们失望，决定去神户。到神户后，一千多名华侨用欢呼和热泪迎接来自祖国的亲人。廖承志在热烈的掌声中登台讲话。他谈了四点：一是侨胞们都是爱国的，今后更要爱伟大的祖国；二是华侨要做促进中日友好的模范；三是华侨要遵守日本的法律；四是华侨要团结互助。他还指出，由于侨胞们每个人的处境不同，爱国的形式也不能一样。有的人把五星红旗挂在大门口，有的人把五星红旗挂在屋里，有的人把五星红旗挂在心头，他们都是爱国的。他的这番话，说得华侨心里暖烘烘的。⑭1975 年，日本归侨林丽韫的父亲从日本来北京求医无效，不幸逝世。这事她并没有告诉廖承志。廖承志却在夫人的陪同下，怀着沉痛的心情前来吊唁，还送了花圈。⑮

廖承志积极支持举行中日民间人士会议和中日友好交流会议，以开辟促进中日友好的新渠道。日本前众议院副议长冈田春夫于 20 世纪 80 年代初来北京访问，向邓小平和廖承志等人提出：日中之间官方已有政府成员会议、外交事务当局定期协商等定期会议制度，而民间友好交往时间这么久却没有，中日民间也应建立一个固定的交流渠道。这一想法得到邓小平等领导人的积极赞赏和支持。冈田和廖承志达成原则协议，相约一定促其实现。后来，中日双方经过充分协商，日方成立了日中民间人士会议日方委员会，伊东、冈田、向坊为代表。中方成立了中日民间人士会议中方委员会，邓颖超为顾问，廖承志为主任。双方一致同意第一次会议于 1982 年秋庆祝中日邦交正常化 10 周年之际在日本召开，重点讨论双边关系、国际形势和中日经济技术合作。中方决定由廖承志担任团长，率团去日本出席会议。不料，廖承志于 1982 年夏跌伤住院动手术，无法出国参加会议，不得不临时更换团长，改由王震代替。第一次中日民间人士会议开得很成功，博得双方官民各界的一致好评。第二次会议确定于 1983 年秋在北京召开，原拟廖承志任团长，因他 6 月 10 日猝然逝世，永远不能出席会议了。

中日友好交流会议，最先是日中友协会长宇都宫德马和廖承志提起的。他们商定建立一个固定的会议制度，并决定第一次交流会议于 1983 年 8 月在北京举行，请日中友协派人前来参加。中日友好协会由廖承志率团出席会议，可是同样不幸，由于廖承志去世而"壮志未酬"，改由夏衍新任会长担任团长。这次会议，总结、交流了经验，讨论了中日友好工作当时的重要课题和应采取的措施。[16]

为了便于中日两国人民世世代代友好下去，廖承志还积极主张恢复中日青年大联欢。他指出，如果马上办不到，可以先在友好城市间组织几百青年进行联欢，他愿带头参加。根据廖承志生前的设想，中日友好协会邀请日本各友好城市青年近两百人于 1983 年 8 月在北京十三陵举行了一次联欢活动，然后兵分几路去各个友好城市继续参加分散的联欢活动，到上海集中，最后再进行一次大规模联欢。这次活动成为恢复中日青年大联欢的序幕。鉴于廖承志对发展中日友好所做出的重大贡献，在日本早稻田大学建校 100 周年之际，该校决定授予廖承志以名誉博士（法学博士）学位。因廖承志腿部摔伤住院，不能前往日本参加授予仪式，1928 年 10 月 6 日，为庆祝中日邦交正常化 10 周年，正在日本访问的中日友好协会副会长孙平化和廖承志的长子廖恺孙（廖晖）出席了仪式。孙平化代表廖承志从早稻田大学校长清水司手里接受了名誉博士证书和服装。证书上写着："您以高尚的精神和卓越的见识，多年来为促进中华人民共和国和日本两国的友好而献身，为两国人民的相互理解做出贡献，功绩显著。"仪式上还宣读了早稻田大学给廖承志的奖状，表彰廖承志在中华人民共和国成立后，一直致力于中日友好，并多次访日，"在日中两国的友好交流史上留下了巨大的足迹"。⑰他的长子廖晖从日本回来后，拿了博士服、证书等到医院探望爸爸，廖承志高兴地穿上了博士服，摄影留念。

中日两国交往的道路上充满崎岖坎坷。廖承志披荆斩棘，奋力前行，为中日两国人民的友好架起了一座友谊之桥。他逝世后，日本前首相田中角荣称廖承志"是日中友好的象征"；前外相樱内义雄称廖承志为"最大的知日派"；日本舆论说："中国对日工作廖承志时代结束了！"其中蕴含着多么深刻的意义啊！

注释：

①冰心：《杰出的社会活动家》，中国新闻社编：《廖公在人间》，生活·读书·新知三联书店 1983 年版，第 51 页。

②杨世兰等：《廖承志》，见中共党史人物研究会编：《中共党史人物传》第 34 卷，陕西人民出版社 1987 年版，第 50 页。

③郭瑄：《廖承志同志与我国的对日广播》，《中国广播电视》1983 年第 8 期。

④吴学文：《忆廖公》，《瞭望》1984 年第 23 期。

⑤孙平化：《发展中日关系的一件大事——悼廖公忆"LT 贸易"》，《世界知识》1983 年第 15 期。

⑥孙平化：《中日友好随想录》，世界知识出版社 1986 年版，第 109、112 页。

⑦林丽韫：《他心里装着我们台湾同胞》，见中国新闻社编：《廖公在人间》，生活·读书·新知三联书店 1983 年版，第 76 页。

⑧孙平化：《中日友好随想录》，世界知识出版社 1986 年版，第 109、112 页。

⑨据《北京晚报》记者侯秀芬采访孙平化而撰写的文章《怀念廖公》，《北京晚报》，1983 年 6 月 24 日。

⑩据《中国建设》特约记者胡思升采访廖梦醒而写成的文章《丧弟的哀痛》，《中国建设》1983 年纪念廖承志专辑。

⑪〔日〕冈崎嘉平太：《廖先生对我的指教》，见中国新闻社编：《廖公在人间》，生活·读书·新知三联书店 1983 年版，第 145 页。

⑫〔日〕西园寺公一：《永远在人民之中》，见中国新闻社编：《廖公在人间》，生活·读书·新知三联书店 1983 年版，第 146 页。

⑬李湄：《他的笑声长在》，见中国新闻社编：《廖公在人间》，生活·读书·新知三联书店 1983 年版，第 167 页。

⑭吴学文：《忆廖公》，《瞭望》1984 年第 23 期。

⑮林丽韫：《他心里装着我们台湾同胞》，见中国新闻社编：《廖公在人间》，生活·读书·新知三联书店 1983 年版，第 76 页。

⑯孙平化：《中日友好随想录》，世界知识出版社 1986 年版，第 109、112 页。

⑰《早稻田大学授予廖承志名誉博士学位》，《人民日报》，1982 年 10 月 7 日。

第三十章　港澳情深

香港地区自古以来就是我国的领土。19 世纪中叶，鸦片战争以后，英国用洋枪洋炮胁逼腐败的清政府先后签订了《南京条约》（1842 年）、《北京条约》（1860 年）和《展拓香港界址专条》（1898 年），强行割据、租借了香港岛、九龙和"新界"。香港依山傍海，风光旖旎，20 世纪 70 年代以来，香港的经济得到迅速发展，到 1997 年为止，香港外贸总额已居世界第八位，是世界第三大金融中心，集装箱吞吐量连续 5 年居世界首位，每年抵港旅游者超过 1 100 万人次，有"东方之珠"之美称。

何香凝出生在香港，从小在香港长大。廖承志青年时代在香港生活、工作过四年多，对香港的情况很熟悉，他自称是"半个香港人"。

中华人民共和国成立后，党中央、国务院决定暂不收回香港。1949 年，当解放军挥师南下，一到深圳与香港交界的深圳河畔却戛然而止。原来中央已做出具有深远战略意义的决策："暂不收回，维持现状""长期打算，充分利用"。关于这一重大决策，毛泽东曾对当时来我国访问的苏联代表米高扬这样解释说："目前，还有一半的领土尚未解放。大陆上的事情比较好办，把军队开过去就是了。海岛上的事情就比较复杂，需要采取另一种灵活的方式去解决，过渡的方式，这就要花较多的时间了。在这种情况下，急于解放香港、澳门的问题，也就没有多大意义了。相反，恐怕利用这两地的原来地位，特别是香港，对我们发展海外关系、进出口贸易更为有利些。"1957 年，周恩来明确指出："我们不能把香港看成内地。对香港的政策同内地是不一样的，如果照抄，结果一定搞不好。因为香港现在还在英国统治下，是纯粹的资本主义市场，不能社会主义化，也不应该社会主义化。香港要完全按照资本主义制度办事，才能存在和发展，这对我们是有利的。"①1972年，周恩来在与英国人谈话时进一步指出："香港的未来一定要确定。租约届满时，中英双方必须进行谈判。从中国拿走的领土必须归还。"②

新中国成立初期，廖承志任中共中央统战部副部长；1958年，任国务院外事办公室副主任，长期主管港澳工作。粉碎"四人帮"后，新成立的国务院港澳事务办公室，他兼任主任，更是为港澳的繁荣和回归倾注了大量的心血。

廖承志在主持港澳工作期间，坚决执行中央的政策，深得港澳同胞的拥护。他经常教育从事港澳工作的干部，不能孤立地看待港澳工作，而是要从世界战略，从整个国家的角度去处理港澳问题。解放伊始，中国被封锁，香港是我国唯一可以突破封锁的一个缺口。廖承志经常教育大家千万不能把香港这个缺口堵死。他指出，美国封锁中国是最积极的，对待英国和美国应该有所区别，因此在港澳地区工作，不能使英国与美国站在一起，而是利用矛盾。利用好这个矛盾，才能更好地利用香港，使香港成为我国的外贸口、宣传口和瞭望口。同时廖承志强调内外应该有别，千万不能把内地这一套搬到香港去。"文革"前，内地搞三反五反、大跃进等，他都叫港澳干部不用管，反复强调内地与港澳不一样。③

根据以上的指导思想，廖承志指出香港的进步报纸应该办出自己的特色，不要办得像《人民日报》一样。他说，《文汇报》应该是"道貌岸然"、正面讲话的；《大公报》"打躬作揖"，广交朋友，广结善缘；《新晚报》"嬉皮笑脸"，轻轻松松，如同一杯白开水，是雅俗共赏、风趣横生的。总之，应该有自己的特点和风格，不能千人一面，千篇一律。廖承志对港澳新闻工作者指出："你们可以利用你们特有的影响力和你们所特有的读者群众，用不同的表现方法，达到宣传爱国主义、宣传党的政策的目的。这方面应该是八仙过海，各显神通。"他特别强调香港爱国报纸之间的团结问题，指出："爱国报纸应该互相支持，我明确说一句，不要互相挖墙脚，小山头要服从大利益。如果你要竞争的话，你就找另一个对象，你光是在自己家里争一日之短长，这个就好似《红楼梦》里的晴雯跟袭人之争，那就不好了。所以要搞好我们爱国报纸之间的团结，要做到互相协同、互相支持，这个很重要。"④

在香港电影艺术和内容方面，廖承志主张也应与内地有别。他提出香港电影"只要不反共不反华就可以"，并且说："香港政权不在我手，不宜搞工农兵方向。"⑤这就指出了香港与处在社会主义初级阶段的内地的电影应有所不同。在电影题材方面，廖承志指出"纵横千万里，上下五千年"都可以写。正是由于他的指示，开阔了香港电影工作者的视野，"文革"前的17年，仅长城影业公司，就拍摄了40部影片，其中有反映几千年前古代生活的《绝代佳人》，有表现"五四"时期的文艺作品，有以香港小市民生活中的悲喜剧为素材的影片，甚至有越剧舞台上的《三看御妹刘金定》等，使得香港的电影事业有了极大的发展，使香港影坛呈现出五彩缤纷的繁荣景象。⑥

粉碎"四人帮"后，也即1979年，廖承志在广州见到香港长城、凤凰、新联及中原等电影公司的董事长廖一原，他兴致勃勃地谈到，香港及海外观众都喜欢看武侠片，为什么我们不可以拍一部少林寺或者太极拳呢？他还和廖一原谈了许多民间的武侠故事，同时还提议要到实地拍摄和找有真功夫的演员。廖一原听了他的意见之后，经过公司同仁的努力，邀请了李连杰等有真功夫的演员演出《少林寺》一片，并到河南嵩山实地拍摄。《少林寺》拍成后，在海内外放映，风靡全球，产生了轰动效应。⑦

1978年1月31日廖承志在香港电影界座谈会上发表讲话，

痛斥江青破坏香港电影的罪行。他说："从 1950 年开始，江青就插手破坏香港的电影工作。她说，香港电影都是有毒的，如果流入内地就会泛滥成灾，等等。她希望进到内地的香港电影愈少愈好，最好将香港的电影事业完全取消。她的这些谬论当时就受到周总理批驳。"他进而明确指出："香港电影制作的幅度可以更为广泛些。凡是有利于爱国统一战线的，什么都可以拍。内地充分支持你们，你们可以到内地拍外景，拍祖国的名胜古迹，名山大川。题材由你们自己选择，不要加这样那样的限制……"⑧使香港电影界深受鼓舞，没几年时间，香港电影就呈现出前所未有的繁荣景象。

廖承志主张从事港澳工作的干部既要革命化，又要社会化，要广交朋友，团结一切可以团结的人，团结一切可以团结的力量。早在 1950 年 10 月，廖承志出访波兰华沙路过香港时，在一个月明星稀的夜晚，他和港澳干部李冲促膝谈心。他谆谆开导说："你们立足香港，必须有长期打算的思想，工作、生活既要革命化，又要社会化，像白蚂蚁一样，不动声息，钻通钻透，人家也不知不觉。但要牢记坚持原则，不能丧失立场，发挥你们艰苦朴素、勤俭办事的优良传统作风，做到出污泥而不染。"谈及交友之道，他主张"雪中送炭"，"不要怕社会关系复杂，越复杂其党性越强"；"不可忘记老朋友，只要为我党做过一点好事，出过一点力，为爱国事业做了贡献的朋友，永铭不忘"；"趋炎附势，贪新忘旧，过桥抽板，见利忘义，非交友之道"；"肝胆相照，以德服人"；"要做侠客，不要做政客"；"乌龟王八都可以结交，心中有数便是了"。他这番感人肺腑的话语，使李冲深受教益，终生难忘。⑨

1955 年初夏，廖承志作为周恩来率领的中国出席亚非会议代表团顾问，在"万隆会议"之后，乘飞机回国。在回北京途中沿途考察了昆明、成都、西安等地。一天，在前往云南某地参观途中，看见路旁有一棵枝繁叶茂的参天大树。据介绍，这棵已有400年的大树里面全被白蚂蚁蛀空了。周恩来说："革命年代做白区工作就像白蚂蚁，不动声息，钻通钻透，可反动当局还浑然不觉呢。"接着，廖承志风趣地指指天，指指地，说："他有乾坤，我有日月，我自然心中有数。可是，现在我们在香港很少做国民党的工作，统一战线中的朋友也很少，这样一来，与反动派倒是划清了界限，社会关系倒也清清白白，却把自己孤立起来了，人家一目了然，我们还怎么做工作呢？我说社会关系越复杂越好，什么乌龟王八都可以交朋友，不要讲你是什么反动派、中间派，我是左派，我是共产党，而应该让敌人弄不清你的底细，来自何方。我们要像白蚂蚁那样，悄悄地做工作。"⑩他这番富有哲理的话，说得大家频频点头。

1978年3月3日，廖承志在北京接见全国五届人大、五届政协港澳代表时，指出："做好港澳工作，很重要的一条，就是要善于团结人，不断巩固和扩大爱国统一战线，不论哪一行业，都要彻底打破红白界线。奉劝大家回去之后，要真正做到爱国不分先后。""爱国不分先后说来容易，真正做到并不那么容易。不要动不动就同别人论资排辈，老是讲自己当年如何，如何！你过去当好汉，大家知道，但是也要让别人当好汉。毛主席常常说，要让别人革命，不要做《阿Q正传》中的假洋鬼子，自封革命党，专门用手杖打人，不准别人革命。"鉴于"文革"中香港电影界人士流失严重，他特别指出："每次运动差不多都吓走一些电影界朋友。要争取他们全部回来。干革命，多一个总比少一个好。还要看到，他们离开我们的机构，我们要负一定责任，不能埋怨他们一吓就走。吓不倒的朋友固然是英雄好汉，你是第一流好汉，可是二三流好汉应该让别人去做嘛！"⑪在新时期的香港，廖承志指出，爱国者，不一定是拥护社会主义的。赞成收回主权、保持香港繁荣的，就是爱国的。对于那些不赞成收回主权，但希望香港繁荣的人，廖承志也主张要团结这些人。[12]这就把爱国主义的内涵进一步扩大了。

廖承志对港澳同胞生活上和政治上都很关心，深得港澳同胞的爱戴。1962年秋至1963年初夏，香港发生严重水荒，到处可见愁眉苦脸的居民排着长长的队伍等着接水。廖承志将情况向周恩来报告后，周恩来当即作出决定，在广东兴建东江—深圳供水工程。广东克服重重困难，紧急调动了10万民工，很快在翌年建成东深供水工程。香港同胞把这滔滔不绝流入香江的水称为"生命水"。在周恩来、廖承志等人的关怀下，从1962年开始，专供港澳鲜活商品的三趟快车也开通了，猪牛羊鸡鸭鹅等活畜禽不断运到香港，港澳同胞把这三趟快车称为"生命线"，他们深深地感受到祖国的温暖。

澳门知名人士马万祺先生1955年到北京开会，何香凝邀请他和夫人到江南一带参观游览。廖承志风趣地说："江南风光好，你们去度个蜜月吧！"事实上，马万祺夫妇当时已为人父母，已有五男两女了，廖承志开了个玩笑，结果他们夫妻俩到达苏州、无锡时，各地都以为他们是蜜月旅行，招待甚好，使他们深受感动。[13]

廖承志对香港工人体贴入微，关怀备至。港九工会联合会前副理事长胡九、苏友曾多次与廖承志见面交谈。廖承志平易近人，从不摆官架子。亲切地称呼他们为"行船佬""揸车佬"，并详细地向他们了解香港的制水情况、工人的居住环境，甚至劳工子弟学校的近况等细致问题，都垂询甚详。[14]

廖承志尊重人才，惜才如命，十分尊重香港的知识分子。香港著名电影明星夏梦，由于在"文革"中精神上受到极大打击，被迫离开电影圈。她决心在电影的制作方针没有回到正确轨道之前，无论如何也不重回电影界，宁可改行做成衣业维持生活。"文革"之后，有一天，廖承志派了一位专人去找她，劝她重新回到电影界来，这使她非常感动。长久以来，她原以为廖承志早已把她忘记，把她当做"星外人"了。她经过几番思量，亲自去看望了廖承志，终于回到了阔别已久的电影界来了。[15]廖承志的交友之道，确实是以德服人。许多见到廖承志的港澳同胞，都有这样共同的感觉。

当香港回归祖国提到议事日程上来的时候，廖承志率领国务院港澳事务办公室的同志们，大兴调查研究之风，提出切实可行的方案，为党中央对香港问题作出正确的决策提出了很好的意见。他虽然没能看到香港回归，但他在这方面的建树，党和人民是永远不会忘记的。

关于香港前途问题，中英双方第一次接触，是廖承志与港督麦理浩于1980年在香港谈的。那时，廖承志去美国做心脏手术，在回国途中，曾在香港小休。香港总督麦理浩通过别人对他说想和他见面。廖承志说见面很好，但我是病人，最好由麦理浩来看我。结果麦理浩来看望廖承志。那次见面，麦理浩就提出香港每年为中国提供40％的外汇，香港的现状还是不要改变的好，想试探中国的立场。廖承志告诉他，香港是中国的领土，在适当时候中国是要收回的。这是中英双方非正式的接触。[16]

早在1979年初，廖承志便率领中英谈判方案领导小组和新华社香港分社的同志们对香港的历史和现状进行了大量的调查研究工作。在此基础上，1981年底，廖承志向中共中央呈报解决香港问题的12条方案，并得到党中央的批准。1982年1月，为了使12条具体化，廖承志又在北京邀集有关专家进行逐条论证，香港的资本主义制度"50年不变"这个提法正是此时增加补充进去的。后来邓小平进一步强调，不仅50年不变，就是100年也不会变，邓小平指出："到了50年以后，大陆发展起来了，那时还会小里小气地处理这些问题吗？""如果有什么要变。一定是变得更好，更有利于香港的繁荣和发展，而不会损害香港人的利益。"⑰

廖承志从1979年开始，经过两年的调查研究，到1981年明确"港督要走，旗要换，军队要撤"这三条之后，解决香港问题的基本思路已经明晰。虽然廖承志于1983年6月逝世，直到一年半之后，即1984年12月《中英关于香港问题的联合声明》才正式签署，但香港问题的解决，早已渗透着廖承志的许多心血。

廖承志在调查研究初期，鼓励大家充分发表意见，执行不扣帽子的政策，通过征求各方面的意见，在广泛发扬民主的基础上，集思广益，形成了12条方案。他在呈报给中共中央的12条中，收回香港主权是基本条款和原则立场。当党中央批准12条后，他为宣传和贯彻这一原则立场而不遗余力。1982年11月20日，他在会见香港厂商联合会参观访问团时指出："我们同英国朋友，也跟撒切尔夫人讲清楚了，主权问题没什么可谈的，至迟1997年我们就行使主权，收回香港，一定这样做。""我们已经表示，收回主权，但不会派人去。香港维持现状，社会制度照旧，生活水平照旧，自由港、金融和贸易中心照旧，港币照旧，与外国贸易、商业来往照旧。不同之处有两点：①英国旗要下来了，1997年不挂他们的旗了。②不会有总督了，但会有特别行政区或自治区的长官、主任。"⑱廖承志还把收回香港主权与维护民族尊严联系起来，他指出：撒切尔夫人在谈判中把《南京条约》《北京条约》和《展拓香港界址专条》端出来是不对的，连国民党都没有承认的不平等条约，我们共产党人更不会承认了。1983年1月12日，廖承志在接见香港"新界"人士参观访问团时进一步谈道："失去的主权一定要收回，这是民族尊严，至迟1997年一定收回香港、九龙、新界。""至于说到制度、财产、生活方式、旅游、人权等问题，我可以对各位讲，对台湾的九条对香港基本适用，即是说，香港的现状不变。具体讲，深圳河以北是社会主义，深圳河以南即现在的香港地区实行资本主义。"⑲

由此可见，廖承志很早就参与对解决香港问题的探索了，对收回香港主权这一重大问题，其态度是明朗而坚决的。

1982 年下半年，香港的股市一度下跌，有些人误以为是因为香港的前途问题对经济有影响。廖承志召集专家们经过研究，得出科学的判断。1983 年 1 月 12 日，他在接见香港新界人士参观访问团时，正确地指出，当时香港经济不够景气，"有 52% 是世界经济影响，32% 是香港自己的政策失当，我看这包括当地的政策吧。还有 16% 是心理影响。这心理影响可能是 1997 年的问题，也可能是其他有关问题"⑳，从而解除香港人的疑虑。廖承志在主持起草解决香港问题的方案过程中，反复强调"方案"要考虑香港的历史，要考虑香港各阶层人士的利益，要制定一个能容纳人的政策，否则香港的资金流走了，人才跑光了，香港的稳定和繁荣就成为一句空话。根据香港人的现状以及生活习惯，他提出了"制度不变"的设想，呈报党中央批准。廖承志说："我看可以长期继续保留资本主义，财产、生活方式、自由港、贸易中心都维持，我们十分愿意香港的繁荣能保持。"为了香港的繁荣，廖承志对香港工业界寄予厚望。他在接见香港厂商参观团时鼓励他们多投资于香港的工业，指出当时香港经济有畸形发展的现象，炒地皮的太多，影响工业的发展，指出"靠投机的繁荣是靠不住的，不能持久，只有靠工商贸易各方面的发展才能站稳脚跟。各方面配合好，内地、香港以及与香港有来往的地方相互配合，才能实现繁荣"㉑。

廖承志一向重视香港本地干部，在政治方面重视他们，在生活上关怀备至。早在 20 世纪 50 年代和 60 年代，廖承志每到香港，总要找香港土生土长的干部了解情况，嘘寒问暖，期望殷殷。1982 年，廖承志便指出，香港特别行政区的长官只能由香港人自己当，大陆不派人。他还说："这些想法已有了很久，同英国当局也谈了几次。当然开始谈不拢，他们说要对香港负责。

我们问他们怎样负责，他们讲不出。"㉒当时有些香港人对自己能否管好香港，缺乏信心，廖承志对他们说，我们都相信你们，怎么你们连自己都不能相信自己呢！廖承志这些恳切的批评，对香港人启发很大。1982 年 7 月 10 日，廖承志邀请香港知名人士陆铿到北京谈香港未来的设想，陆铿于同年 10 月 16 日在香港《百姓》杂志上发表了题为《港人治港——北京构想》的文章，这个概括的提法被廖承志看到了，同年 11 月他在接见香港一个代表团时，就加以引用，"港人治港"之说，从而风行。后来陆铿说："四个字虽然由我概括，思想实是来自廖公的。"㉓这个说法是符合历史事实的。

廖承志和他的战友们一道，从 1979 年开始，大兴调查研究之风，从香港的实际出发，群策群力，集思广益，实事求是地做了大量开阔视野、打破禁区、解放思想的工作，为邓小平"一国两制"理论的形成付出了心血，为党中央的对港政策奠定了理性、健康的基础。

廖承志逝世后，港澳知名人士马万祺先生含泪作诗："世代忠良表，英华一旦凋。痛心何可了，矢志报天骄！"抒发了港澳同胞对他的深切怀念。

注释：

①周恩来于 1957 年 4 月在上海工商界座谈会上的讲话。转引自徐日彪：《为顺利解决香港问题奠定扎实基础——党的第一代中央领导集体与香港回归》，《人民日报》，1997 年 6 月 24 日。

②韩舞燕：《中共三代领导人关心香港问题》，《瞭望》1997 年第 20 期。

③据 1988 年 9 月 6 日廖仲恺何香凝纪念馆研究人员采访祁峰的记录。记录稿藏该馆资料室。

④廖承志：《新时期港澳新闻工作应注意的几个问题》，《廖承志文集》下卷，人民出版社 1990 年版，第 624 页。

⑤据廖承志于 1968 年 2 月 24 日所写的材料，该材料藏国务院侨办廖

承志文集传记编辑办公室。

⑥夏梦：《廖公与香港进步电影》，见中国新闻社编：《廖公在人间》，生活·读书·新知三联书店1983年版，第103页。

⑦廖一原：《廖公提议拍〈少林寺〉》，见中国新闻社编：《廖公在人间》，生活·读书·新知三联书店1983年版，第105页。

⑧廖承志：《发展香港电影事业》，《廖承志文集》下卷，人民出版社1990年版，第500页。

⑨李冲：《香港老干部怀念廖公》（未刊稿），原件藏国务院侨办廖承志文集传记编辑办公室。

⑩倪建电：《廖公轶事》，《侨务工作研究》1990年第5期。

⑪廖承志：《爱国不分先后》，《廖承志文集》下卷，人民出版社1990年版，第504页。

⑫黄文放于1988年7月20日在国务院侨办廖承志文集传记编辑办公室召开的"廖承志革命事迹座谈会"上的发言。

⑬马万祺：《为人师表》，见中国新闻社编：《廖公在人间》，生活·读书·新知三联书店1983年版，第124页。

⑭翁惠玲：《从不摆官架子》，见中国新闻社编：《廖公在人间》，生活·读书·新知三联书店1983年版，第120页。

⑮夏梦：《廖公与香港进步电影》，见中国新闻社编：《廖公在人间》，生活·读书·新知三联书店1983年版，第103页。

⑯《廖承志面告港澳代表说收回主权乃党国决策》，香港《百姓》1983年第39期。

⑰《邓小平文选》第三卷，人民出版社1993年版，第73页。

⑱《廖承志文集》下卷，人民出版社1990年版，第668页。

⑲《廖承志文集》下卷，人民出版社1990年版，第676页。

⑳《廖承志文集》下卷，人民出版社1990年版，第676页。

㉑廖承志：《港人治港　繁荣香港》，《廖承志文集》下卷，第669页。

㉒《廖承志文集》下卷，人民出版社1990年版，第668页。

㉓陆铿：《"港人治港"四字的由来》，香港《百姓》1986年第113期。

第三十一章　遥念台湾

中华人民共和国成立后，何香凝沐浴着春风，心情格外舒畅。在工作之余，她常常拿起画笔，绘祖国的锦绣河山，绘喜鹊报喜，绘黄莺歌唱。她的画风不像以前那样悲怆，而是明快，充满着生机勃勃的活力。

党和国家领导人，非常喜爱何香凝的作品，经常在她的画上题词题诗。刘少奇题《梅花》："梅菊皆具耐寒品质，并画一纸，亦取此意也。"郭沫若题《画菊》扇面："严寒驱尽群花放，黑夜奔逃旭日明。代谢新陈无止境，不平铲去见升平。"

何香凝作画甚勤。每天上午9时开始作画，一画就画到中午。秘书劝她休息。她笑答："不碍事的。我一生作画，现在是最愉快的时刻啊！"[1]1960年，她被选为中国美术家协会主席。

何香凝在晚年，亲眼看到新中国各方面都取得了显著的成就，心中如沐春风，生活是幸福的。然而，两岸尚未统一，这使她常常惦记着台湾同胞。

作为一位伟大的爱国者，何香凝十分关心祖国的统一大业，并为此做了大量工作。她经常利用纪念孙中山诞辰、忌辰和春节等时机，赋诗、著文或发表讲话，号召在台湾的国民党军政人员，以民族大义为重，为完成祖国的统一大业做出贡献。1956年新春佳节，她向国民党军政人员发表广播讲话，宣传中国共产党执政以来所取得的巨大成就，号召他们"站到爱国主义的旗帜下来，并争取在和平解放台湾中立功"[2]。同年9月，她又在广播讲话中说："我们相信台湾的国民党军政人员，绝大多数是爱国的。仰承异族，继续受美国殖民主义的控制，绝非他们衷心所愿，也是任何敬重孙中山一生爱国精神的人所不屑为的。"[3]再次呼吁国民党人在统一祖国的大业中立功受奖，站到祖国人民的队伍中来。

1958 年，在台湾的国民党元老于右任看到了何香凝、经亨颐和陈树人在 20 世纪 30 年代合作绘制并由他题诗的"岁寒三友图"，怀念故土之情更为迫切，当即赋诗两首，一首是："二十余年补一字，完成题画岁寒诗。相逢同念寒三友，泉下经陈知不知？"另一首是："破碎河山期再造，雕零师友记同游。中山陵树年年老，扫墓于郎已白头。"何香凝看了这两首诗后，即赋诗三首：

一

"青山能助亦能界"，④
二十余年忆此诗。
岁寒松柏河山柱，
零落台湾知未知？

二

锦绣河山无限好，
碧云寺畔乐同游。
驱除美寇同仇忾，
何事哀伤叹白头？

三

遥望台湾感慨忧，
追怀往事念同游。
数十年来如一日，
国运繁荣渡白头。⑤

1958 年 11 月，何香凝还阐发了第三次国共合作的思想。她说："自孙中山先生和廖仲恺逝世以后，两党两经分离，两度合作，又转眼三十多年。为今之计，化敌为友，言归于好，为子孙万代幸福着想，重新合作，此其时矣！"⑥一年多之后，针对台湾某些人标榜自己是"孙中山的信徒"，高唱"三民主义"的调子，何香凝又指出：既然自称是孙中山的信徒，就应该有爱国心，既然要实行三民主义，就应该继承和发扬孙中山威武不屈的爱国反帝精神，敢于反抗帝国主义的侵略，一切从民族的大义出发，实现祖国的统一。⑦

1965 年 9 月，何香凝在寓所会见了从海外归来的原国民党政府代总统李宗仁和他的夫人郭德洁，对他们的归来，表示热烈的欢迎。11 月，在纪念孙中山诞辰之际，她发表文章，号召国民党军政人员要像李宗仁那样，做出明智的抉择，和我们共同合作。⑧一年后，在纪念孙中山诞辰 100 周年的大会上，她回顾从辛亥革命至今的历史，指出："孙中山先生的建设中国的理想已经被伟大的毛主席领导下的中国人民远远地超过了。"⑨她还再次向台湾当局发出了实现祖国统一大业的强烈呼吁。

廖承志和她的母亲一样，时刻关注着祖国的统一大业。早在 1965 年 9 月，国民党代总统李宗仁从海外归来后，廖承志便在北京参加李宗仁举行的中外记者招待会。同月，陪同母亲何香凝在寓所接见李宗仁，对他的归来表示热烈的欢迎。1973 年，廖承志率领中日友协代表团访问日本时，他专程前往神户华侨中文学校，同师生和学生家长们座谈台湾回归祖国问题。特别讲到爱国一家，炎黄子孙应该同心同德，完成祖国统一大业。许多与会者被他诚挚的话语所感动，纷纷表示，愿为实现祖国统一而操心出力。

廖承志对推动祖国统一大业所作出的杰出贡献，主要在 1979 年之后。1979 年 1 月 1 日，中华人民共和国全国人民代表大会常务委员会发表《告台湾同胞书》，郑重宣告了中国政府和平解决台湾问题的大政方针，呼吁两岸就结束军事对峙状态进行商谈。表示在实现国家统一时，一定"尊重台湾现状和台湾各界人士的意见，采取合情合理的政策和方法"。《告台湾同胞书》的发表，在海内外引起强烈的反响。不久，廖承志进入党中央对台问题的决策机构——中央对台工作领导小组工作。作为邓小平同志和邓颖超同志的得力助手，廖承志经常主持会议，精心擘划，呕心沥血，为加速祖国统一的进程而废寝忘食地工作，而且成绩卓著，影响深远。

　　就在《告台湾同胞书》发表后不久，有些台湾同胞一时还不能理解这个文告的重大意义，廖承志就抓紧一切时机，和一些台湾同胞促膝谈心。有一次，他和一批从日本回国办事的台湾省籍华侨谈话，谈了一个下午，吃过晚饭，还要谈下去。像这样的事情多得很。有一位被国民党杀了亲人的台湾同胞，对实现第三次国共合作一时想不通，廖承志就找他谈心，说："国民党杀了你的亲人，也指使暴徒杀害了我的父亲，还杀过我们共产党的人，我们为什么还要提出实现第三次国共合作？为了实现统一祖国的大业，我们不要计较个人的恩怨呀。"促使这位同胞质疑而来，满意而归。⑩还在 1979 年 2 月 28 日，廖承志在北京各界召开的纪念台湾人民"二二八"起义 32 周年的大会上发表讲话，指出："在解决祖国统一问题的时候，要尊重台湾的现状和现行制度，重视台湾各界人士的意见，实行合情合理的政策和方法，不使台湾人民蒙受损失，不改变台湾现有的生活方式，不降低台湾人民的生活水平。"⑪同年 5 月 4 日，廖承志在上海会见归侨代表时，在讲话中进一步提出台湾回归祖国后，目前"社会制度不变"的模式。他说："第一，台湾是我们的领土，现在不讲'解放'两个字，讲回归祖国。其次，我们告诉他们三点原则。台湾是要解放的，中央负责同志告诉美国人，我们希望和平谈判，但希望你们不要卖枪、炮、飞机给台湾，使台湾当局夜郎自大起来，谈判长期不能实现。我们欢迎他们来谈。如果他们要我们去，我们准备去。在第三国谈判也可以。要达到两条：第一条，台湾要回归祖国，实行通航、通邮。台湾目前社会制度可以不变，生活方式不变。对这个问题我曾经和台湾回来的人谈过，谈了回归祖国的必要。"⑫这两次讲话，虽然没有用"一国两制"四个字来高度概括，但"一国两制"的思想已经清清楚楚地表达出来了。这比叶剑英于 1981 年 9 月，表示"国家实现统一后，台湾可作为特别行政区，享有高度的自治权"的谈话还要早两年多！

　　为了促成海峡两岸良好的气氛，廖承志从多方面做了努力。1981 年 5 月，当宋庆龄病危时，廖承志写信给寄居在美国长岛的宋美龄，希望她能回来探望生命垂危中的姐姐。宋庆龄逝世后，廖承志在审查和修改宋庆龄的陈列展览时，"独具胆识地运用历史唯物主义的观点，选定了一些过去很少发表或者未曾发表过的历史文照和图片，使这个展览更具有历史的完整性、真实性，而且更加生动。一些外国朋友和辛亥老人看了展览都十分激动。特别是辛亥老人，更感到应为实现第三次国共合作作出加倍的贡献"。⑬

　　不仅如此，廖承志在担任全国人大常委会副委员长、国务院侨务办公室主任、国务院港澳事务办公室主任等多项职务以后，在工作十分繁忙的情况下，为了宣传党中央的对台工作方针，他利用接见从台湾归来的人员、港澳工作人员以及外国记者等机会，解答疑难问题，消除顾虑，广为宣传，以扩大影响。1981年 8 月 27 日，廖承志在北京接见从台湾归来的原台湾警备司令部顾问马壁教授时，在谈话中指出："我们的政策是不会变的。台湾的老朋友完全可以放心。我希望台湾同大陆之间不必把精力花费在理论的争辩上，我们海峡两岸要多进行些接触，以消除隔阂。在实际的行动上把我们的民族感情表现出来。"廖承志每说到消除隔阂，尽早实现统一时，总是特别兴奋，有时激动得离开座位走动几步。有一回，他竟高兴得喝了一杯白酒。⑭同年11月27日，廖承志再次接见马壁，谈了祖国统一后的构想，说："台湾统一之后，可以出现这样一个局面，大陆这边继续进行社会主义，实现四化，台湾维持现在的局面。台湾现在是什么主义呢？说不上是三民主义，总之是资本主义就是了。"⑮1981年9月，廖承志在香港新闻工作座谈会上发表讲话，感谢港澳新闻界在祖国统一的宣传方面做了很多工作。同时针对有些人对实现第三次国共合作信心不足的问题指出，要回忆历史，"大家想一想，1935年我们党中央向蒋介石提出共同抗日，那个时候我们的力量有多少？延安还没有，只有个保安，只有一方面军部队，还有徐海东的部队，刘志丹的部队；二、四方面军还没有会合。但是由于大势所趋，终于实现共同抗日。当然那时有个'西安事变'，促成了国共合作"。同时，他认为应该是"通过国共两党的谈判实现台湾和平统一"，至于对台的政策，廖承志具体地谈了三条，他说："那个时候台湾可作为特区，或者自治区。我们对台湾定出几条。第一，就是和平统一的时候，台湾现行的社会制度不变。当然，大陆是社会主义的。第二，台湾人民的生活不降低，生活水平不变。第三，现在在台湾的外国资本的投资不变，甚至于可以允许台湾保留地方军队。如果这样的和平统一实现了之后，我们可以不派人去，不派接收人员去。台湾的地方事务由台湾自理，包括人事安排。我们力争这样做，促进'三通'：通商、通航、通邮。"⑯这"三条不变"的政策，表白了我党对于解决台湾问题的诚意，对扫除某些人的思想障碍，无疑起了一定的作用。同年12月23日，廖承志针对某些人对和平统一祖国的九条方针所产生的疑问，在接见日本《产经新闻》记者住田良能时，就统一后的政体等问题做了阐述，指出在一个国家里，社会主义和三民主义"是可以共存的"。还说，"孙文先生曾经说过，民生主义即社会主义、共产主义。台湾朋友很怕这句名言，其实大可不必。民生主义至少是社会主义的亲戚吧"。他反复强调"现在的问题是双方要增加了解，逐步接近，并尽快坐到谈判桌上来共商大计"。[17]这坦诚的态度，生动的比喻，表达了我国人民渴求祖国统一的强烈愿望。

廖承志对台湾同胞怀着真挚的情愫，心里装着台湾同胞，对他们关怀备至。1973 年，有一位随同廖承志访问日本的工作人员是台湾同胞。其母旅居日本期间病故了，这位工作人员没能回去悼念自己的母亲。廖承志听说后，立即告诉这位工作人员："你回家一趟，按照当地风俗习惯，给你母亲烧一炷香。"这位工作人员赶回家，在母亲遗像前烧了香，当时在场的亲友和台湾同胞都称赞说："廖公这样的高级干部通情达理，关心台湾同胞"，"廖公是台湾同胞的贴心人"。[18]1981 年 8 月，马壁从台湾归来后，廖承志便十分关怀地鼓励他回湖南老家看看。后来，他再次接见马壁时，又亲切地问道："你回家乡看了看，家乡是个什么样子呀？"当马壁谈了回乡观感，并说今后家里有些事，还得请政府关照时，廖承志亲切地说："我们是社会主义，需要政府关照的，自然还是要照顾的哟！"[19]廖承志在多次讲话中，反复强调一定要落实对台的政策。1981 年 11 月 27 日，廖承志指出，过去"在台湾有亲友，有直系亲属的，曾经有一段时期受到歧视。现在要使歧视全部取消，要在全国范围内组织一个台湾同胞联谊会，同时在行动上一级一级地贯彻下去。过去错判的应予平反，由于这些问题受牵连，工作得不到安排，入学有困难，准备一个一个问题解决"。[20]1982 年 5 月 6 日，廖承志在人民大会堂台湾厅接见老台胞参观学习团时，在讲话中又讲到落实政策问题。他说，今年要"优先解决台湾同胞的房子问题。另外是台湾同胞的政治待遇问题"，"过去就是这个样子，有海外关系的，低人一等，台湾关系又比海外关系更低一等。现在要把这种情况扭转过来。有台湾关系是很宝贵的"。㉑为了做好台胞工作，廖承志十分重视发挥台联的作用。他说，台联将来要发展成为一个大人民团体，和侨联一样的人民团体，并希望大家对台联工作予以重视，不要把它看作可有可无，而是应该担负很重要的任务，发挥很大的影响。㉒

十分明显，廖承志强调做好台胞工作，旨在调动一切积极因素，增强中华民族的凝聚力，为实现第三次国共合作打下坚实的基础。1983 年 4 月中旬，廖承志在接见六届全国人大台湾省代表时，即席发表讲话，号召大陆上的台湾省籍同胞进一步地团结起来，努力工作，为实现祖国的大团结大统一而努力奋斗。

自从 1982 年 1 月 11 日，邓小平发表谈话，指出我党对台湾的政策"实际上就是'一个国家，两种制度'"以后，廖承志为实现第三次国共合作，更是不遗余力。他多次在接见港澳和海外记者时说："希望蒋经国长命百岁！"并主张对蒋介石和蒋经国，"不要揭老底，不要算历史旧账，而要向前看"。㉓体现了无产阶级革命家的宽广胸怀。

1982 年 7 月 24 日，廖承志针对台湾当局实行的"不接触，不谈判，不妥协"的错误政策，致函蒋经国，指出"三年以来，我党一再倡议贵我两党举行谈判，同捐前嫌，共竟祖国统一大业。惟弟一再声言'不接触，不谈判，不妥协'，余期期以为不可"。信中还回顾历史，坦诚进言"国共两度合作，均对国家民族作出巨大贡献。首次合作，孙先生领导，吾辈虽幼，亦知一二。再次合作，老先生主其事，吾辈身在其中，应知梗概。事虽经纬万端，但纵观全局，合则对国家有利，分则必伤民族元气。今日吾弟在台主政，三次合作，大责难谢。双方领导，同窗挚友，彼此相知，谈之更易。所谓'投降''屈事''吃亏''上当'之说实难苟同"，全信洋溢着民族之情，同窗之谊，措辞恳切，末尾还以"度尽劫波兄弟在，相逢一笑泯恩仇"的诗句相劝，言之以理，晓以情义，道出了海峡两岸人民的共同心声。为了使这封信能打破台湾当局的封锁，廖承志指示有关报社以巧妙的方式使刊登此函的报纸能顺利地进入台湾，从而使台湾人民能听到这时代的强音。这封信发表后，在海内外引起强烈的反响，进一步推动了祖国统一的进程。

为了实现祖国统一大业，廖承志从不计较前嫌，主张捐弃前嫌，共图大业。1982年8月30日，在廖仲恺何香凝纪念馆揭幕式上，针对台湾某些知名人士歪曲历史真相的错误言论，他明确指出，他的父亲是被国民党右派分子指使暴徒暗杀的。但"这个问题，是不是同我们的三次国共合作、和平统一的事业相违背呢？我看没有。这是两个事情。第一个是历史问题；第二个是政策问题。我们姓廖的这一家人，从来没有想过要算这笔账，对这一帮人，一一报仇雪恨"。[24]

在廖承志生命的最后岁月，他念念不忘祖国的统一大业。在1983年3月4日的晚上，他与马壁聊起在台湾的朋友时，他显得很兴奋，说道："蒋经国先生是不会忘记我的，我也不会忘记他。据我知道他也是思念故乡的哟！我在（去年）7月致蒋经国的信函中已经说过了，我也可以去台北同他见面，他若是来北京，我们更是热烈欢迎……"[25]有一天，他的儿子问他："祖国统一真的有希望吗？"他充满信心地说："当然有希望，我们毕竟都是中华民族的子孙，不是红毛蓝眼睛，有什么前仇不可解？我看团结、统一是大局，我希望在我的有生之年能看到祖国统一。如果现在蒋经国同意，我就立即飞到台湾去。"[26]遗憾的是，正当他殚精竭虑、废寝忘食、一如既往地为谋求祖国大业而拼命工作的时候，病魔已悄悄地向他袭来。

为了为党和人民多做工作，廖承志与疾病展开了顽强的斗争。

注释：

①据笔者采访何香凝的秘书廖承慧的记录。

②何香凝：《1956 年春节向台湾国民党军政人员致词》，见尚明轩、余炎光编：《双清文集》下卷，人民出版社 1985 年版，第 746 页。

③何香凝：《1956 年国庆节对国外侨胞的广播词》，见尚明轩、余炎光编：《双清文集》下卷，人民出版社 1985 年版，第 761 页。

④"青山能助亦能界"是于右任在 20 世纪 30 年代所作诗中的一句。

⑤何香凝：《遥念台湾》，见尚明轩、余炎光编：《双清文集》下卷，人民出版社 1985 年版，第 843 页。

⑥何香凝：《孙中山先生的三民主义万岁——纪念孙中山先生诞辰 92 周年》，见尚明轩、余炎光编：《双清文集》下卷，人民出版社 1985 年版，第 838 页。

⑦何香凝：《粉碎美帝国主义的阴谋，实现祖国的统一》，见尚明轩、余炎光编：《双清文集》下卷，人民出版社 1985 年版，第 881 页。

⑧何香凝：《纪念孙中山先生，学习孙中山先生的反帝爱国精神》，见尚明轩、余炎光编：《双清文集》下卷，人民出版社 1985 年版，第 1003 页。

⑨何香凝：《在孙中山先生诞辰一百周年纪念大会上的讲话》，见尚明轩、余炎光编：《双清文集》下卷，人民出版社 1985 年版，第 1006 页。

⑩林丽韫：《他心里装着我们台湾同胞》，见中国新闻社编：《廖公在人间》，生活·读书·新知三联书店 1983 年版，第 77 页。

⑪《廖承志文集》下卷，人民出版社 1990 年版，第 571 页。

⑫《廖承志文集》下卷，人民出版社 1990 年版，第 579－580 页。

⑬汪志敏、刘生：《廖公和宋庆龄》，见中国新闻社编：《廖公在人间》，生活·读书·新知三联书店 1983 年版，第 71 页。

⑭马壁：《他的精神永存》，见中国新闻社编：《廖公在人间》，生活·读书·新知三联书店 1983 年版，第 74 页。

⑮廖承志：《为实现祖国大统一而努力》，《廖承志文集》下卷，人民出版社 1990 年版，第 627 页。

⑯廖承志：《新时期港澳新闻工作应注意的几个问题》，《廖承志文集》

下卷，人民出版社 1990 年版，第 625 页。

⑰《廖承志文集》下卷，人民出版社 1990 年版，第 633－634 页。

⑱林丽韫：《他心里装着我们台湾同胞》，见中国新闻社编：《廖公在人间》，生活·读书·新知三联书店 1983 年版，第 77 页。

⑲中国新闻社编：《廖公在人间》，生活·读书·新知三联书店 1983 年版，第 73 页。

⑳《廖承志文集》下卷，人民出版社 1990 年版，第 628 页。

㉑《廖承志文集》下卷，人民出版社 1990 年版，第 646 页。

㉒廖承志：《在全国统战工作会议上的讲话》，《廖承志文集》下卷，人民出版社 1990 年版，第 643－644 页。

㉓《廖承志文集》下卷，人民出版社 1990 年版，第 635 页。

㉔廖承志的讲话手稿（影印件）在廖仲恺何香凝纪念馆展出。

㉕中国新闻社编：《廖公在人间》，生活·读书·新知三联书店 1983 年版，第 74 页。

㉖廖坚：《爸爸还在我们身边》，中国新闻社编：《廖公在人间》，生活·读书·新知三联书店 1983 年版，第 156 页。

第三十二章　鞠躬尽瘁

廖承志在"文革"中备受折磨，饱受煎熬，致使心脏病多次复发。"解放"出来后，为了夺回贻误的时间，他夜以继日地工作。但人毕竟不是铁打的，在20世纪70年代末，他的身体状况已到了不能坚持正常工作的地步了。

香港知名人士查济民先生知道了廖承志心脏不好的消息后，主动推荐美国斯坦福大学医学院心脏科主任哈里逊博士前来北京，对廖承志的病情作了会诊。经过检查，哈里逊博士断定廖承志患有严重缺血性心脏病，因缺血造成心电图失调和日渐恶化的心绞痛。根据最近心电图，他还提出很可能有室壁瘤。他建议对廖承志做核素血管造影、高灵敏度的超声扇形扫描、冠状动脉搭桥手术。他认为，廖承志有60%的可能性进行室壁瘤切除和"搭桥"手术，并相信有85%的可能性经手术后恢复正常工作。他建议廖承志到美国斯坦福大学医学院去接受治疗。

廖承志接受哈里逊博士的建议，决心到美国去接受治疗。他于1979年12月向中共中央书记处写了报告，要求赴美进行心脏手术。他在报告中写道："考虑到我目前的病情和心脏功能日渐衰退的现实，如果继续采用保守疗法，即主要靠药物维护，是不能完全治愈的，随时有复发甚至不治的可能，这种状况使我不能正常地工作，实际上处于长期休养状态，这是等死状态，我是绝不甘愿的。如果手术成功，将可以延长我为党工作的时间，最少五年，多则十几年。"①同志们无不为他的这一决定担忧，多次进行劝阻。但他却说："如果不动手术，也许可以活十年八年，但不能工作，等于废物，如果万一发生不幸，那就早点见马克思，把自己的身体献给祖国的医学科学事业，这有什么不好！"他那发自肺腑之言，他对党和人民的一片赤诚之心，使大家感动得无言以答。

经党中央批准，1980 年 3 月，廖承志赴美国斯坦福大学医学院做高难度的心脏搭桥手术。虽然说他住院的那一家医院，是美国心脏外科手术水平较高的医院，做冠状动脉搭桥手术成功率也较高，但是，他除了做心脏搭桥手术外，还要做室壁瘤切除，随时都有室壁破裂的危险。像他这样的高龄老人能否经得住这样复杂的手术？他动手术前的那天晚上，陪同的工作人员都为此而忧心忡忡。他却若无其事，显得十分从容。事后，同志们开玩笑地问他手术前心情如何，怕不怕？他却笑呵呵地对大家说："我的全部身体都给了党，我还怕什么？"

手术成功后，廖承志心情极为兴奋，他迫不及待地追问医生："我还能工作几年？"医生十分了解他的心情，只得如实告诉他，虽然动了手术，但冠心病的病根未除，心脏功能的恢复也很不容易，但如果休养得好，可以再活 5 年、10 年。

他听后十分高兴，逢人就说："我最少还可以工作 10 年呢！"同志们也很为他高兴，是啊，他又一次战胜了病魔，重新获得了工作的权利，怎能不兴奋呢？

回到北京后，他只休息了一个短时期，就又投入了紧张的工作。他一天工作十多个小时，有时甚至连续接见六七批来访的客人，凡是港澳同胞、台湾同胞和海外侨胞，他都要会见。他谈吐含蓄、文雅、幽默，而且常常很耐人寻味。一位经常陪他一起接见来访客人的同志回忆说，聆听廖公的谈话，有如"与周公瑾交，如饮醇醪，久之不觉自醉"。

1983 年 5 月 3 日上午，就在廖承志出差到南方去的前夕，他在人民大会堂接待厅里会见了香港新界和官塘工商界旅行团。

5 月上旬，他到南方出差。由于路途辛劳，身体已经不适。可是为了会见一批客人，共商祖国统一的大事，他顾不得休息，赶回了北京。第二天上午，到医院打了一针，就会见客人去了。直到晚上 9 时，再次到医院打针时，由于病情严重，被留下住院了。

可是，病房很快又成了他的办公室。他从医院里打出一个个电话，关切地询问正在进行的每一项工作。

对那些来看望他的同志，他常常情不自禁地谈起实现祖国和平统一的设想和美好前景，谈到对在台湾的老同学、老朋友的惦念……他还勉励大家相信祖国统一的日子一定会到来。

在医院的日子，他还为台湾同胞怀乡诗意画选集题词，写下了最后的遗墨。

病重期间，廖承志还坚持要听取工作汇报。他在病房一边吸着氧气，一边耐心地倾听着同志们的汇报。由于劳累，他的呼吸显得十分急促。目睹这种情景，大家又感动又心疼。可是谁也无法劝阻这一切，因为大家知道，他决定了的事，是一定要坚持做完的，更何况汇报的又是他最牵挂的事。

他这样不顾个人安危地工作，以致邓颖超不得不下“最后通牒”：禁止他再工作。

在他身边工作的同志都知道，其实他是在抓紧最后的时间。他的秘书郑伟荣说：“我为他安排的日程表总是被他突破了——他要会见和祖国统一有关的许多人士。有时需要会见的客人实在太多了，安排不过来，他就以共进早餐的形式和客人们见面。”②

5 月 31 日，廖承志感到病情稍有好转，出了医院。

6 月 1 日，他满心高兴地答应参加孙子学校的“六一”营火晚会，后因力不从心，给小学写了“好好学习”四个大字，并表示向学校道歉。当天晚上，他强挺着病体从电视里看完中英首场足球赛，中国队进一个球，他高兴地鼓掌，希望我国的足球尽快赶上世界先进水平。

6 月 2 日，一天气喘吁吁，低烧不退，彻夜不眠。

6月3日，上午8点参加会议，中午回到家里，脸色灰白，病体难支，下午又住进医院。

6月4日，被选为全国六届人大第一次会议主席团成员。

6月6日，由于几天来连续发烧，气喘得坐卧难安，进行了输液输氧。这一天，他硬是谢绝大夫的劝阻，穿上他最喜爱的衬衣，让警卫用轮椅把他推上人民大会堂主席台，坚持听完政府工作报告。回到医院，病情越加严重了。

会议期间，被提名为国家副主席。

6月7日，他还在关心祖国的统一问题。

6月8日，他向有关单位详细、具体地布置了对一个归国华侨的接待，甚至住什么宾馆、谁出面谈话都提出了具体意见。③

6月10日5点22分，正当党和人民要给他赋予更重责任的时候，廖承志心脏停止跳动，在北京溘然长逝，享年75岁。

噩耗传出，四海同悲。香港各界人士深切痛惜和哀悼。他们指出，廖承志是一位经验丰富、稳重开明的领导人，对海外华侨和港澳同胞的事务特别熟悉和关心，他的逝世是国家和人民的重大损失。④《文汇报》《申报》《天天日报》和《明报》等纷纷发表评论或社论，赞扬他所建立的丰功伟绩。

澳门中华总商会会长何贤说："廖承志副委员长为祖国统一和团结海外华侨做了许多工作，深受台湾同胞、港澳同胞、海外华侨以及日本和西方许多朋友的尊敬，他的不幸逝世令人十分难过。"全家都同廖承志副委员长相熟的全国政协常务委员、澳门中华总商会副会长马万祺说，"廖承志一生对祖国和人民功绩卓越，在海内外同胞中享有崇高威望。他那松柏般坚定的原则立场和柳树般的灵活性尤其令人敬佩。我们要学习他对国家和人民赤胆忠心的品德。继承他的未竟事业，努力为国家尽责。廖承志去世后，我和人大代表何贤合写了一副挽联，表达我们对他的敬意和哀悼：'世代忠良表，英华一旦凋。痛心何可了，矢志报天骄。'"

　　从台湾归来的知名人士、全国人大代表马壁教授说，廖承志副委员长在海外和台湾都有许多老朋友，他们对他都很尊敬。马壁说，我回大陆后同廖副委员长有较多接触，从中获得的深刻印象是，廖承志副委员长为实现祖国统一，促成国共第三次合作做了大量工作。他很希望海峡两岸多进行实际接触，以消除隔阂；希望大家多同海外侨胞往来，多反映海外侨胞的意见和要求；同台湾的老同事、老朋友保持友好关系，共同为祖国统一大业作出贡献。马壁说，廖承志副委员长的逝世是国家的重大损失。他遗留下来的工作很多，我们一定要继承他的遗志，把工作做得更好。⑤

　　日中友好协会会长宇都宫德马说："廖先生对日本抱有强烈的爱，没有这样的人，日中两个民族密切联系是困难的。我们失去了一位宝贵的人物。"⑥日本各界友好和知名人士沉痛哀悼廖承志，赞颂他为日中友好起了桥梁作用。

　　6月21日，日本天皇授予廖承志勋一等旭日大绶章。授勋仪式于25日在北京举行，由廖承志夫人经普椿代表接受。

　　6月23日，党和国家领导人、各界人士、国际友人向廖承志遗体告别。

　　6月24日，廖承志追悼会在北京隆重举行。党和国家领导人胡耀邦、邓小平、李先念、陈云、彭真、邓颖超等参加了追悼会。追悼会由全国人大常委会委员长彭真主持。国家主席李先念致悼词。他在悼词中高度评价了廖承志革命的、战斗的一生。他说："廖承志同志长期致力于巩固和发展包括台湾同胞、港澳同胞、海外侨胞在内的爱国统一战线，为祖国的团结统一事业，作出了重大贡献。他的祖辈、父母和他本人都是华侨，他对海外侨胞、港澳同胞有深厚的感情，同他们有广泛的联系。他长期负责党的侨务工作，坚决贯彻执行党的侨务政策，关心和维护海外侨胞的正当权利和利益，关心和维护归侨侨眷的合法权利和利益。
他对团结海外侨胞，港澳同胞，巩固和发展爱国统一战线，作出
了卓越的贡献。他在海外侨胞、港澳同胞中享有很高的声望，赢
得了他们的爱戴和尊敬。1982 年 7 月 24 日，他发表了致蒋经国
先生的信，殷切期望台湾当局捐弃前嫌，以国家民族利益为重，
实现祖国统一大业。这封信在国内外产生了日益深远的影响。"⑦

　　路易·艾黎写了诗：《廖承志——我们时代的英雄》，热情
歌颂了廖承志壮丽多彩的一生。这首充满激情的诗写道：

> 他毕生坚定地屹立着，
> 无论在长征途中
> 攀高山，涉沼泽；
> 在香港襄助宋庆龄；
> 或在江西泰和的狱中
> 屡次面对死亡的时候。
> 燃烧着革命激情的一生，
> 坚持到底的精神，
> 充满着他的心，
> 他那愉快的笑脸，
> 洋溢着对自己的事业必成的乐观，
> 深思熟虑，讲求实际，总是有条不紊。
> 他似乎永不疲倦，
> 不论为世界和平，
> 为海外华侨，
> 还是为加强中日关系。
> 他是伟大的父亲和母亲的
> 一个真正伟大的儿子，
> 丝毫没有辜负他们对他的最高期望；

　　他是一个热爱祖国和人民

　　经过考验的革命家。

　　正当夏天的花朵盛开在

　　他自己的北京时，

　　他继续前进，进入绝大多数人民的队伍，

　　他那受到广泛钟爱的

　　高大身影

　　消失在溟濛的雾中。[8]

　　1988年1月7日，廖梦醒在北京病逝，享年84岁。

　　1月18日下午，首都各界三百多人前往北京医院向这位中国共产党的优秀党员、久经考验的共产主义忠诚战士、著名的社会活动家、第六届全国政协委员的遗体告别。李鹏、邓颖超、杨尚昆、宋平、胡耀邦、阎明复、彭冲、杨静仁、康克清、钱昌照、周培源、马文瑞、雷洁琼、汪锋等党和国家领导人参加了向廖梦醒的遗体告别仪式并献了花圈。新华社为廖梦醒的逝世发表了通电。通电指出："廖梦醒同志入党五十多年来，对共产主义事业忠心耿耿，默默其闻地埋头为党工作。她不计个人安危，严守党的纪律，为党的秘密联络工作作出了独特的贡献。她一生致力于世界和平事业，坚定地执行党的对外政策。半个世纪以来，她为反对侵略势力，维护世界和平，发展中国人民与日本人民以及世界各国人民的友谊，做了大量的工作。"通电还正确地评价了廖梦醒在新时期所作的贡献，指出"她坚决拥护党的十一届三中全会以来的路线方针，非常关心祖国和平统一大业，在长期患有严重疾病的情况下，仍广泛地同港澳和国外的亲友进行联系，宣传党的政策，为巩固和发展爱国统一战线，促进祖国和平统一大业作出了贡献"[9]，准确地评价了廖梦醒革命的一生。

　　从1903年廖仲恺、何香凝在日本投身革命，至1988年廖梦醒在北京病逝，廖家两代人走过了将近一个世纪的风雨征程，他们为中华民族的解放与振兴，立下了不朽的功绩。他们崇高的理想、高尚的品德，在中国人民的心中，矗立起一座不朽的丰碑！

党和人民永远不会忘记廖家人的历史功绩。为了纪念廖仲恺、何香凝，1982 年，中央书记处批准在广州创建廖仲恺何香凝纪念馆。馆址就是 20 世纪 20 年代何香凝等人创办的"仲恺农工学校"（今仲恺农业工程学院）的办事处。经过几个月紧张的筹备，该馆于何香凝忌辰 10 周年时隆重揭幕，党和国家领导人王震、廖承志、康克清等出席了揭幕式。1983 年廖承志逝世后，中共中央宣传部下文指示该馆修改陈列，在中共广东省委宣传部、广东省农业厅的领导下，在广东省文化厅的指导下，在省、市博物馆专家的协助下，经过笔者及其同仁的努力，经过半年多的紧张工作，修改后的陈列，增添了廖承志、廖梦醒的文物照片，展现了廖家两代人英勇奋斗、前仆后继的精神风貌。纪念馆于廖承志忌辰一周年（1984 年 6 月 10 日）重新对外开放。纪念馆周围种下了何香凝生前喜爱的松、竹、梅，绿树婆娑，花团锦簇；正厅置放廖仲恺何香凝的汉白玉石像，慕名来参观的海内外人士络绎不绝。

新中国成立后，仲恺农工学校先后更名为广东省仲恺农业高级技术学校和广东省仲恺农业学校。1980 年，学校被确定为国家重点中等专业学校。1984 年，经教育部、农牧渔业部批准，学校升格为本科院校，定名为"仲恺农业技术学院"，国家副主席王震同志题写校名。2006 年获得硕士学位授予权。2008 年 3 月，经教育部批准，改名为"仲恺农业工程学院"。2021 年获批博士学位授予立项建设单位。学校始终秉承首任校长何香凝先生"注重实验、扶助农工"的办学思想，不断强化内涵建设，努力构建高水平人才培养体系，办学水平得到显著提升，毕业生素以"四实"（踏实、朴实、务实、求实）精神特质而深受用人单位欢迎。

为争取社会各界支持办学，促进学校发展，1987 年 4 月，根据国家副主席王震的提议，经中共广东省委同意，成立了学校董事会，王震任名誉董事长，广东省省长叶选平任第一届董事会董事长。1997 年，时任广东省省长卢瑞华任第二届董事会董事长。2008 年，时任广东省省长黄华华任第三届董事会董事长。2015 年 5 月，时任广东省省长朱小丹任第四届董事会董事长。2018 年 5 月，时任广东省省长马兴瑞任第五届董事会董事长。董事会成员包含有国家领导人、省部级领导以及港澳知名人士。

学校的建设和发展备受各级领导和社会各界的高度重视与关心。党和国家领导人叶剑英、邓小平、杨尚昆、王震先后为校园内的廖仲恺何香凝纪念馆、廖仲恺铜像、何香凝汉白玉石像和廖仲恺先生纪念碑题字。国家主席杨尚昆，全国人大常委会副委员长廖承志、何鲁丽、周铁农、万鄂湘，全国政协副主席廖晖、霍英东、马万祺、齐续春、郑建邦等多次亲临学校视察指导工作。海内外各界人士怀着对廖仲恺、何香凝及其开创事业的崇敬和景仰，不断给予精神和物质上的大力支持，霍英东、马万祺、何厚铧、崔世安、曾宪梓、何鸿燊、杨钊、刘宇新等一批港澳社会贤达和广大校友为学校捐资兴建实验楼、图书馆、教学楼等，添置教学科研和医疗卫生设备，设立奖教学金，为学校办出特色、办出水平而不遗余力。

经过多年发展，学校现有二级学院 22 个、博士后科研工作站 1 个、博士工作站 1 个和华南地区最大的雅思考点（IELTS）1 个；拥有省部重点实验室 3 个、省厅级科研平台 64 个；省级重点学科 4 个、省"强特色"学科 3 个，植物与动物科学学科、工程学科、农业科学学科进入 ESI 全球前 1%；国家一流专业 2 个、国家特色专业 2 个；硕士学位授权一级学科 9 个，硕士专业学位授权类别 6 个，本科专业 64 个。学校面向全国 16 个省市招生，全日制在校本科生、研究生 27 000 多人。

学校现有教职员工 1 700 多人，具有博士学位专任教师比例为 60.05%，具有高级职称专任教师比例为 42.94%；现有外籍院士、全国农业科研杰出人才、国务院政府特殊津贴专家、"十三五"国家重点研发计划首席科学家、广东省现代农业产业技术体系首席专家、珠江学者特聘教授等 17 人；有全国优秀教师、广东省教学名师、南粤优秀教师等 22 人；有省级科技创新团队 12 个；11 名教师入选"全球前 2% 顶尖科学家榜单"。

学校加入"中国—拉丁美洲农业教育科技创新联盟""一带一路暨金砖国家技能发展国际联盟"；先后与英国利物浦大学、诺丁汉大学、布莱顿大学、爱丁堡龙比亚大学、美国夏威夷大学、威斯康星州大学、圣道大学、密苏里大学、加拿大圭尔夫大学、澳洲中央昆士兰大学、新西兰林肯大学、梅西大学、波兰热舒夫大学、日本创价大学、京都外国语大学、韩国国立忠北大学、泰国皇太后大学、马来西亚城市大学、白俄罗斯国立工业大学、德国富克旺根艺术大学、意大利佛罗伦萨大学等建立了友好互访、人才培养及学术合作关系；现为教育部"未来技术技能与人文交流人才国际训练基地"。

2019 年，学校第五次党代会提出了建设新时代特色鲜明的高水平应用型大学的战略目标，并提出"三步走"发展战略。第一步，到 2029 年，经过 10 年的奋斗，实现内涵式发展，形成定位准确、特色鲜明的高水平人才培养体系和布局科学、优势突出的学科体系，现代大学治理体系日趋完善，白云校区建设全面完成，绿色生态智慧校园建设成效显著，成功更名为大学，增列为博士学位授权单位；特色鲜明的高水平应用型大学创建基础进一步夯实，百年大学更加焕发蓬勃生机、万千气象。第二步，到 2039 年，经过 20 年的奋斗，内涵发展更加强化，学科特色更加彰显，办学条件更加完善，校园文化软实力更加强劲，高水平教学科研平台和成果数量稳步增长，高层次人才和团队规模显著扩大，有1~2个学科进入国家一流学科建设行列，学校建设成为特色鲜明的高水平应用型大学。第三步，到2049年，经过30年的奋斗，学校学科水平明显提升，综合实力极大增强，学校建设成为国际知名、国内一流、特色鲜明的高水平应用型大学。在"三步走"战略基础上，学校提出了五年的总体工作思路，即围绕建设新时代特色鲜明的高水平应用型大学这个总目标，紧盯农工特色鲜明、应用型大学两大目标定位，对接粤港澳大湾区建设、乡村振兴发展等重大决策部署，明确"补短板、重内涵、强特色"的重点工作思路，实施人才强校、质量提升、文化铸魂、校园建设、党建固基等五大工程，做强做优、提质升级，全面改善办学条件，全面提升整体办学水平。近年来，学校坚定不移地按照既定战略目标以及发展战略不断地向建设新时代特色鲜明的高水平应用型大学迈进。

党和人民十分重视纪念廖仲恺、何香凝这两位革命前辈，除大力支持办好仲恺农业工程学院之外，还分别在他们的故乡办起了颇具特色的纪念学校。广东省惠州市仲恺高新技术开发区陈江街道幸福村是廖仲恺的故里。这里原有一所陈江中学，为了更好地纪念廖仲恺，1984年11月，经惠州市人民政府批准，把该校正式改名为仲恺中学。

学校将廖仲恺先生教育儿女的警句"人生最重是精神，精神日新德日新"定为校训，坚持立德树人，构建独具特色的日新教育教学体系。各项事业发展迅猛，办学成效逐步显现。现有初中部新校区和高中部校区两个校区。校本部为高中部，位于仲恺大道旁，占地面积约12.5万平方米，有86个教学班、学生4 450名。初中部新校区，于2018年9月投入使用，2023年完成扩建，总占地面积近10万平方米，有74个教学班、学生4 250名。由城区边缘薄弱学校，发展成为惠州市高中教育优质学校，办学实力得到广大学生家长和社会各界的高度认可。

该校十分重视对学生进行爱国主义教育和革命传统教育。他们校园里面有一座小山岗，该校在山上设立了廖仲恺"策马东征"的铜像、何香凝汉白玉石像及廖梦醒铜像等许多景点，名曰"德沁园"，使师生们受到浓郁的廖何校园文化的熏陶，使红色基因不断传承。

该校结合实际情况推进素质教育，大力开展校园足球运动。学生足球队代表学校、区、市、省参加的各类比赛中，取得了显著成绩。高中女子足球队2016年至2021年连续六年获得惠州市"市长杯"校园足球联赛高中女子组总决赛冠军，2017年与2020年获得广东省"省长杯"校园足球联赛全省总决赛冠军，2022年8月获得广东省中学生运动会足球女子亚军。高中女足优秀学子为惠州市、广东省赢得了荣誉，"仲中女足"已成为惠州市乃至广东省青少年素质教育的一张靓丽名片。

广州市荔湾区中南街道海南村，是何香凝先生的桑梓所在地。解放前这个村庄叫棉村。1992年，经广州市人民政府批准，把这里原来的"海心沙乡田心课堂"改名为何香凝纪念学校。学校花团锦簇，绿草如茵，高耸如云的木棉树红花怒放，校园里书声琅琅。

自更名以来，该校注重挖掘和弘扬何香凝的崇高精神品质，将"香凝正气"作为文化品牌，构建独具特色的校园文化。学校以艺术教育为突破口，以德育为特色，以信息技术为手段，以"品德为上，素质为重，创新为要，全面育人"为办学理念，以"师德优、校风好、质量佳、有特色"为办学目标，坚持走"科研兴教"的发展道路，实现了快速发展，20年前已发展成为广州市一级学校。

由于何香凝的崇高威望，这所纪念学校得到上级领导的高度重视。广东省著名的画家、书法家关山月、黎雄才、胡一川、赖少其、杨之光、刘开渠、陈金章、方楚雄、林丰俗、许钦松等，以及刘田夫、吴南生、杨应彬、欧初等省领导同志都在该校留下了珍贵的墨宝。全国政协原副主席马万祺、廖晖等也视察过该校，给师生们巨大的鼓舞。

何香凝不仅是优秀的国家领导人、著名的社会活动家，而且也是德艺双馨的艺术家。1909 年春，她进入东京本乡私立女子美术学校就读，师从端管紫川学画。返国后，受到岭南画派的影响，1929 年秋她到法国巴黎居住两年多，又吸收西欧画风的影响，堪称熔中西于一炉。她擅长国画，尤工画狮、虎和松、梅。她画的梅花冰姿玉骨、傲雪凌霜，昂首挺拔，冷而弥香。她的画作与革命实践紧密相连，交相辉映。她于 1960 年 8 月 13 日，被推选为中国美术家协会主席。

1995 年 5 月 13 日何香凝美术馆经中央批准在深圳兴建，1997 年 4 月 18 日建成开馆，时任中共中央总书记江泽民题写馆名，为中国第一个以个人名字命名的国家级美术馆，现为中央统战部直属公益一类事业单位。建筑面积 5 000 余平方米，主体采用灰、白色调，典雅庄重。建筑风格素朴大方，于浓郁的传统文化氛围中体现着现代感，更体现着何香凝先生一生的品格。现收藏有何香凝书画作品 1 500 余件，成为海内外何香凝艺术研究和展示的中心。

该馆以"特色立馆、学术先行"为办馆宗旨，践行学术办馆、特色办馆、合作办馆、开放办馆的发展理念。以何香凝研究为中心，关注女性艺术，弘扬传统文化，兼容并蓄，面向未来为发展方向，着力打造五大业务发展板块：何香凝人生与艺术的研究与展示、以何香凝为核心的二十世纪名人及艺术、女性艺术、海外华侨华人艺术、传统艺术与当代艺术中的优秀艺术。着力推广和传播何香凝艺术和当代艺术，创立了"何香凝艺术陈列""何香凝艺术精品展""何香凝美术馆学术论坛""何香凝美术馆人文之声学术讲座""海外华人艺术邀请展"等核心学术品牌。

白花朵朵，寄托着人们不尽的怀念。

廖家两代人的英雄事迹，激励着莘莘学子奋发前进。

廖家两代人无私奉献的高尚品德，堪为青年一代的楷模。

廖家两代人的光辉名字，彪炳史册，流芳百世！

注释：

①廖承志：《关于赴美进行心脏手术向中共中央书记处的请示报告》，《廖承志文集》下卷，人民出版社 1990 年版，第 600 页。

②郑之：《他惦念的是祖国统一——记廖承志同志最后的日子》，《瞭望》1983 年第 8 期。

③廖兼、廖晖等：《爸爸啊，爸爸……》，见中国新闻社编：《廖公在人间》，生活·读书·新知三联书店 1983 年版，第 152 页。

④《廖承志逝世是国家和人民的重大损失》，《人民日报》，1983 年 6 月 12 日。

⑤《深切悼念廖承志 为祖国统一大业作出贡献》，《人民日报》，1983 年 6 月 13 日。

⑥《廖承志逝世是日中两国重大损失》，上海《文汇报》，1983 年 6 月 13 日。

⑦《在廖承志同志追悼会上 李先念主席致的悼词》，《人民日报》，1983 年 6 月 25 日。

⑧路易·艾黎：《廖承志——我们时代的英雄》，《人民日报》，1983 年 6 月 18 日。

⑨《人民日报》，1988 年 1 月 19 日。

大事年表

（从 1877 年至 1925 年 8 月 20 日未署名的是廖仲恺的活动年表）

1877 年（清光绪三年　丁丑）

4 月 23 日（三月初十日），诞生于美国加利福尼亚州旧金山。父亲廖竹宾是华侨商人。祖籍广东省归善县鸭仔埗乡（今广东省惠州市仲恺高新技术开发区陈江街道幸福村）。

1878 年（清光绪四年　戊寅）

6 月 27 日，何香凝在香港出生。父亲何炳桓，是香港的大地产商。祖籍广东省南海县棉村（今广州市荔湾区中南街道海南村）。

1879 年（清光绪五年　己卯）

胞妹静仪出生。胞兄恩焘归国。

1885 年（清光绪十一年　乙酉）

是年进入旧金山市（三藩市）的美国学校修习英文；同时，每日下午到华人区陈馨甫的专馆攻读中文。

是年，何香凝也入"女书馆"读书。不久，因脚伤被迫辍学。

1888 年（清光绪十四年　戊子）

春，父竹宾在旧金山市再次协助筹款兴建医院，受到当地报纸赞扬。

1894 年（清光绪二十年　甲午）

父竹宾在美国逝世。陪同庶母及妹妹静仪回国，寄居叔父维杰家中。

1895年（清光绪二十一年　乙未）

回家乡归善县，从儒师梁缉嘏攻读国学。

1896年（清光绪二十二年　丙申）

转赴香港，入皇仁书院读书。

1897年（清光绪二十三年　丁酉）

10月底，与何香凝在广州结婚。婚后住在广州胞兄廖恩焘家（今广州市南华西路龙溪新街42号）的天台小屋，自称小屋为"双清楼"。

1903年（光绪二十九年　癸卯）

1月（清光绪二十八年十二月），赴日本留学，抵达东京。旋入日语学校补习日语。

4月，何香凝抵达东京。先入东京目白女子大学，后转入东京女子师范学校预料。

同月29日，东京留学生汤槱、钮永建等组织"拒俄义勇队"。5月11日改组为"军国民教育会"，与何香凝均予捐款。

6月25日，何香凝在日本东京出版的《江苏》杂志第4期发表《敬告我同胞姊妹》一文。

8、9月间，与何香凝在日本东京多次会见孙中山，并接受孙中山的重托"在东物色有志学生，结为团体，以任国事"。

9月，何香凝因怀孕，由日本返回香港。

1904年（光绪三十年　甲辰）

2月4日，女梦醒在香港出生。

3月31日，入早稻田大学预科政治科。

1905年（光绪三十一年　乙巳）

8月7日，何香凝加入中国同盟会。

9月1日，由黎仲实、何香凝介绍，在孙中山亲自主盟下，与胡汉民一起，加入同盟会。

是月，被孙中山任命为同盟会总部的外务部副部长，后又兼任会计长，以后曾一度被指定为天津主盟人。

10月2日，被早稻田大学政治预科"除籍"。

11月26日，同盟会机关报《民报》在东京发刊。以"屠富"笔名，在《民报》第1号上发表了亨利·乔治的《进步与贫乏》一书的部分译文。

是年，何香凝奉孙中山之命，为方便革命党人联络，把住址从本乡搬至神田，并解雇了女佣人。从此，她的家成了革命党人的"通讯联络站"和集会场所。

1906年（光绪三十二年　丙午）

年初，奉孙中山派遣，赴天津协助布加卑联络并负责翻译工作。秋，何香凝再次考进目白女子大学，攻读博物科。半年后，因患胃溃疡病，在家休养。

6月7日李国俊（李少石）在香港出生。

9月5日，以"渊实"笔名，在《民报》第7号上发表了布利斯所著的《社会主义史大纲》译文。

10月8日，以"渊实"笔名，在《民报》第8号上发表了久津见厥村所著的《无政府主义之二派》译文。

是月，在天津协助布加卑的工作结束。稍后，离天津转往安南河内。

12月1日，以"渊实"笔名，在《民报》第9号上发表了布利斯著的《无政府主义与社会主义》译文。

1907年（光绪三十三年　丁未）

年初，奉孙中山命去香港，协助许雪秋策划潮州起义，未能成功，旋即返日本。

1月30日，以"渊实"笔名，在《民报》第11号上发表了烟山专太郎著的《虚无党小史》部分译文。

春，入东京中央大学政治经济科。

9月，何香凝入本乡女子美术学校高等科学习。

10月25日，《民报》第17号上将《虚无党小史》译文全文载完。

1908年（光绪三十四年　戊申）

9月25日，子承志在日本东京出生。

1909年（宣统元年　己酉）

6月，在中央大学政治经济科毕业。随即返回北京，参加清廷的留学生科举考试，中法政科举人。

7、8月间，被清廷派往东北，在吉林巡抚陈昭常公署担任翻译工作。

1910年（宣统二年　庚戌）

是年，仍在吉林巡抚陈昭常幕中担任翻译工作。

秋，何香凝在本乡女子美术学校毕业，后随日本名画家田中赖章学习动物画。

1911年（宣统三年　辛亥）

2月，何香凝从日本回到香港。因胃溃疡病复发，遵医嘱停止工作一年多。

10月10日，武昌起义爆发。

11月间，从东北返回广州，就任广东军政府财政部副部长。何香凝遂自香港返广州。

12月21日，与胡汉民一起赴香港，迎接自欧洲回国的孙中山。

12月23日，在临时省议会会议上报告赴港会见孙中山的经过。

1912年（民国元年　壬子）

1、2月间，辞去广东军政府财政部副部长之职，改任军政府参议。

3月26日，受陈炯明代总督的派遣，前往南京迎接孙中山回粤主理一切。

4月6日，与胡汉民、汪精卫等随孙中山离沪，于4月9日抵达武汉。

4月12日，随孙中山一行离开武汉，于14日抵达上海。

4月20日，随孙中山一行由上海抵达福州，22日离开福州返粤。

4月24日，代表孙中山出席香港各界欢迎大会并会见港督。

4月25日，孙中山等一行返抵广州。稍后，也随即返穗。

5月23日，被委任为广东都督府财政司司长。

6月12日，出席省议会，阐述"换契案"的理由。

6月17日，出席省议会对换契案的讨论，并回答了议员们提出的问题。

7月28日，出席同盟会广东支部组织的"欢送留学东西洋学生及全体会员恳亲大会"，并发表演说。

11月4日，离穗经香港赴北京，与中央商讨借债事。

1913年（民国二年　癸丑）

2月9日，出席省议会第一次会议，并发表演说。

2月底，因公赴澳门，顺道至香山县访唐绍仪。

3月初，同都督胡汉民商讨增加粤省收入的办法。

3月3日，被袁世凯任命为广东国税厅筹备处处长。

3月4日，与陈炯明及各司长到车站迎接梁士诒。

3月12日，离穗赴沪转赴北京，将与财政部商讨国税与地方税的划分问题。

3月20日，与黄兴等在沪宁车站送宋教仁赴京时，宋教仁在车站被袁世凯所收买的凶手枪击，伤重送医院救治，22日去世。

4月上、中旬，在京同财政部商讨建立广东银行事宜。

4月21日，由北京经天津、香港，返抵广州，并表示国税厅翌日开始办理。

4月23日，向都督胡汉民报告此次赴京商讨广东财政的情形。

4月26日，接财政总长周学熙电召，离穗赴京，商讨国税与地方税划分事。

6月上旬，由北京返抵广州，并向都督胡汉民报告，中央同意广东的财政方案。

6月下旬，辞财政司兼职已获中央同意，但新委任的司长迟迟不到任，未能交卸。

7月12日，"二次革命"爆发。

8月5日，因"二次革命"失败，偕何香凝避往沙面，翌日转赴香港。

8月中旬，偕何香凝、胡汉民等抵达日本神户，同早数天已抵此的孙中山会合，旋转赴日本东京。

1914年（民国三年　甲寅）

5月2日，加入中华革命党。

5月10日，《民国》杂志在东京创刊。是该杂志的编撰者之一。

7月8日，中华革命党在东京正式成立。何香凝于是日参加中华革命党。

9月20日，参加孙中山主持的革命方略讨论会第一次会议。此后，至同年12月16日为止，共出席了13次会议。

1915年（民国四年　乙卯）

2月12日，被孙中山委为中华革命党财政部副部长。

4月30日，同谢持商讨关于党员的救济问题。

夏末，参加孙中山召集的各部长会议，决定组织中华革命军。

9月，廖承志考入日本东京晓星小学二年级读书。

9月中旬，在东京接待由南洋赴日的罗翼群。

1916 年（民国五年　丙辰）

3 月中、下旬，多次致函居正，详述支援山东的械弹事。

4 月 9 日，偕何香凝及子女同孙中山、宋庆龄等以及日本朋友在东京集会，庆祝袁世凯帝制失败，会后摄影留念。

4 月 27 日，偕何香凝等随孙中山离日返沪，于 5 月 1 日抵达上海。

7 月 14 日，与许崇智、蒋介石等往山东，向中华革命军东北军传达孙中山罢兵的意见。

7 月中旬，奉孙中山命赴山东，同居正商讨结束山东军事，并慰问中华革命军东北军。

9 月 8 日，和胡汉民一起，代表孙中山赴北京同黎元洪、段祺瑞商讨进一步贯彻孙中山恢复约法和国会之主张等国事，并同孙洪伊研究北方党务。

10 月初，到上海徐园看望华侨讨袁敢死先锋队员。

11 月底，由北京返回上海。

12 月初，代表孙中山到上海徐园慰问华侨讨袁敢死队。

1917 年（民国六年　丁巳）

春夏间，仍居上海，协助孙中山处理党内财务。

4 月 17 日，经普椿在上海出生。

5 月中旬，奉孙中山派遣，赴北京运动议员反对参战。

7 月 6 日，孙中山与章炳麟、朱执信、陈炯明等，由上海乘海琛舰起程赴广东。

7 月 11 日，在上海致函饶潜川等，报告孙中山已归粤，请速筹款。

7、8 月间，分别致函郑螺生及饶潜川等，告西南护法事，请竭力筹款。

9 月 1 日，国会非常会议选举孙中山为中华民国军政府海陆军大元帅。

9月16日，在上海致函叶独醒，希鼎力筹款。

9月18日，与何香凝由沪起程归粤。

9月22日，被大元帅孙中山特任为代理中华民国军政府财政总长。

9月24日，被孙中山委任为军政府财政次长。

9月25日，军政府财政部正式成立，廖仲恺就职视事。在财政总长唐绍仪就任之前，由廖仲恺代理总长职权。

10月中旬，分别致函叶独醒、徐统雄，请速汇款。

12月7日，致函叶独醒，表彰其筹款立功。

1918年（民国七年　戊午）

2月初，赴日本，专为解决印刷公债券事宜，稍后即返粤。

2月23日，发出布告，并公布"军事内国公债收条取消表"。

3月中、下旬，为盐税事，呈报孙中山提出分配方案，并多次致函陈炯明、汪精卫。

4月26日，致函某部，催缴广三铁路款。

5月4日，非常国会通过《修正军政府组织法》，改设七总裁。孙中山辞大元帅职。

同日，致电陈炯明，谈购械事，窥悉日本政府敌视军政府态度。

5月13日，分别函电邓铿、蒋介石及黄德源等，谈军政府情况。

8月3日，在香港会晤由汕头过港返回上海的蒋介石。

1919年（民国八年　己未）

4月23日，致函唐绍仪，报告军政府时期的财政收支。

5月以前，拟《废督裁兵等事通电稿》，提出对当前时局的意见，供"南北和谈"讨论。

5月26日，孙中山致函熊克武等人，提出派廖仲恺赴四川协助工作事。

7月11日，致函胡适，征求对新版书的意见，并约胡适为《建设》杂志写稿。

7月13日，在《星期评论》第6号上发表《三大民权》一文。

7月19日，复函胡适，讨论语言文字的发展问题，并表示支持新文化运动。

7月27日，在《星期评论》第8号上发表《女子解放从那里做起》一文。

8月1日，《建设》杂志在上海创刊，和胡汉民、汪精卫、戴季陶、朱执信等担任编辑。

同月，在《建设》第1卷第1号发表了威尔科克斯著的《全民政治论》一书的部分译文。以后又陆续刊载。同时在《建设》第1卷第1号和第2号上，分两期发表《中国人民和领土在新国家建设上之关系》一文。

是月，奉孙中山命离沪赴四川，协助杨庶堪开展工作，因故中途折回。

10月10日，在《星期评论》纪念号上发表《继续革命的工夫》一文。

10月13日，受孙中山任命为中国国民党财政主任。

是月，在《建设》杂志第3号以及11月出版的第4号上，分两期发表《钱币革命与建设》一文。

是年冬，在上海学习俄文。

1920年（民国九年　庚申）

1月1日，在上海《民国日报》纪念增刊上发表《国民的努力》一文。

春，与朱执信、戴季陶等，同当时的进步青年学生张国焘、许德珩等常常往来，谈论国事。

4月11日，奉孙中山命，抵达漳州，催促并具体协助粤军回粤。

是月，在《建设》第 2 卷第 3 号上发表《再论钱币革命》一文。

6 月下旬，奉孙中山命再赴漳州，催促并协助粤军回粤，转达孙中山答应从经济上援助粤军之意。

7 月初，电催蒋介石赴闽协助陈炯明。

8 月初，由漳州返回上海。

8 月 7 日，与蒋介石晋见孙中山，报告粤军状况。

8 月 12 日，粤军在漳州誓师，出发回粤讨伐桂系军阀。

9 月底，为策划讨伐桂系军阀，离上海抵香港。

10 月 19 日，粤军攻克广州。

11 月 2 日，由香港致孙中山二电，报告广东局势及提出对策。

11 月 29 日，孙中山偕唐绍仪、伍廷芳等抵穗，恢复军政府。

是月底，偕何香凝等由沪返穗，任广东省财政厅厅长。

12 月 24 日，发表《整理广东省财政的计划》。

12 月下旬，发出整理财政令。

1921 年（民国十年　辛酉）

1 月 8 日，被护法军政府任命为财政部次长。

是月，被任命为广东省教育委员会委员。

春，奉派赴上海处理公务。

5 月 5 日，孙中山就任非常大总统。

是日，被任命为财政部次长。

6 月 26 日，粤军占领梧州。

夏，何香凝与宋庆龄等在广州发动妇女组织"出征军人慰劳会"，何香凝任总干事（会长为宋庆龄）。

7 月 19 日，代表孙中山，偕何香凝赴梧州，慰问入桂作战的粤军。

7月23日，中国共产党在上海举行第一次全国代表大会，正式宣告成立中国共产党。

9月，廖承志入广州培正小学读书。

9月13日，同蒋介石一起访许崇智，商讨出师北伐等问题。

10月15日，随孙中山出巡广西，为北伐出师作准备。

11月1日，受孙中山派遣，与汪精卫由梧州返穗，为北伐出师筹款。

12月23日，共产国际代表马林抵达桂林，同孙中山商谈。会谈后，孙中山将情况电告在广州的廖仲恺和汪精卫。

1922年（民国十一年 壬戌）

1月中旬，会见由广西返上海路经广州的马林。

3月6日，在广东第二次农品展览会上作《农政与农业团体之相互作用》的演说。

3月8日，受孙中山函嘱，需妥善处理中德俄联盟。

4月3日，致函蒋介石，谈北伐及邓仲元被刺事。

4月5日，赴梧州迎接孙中山回粤。

4月18日，由梧州返抵广州，会晤陈炯明，劝其速赴梧州与孙中山面商。

4月20日，赴肇庆迎接孙中山。

4月21日，孙中山下令免去陈炯明广东省省长兼粤军总司令和内务部长之职，保留陆军部长之职。

4月23日，孙中山返抵广州。

5月6日，孙中山离穗赴韶关，督师北伐。

5月18日，陈炯明的部属叶举等率由广西回粤的各部，进驻广州。

是月下旬，赴韶关与孙中山商讨北伐及广州局势。

6月1日，从韶关返穗。

6月14日，应陈炯明之邀前往惠州，抵石龙即被扣留，旋被押送到广州北郊石井兵工厂囚禁。

6月16日，陈炯明叛变，所部4 000人围攻总统府。

6月底至8月中旬，在被囚期间写下了《壬戌六月禁锢中闻变有感》等诗词十多首，抒发了他视死如归的豪情壮志。在这期间，何香凝带病为营救廖仲恺而四处奔走。

8月9日，孙中山离穗赴港，转赴上海。

8月16日，由于何香凝以及其他各方面人士的积极营救，终于获释。翌日凌晨即经香港转赴上海。

8月25日至月底期间，在上海会见了马林，向他表示自己完全支持马林提出而得到孙中山同意的各项主张。

8月31日，南返广东，准备带许崇清到上海然后赴日本，作为会谈的掩护。

9月下旬，与何香凝、许崇清乘克利兰总统号船离沪赴日本。

9月26日，抵达日本东京。

10月3日，东京国民党支部五十多人，为廖仲恺夫妇接风。

10月24日，在东京中国驻日使馆参加其侄女承麓和许崇清的婚礼。何香凝在抵日本后不久，因奔父丧迅即返回香港。

11月9日，乘太平洋九号船离开日本长崎回上海。

11月24日，奉孙中山派遣，抵达福州，协助许崇智的东路讨贼军工作。

是月下旬，向东路讨贼军将领转达联俄、联共方面的进展情况。

1923年（民国十二年　癸亥）

1月1日，《中国国民党宣言》发表。

1月11日，奉孙中山电召，由闽返沪。

1月17日，苏俄代表越飞于是晚由北京抵达上海，翌日即同孙中山会见并开始会谈。

1月23日，被孙中山委任为国民党本部参议。

1月26日，《孙文越飞宣言》发表。

1月29日，以带女儿梦醒到日本治病为名，和越飞乘亚洲皇后号轮船离沪赴日。

2月1日，抵达横滨。这期间，常常和越飞一同进餐及会见中国留日学生。

2月4日，在东京向日本警视厅外事课的访员发表谈话。是日，和越飞的秘书谢瓦尔沙龙进行短时间的会谈。

2月9日，与谢瓦尔沙龙再次会谈。

2月10日，偕女儿梦醒和越飞等同往伊豆山海岸的温泉风景区热海。到热海以后，常和谢瓦尔沙龙田口运藏进行会谈。重大问题，则直接和越飞洽谈。

3月2日，被孙中山特任为陆海军大元帅大本营财政部长。

3月21日，乘加拿大皇后号轮船离开日本横滨回上海。

是月底，从上海返回广州。这次赴日本，同越飞及其随员，除了围绕《孙文越飞宣言》深入讨论有关细节外，还谈了共产主义和三民主义的问题，商议了筹办军官学校以及苏俄援助、派代表团访苏等问题，会谈取得了很大的成功。

春，女儿梦醒考入岭南大学农学院；儿子承志入岭南大学中学部读书。

4月12日，被孙中山特派为劳军使。

5月7日，被孙中山任命为广东省省长。

5月15日，正式接任广东省省长。

8月11日，被孙中山特派为西江善后委员。

8月20日，在大本营宣传委员会欢迎全国学生总会各省代表的宴会上发表长篇演说。

9月7日，出席广州各界筹赈日灾大会，并作了发言。

9月27日，致电军政部长程潜、广州卫戍总司令杨希闵，请制止军队擅捕人犯。

9、10月间，多次致电滇军将领蒋光亮，希其维护财政统一。

是年秋冬，为甘乃光《各派社会主义与中国》一书写序言。

10月10日，出席在广州市举行的中国国民党恳亲大会，并代表孙中山在大会上致训词。

10月11日，受孙中山指派为代表，出席国民党党务讨论会，并发表演说。

10月12日，拟《广东都市土地税条例》，呈报孙中山批准先在广州市试行。

10月13日，拟《大本营筹饷总局组织办法》及《大本营筹饷总局设置员司简章》，报孙中山批准办理。

10月15日，出席国民党党务讨论会，并就"将本党主义译成英文略书"一案作了发言。

是日，以广东省省长的名义举行午宴，欢迎苏俄代表鲍罗廷。当晚，陪同孙中山出席在广州第一公园举行的国民党恳亲大会，并发表演说。

10月16日，出席国民党党务讨论会，就"申明党义以扩张党势案"作了发言。

10月18日，被孙中山委为国民党改组委员。

10月25日，主持召开国民党改组特别会议，商讨改组国民党的有关问题。会上宣布组织以廖仲恺等9人为委员的临时中央执行委员会。

10月28日，主持召开国民党临时中央执行委员会第一次会议，决定于1924年1月在广州召开第一次全国代表大会。此后，临时中委会在两个月内，召开了28次会议，起草了"宣言""党纲""章程"等多种文件草案。

11月11日，主持召开广州市党员大会，传达孙中山有关国民党改组的指示。

11月上中旬，为抗击陈炯明进攻，保卫广东革命政权，发起组织国民义勇军。

11月20日，奉孙中山命抵达上海，负责与北方各支部协商国民党改组及召开"一大"的有关问题，并协助组织上海临时执行部。

12月9日，在上海国民党中央第10次干部会议上作报告，阐述改组国民党的重大意义。

12月23日，在上海国民党党员大会上发表演说，阐述改组的必要及介绍广州党务状况。

12月下旬，接连函电蒋介石，促其赴广州商讨开办军官学校事。

1924年（民国十三年　甲子）

1月8日，由上海返抵广州。

1月19日，出席国民党"一大"预备会议，作了筹备经过的报告。

1月29日，中国国民党第一次全国代表大会在广州开幕。在下午的大会上发言，并和孙中山一起酝酿宣言审查委员会人选。何香凝作为孙中山指定的三名女代表之一，也参加了会议。

1月23日，在讨论《中国国民党第一次全国代表大会宣言》时发言，强调"宣言"的重要性，指出必须为其实现而奋斗。

1月28日，在大会讨论《中国国民党章程草案》时，驳斥国民党右派对联共政策的攻击和污蔑。

1月29日，被任命为海陆军大元帅大本营秘书长。

1月30日，在大会上发言，提出收回租界和取消领事裁判权等动议，获得通过。会上，当选为中央执行委员。

1月31日，在孙中山主持的国民党一届一中全会上，被推为中央常务委员，后又确定兼任工人部部长。

2月23日，被任命为黄埔军校筹委会代理委员长。

2月24日，主持国民党追悼列宁大会并发表演说，称"列宁先生是打破帝国主义的实行家"。

3月1日，辞去广东省省长职。

3月8日，何香凝出席广州市召开的我国第一次纪念"三八"国际妇女节大会，并在会上发表演说。

3月16日，主持召开国民党广东工人党员大会并发表演说。

3月，出席石井兵工厂青年工人学校开学典礼并发表演说。

2月下旬至4月上旬，接连十多次函电蒋介石，促其返广州办理军校事宜。

5月1日，广州市工人代表会开幕，担任该会主席。

5月9日，被委任为黄埔军校国民党党代表。

5月29日，出席南海县南浦农团军成立典礼。

5月，在黄埔军校作了三次演讲。支持开办"工人运动讲习所"，并到该所演讲。

是月，何香凝发起演戏筹款创办"贫民生产医院"，并亲自往各机关募捐经费。

5、6月间，协助国民党中央制定对农民运动的宣言及农会章程。

6月16日，出席黄埔军校开学典礼。

6月18日，被任命为广东省省长。

同日，何香凝主持广州"贫民生产医院"的开幕典礼，并报告筹建经过。

6月20日，代表孙中山前往香港，迎接由北京归粤的鲍罗廷。

6月21日，为沙面有人掷炸弹行刺法国官员案，发布《悬赏缉凶命令》。

6月23日，在省长公署接受鲍罗廷的拜会。晚间，出席孙中山宴请鲍罗廷的宴会。

同日，发出《驳复英领事函》。

6月29日，陪同孙中山检阅广州的武装部队，并代表孙中山发表演说。

7月4日，以省长名义发布保护广宁县农会的布告。

7月11日，被任命为国民党中央政治委员会委员，并出席是日召开的第一次会议。

7月12日，发出《统一广东财政通电》，呼吁各军统一财政。

7月19日，复函法领事，支持沙面洋务工人罢工。

7月24日，以省长名义，命令各县县长协助组织农会。

7月28日，和孙中山一起，出席国民党农民党员联欢会并发表演说。8月上旬，以省长名义，两次命令禁止成立商团联防总部。后又签署布告扣留商团头子陈廉伯私运的军火。

8月中旬，调黄埔学生军及工团军、农民自卫军加强广州的保卫工作，以防止商团闹事。

8月14日，国民党中央执委会第51次会议决定，何香凝担任国民党中央妇女部代理部长。不久又兼任国民党广东省党部妇女部部长。

8月23日，发布通缉陈廉伯、陈恭受的命令。

8月下旬，多次布告劝商民不要罢市。

8月29日，由于右派分子的"调停"，严惩商团的主张不能贯彻，辞去广东省省长职务。

秋，陪同共产国际代表维经斯基会见孙中山。

同月，廖承志参加改组后的中国国民党。

9月12日，被任命为大本营财政部长兼军需总监。因多次通电各军交还财权无效，终未就职，并于9月17日通电辞职。

9月，赴韶关参与北伐的领导工作。

10月10日，成立革命委员会以处理商团叛乱，孙中山任会长。11日，被任命为全权委员，后又兼秘书。

10月15日，商团叛乱被平定。在平定商团的战斗中，何香凝亲率医生、护士到广州西关救伤；筹措经费，抚恤牺牲者的家属和慰问伤员。

10月底至11月初，接连致函孙中山，报告广东战况并提出对策。

11月11日，被任命为大本营参议，所有党军、各军官学校和讲武堂的党代表，并兼任中央农民部部长。之后多次致函胡汉民，请其扣留杀害农会领导人的凶手。又致函王天任，命其释放被捕农民。

12月16日，以大元帅名义发布命令，支持广宁农民的斗争，并先后派出铁甲车队和士兵到广宁支援农民运动。广宁农民的斗争到翌年2月胜利结束。

12月24日，东征军事委员会组成，决定东征陈炯明。

同日，何香凝出席广东各界国民会议促成会筹备会第二次会议，任会议主席。在会上，她被推选为广东女界国民会议促成会的筹备员。

1925年（民国十四年 乙丑）

1月10日，广东妇女界国民会议促成会召开成立大会。何香凝是该组织的主要领导人之一。

1月21日，主持列宁逝世周年纪念会并发表演说。

1月26日，闻孙中山病重，拟北上侍疾，孙中山复电阻止。何香凝于是离穗经沪赴京侍奉。

3月5日，赴东江前线视察并慰问东征军。

3月11日，何香凝作为孙中山遗嘱的见证人，在孙中山遗嘱上签字。

3月12日，抵达汕头，是日孙中山在北京逝世。

3月18日，由潮汕抵香港，向记者介绍东征军的战绩。

3月21日，在广州主持国民党中央执委第69次会议。此后半个月中，又多次主持会议，通过改香山县为中山县及建立党军等决议案。稍后被任命为党军党代表。

3月26日，何香凝致电廖仲恺。谓："此间连接捷电，总理虽死，主义愈张，奋斗愈烈，莫不转忧为喜，惟总理临终尚有遗言，仲恺不可离广东。请勿来京。"并告"俟总理奉安西山后即回粤"。

4月2日，何香凝参加孙中山灵榇暂厝西山碧云寺的安葬仪式。

4月6日，致电在汕头的许崇智、蒋介石，请组织农民自卫军。

4月上中旬，在黄埔军校及广州市多次主持追悼孙中山的大会。

4月12日，何香凝陪同宋庆龄出席上海10万市民追悼孙中山大会，并发表演说，报告孙中山的历史及功绩，号召"我辈当念先生之言，随夫人之后，共同奋斗"。

4月13日，何香凝在上海国民党本部孙中山追悼会上发表演说。指出"今先生已矣，所余者惟革命精神"，希望诸同志继承和发扬孙中山的革命精神。

4月17日，何香凝代表宋庆龄对到寓所慰唁的上海国民党女党员代表致谢。

4月21日，何香凝陪宋庆龄赴南京勘察墓地，并出席南京各界召开的追悼孙中山大会，发表演说。

4月下旬，因发现滇、桂军阀杨希闵、刘震寰有叛乱企图，急赴汕头与许崇智、蒋介石商议，作出东征军回师广州的决定后，又立即赶回广州，同胡汉民研究对策。

5月1日，出席在广州市举行的"中华全国第二次劳动大会"和广东省"第一次农民代表大会"，并代表国民党致辞。接着，广东省农民协会成立，被聘为顾问。

月初，何香凝离开南京经上海返抵广州。

5月12日，为对付杨、刘叛乱，再赴汕头。在汕头与许崇智、蒋介石及苏联顾问会商后即返广州。5月21日起，东征军开始回师广州。

5月20日，在《革命周刊》第1期发表《革命派与反革命派》的著名论文，明确指出国民革命是要打倒官僚军阀与帝国主义。

5月21日，何香凝在广州市国民党党员大会上致辞。

5月27日，出席广州商民会议，针对"广州共产"的谣传进行辟谣。29日，又在大本营的记者招待会上进行辟谣。

6月初，派员联络广九、广三，粤汉铁路工人及广州附近海员同时罢工，以阻止杨、刘叛军的调动；并以大本营名义发表通电，撤销杨希闵、刘震寰的各项职务，历数其罪行。

6月12日，平定杨希闵、刘震寰的叛乱。何香凝组织救护队往前线劳军。

6月15日，出席大本营会议并作了重要讲话。会议决定成立国民政府，各军将改称国民革命军。

6月19日，省港大罢工爆发。为罢工工人解决了食宿问题。罢工委员会成立后，被聘为顾问。

6月23日，主持在广州东较场举行的工农兵声援上海惨案及支持省港罢工大会。会后，10万工农兵大游行，发生了"沙基惨案"。廖梦醒、廖承志参加了这次反帝示威活动。惨案发生后，何香凝率光华医院医生、护士立即前往现场救治伤员。组织演讲团，揭露帝国主义的暴行，呼吁群众起来参加反对帝国主义的斗争。

7月1日，国民政府正式组成，任财政部部长。稍后，军事委员会成立，任常务委员。

7月2日，被广东各界对外协会推为主席。此后，多次主持该会会议，并为支持省港罢工工作出"经济封锁香港"等决议。

7月3日，广东省政府组成，任财政厅厅长。

7月14日，黄埔军校开办政治班，被聘为教官，多次到校作题为《帝国主义侵略史谈》的长篇报告。

7月中至8月中，多次到省港罢工工人代表大会作报告，并参加罢工工人修建黄埔公路的破土动工仪式。

8月20日，被帝国主义者及国民党右派所收买的凶手暗杀，为中国民主革命献出了生命。

（从1925年8月21日至1972年9月5日，未署名的是何香凝大事年表）

8月27日，在香港罢工工人第18次代表大会上发表演说，重申廖仲恺的主张："要想打倒帝国主义，非与共产党亲善不可，更非注意于最有革命力量的工人阶级不可。"

9月3日，题"挽廖仲恺"。挽联云："致命本预期，只国难党纷，赞理正需人，一瞑能无遗痛感！先灵应勉慰，使完功继事，同魂齐奋力，举家何惜供牺牲。"

9月11日，在广东工农商各界公祭廖仲恺、陈秋霖大会上发表讲话，讲述廖仲恺廉洁奉公的生活作风。"望诸位继续先生奋斗努力之革命精神。"

9月12日，在广东军政学各界公祭廖仲恺、陈秋霖大会上演讲，强调："廖先生革命奋斗精神，其精神不死，在后死者能继承其志。"

9月14日，在粤军追悼廖仲恺、陈秋霖大会上发表演说，在演讲中表示："苟利于国，则吾举家以殉亦所不惜。"

9 月 20 日，在国民党和国民政府追悼廖仲恺、陈秋霖大会上演讲，指出廖先生："主张军财两政统一，军阀和无聊政客污吏奸官，见失了他们的利益，所以设法来暗杀廖先生。"

10 月 15 日，国民党中央执行委员会第 117 次会议通过"建立仲恺农工纪念学校案"。

10 月，第二次东征开始后，亲赴惠州劳军，并发起组织"援助海丰农民自卫军筹备会"和"军人家属妇女救护员传习所"，积极支援东征。

10 月 26 日，在国民党广东省第一次代表大会上，以最高票数当选为省党部执行委员，后被推选为国民党广东省妇女部部长。

11 月，发起组织"民间剧社"。

11 月 15 日，主持广东各界妇女联欢大会，并在会上发表演说。

11 月 30 日，在廖仲恺逝世百日纪念会上发表讲话，痛斥英帝国主义者以巨额金钱收买凶手暗杀廖仲恺的卑鄙手段，并深望各界捐款匡助创办仲恺农工学校，以竟廖先生爱护农工之意愿。

12 月 3 日，出席中国国民党广东省党部召开的欢送留俄学生大会，并发表演说。

12 月 15 日，出席广东妇女解放协会第二次改选大会，并发表演说。应聘担任"广东妇女解放协会"顾问。

同月，发起组织"中国各界妇女联合会"，并创办国民党红十字会，担任会长。

1926 年（民国十五年　丙寅）

1 月 1 日至 19 日，出席国民党第二次全国代表大会，并发表讲话，痛斥西山会议派破坏孙中山"三大政策"的罪恶行径。在会上当选为国民党第二届中央执行委员，随后，继续被推选为国民党中央妇女部部长。

2月10日，在广州出席"海外华侨家属联爱会"，并发表演说。

2月24日，在《人民周刊》第3期发表《国民革命是妇女惟一的生路》一文。

同月，以中央妇女部部长身份参加国民党中央执行委员会财政委员会。

3月6日，出席广州河南各界妇女联欢大会。

3月8日，出席广州各界妇女庆祝"三八"妇女节大会。在讲话中号召妇女们联合起来，实行国民革命。

3月12日，在孙中山逝世周年纪念大会上发表演说。

3月21日，"中山舰事件"发生后，冲破重重阻拦，找到并痛斥蒋介石，并要求释放被捕人员和撤销对苏联顾问办事处及住宅的包围。

3月23日，写"悼亡"诗："辗转兰床独抱衾，起来重读柏舟吟。月明霜冷人何处？影薄灯残夜自深。入梦相逢知不易，返魂无术恨难禁。哀思惟奋酬君愿，报国何时尽此心？"

5月2日，在廖仲恺纪念碑奠基典礼上发表讲话，指出："工农群众受帝国主义压迫甚深，又占人口之大多数，欲求革命成功，打倒帝国主义，非先帮助工农不可。"

5月10日，出席国民党中央妇女部、广东省妇女部、广州市妇女部联合召开的欢迎全国第三次劳动大会，广东省第二次农民代表大会，广东省第六次教育大会的女代表会议。

5月，国民党中央二届二中全会通过"整理党务案"后，与柳亚子、彭泽民等公开反对，提出强烈抗议。

6月14日，与邓颖超等率领广东各界妇女团体代表到广州市黄沙车站欢送国民革命军第4军第12师出师北伐，并致欢送词。

6月19日，组织救护队、慰劳队随军北伐，亲自送至韶关。

6月21日，率广东各妇女团体代表到广州粤汉车站欢送国民革命军第4军第10师出师北伐。

6月27日，在黄埔同学会第一次恳亲会上演讲，表示要同共产党人继续联合奋斗。

7月4日至6日，出席国民党二届中执委临时全体会议，被补选为常务委员。

7月9日，出席在广州市东较场举行的北伐誓师仪式。

7月15日，亲自创办的"罢工妇女劳动学校"开学。

8月20日，发表《廖仲恺殉国周年纪念日敬告民众书》，呼吁国共两党要同舟共济，不要"桨橹相触"。

9月，领导建立的"国民党中央妇女运动讲习所"在广州开学。

10月21日，出席在广州召开的国民党中央各省联席会议，并作了发言。

11月初，偕彭泽民夫妇、鲍罗廷夫人、廖梦醒等离穗北上。途经韶关、南雄、大庾、赣州、吉安，到了南昌。

12月初，扶病离开南昌赴武汉。

1927年（民国十六年　丁卯）

1月13日，在国民党湖北省党部第四次代表大会上发表演说，讲述目前工农痛苦的原因，希望大家努力奋斗。

1月14日，出席湖北省妇女协会欢迎会。

2月初，协助宋庆龄在汉口开办"妇女政治训练班"，并在该班作了题为《妇女为何要革命》的报告。

2月21日，就筹款慰劳前线伤病将士事，致电广州政治分会。

3月8日，发表《"三八"节的感想》一文。

同日，与宋庆龄等出席汉口各界妇女举办的游艺会。

3月上旬，发表《孙中山先生逝世二周年纪念日数日前的感想》一文，缅怀孙中山的教诲，呼吁团结，勿为敌人所陷。

3月10日至17日，出席国民党二届三中全会。在发言中强调坚持国共合作和扶助农工。会议通过坚持国共合作的革命原则和限制蒋介石权力的决定。

3月26日，参与创建的"仲恺农工学校"在广州正式开学，担任首任校长。

月底，为制止蒋介石分裂，赴南京找蒋介石面谈，未获结果。

4月13日，在国民党湖北省党部、汉口特别市党部会议上发表演说，谴责蒋介石摧残工农、背叛革命的罪行，参与发起讨蒋运动。

4月14日，发表《扶助农工的感想》一文，号召全国被压迫的民众，打倒摧残农工的分子。

4月19日，电辞国民党广州政治分会委员及广东省政府委员职。

4月22日，与毛泽东、宋庆龄等发表"讨蒋通电"，发起讨蒋运动。

同月，廖承志愤然撕掉国民党党证，宣布脱离国民党。

7月14日，参加汪精卫召开的"分共"会议，同意"分共"。

同月中旬，离开武汉赴庐山。

夏，廖梦醒、廖承志赴日本。因廖梦醒宣传中国共产党的主张，遭日本警察拘捕并驱逐出境。廖承志亦被捕，不久获释。考入早稻田大学第一高等学院读书。

8月，被列名为"八一"南昌起义后组成的《中国国民党革命委员会》25名委员之一。

9月，由庐山至上海。数天后赴广州，营救清党时被捕的人员和办理仲恺农工学校事宜。

10月中旬，赴南京选择廖仲恺墓地。

11月26日，在汪精卫招待各报记者会上发表演说，声明反对特别委员会。

同月，因蒋介石不听劝告，坚持反苏反共，因而拒绝做蒋介石与宋美龄结婚的证婚人。

1928年（民国十七年　戊辰）

2月上旬，接见南京妇女请愿代表并发表讲话，指出农工仍未扶助，妇女亦未解放，仍须继续努力。

2月1日至2月7日，出席国民党二届四中全会，并提出"切实扶助农工"等包括七个方面内容的提案。被推选为国民政府委员。

3月12日，出席南京各界召开的孙中山逝世三周年纪念大会。同日，发表《忆总理——孙中山逝世三周年纪念词》一文。

5月，廖承志在日本参加中国留学生召开的声讨日本帝国主义屠杀济南人民的"五卅惨案"大会，不久再次遭日本当局拘捕，后获释。

7月，廖承志回到上海。

8月，廖承志经关键、黄昙（黄鼎臣）介绍，加入中国共产党，在反日大同盟上海分会工作。

秋，为了不与国民党反动派同流合污，拒不担任国民党政府的任何职务，不领国民党的一文钱薪水，亦不参加其他党派活动，经常与柳亚子、经亨颐、陈树人等在沪、杭吟诗作画。

11月，廖承志受中共中央派遣到德国，并转入德国共产党。廖梦醒则赴法国留学。

1929年（民国十八年　己巳）

6月1日，由上海赴南京参加孙中山国葬典礼，后即返沪。

秋，为表明与国民党反动派彻底决裂的原则立场，同时为解决国民党当局停拨仲恺农工学校经费所造成的困难，毅然离开上海经香港出国。先赴菲律宾，后到碧瑶、新加坡、柔佛、吉隆坡等地，乘船过红海、地中海抵达马赛，再到巴黎。寄居巴黎市郊的里拉顿岛，以写画自遣。

是年，廖承志被派往德国汉堡领导中国海员运动，任汉堡国际海员俱乐部支委、书记。参加反帝大同盟，到过荷兰、比利时组织领导中国海员运动。

1930 年（民国十九年　庚午）

夏初，廖梦醒从法国回国，在上海与李少石结婚，旋即赴香港建立交通站。

6 月，赴德国柏林与宋庆龄、廖承志会面。

7 月 22 日，撰写《廖仲恺牺牲纪念日的感想》一文，号召战士们不要做军阀的工具，血应为求民族的解放而流。

夏，廖承志在莫斯科参加职工国际第五次代表大会。在此期间，他先后被荷兰、德国当局拘捕并遭驱逐出境。

9 月，从柏林返巴黎，仍以写画自遣。

1931 年（民国二十年　辛未）

春，经李少石和黄龙介绍，廖梦醒在香港加入中国共产党。

10 月，惊悉"九一八"事变发生后，为了与全国人民共赴国难，乘麦新格将军船回国，途经新加坡、西贡、香港、汕头，于 11 月底抵达上海。

11 月，在归国途中，被国民党第四次全国代表大会选为中央执行委员会委员。

11 月 29 日，在沪接见记者并发表谈话。提出"因痛国家大患临头，将以国民资格，办对日之伤兵救护等事宜"。

12 月 1 日，接见国闻社记者，提出"人人都有救国的责任"，自己"拟日内开一书画展览会，将会中所售得之款全数捐助给红十字会"。

12 月 19 日，发表《对时局之意见》一文，痛斥新军阀们连年内战的罪行，并郑重宣布：“此后坚决辞去中央委员职守，专心办理社会慈善事业，以尽国民一分责任。”

12月27日，在上海先施公司举办"救济国难书画展览"，以所得之款，全部资助抗日。

1932年（民国二十一年　壬申）

1月16日，廖梦醒的女儿李湄在香港出生。

1月24日，致函蒋介石、孙哲生、吴铁城，请求资助东北义勇军抗日。

同月，"一·二八"事变后，积极组织救伤活动。同时视察上海吴淞、真如前线，写诗赋词，高度赞扬19路军英勇抗敌的爱国热忱。

2月，积极募款支援19路军抗日。计共办医院4所，收容抗日受伤将士千余人。

3月2日，致函蔡元培。附《为中日事赠蒋介石及中国军人的女服有感》诗一首。

5月，与柳亚子、陈树人、经亨颐等几个绝不肯为国民党反动派效劳的挚友组成"寒之友社"，经常在一起吟诗作画，抒发激愤。

同月，廖承志回国。在上海任中华全国总工会宣传部长，全国海员总工会党团书记。

6月13日，亲自组织的"东北义勇军国难救护队"队员14人由上海出发，北上支援抗日。

秋，赴浙江拜访挚友经亨颐。与经亨颐、柳亚子等游浙江白马湖，共商抗日救亡之事。

10月8日，与柳亚子等联名发表《国难救护队后方理事会募捐启》，继续筹款支援抗日。

10月31日，发起组织的"义勇军国难救护队"48人开赴东北。

1933 年（民国二十二年　癸酉）

3 月 18 日，接见日日社记者，呼吁大赦全国政治犯。

3 月 28 日廖承志在上海被国民党上海市公安局串通上海工部局拘捕。

3 月 29 日至 31 日，与宋庆龄、柳亚子、经亨颐等奋力营救廖承志，并与国民党上海市市长吴铁城进行面对面的斗争。

4 月 1 日，与柳亚子联名保领廖承志出狱。

4 月 2 日，再次发出要求释放全国政治犯的呼吁。

8 月，廖承志奔赴川陕苏区，任川陕苏区省委常委、工会宣传部长。

是年，廖梦醒和丈夫少石回到上海。廖梦醒在中共领导的"中国工人通讯社"从事英文翻译工作。

1934 年（民国二十三年　甲戌）

2 月 28 日，廖梦醒的丈夫李少石在上海被国民党当局逮捕，经宋庆龄、何香凝、柳亚子、李石曾等营救无效。

4 月 20 日，与宋庆龄等率领国民党左派 1 779 人在中共中央以"中国民族武装自卫委员会筹备会"名义发表的《中国人民对日作战基本纲领》上签名。

8 月 20 日，发表《廖仲恺纪念日告黄埔同学书》，号召黄埔军校师生要全力挽救国家的危亡。

冬，廖承志被张国焘以"国民党侦探"的罪名予以逮捕，开除党籍，被押解着参加长征。

1935 年（民国二十四年　乙亥）

6 月 13 日，廖仲恺的灵柩由原基地移至广州体育场。上午举行公祭，下午由各界代表、仲恺农校师生及廖仲恺家属等护送灵柩至广九车站。

8 月，中共中央发表《八一宣言》，提出"抗日人民统一战线"，号召全国人民团结起来，停止内战，一致抗日。与宋庆龄等率先签名响应，在社会上引起强烈反响。

9月1日，廖仲恺灵柩运抵南京孙中山陵侧举行国葬。在国葬仪式上发表讲话，痛斥蒋介石及国民党政府对孙中山"三大政策"的背叛。

1936年（民国二十五年　丙子）

3月8日，出席上海各界妇女集会并发表演说。

5月6日，为《救亡情报》题词："求生存及劳苦同胞的解放，必须打倒帝国主义。"

5月31日，"全国各界救国联合会"成立，被推为理事。

9月18日，上海各界纪念"九一八"大会，遭反动派破坏，与宋庆龄一起，发表通电谴责国民党反动派的罪行。

11月22日，沈钧儒等救国会"七君子"被捕入狱。

冬，红军第一、二、四方面军在甘肃会宁会师后，廖承志经周恩来、任弼时等营救获释，在预旺堡积极分子会上恢复了党籍。

12月12日，"西安事变"发生，拟陪同宋庆龄赴西安和平解决事变，因交通工具没解决而未成行。

12月16日，与宋庆龄、马相伯等联名为沈钧儒等"七君子"被捕发表声明。

是月，廖承志到达陕北保安，在红色中华通讯社负责编译外国通讯社电讯稿。

1937年（民国二十六年　丁丑）

1月，红色中华通讯社改名为新华通讯社，廖承志仍负责编译外国电讯，并撰写新华社广播稿。

2月，与宋庆龄、冯玉祥等14人联名向国民党五届三中全会提交《恢复中山先生手订联俄、联共、扶助农工三大政策案》。

4月，廖承志在延安参加筹备、出版中共中央政治理论刊物《解放》杂志，并在该刊物发表了《日本当前的政潮》等国际评论文章多篇。稍后，任党报委员会秘书。

6月25日，接毛泽东来信。信中表彰说："先生一流人继承孙先生传统，苦斗不屈，为中华民族树立模范，景仰奋兴者有全国民众，不独泽东等少数人而已。"

同月，为营救被捕的救国会"七君子"，与宋庆龄等16人发起"救国入狱"运动，先后发表了《呈江苏高等法院》《救国入狱运动宣言》《救国入狱运动规约》和《关于救国入狱运动对上海新闻界发表的书面谈话》等，影响巨大。

7月4日，致函宋子文、孙科，痛斥国民党当局无理给"七君子"强加"罪状"。

7月7日，就"七君子"被捕事件，致林森等电。

7月22日，亲自发起组织的"中国妇女抗敌后援会"成立，被推为常务理事会主席，并在成立大会上发表讲话。

7月31日，经过斗争，国民党政府被迫宣布"七君子"无罪，予以释放。

8月4日，在"中国妇女抗敌后援会"第二次常务理事会上发表演说，列举日军杀害我同胞的罪行，号召妇女们团结起来，全力投入抗战。

8月15日，致电张治中，勉其发扬黄埔精神，抗击日寇，为国努力。

8月16日，发表《八月二十日廖仲恺身殉革命记》一文，号召全国同胞踏着先烈的血迹，为民族的生存而斗争。

同月，为支援前方抗日将士，发起缝棉衣运动。

是月，廖梦醒的丈夫李少石获释。

9月15日，亲自组织的"上海劳动妇女战地服务团"正式成立。几天后，该团开赴前线支援抗战。

9月19日，复函朱家骅夫人，望其组织妇女缝纫团、烹饪队等，为抗日将士服务。

9月26日，获悉第二次国共合作正式建立，热泪盈眶。并驰电在延安的廖承志，勉其奋勇杀敌。

10月29日，致函扼守闸北四行仓库诸壮士，赞扬他们英勇抗敌的豪迈气概。

是月，廖承志被派往国民党统治区工作，到达八路军驻南京办事处。

12月，在廖梦醒、经普椿等人陪同下从上海乘船抵香港。因南京告急，廖承志与叶剑英等人绕道长沙到达汉口。

1938年（民国二十七年　戊寅）

1月初，廖承志从汉口经广东到达香港，任八路军驻香港办事处负责人，为八路军、新四军筹集抗战物资。

1月11日，廖承志在香港与经普椿结婚。

1月24日，在香港《救亡日报》上发表《回复十三年精神》一文。主张国民党员要复"古"，像1924年国民党改组时那样，与共产党团结合作，共同对敌。

3月10日，发表《纪念"三八"节》一文，指出团结起来，把抗战坚持到底，才是中华民族唯一的生路。

4月15日，与宋庆龄联名发表《拥护抗战建国纲领，实行抗战到底》一文。

5月，接受香港《救亡日报》记者访问，发表关于战时儿童保育工作的意见。

6月14日，宋庆龄等人发起组织的"保卫中国同盟"在香港宣告成立。廖承志任中央委员、秘书长；廖梦醒任中央委员、办公室主任、宋庆龄的秘书，稍后，又兼任财务主任。

上半年，廖承志来往穿梭于港、穗之间，领导华南地区的抗日民族统一战线工作。

7月20日，撰写《关于反侵略》一文，发表于7月24日汉口《新华日报》，文章指出日本帝国主义和德、意法西斯都是中国人民的敌人，要把认贼作父的人驱逐出抗战营垒。

8月8日，接见《星岛日报》记者，在谈话中指出，香港女同胞应该居安思危，努力节约，救济难民。

8月9日，出席香港各界赈济华南难民第9次联席会议，并发表《救济广州难民应普及农村》的声明。

8月20日，发表《八月二十之回忆》一文，指出廖仲恺是为拥护孙中山"三大政策"而死的，纪念廖仲恺要坚持"三大政策"的精神，决心抗战到底。

8月21日，出席香港两机工团体联合举行的纪念廖仲恺殉难13周年大会，并发表讲话。

8月26日，出席香港妇女慰劳会周年纪念大会，并致辞。在讲话中，赋"公子佳人"诗三首，辛辣地批评了香港某些妇女在国难当头、同胞受苦受难之时，仍然过着奢侈的生活。

8月28日，与张乐怡等署名发表"请各界赞助席与真女士画展等款赈灾函"。

9月3日，在香港各界召开的"欢迎义勇军之母——赵老太太来港"大会上致辞。

9月20日，在香港女子体育会成立典礼上致辞。

9月21日，发表《为前线将士呼吁扩大征募寒衣运动》一文，载于香港《工商日报》。

10月1日，发表《赠前方勇士寒衣有感》一文，并赋诗，盛赞"战士沙场秋夜冷，同胞救国励征人"的爱国精神。

10月10日，出席香港妇女慰劳会、女青年会、兵灾筹赈会和妇女新运会联合召开的纪念双十节大会，并发表讲话。

10月13日，廖承志与吴有恒、曾生商量，决定委派曾生率领两百多名共产党员，以"惠宝临时工作委员会"的名义，赴广东惠阳开展抗日游击战争。

10月28日，与宋庆龄等6人致函林森等人，指出武汉虽然沦陷，但必须摒弃主和分子，坚持抗战到底，政府应立即实行："一、加强中枢政治机构。二、遵守总理所定外交政策。三、发动全国民众力量。四、迅速起用知兵宿将，保卫广东。"

11月，从香港赴深圳慰问从广州流亡来的难民。

11月12日，出席香港妇女联会举行的孙中山先生诞辰纪念仪式，并致辞，赞扬孙中山百折不挠的革命精神，希望大家遵守他的遗嘱。

12月，得知汪精卫在河内发艳电，公开投敌后，立即撰写《斥汪精卫》一文。

1939年（民国二十八年 己卯）

春，廖承志决定派遣以刘谈锋为团长的"华侨回乡服务团"，到广东南路地区发动群众抗日。

4月，廖承志去汉口出席中共中央长江局会议。

8月14日，发表《纪念"八一三"再斥汪精卫》一文，列举铁的历史事实，批驳汪的汉奸谬论，揭露其卖国贼的丑恶嘴脸。

11月下旬，廖承志派廖锦涛带队的澳门四界救灾会回乡服务团，到广游二支队工作，使该支队后来发展成为华南抗日战场的三大主力之一。

是年，廖承志的长女廖兼在香港出生。

1940年（民国二十九年 庚辰）

3月5日，蔡元培在香港逝世，廖承志代表中共中央对蔡的家属表示哀悼和慰问。

4月，廖承志到八路军驻渝办事处汇报工作。

7月7日，发表《保证胜利的条件》一文。提出加强团结，实施宪政；保证思想自由，学术自由；厉行法治，严惩贪污舞弊，建立廉洁政治等主张。

1941 年（民国三十年　辛巳）

1 月 14 日，皖南事变发生后，与宋庆龄、柳亚子、彭泽民联名致函蒋介石及国民党中央，愤怒谴责他们的背信弃义，并呼吁"撤销剿共部署，解决联共方案，发展各种抗日实力，保障各种抗日党派"。

1 月 18 日，为"皖南事变"与宋庆龄等联名电斥蒋介石，指出："今后必须绝对停止以武力攻击共产党，必须停止镇压共产党的行动。"

4 月 9 日，为中共领导的《华商报》在香港出版题词："团结抗战，抗战必胜，真诚合作，建国必成。"

6 月，发表《改组国民党的前后回忆》，回顾孙中山制定"三大政策"的艰难历程，强调指出"三大政策"是孙中山积 40 年的经验结晶，希望国民党人发扬光大。

7 月 1 日，发表《纪念抗战四周年》一文，分析国内外形势，呼吁全国上下一条心，共保团结，坚持抗战。

7 月 7 日，在香港《星岛日报》上发表《实现总理三大政策》一文。

同月，与柳亚子、彭泽民磋商建立"国民党民主促进会"组织，派梅龚彬、李章达赴广西与李济深联系，李认为"不要急"，故搁置。

8 月 20 日，发表《全世界反法西斯侵略勇士联合起来——为廖仲恺遇难纪念日而作》一文。

12 月，日军进攻香港，廖承志以中共在港负责人的名义同香港总督代表会谈。8 日，香港沦陷后，组织大批民主人士和文化界人士安全撤离香港。

12 月 30 日，廖承志、连贯、乔冠华三人坐船过沙鱼涌，由东江游击队短枪队护送至广东惠州市。

1942 年（民国三十一年　壬午）

1 月 16 日，与经普椿、长孙女廖兼、柳亚子等人乘船离开香港至长洲岛，转乘大船，于 24 日抵达广东汕尾港。

1 月 22 日，廖承志与连贯、乔冠华从惠州市乘船，30 日抵达老隆。

2 月初，廖承志抵韶关市。

2 月中旬，转往广东兴宁县鸳塘村罗翼群家暂住。

夏初，转赴韶关市。

5 月 2 日，长孙廖恺孙（廖晖）在广东省兴宁县医院出生。

5 月 30 日，廖承志在广东乐昌县城被国民党中统特务逮捕。

同月，廖梦醒携女儿李湄和叶挺夫人李秀文等，从澳门经肇庆、桂林、贵阳，于 8 月 3 日抵达重庆，继续在保盟中央工作。

6 月 5 日，廖承志被押往江西省泰和县马家洲集中营囚禁。

1943 年（民国三十二年　癸未）

4 月，携儿媳经普椿、孙女廖兼、孙子廖恺孙离开韶关前往广西桂林市。先居芙蓉路，后搬至东郊观音山麓居住，在山上开辟小农场，以种菜、养鸡、绘画为生。

7 月 13 日，致函廖梦醒，指出"国民党十三年之主张不能实现，恐我民族不能生存"。

同年，拒不接受蒋介石派人到桂林赠送的 100 万元，并写上"闲来写画营生活，不用人间造孽钱"的批语。

同年，陆续发表《感怀》《香港沦陷后赴桂林有感》《日祸移居广西舟中》等诗，抒发"河山不复头宁断，逆水舟行勇向前"的革命豪情；并与李济深等酝酿成立国民党民主派组织。

1944 年（民国三十三年　甲申）

3 月 8 日，在桂林《大公报》上发表《纪念今年"三八"，不要忘记大众的苦难》一文。

6 月 27 日，致函廖梦醒，表示："重庆方面，若十三年国民党之政策实现，我当来渝，否则饿死亦听其自然而矣。"

8月16日，致函廖梦醒，嘱其代汇款给在江西省泰和县马家洲集中营被囚禁的廖承志。

9月初，从桂林疏散至阳朔、平乐、昭平等地。

9月21日，致函廖梦醒，追述从桂林疏散后的情形。

深秋，廖承志被国民党特务从马家洲集中营押送到赣州，转乘飞机抵达重庆，囚禁在歌乐山渣滓洞，稍后，又转到"白公馆"继续关押。

11月12日，在《广西日报》（昭平版）发表《纪念总理诞辰要遵行总理遗嘱》一文。

11月27日，出席昭平各界欢迎会并致辞。

同月底，离开昭平赴八步。

1945年（民国三十四年　乙酉）

3月11日，在《广西日报》发表《怎样纪念中山先生》一文，提出应遵照孙中山的遗嘱，"唤起民众"和"联合世界上以平等待我之民族"，才能把敌人驱逐出去。

5月21日，复函廖梦醒，谈及两个月来，因王罗之乱疏散到贺县，转信都，再回八步等情况；询问廖承志的下落，并要她代为给廖承志汇款。

6月，廖承志被选为中共第七届候补中央委员，时尚在狱中。

8月19日，在《广西日报》发表《廖仲恺殉难廿周年的感想》一文。

9月5日，致电蒋介石、毛泽东，对毛泽东赴重庆谈判表示欣慰。

9月28日，致函廖梦醒，告知已"定于10日内起程回粤或往港"。

10月8日，廖梦醒的丈夫李少石在重庆不幸遇难。

11月1日，致函宋庆龄、孙科和宋子文，望其力劝蒋介石"停止内战，一切问题以政治协商求得合理解决"。

同月，离开八步，经梧州赴广州。

1946年（民国三十五年　丙戌）

1月上旬，廖梦醒乘船离开重庆赴上海，在中国福利基金会（原名"保卫中国同盟"）工作。

1月12日，从广州转赴香港。

1月22日，廖承志经中共中央营救出狱。

2月23日，在香港会见孙科后向记者发表谈话，再次呼吁尽快释放尚未释放的政治犯。

3月4日，向《华商报》记者发表谈话，主张"国人应和平民主团结"。

同月，和李济深筹建多年的"中国国民党民主促进会"在广州正式成立。

4月，廖承志作为中共代表飞往广州，和国民党广州行营主任张发奎谈判，签订东江纵队北撤山东的协议。

5月，廖承志随周恩来到南京梅园新村，在中共代表团协助周恩来工作。

6月23日，与彭泽民等98人联名致电蒋介石、毛泽东，指出全国人民渴望和平，"咸盼国共两党相忍为国"。

7月14日，与彭泽民等15人联名致电李公朴夫人张曼筠，对李公朴被国民党特务残害表示慰唁。

7月17日，与彭泽民等29人联名电慰闻一多家属，对国民党特务刺杀闻一多表示极大的义愤。

7月18日，就仲恺农工学校校产被国民党广州教育当局强占等事，致函孙科等人，表示："香凝惟有以原日校董会名义，将所有校产、仪器等自行收回，或另行自办学校，继续纪念仲恺在天之灵，当为之首肯也。"

同月，廖承志被任命为新华通讯社社长。

9月，廖承志从南京返延安，就任新华通讯社社长之职。

秋，致函南洋华侨筹款，以解决东江纵队北撤之经费。

11月30日，与彭泽民等六十余人联名致电朱德，祝贺他60大寿。

冬，"中国国民党民主促进会"中央机关由广州迁至香港。从此，其住所成了拥共反蒋人士的聚会场所。

1947年（民国三十六年 丁亥）

春，廖梦醒从上海赴香港。

3月，国民党进攻延安，廖承志率新华社人员东渡黄河。

4月21日，与李济深等16人联名发表《对"改组政府"的严正声明》，谴责国民党的独裁专政。

6月17日，与李济深联名发表《致海外同胞同志书》，痛斥国民党政府的八大罪状。

7月，廖承志率新华社人员到达涉县，建立第二个"陕北广播电台"。兼任中共中央宣传部副部长、中共晋冀鲁豫中央局宣传部部长。

秋，就国民党民主派成立中央指导机关等事，与彭泽民等致函宋庆龄，盼望其"命驾南来，主持中央"。

11月，连续多次出席在香港坚尼地道召开的中国国民党民主派联合大会等委会。

是年，与李济深等联合发起成立"中国民主和平运动联盟"。

1948年（民国三十七年 戊子）

1月1日，"中国国民党革命委员会"在香港正式成立，被推选为中央常委。

2月16日，发表《声援上海抗暴运动宣言》。

5月5日，响应中共中央"五一"号召，与香港各民主党派与无党派人士致电毛泽东，赞同召开新政协会议，声明接受中国共产党的领导。

6月7日，与两百三十多人联名发表《迅速召开新政治协商会议》一文。

9月1日，致函尚在美国的冯玉祥，望其"大声疾呼，使彼邦人士，中止援蒋"。

1949年（己丑）

3月，廖承志在中共七届二中全会上被递补为中央委员。

4月中旬，应中共中央之邀，在廖梦醒的陪同下，带孙女廖蕖、长孙廖恺孙（廖晖），从香港乘坐希腊人的船至天津，转乘火车到达北平。在北平火车站，受到周恩来、邓颖超等人的欢迎。当晚，毛泽东在怀仁堂设宴招待。

是月，廖承志被选为新民主主义青年团中央副书记，兼任中国青年艺术剧院院长。

5月，廖承志被选为中华全国民主青年联合总会主席。

6月，参加新政治协商会议的筹备工作。

是月，廖承志兼任中央广播事业管理处处长。

8月，廖承志任中国民主青年代表团团长，出席在布达佩斯举行的第二次世界民主青年代表大会和世界青年与学生联欢会。

9月，与其女梦醒、其子承志一道同任一届政协代表，入选为主席团成员。与其子承志均在大会上发言，与其承志一同任全国政协委员。

10月1日，在北京出席中央人民政府委员会第一次会议，作为政府委员宣布就职。同日，参加中华人民共和国开国大典。

同月，任政务院华侨事务委员会主任委员。廖承志任政务院华侨事务委员会副主任委员、中国人民保卫世界和平委员会副主席，兼任中共中央对外联络部副部长。

12月10日，亚洲妇代会在北京开幕，作为主席团成员之一出席了大会。

1950 年（庚寅）

6 月 14 日至 23 日，出席中国人民政治协商会议第一届全国委员会第二次会议。

6 月底，与柳亚子等民主党派 65 人联名致电毛泽东和中共中央，热烈祝贺中国共产党成立 29 周年。

11 月 8 日，撰写《以实际行动来纪念孙中山先生》一文，希望民革成员牢记孙中山遗训，努力支持保家卫国的斗争。

是月，廖承志作为郭沫若率领的中国代表团成员，出席在华沙举行的第二届世界保卫和平大会，被选为世界保卫和平委员会委员。

是年，廖梦醒被任命为全国妇女联合会国际部副部长。

1951 年（辛卯）

3 月，赴北戴河疗养。疗养期间作诗《寄赠抗美援朝将士》。

是月，廖承志任中国人民赴朝慰问团团长，到朝鲜慰问中国人民志愿军和朝鲜北方军民。

6 月 17 日，出席在北京召开的华侨事务委员会第一次侨务扩大会议，并致开幕词。廖承志在会上作《侨委成立以来的工作总结与当前侨务工作的方针、任务与计划》的报告。

10 月，出席全国政协一届三次会议。

11 月，廖承志被选为中国人民保卫儿童全国委员会副主席。

1952 年（壬辰）

4 月，廖承志任调查团团长，赴朝鲜和中国东北调查美国细菌战的罪行。

6 月，廖承志作为中国代表出席在北京召开的亚洲及太平洋区域和平会议筹备会议和 10 月召开的正式会议。

11 月 24 日，以中侨委主任身份发表声明，抗议泰国政府封闭泰国华侨报纸《全民报》和《南辰报》。

12 月，廖承志作为中国代表团团员出席在维也纳举行的世界人民和平大会。

是月，廖承志兼任中共中央统战部副部长。

1953年（癸巳）

1月13日，被任命为中华人民共和国宪法起草委员会委员。

2月，廖承志作为中国红十字会代表团首席代表与日本代表团就协助愿意回国的日侨归国问题举行谈判。

3月，廖承志作为中共代表团成员赴苏联参加斯大林的葬礼。

4月15至23日，出席在北京举行的第二次全国妇女代表大会，任主席团成员。在开幕式上致题为《新中国妇女的努力方向》的贺词。

4月25日，在全国妇联第二届执行委员会第一次会议上，被选为中华全国妇女联合会名誉主席。

6月，廖承志继续被选为全国青年联合会主席。

7月，廖承志被选为团中央书记处书记。

10月，任中华全国文学艺术界联合会第二届全国委员会委员。

11月，出席中侨委第二次侨务扩大会议，并致开幕词。廖承志在会上作4年来侨务工作报告。

是月，廖梦醒、廖承志被选为世界和平理事会理事。

是年，廖梦醒作为中国妇女代表团团员访问苏联。

1954年（甲午）

5月，廖承志作为中国代表团成员出席在柏林举行的世界和平理事会特别会议。

7月8日至14日，出席中侨委第三次侨务扩大会议，并致开幕词。

夏，赴北京郊区农村视察。

9月26日，出席一届人大第一次会议，并着重就华侨的国籍问题、侨汇政策、归侨的种植、畜牧业等华侨方面的工作做了重点发言。廖梦醒、廖承志均作为全国人大代表参加了会议。廖承志被选为第一届全国人大常委会委员。

同月,被第一届全国人民代表大会第一次会议任命为国务院华侨事务委员会主任;廖承志任副主任。

10月,廖承志任中国红十字会代表团副团长访问日本。

12月,出席中国人民政治协商会议第二届全国委员会第一次会议,被推选为政协全国委员会副主席。

同月,廖承志任中苏友好协会总会副会长。

1955年(乙未)

1月3日,发表《1955年新年对国外侨胞献词》。

4月26日,以中侨委主任的身份,对中国与印度尼西亚两国政府签订关于双重国籍问题的条约发表谈话。

同月,廖承志作为中国代表团成员出席在新德里举行的亚非国家会议;随后,以顾问身份随周恩来率领的中国代表团出席在印度尼西亚万隆举行的亚非会议。

6月,廖承志任中国代表团副团长出席在赫尔辛基举行的世界和平大会。

7月22日,出席全国人大一届二次会议,并着重就华侨问题发言。

8月20日,出席政协全国委员会为廖仲恺逝世30周年而举行的纪念大会,并发表讲话。

12月,廖承志随同宋庆龄访问印度。

1956年(丙申)

1月,廖承志随同宋庆龄访问缅甸。

2月15日,发表《1956年春节向台湾国民党军政人员致词》,盼望在台的老朋友争取在和平解放台湾中立功。

2月29日,出席民革第三届全国代表大会,在会上被选为民革中央副主席。

同月，廖承志任中国亚非团结委员会副主席。

4月24日，以中华全国妇女联合会名誉主席的身份，会见国际民主妇联主席戈登夫人。

6月8日，出席中侨委第四次侨务扩大会议，并致开幕词。

6月23日，出席全国人大一届三次会议，并作《进一步贯彻执行侨务政策，开展侨务工作》的发言。

8月，赴朝鲜咸北街张乙敬休养所休养。

9月30日，发表《1956年国庆对国外侨胞的广播词》，指出爱国不分先后，希望在台湾和在国外的军政人员、广大侨胞，为和平解放台湾贡献力量。

同月，廖承志当选为中共第八届中央委员。

10月5日，出席全国归侨第一次代表大会，并致辞。

10月29日，发表《号召国外华侨回国参加孙中山先生诞辰90周年纪念会的广播词》。

同月，发表《孙中山先生和他所制定的三大政策》一文。

呈请中共中央批准成立以陈嘉庚为主任委员的归国华侨联合会。

11月11日，出席孙中山先生诞辰90周年纪念大会，并发表讲话。廖承志任孙中山先生诞辰90周年纪念筹备委员会副秘书长，并作为中央谒陵代表团团员到南京晋谒中山陵。

是年，视察北京燕京造纸厂。

1957年（丁酉）

6月4日，鉴于南越政府加紧迫害华侨，发表《致南越侨胞电》，代表政府向南越侨胞表示深切的关怀。

是月，廖承志出席在科伦坡举行的世界和平理事会全体会议。

7月11日，在一届人大四次会议上，针对"海外关系论"

指出"绝大多数华侨是热爱祖国的",并提出政府应辅导华侨回国投资等有益建议。

8月,所著《回忆孙中山和廖仲恺》一书由中国青年出版社出版。

9月21日,在全国妇联第三届执委会第一次会议上,继续被选为全国妇联名誉主席。

10月15日,在廖承志等人陪同下,参加武汉长江大桥落成通车典礼。

12月,廖承志任中国红十字会代表团副团长访问日本。

1958年(戊戌)

2月6日,出席一届人大五次会议,在发言中提出侨眷归侨要积极参加农副业生产。

3月,廖承志任国务院外事办公室副主任。

6月14日,在上海出席庆祝中国福利会成立20周年大会。

7月,廖承志任中国亚非团结委员会主席。

10月,廖承志任中国人民欢迎志愿军归国代表团团长到丹东迎接最后一批志愿军从朝鲜回国。

11月11日,为纪念孙中山诞辰92周年,发表《孙中山先生的三民主义万岁》一文,呼吁国共两党再次携手合作。

11月12日,在民革第四届全国代表大会上,作了《纪念孙中山先生诞辰,为完成祖国统一而努力》的书面发言。

同月,获悉在台湾的旧友于右任思乡心切作思乡诗,故步其原韵作《遥念台湾》诗三首。

12月,在民革中央四届一次会议上继续当选为民革中央副主席。

同月,赴广州,作《赴黄花岗及烈士陵园献花》诗。

是年,支持在广州复办暨南大学。

1959 年（己亥）

4 月，出席二届人大一次会议，会上被选为全国人大常委会副委员长。

同月，廖承志任国务院华侨事务委员会主任。

5 月 20 日，在《侨务报》上发表《回忆五四运动，发扬革命传统》一文。

8 月 24 日，出席刘少奇召集的扩大的第 17 次最高国务会议。

9 月 15 日，出席毛泽东邀集各党派、各团体负责人的会议。

10 月，接受民革中央决定，任代理中央主席职务。

1960 年（庚子）

4 月，在北京出席第二届全国人民代表大会第二次会议和全国政协第三届中央委员会第二次会议。

同月，廖承志任中国代表团团长出席在几内亚首都科纳克里举行的第二届亚非人民团结大会。

8 月 13 日，被中国美术家协会推选为主席。

同月，出席民革中央四届二中全会。

9 月，廖承志作为中国党政代表团团员访问越南。

同月，廖承志兼任华侨大学校长。

11 月，廖承志作为中国党政代表团团员到苏联参加十月社会主义革命 43 周年庆祝典礼，并出席 81 个共产党和工人党代表会议。

1961 年（辛丑）

3 月 12 日，发表《孙中山先生的爱国反帝思想永垂不朽》一文。

夏，绘巨幅彩色画《万古长青图》，热烈祝贺中国共产党建党 40 周年。

6 月 30 日，出席庆祝中国共产党建党 40 周年纪念会，并代表各民主党派、无党派民主人士和全国工商联向中共中央和毛泽东主席献词。

8 月，廖承志在北京公祭陈嘉庚先生大会上致悼词。

10 月 6、7 日，为纪念辛亥革命 50 周年，连续在《人民日报》发表《我的回忆》的长篇文章。

12 月，廖承志率中国代表团参加在巴勒斯坦加沙举行的亚非人民团结组织执行委员会会议。

1962 年（壬寅）

2 月 1 日，在郑成功收复台湾 300 周年纪念大会上，发表题为《一定要把美帝赶出台湾》的讲话。

11 月 12 日，为纪念孙中山诞辰 96 周年，发表《更高地举起反对帝国主义、保卫世界和平的旗帜》一文。

同月，廖承志在北京同日本高碕达之助签署发展中日长期综合贸易的备忘录。

1963 年（癸卯）

10 月，廖承志任中日友好协会会长，廖梦醒任该协会理事。

11 月 12 日，为纪念孙中山诞辰 97 周年，发表《联合世界上以平等待我之民族共同奋斗》一文，希望台湾国民党军政人员为统一祖国建立功勋。

11 月 17 日，在北京参加政协三届四次会议。

同月，廖承志率中国代表团出席在华沙举行的世界和平理事会。

1964 年（甲辰）

1 月 12 日，撰文《坚决支持巴拿马人民的正义斗争》。

4 月，廖承志出席廖承志办事处和高碕达之助办事处在北京达成互派代表并设立联络事务所的会谈纪要签字换文仪式。

1965 年（乙巳）

1 月，在三届人大一次会议上，继续当选为全国人大常委会副委员长。

5 月，廖承志任中国代表团团长出席在加纳举行的第四届亚非人民团结大会。

6 月，廖承志作为中国代表团首席顾问，随同陈毅副总理出席在阿尔及利亚举行的第二次亚非会议。

8 月 26 日，廖承志陪同毛泽东、刘少奇、周恩来等党和国家领导人会见中日青年友好大联欢的日本青年代表团全体成员。

9 月，在寓所会见从美国归来的原国民党政府代总统李宗仁和他的夫人郭德洁。会见时，廖承志、经普椿在座。

10 月，和廖承志一起，任纪念孙中山诞辰 100 周年筹备委员会副主任委员，廖承志还兼任秘书长。

11 月 12 日，为纪念孙中山诞辰 99 周年，发表《纪念孙中山先生，学习孙中山先生的反帝爱国精神!》一文。

1966 年（丙午）

3 月 27 日，廖承志参加首都各界人民和在京的五大洲外国朋友的集会，并发表讲话。

4 月 3 日，廖承志陪同宋庆龄会见来华访问的日中友好协会理事长宫崎世民和日本知名人士西园寺公一。

9 月，廖承志奉周恩来指示，负责整顿北京八大饭店秩序，以迎接国庆。

9 月 3 日，廖承志在寓所接见赴京串联的五十多名仲恺农校学生。

10 月 17 日，廖承志在广东湛江市会见第一批因受迫害而自愿回国定居的印尼华侨。

11 月 12 日，在北京出席纪念孙中山诞辰 100 周年纪念大会，并以民革中央主席名义在大会上发表讲话。

11 月 17 日，廖承志陪同宋庆龄会见日中友好协会理事长宫崎世民及其夫人，以及日本纪念孙中山百年诞辰访华团全体成员。

1967 年（丁未）

上海"一月风暴"骤起，"文革"运动升级，被迫停止工作。廖承志被迫"靠边站"，接受"监护"（隔离审查）。

1970 年（庚戌）

4 月，因肺炎住北京医院。

10 月 1 日，康复出院，并乘兴登上节日的天安门城楼观光。

冬，廖承志尚处在"监护"之中，因心脏病日趋严重，经周恩来过问，得入北京医院治疗，病愈后仍然继续接受审查。

1972 年（壬子）

4 月 20 日，廖承志以中日友好协会会长身份，应邀出席来华访问的日本自民党顾问三木武夫举行之宴会。

9 月 1 日，凌晨 3 时在北京逝世。

9 月 5 日，在北京人民大会堂隆重举行追悼大会，由朱德主持，宋庆龄致悼词。

（以下未署名的是廖承志的大事年表）

1972 年（壬子）

9 月 27 日，陪同毛泽东会见田中角荣等日本外宾。9 月 25 日至 30 日，参加周恩来——田中角荣中日两国政府首脑关于中日建交的谈判，并出席签署中日联合声明的仪式。

同年，被任命为外交部顾问。

1973 年（癸丑）

4 月，任中日友协代表团团长率团访问日本。

5 月，任北京外国语学院院长。

8 月，当选为中共第十届中央委员。

10 月，陪同周恩来会见原国民党政府驻日本代表团顾问徐逸樵及其夫人。

1974 年（甲寅）

9 月，在北京会见从日本回国观光的原国民党第六战区司令长官、总统府参军长、驻日代表团团长商震。

是年，香港朝阳出版社出版廖梦醒著的《我的母亲何香凝》。

1975 年（乙卯）

1 月，被选为第四届全国人大常委会委员。

1 月 19 日，会见日本自民党副干事长稻村佐近四郎等人。

10 月 23 日，会见日本国际石油公司访华代表团。

12 月 22 日，会见日本国际贸易促进会经济贸易代表团。

1976 年（丙辰）

1 月 15 日，参加周恩来追悼会，并献花圈。

4 月 19 日，设宴欢迎日本海沿岸自治体友好代表团。

5 月 27 日，设宴欢迎日中友好议员联盟会会长藤山爱一郎。

6 月 24 日，设宴欢迎日本社会党议员访问团。

7 月 20 日，会见日本国际社会党国会议员访问团。

11 月 6 日，会见日本造船工业友好访问团。

1977 年（丁巳）

2 月 14 日，设宴欢迎日本社会党众议院议员冈田春夫等。

5 月，任中国人大代表团副团长访问南斯拉夫和罗马尼亚。

8 月，当选为中共第十一届中央委员。

1978 年（戊午）

1 月 3 日，在《人民日报》发表《批判“四人帮”所谓“海外关系”问题的反动谬论》一文。

2 月 16 日，出席中日长期贸易协议签字仪式。

3 月 3 日，陪同李先念接见全国五届人大和全国政协会议的华侨代表和港澳代表。

3 月 5 日，当选为第五届全国人大常委会副委员长。

3月11日，在《人民日报》发表《教诲铭心头　恩情重如山》的文章，深切缅怀周恩来。

同月，任国务院侨务办公室主任，暨南大学董事会董事长。

5月8日，在接待安置被越南当局驱赶回国难侨工作会议上发表讲话。

6月9日，在暨南大学复办后第一次董事会上发表讲话，希望在八年后，把暨南大学办成具有较高水平、较高质量的社会主义新型大学。

同月，为前往越南接待难侨的商轮送行。

8月19日，会见香港出版界参观团时发表讲话，指出香港的出版工作要从香港的实际出发。

10月，为交换中日和平友好条约议定书，陪同邓小平访问日本。

11月，接见一批即将回台湾、去香港或到国外的被特赦、宽大释放人员。

12月，在全国侨务会议、第二次全国归侨代表大会上作《认真落实党的侨务政策，为建设现代化的社会主义强国而奋斗》的报告。被推举为全国侨联名誉主席。

同年，兼任国务院港澳事务办公室主任。

1979年（己未）

5月7日，任中国代表团团长，率领来自全国各地的600名代表组成的第一次"中日友好之船"代表团，赴日本访问将近一个月。

10月1日，会见参加国庆活动及第四届"全运会"的港澳代表。

10月15日，出席日本驻华大使吉田健夫为庆祝中日建交七周年，日中友好条约签订一周年而举行的宴会。

12月，廖梦醒编的《少石遗诗》由三联书店出版。

同年，提议香港中原电影公司拍摄电影《少林寺》。

1980 年（庚申）

3 月，赴美国加利福尼亚州做心脏手术。

4 月，应日中友好协会的邀请，廖梦醒在李湄的陪同下，赴日本连行友好访问。

5 月，华侨大学复办，继续兼任校长。

7 月下旬，偕谷牧会见香港联成轮船有限公司董事长包玉星等人。

8 月，出席全国五届人大第三次会议。

9 月 5 日，与港澳的全国人大代表、全国政协委员们座谈。

9 月 14 日，出席香港环球航运集团主席包玉刚举行的答谢宴会。

9 月 17 日，会见日本自民党亚非问题研究会访问团。

10 月，任中国纪念辛亥革命 70 周年等委会副主任委员。

1981 年（辛酉）

1 月 24 日，会见日本长崎友好访问代表团。

2 月 12 日，会见日本参议院议员泰丰。

2 月 27 日，会见香港中文大学校长马临。

3 月，在北京会见前国民党政府行政顾问彭德及其夫人。

5 月 3 日，与李先念、胡耀邦在怀仁堂与出席全国侨务工作座谈会的代表座谈并合影留念。

5 月 29 日，宋庆龄在北京病逝，任治丧委员会委员。

5 月 31 日，在《人民日报》发表《我的吊唁》一文，深切缅怀宋庆龄。

6 月，与邓颖超、乌兰夫、陈慕华护送宋庆龄的骨灰盒由京飞沪，葬于上海万国公墓。

7 月 17 日，宴请香港明报社长查良镛（金庸）。

9 月，陪同叶剑英会见前军调处执行部国民党方面代表蔡文治将军。

10 月，作为中国代表团团长出席在北京召开的亚洲议员人口和发展会议。

10 月 23 日，会见并宴请香港工商界参观团。

11 月，出席五届全国人大第四次会议。

12 月，任华侨历史学会名誉会长。

同年，在北京接见全国人大常委会委员、澳门中华总商会会长何贤先生，并亲切交谈。

1982 年（壬戌）

5 月中旬，廖晖受中央委托，到广州就筹建廖仲恺何香凝纪念馆事宜进行调研。

5 月 30 日，会见原国民党广东省政府主席、第三战区副司令长官、总统府参军长李汉魂和夫人。

7 月 24 日，致函蒋经国，期望他以国家民族利益为重，实现祖国统一大业。

8 月 30 日，廖仲恺何香凝纪念馆在广州隆重揭幕。出席揭幕仪式，并发表重要讲话，再次呼吁实现祖国的和平统一大业。廖梦醒也参加了揭幕仪式。

9 月 10 日，当选为中共第十二届中央委员。

9 月 12 日，在中共十二届一中全会上被选为中共中央政治局委员。

9 月 17 日，任中日民间人士会议中方委员会主任。

10 月 6 日，被日本早稻田大学授予名誉法学博士学位。由孙平化在日本代为接受证书和博士服装。

11 月 20 日，会见香港厂商联合会参观访问团，在谈话中指出，一定要收回香港的主权，同时又要维持香港的繁荣。

是年，任宋庆龄基金会顾问，廖梦醒任该会理事。

1983 年（癸亥）

1 月 3 日，在全国归侨、侨眷、侨务工作者先进个人和先进集体表彰大会上，发表题为《团结奋斗 振兴中华》的讲话。

1 月 12 日，接见香港新界人士参观访问团，在谈话中强调指出，我们一定要收回香港。

2 月 5 日，在杨尚昆、王猛陪同下，瞻仰廖仲恺何香凝纪念馆。

2 月 10 日，瞻仰广东省中山县孙中山故居并题词。

同月，在广州分别接见全国政协常委、香港中华总商会副会长霍英东先生，全国政协常委、澳门中华总商会副会长马万祺先生，分别和他们亲切交谈，并摄影留念。

4 月 28 日，在全国归侨、侨眷知识分子工作座谈会上发表讲话，指出一定要尊重和照顾归侨、侨眷知识分子。

6 月 4 日，被选为第六届全国人大第一次会议主席团成员。

6 月 6 日，出席第六届全国人大第一次会议开幕式。

六届人大会议期间，被提名为国家副主席人选。

6 月 10 日，在北京因病逝世。

6 月 21 日，日本天皇授予廖承志勋一等功旭日大绶章。授勋仪式于 25 日在北京举行，由廖承志夫人经普椿代表接受。

6 月 24 日，廖承志追悼会在北京隆重举行。党和国家领导人胡耀邦、邓小平、李先念、陈云、彭真、邓颖超参加了追悼会。追悼会由全国人大常委会委员长彭真支持。国家主席李先念致悼词。

12 月，廖承志长子廖晖被任命为国务院侨务办公室第一副主任（主任暂缺），主持日常工作。

1984 年（甲子）

4 月，廖晖升任国务院侨务办公室主任。

5 月，廖梦醒被聘为廖仲恺何香凝纪念馆名誉馆长。

同年，经胡耀邦提议，中央有关部门批准廖梦醒享受副部级待遇。

1985 年（乙丑）

4 月 20 日，廖梦醒与邓小平、邓颖超等一起在北京人民大会堂出席爱泼斯坦 70 寿辰招待会。这是她生前最后一次参加社会活动。

1987 年（丁卯）

4 月 23 日，广东省各界纪念廖仲恺诞辰110周年大会在仲恺农业技术学院隆重举行。中共中央政治局委员、中央军委副主席杨尚昆代表中共中央前来参加，并发表重要讲话。同时为期三天的"廖仲恺研究国际学术讨论会"亦在广州隆重召开，出席会议的中外学者有一百一十多人，提交论文五十多篇。

1988 年（戊辰）

1 月 7 日，廖梦醒因病在北京逝世。

1 月 18 日，在北京医院举行廖梦醒的遗体告别仪式。党和国家领导人李鹏、邓颖超、杨尚昆、宋平、胡耀邦等人出席。

6 月 27 日，纪念何香凝诞辰 110 周年大会在广州隆重召开。何香凝的汉白玉石像在仲恺农业技术学院的校园揭幕。

1997 年（丁丑）

9 月 20 日，经普椿在北京病逝。

9 月 26 日，经普椿的遗体告别仪式在北京八宝山革命公墓举行。中共中央常委、国家副主席胡锦涛，原中共中央政治局常委、中央军委副主席刘华清等参加。

跋

　　廖仲恺、何香凝先生是中国民主革命先驱、中国国民党左派领袖、伟大的爱国主义者。他们协助孙中山先生制定和推行"联俄、联共，扶助农工"的三大革命政策，力促第一次国共合作，在孙中山先生逝世后，领导国民党左派继续进行国民革命。廖仲恺先生不幸被帝国主义、国民党右派杀害后，他的夫人何香凝先生继承发展其未竟革命事业，积极从事抗日救亡运动和民族解放运动，参与中华人民共和国的建国工作，成为新中国德高望重的领导人。女儿廖梦醒、儿子廖承志继承先父遗志，在血雨腥风中，无所畏惧，投身革命，参加中国共产党，并在党的培养下，锤炼成为无产阶级革命家。廖家两代人，用彪炳史册的业绩，谱就了中国近现代革命史上绚丽的篇章。

　　仲恺农业工程学院是何香凝先生等提议，为纪念廖仲恺先生爱护农工的意愿而创办的学校，1927年正式招生，何香凝先生亲自担任校长15年。近百年来，学校不忘初心、牢记使命，始终呼应时代需求，为国家各个历史阶段培养了大批栋梁人才，包括原农业部、林业部部长陈耀邦同志、中国工程院院士曾溢滔教授等一大批著名校友。一代又一代的"仲恺人"，始终艰苦奋斗，从一所农业中专学校发展成为拥有两个校区、2万余名学生和15个硕士学位授权点的多科性本科高校，并开启了建设"高水平应用型大学"的新时代征程。

　　作为仲恺农业工程学院新一任院长，我深感使命光荣，责任重大。拜读学校廖仲恺何香凝纪念馆首任馆长蒙光励同志的力作《廖家两代人——廖仲恺、何香凝和廖梦醒、廖承志》之后，我对廖家两代人一生为中国革命和建设事业鞠躬尽瘁，建树了光辉业绩十分景仰；对"坚持原则，威武不屈，贫贱不移，廉洁奉公，不断进步，勇于牺牲"的革命精神有了更深刻的了解，廖仲恺先生在狱中写给儿女的诀别诗"人生最重是精神，精神日新德日新"，何香凝先生在追悼会上的慷慨陈词"苟利于国，则吾举家以殉亦所不惜"是最好的诠释。

《廖家两代人——廖仲恺、何香凝和廖梦醒、廖承志》在糅合可靠的史料依据和故事性的表达方式上，进行了可贵的尝试与探索。该书史料翔实，笔触生动，把廖家人写得血肉丰满，栩栩如生，可读性强，是一本难得的佳作。我真诚地希望仲恺学子能够学习和弘扬廖家两代人为振兴中华而矢志不渝的崇高精神，树立为实现中华民族伟大复兴而奋斗的崇高理想，成为新时代的栋梁之材。

廖　明

2023 年 7 月 27 日

后　记

　　1965 年，我从暨南大学历史学系毕业后，被分配到广州部队，在部队度过了 14 年军旅生涯。1979 年，我转业到广东省农业厅从事行政工作。1982 年 8 月 30 日，经中共中央书记处批准建立的廖仲恺何香凝纪念馆在广州隆重揭幕。1983 年春，组织上委派我到廖仲恺何香凝纪念馆担任副馆长（馆长暂缺），于是我干起本行，在史海中遨游。

　　1987 年冬，党中央决定要编《廖承志文集》和撰写《廖承志传》，次年夏天，我被借调到国务院侨办领导的廖承志文集传记编辑办公室工作，在主编王谦宇教授的领导下，我们 4 人圆满完成任务，该文集由邓小平同志题写书名，于 1990 年由人民出版社和香港三联书店同时出版。随后，我们 4 人又在国务院侨办文教宣传司副司长郭瑞的领导下，写完 50 多万字的《廖承志年谱》，因为此事是中央决定的，所以中央档案馆和中国革命历史博物馆的档案资料对我们全面开放，从而使我对廖承志、何香凝等有了更多的了解，同时在京期间，我又采访了廖承志的下属彭光涵、吴冷西、章文晋、张平化等数十名知情人，从而为后来写作史书打下坚实的基础。

　　在北京期间，我读到了美国女作家罗比·尤恩森写的《宋氏三姐妹》一书，该书由世界知识出版社于 1984 年翻译成中文，由著名书法家赵朴初先生题写书名，全书才 8.5 万字，但文字流畅，文笔生动，在读者中很有影响。这对我有很大的启发，我想，宋氏家族无疑是一个伟大的家族，但廖氏家族也伟大呀，廖仲恺、何香凝是著名的民主革命家，而他们的子女廖梦醒、廖承志却是无产阶级革命家，就像有的史学家所归纳的"一门忠烈谱两代革命家"，我深深地感到《廖家两代人——廖仲恺、何香凝和廖梦醒、廖承志》这部书很值得写，他们一家人充分体现了红色基因的代代传承。拿定主意之后，当时我就请我的朋友，时任全国政协副主席赵朴初先生的秘书范如松先生帮忙，请他叫赵老预先写好书名，留下珍贵的墨宝，待来日书稿写完再用，肯定为本书倍添光彩。

经过多年的积累，度过多少个寒暑，经过去伪存真、爬梳别抉、条分缕析、严密考证，终于完成了这部书稿，使我有如释重负之感。

暨南大学出版社决定重印本书，这使我有受宠若惊之感，真是思绪万千，心情难以平静。我出身于书香门第之家，先父蒙朝峰于同济大学毕业后，长期从事教育工作。当我读小学之时，就经常聆听兄长蒙光奋、蒙光发讲述《三国演义》和《水浒传》等经典名著中的故事。我听得如痴如醉，他们不愧是我的文史启蒙老师。由于我从小受到家庭的熏陶，所以当我在海南中学读高中时，便在《海南日报》副刊发表了多篇文艺作品。考入暨南大学历史学系后，得到了朱杰勤教授等一批名师指导，逐渐步入史坛，从而为后来从事史学研究打下了较为扎实的基础，经过长期的锤炼和磨砺，终于收获了较为丰硕的果实。

今年是何香凝诞辰145周年，同时也是廖承志诞辰115周年，本书寄托着我们对廖家两代人的深切缅怀！

仲恺农业工程学院党委书记宋垚臻教授在百忙中为本书作序，校长廖明教授亦拨冗为本书作跋，使本书增添光彩。在出版过程中，还得到了暨南大学原校长周耀明和他的夫人卢翠兰教授，国务院侨务办公室政策法规司原司长范如松以及中山大学历史系教授、博士生导师、享受国务院政府特殊津贴的专家周兴梁的大力支持。仲恺农业工程学院的同事也热情相助：马克思主义学院党总支书记姜晓丽副研究员撰写了本书中关于学校现状那部分内容，学校党委常委、宣传统战部部长曾献尼，党委宣传统战部副部长石利刚，廖仲恺何香凝纪念馆副馆长刘斌副研究馆员，马克思主义学院郭小娜讲师等均从不同角度给作者以支持，何香凝美术馆研究员陈姗博士也给予关注，暨南大学出版社杜小陆副社长和康蕊编辑为本书的重印工作也付出了不少的心血，在此一并致以诚挚的谢忱！

蒙光励

2023 年 8 月 1 日

写于仲园